Gunther Schiefer

Sicherer mobiler Zugriff auf Unternehmensdaten

Gunther Schiefer

Sicherer mobiler Zugriff auf Unternehmensdaten

angenommene Dissertation,
Fakultät für Wirtschaftswissenschaften
Karlsruher Institut für Technologie (KIT)

Tag der mündlichen Prüfung: 18.02.2015

Referenten: Prof. Dr. Andreas Oberweis
Prof. em. Dr. Dr.h.c. Wolffried Stucky

Bibliografische Information der Deutschen Nationalbibliothek:
Die Deutsche Nationalbibliothek verzeichnet diese Publikation in der Deutschen National-
bibliografie; detaillierte bibliografische Daten sind im Internet über <http://dnb.ddb.de>
abrufbar.

© 2015 Gunther Schiefer

Herstellung und Verlag:
BoD – Books on Demand, Norderstedt

ISBN 978-3-7386-1137-3

Danksagung

Die Erstellung einer Dissertation ist eine komplexe und langwierige Aufgabe. Allerdings ist daran nicht nur der auf dem Deckblatt genannte Autor beteiligt, sondern darüber hinaus noch eine Vielzahl weiterer Personen, denen ich im Folgenden danken möchte.

An erster Stelle gilt mein Dank den Referenten der Arbeit, Professor Dr. Andreas Oberweis und Professor em. Dr. Dr.h.c. Wolffried Stucky. Herr Stucky hat mir nach einigen Jahren Tätigkeit in der Wirtschaft die Möglichkeit eröffnet, wieder wissenschaftlich tätig zu sein. Er hat mich stets unterstützt und mir vielfältige wissenschaftliche Themen eröffnet, welche wir in verschiedenen Forschungsprojekten bearbeitet haben. Herr Oberweis hat die vorliegende Arbeit betreut und mir vor allem an einigen Punkten die entscheidenden Hinweise und Anstöße gegeben, um diese Arbeit gut zu vollenden.

Professor Dr. Jörn Müller-Quade hat mich in die Welt der Informationssicherheit mitgenommen. In mehreren Forschungsprojekten konnte ich viel von ihm lernen. In dieser Arbeit spiegeln sich ebenfalls Ergebnisse seiner Anregungen wieder. Insofern hat es mich sehr gefreut, dass er als Prüfer zur Verfügung stand.

Zur Übernahme des Vorsitzes in meinem Prüfungskollegium hat sich dankenswerterweise Professor Dr. Martin Klarmann bereiterklärt. Der für mich sehr zufriedenstellende Verlauf der Prüfung ist nicht zuletzt auch seiner Unterstützung zu verdanken.

Diese Dissertation wäre so nicht zustande gekommen, wenn ich nicht die Unterstützung durch und den fachlichen Austausch mit den Kolleginnen und Kollegen im Institut gehabt hätte. Namentlich möchte ich hier Dr. Michael Decker, Professor Dr. Rebecca Bulander, Tobias Dietrich, Tamara Högler, Katharina Issel, Jonas Lehner und Joanna Mrozik nennen, mit denen ich intensiv in Projekten zusammengearbeitet habe. Alle weiteren Kolleginnen und Kollegen von AIFB und FZI bitte ich, mir zu verzeihen, dass sie hier nur pauschal genannt werden. Trotzdem gilt ihnen mein Dank, insbesondere auch dem Institutsgeschäftsführer Dr. Daniel Sommer und den Mitarbeiterinnen und Mitarbeitern aus Verwaltung und Technik.

In der Forschungsgruppe von Professor Müller-Quade gibt es einige Personen, welche mich ebenfalls vielfach unterstützt haben. An dieser Stelle möchte ich meinen Dank vor allem Matthias Gabel, Carmen Manietta, Julia Hesse, Dirk Achenbach, Carmen Kempka, Matthias Huber und Dr. Willi Geiselmann aussprechen.

Die Verbundforschungsprojekte wären ohne die Beteiligung der Industriepartner niemals zustande gekommen. Partner in vielen Projekten war die CAS Software AG. Hier möchte ich vor allem Prof. Dr. Bernhard Kölmel, Dr. Gerald Hübsch, Spiros Alexakis, Jiasheng Wang und Dr. Markus Bauer danken. Ebenso war die WIBU-SYSTEMS AG Partner in zwei Verbundprojekten. Mein Dank gilt unter anderem Oliver Winzenried, Wolfgang Neifer, Jürgen Ockert und Daniel Eichhorn.

Die vorliegende Arbeit beschäftigt sich mit dem Thema Sicherheit, wozu auch der Schutz der Privatsphäre gehört. Dieser Aspekt ist kein Kernpunkt der Arbeit, aber vielfältig in verschiedenen Forschungsprojekten präsent, an denen ich mitgearbeitet habe. Zusätzlich zu den bisher genannten Personen möchte ich nicht zuletzt einigen Menschen in meinem privaten Umfeld einen herzlichen Dank für die teilweise langjährige Unterstützung aussprechen. Ganz im Sinne des Schutzes der Privatsphäre bleibt dieser Dank ebenfalls „privat" und wurde deshalb ganz persönlich und individuell überbracht.

Gunther Schiefer

Inhalt

1 EINFÜHRUNG 17
    1.1   PROBLEMSTELLUNG 17
    1.2   ZIELSETZUNG 19
    1.3   AUFBAU DER ARBEIT 21

2 GRUNDLAGEN 23
    2.1   MOBILITÄT 23
            2.1.1   *Aspekte der Mobilität* *23*
            2.1.2   *Mobile Dienste* *25*
            2.1.3   *Mobiler Mehrwert* *27*
    2.2   MOBILE GERÄTE 31
            2.2.1   *Merkmale mobiler Geräte* *32*
            2.2.2   *Geräteklassen* *35*
    2.3   SMARTCARDS 45
    2.4   KONTEXT 47
            2.4.1   *Definition* *47*
            2.4.2   *Ortung* *48*
            2.4.3   *Klassifikation* *50*
    2.5   ZUGRIFFSKONTROLLMODELLE 52
            2.5.1   *Discretionary Access Control (DAC)* *53*
            2.5.2   *Mandatory Access Control (MAC)* *54*
            2.5.3   *Role-Based Access Control (RBAC)* *55*
            2.5.4   *Rollen versus Gruppen* *57*

3 ENTWICKLUNG MOBILGEEIGNETER DIENSTE 59
    3.1   VORTEILE VON SAAS-ANWENDUNGEN 60
    3.2   VORTEILE MOBILER DIENSTE 64
    3.3   ANFORDERUNGEN 69

	3.3.1	*Analyse gescheiterter mobile Dienste* 70
	3.3.2	*Qualitative Datenanalyse* 77
	3.3.3	*Expertenbefragung* 93
	3.3.4	*Ergebnisse anderer Untersuchungen* 118
	3.3.5	*Zusammenfassung der Anforderungen und Barrieren* 124
3.4	LÖSUNGSANSÄTZE FÜR HOCH-MOBILE ENDGERÄTE 129	
	3.4.1	*Portale der Netzbetreiber* 129
	3.4.2	*Downloadplattformen* 130
	3.4.3	*Lösungen für Großunternehmen* 131
	3.4.4	*Projekt Play.Tools* 134
	3.4.5	*Projekt Simple Mobile Services (SMS)* 136
	3.4.6	*Open Mobile Internet (OMI)* 138
	3.4.7	*Projekt Local Mobile Services (LOMS)* 141
3.5	UMSETZUNG UND EVALUATION 143	
	3.5.1	*Anforderungen* 145
	3.5.2	*Mobile Geschäftsprozesse* 148
	3.5.3	*Umsetzung durch CAS* 153
	3.5.4	*Nutzerevaluation* 163
3.6	FAZIT 171	
4	**ABGESICHERTER MOBILER ZUGRIFF** **173**	
4.1	MOBILER ZUGRIFF AUF UNTERNEHMENSDATEN 173	
	4.1.1	*Probleme und Risiken* 173
	4.1.2	*Lösungsansätze* 176
4.2	BEDROHUNGEN 178	
	4.2.1	*Angriffsziele* 178
	4.2.2	*Angriffsobjekte* 179
	4.2.3	*Angriffstypen* 181
	4.2.4	*Mögliche Parameter für die Vergabe der Zugriffsrechte* 183
	4.2.5	*Sicherheitsannahmen* 185
	4.2.6	*Angriffsbaum* 187

4.3	ANFORDERUNGEN	191
	4.3.1 Nutzeranforderungen	191
	4.3.2 Betreiberanforderungen	193
4.4	STAND DER TECHNIK UND WISSENSCHAFT	197
	4.4.1 Softwareprodukte	197
	4.4.2 Hardware-Sicherheits-Token (Smartcard)	200
	4.4.3 Wissenschaftliche Arbeiten	204
4.5	ARCHITEKTUR	210
	4.5.1 Sicherheitsebenen	210
	4.5.2 3-Faktor-Authentifizierung	212
	4.5.3 Gesamtarchitektur	213
	4.5.4 Lokaler Proxy-Dienst auf dem mobilen Gerät	215
	4.5.5 Hardware-Sicherheits-Token	217
	4.5.6 Kontextinformationen	222
4.6	KONTEXTSENSITIVE ZUGRIFFSKONTROLLE	224
	4.6.1 Forschungsstand	226
	4.6.2 Kontextabhängiges Berechtigungsmodell	228
	4.6.3 Kontextsensitives Zugriffskontrollmodell	234
	4.6.4 Kontextparameter für die Zugriffskontrolle	238
4.7	UMSETZUNG	242
4.8	EVALUATION HARDWARE-SICHERHEITS-TOKEN	249
	4.8.1 Evaluationsdesign	249
	4.8.2 Ablauf	254
	4.8.3 Ergebnisse	256
	4.8.4 Fazit	270
4.9	VORGEHENSMODELL ZUR EINFÜHRUNG	271
5	**ZUSAMMENFASSUNG UND AUSBLICK**	**279**

LITERATUR 285

ABKÜRZUNGEN 309

ANHANG 1: INTERVIEWLEITFADEN EXPERTENBEFRAGUNG 317

ANHANG 2: UNTERLAGEN ZUR EVALUATION 323

Abbildungen

Abbildung 1: Mobile Mitarbeiter in Unternehmen (KMU) 18
Abbildung 2: Endgeräte-Klassifikation bzgl. „mobil" und „drahtlos" 25
Abbildung 3: Typen von mobilen Diensten 27
Abbildung 4: Potenziale mobiler Technologien 28
Abbildung 5: Klasseneinteilung mobiler Geräte 37
Abbildung 6: Grundlegende Komponenten einer Zugriffskontrolle 52
Abbildung 7: Zugriffsmatrix 54
Abbildung 8: Darstellung von Core-RBAC. 56
Abbildung 9: Verschiedene Aufteilung einzelner Funktionen auf Endgerät (Client) und SaaS-Anwendung (Server) 61
Abbildung 10: Barrieren für mobile Dienste 92
Abbildung 11: Bereiche der Expertenbefragung 101
Abbildung 12: Kategorien „KMU-spezifische Barrieren" 104
Abbildung 13: Überblick Bereich „Anforderungen an einen Dienstleister" 111
Abbildung 14: Barrieren für den Einsatz von Mobile Enterprise-Solutions (sehr starker bis starker negativer Einfluss) 119
Abbildung 15: Hemmnisse für die intensivere Nutzung von Mobile Business-Lösungen (Anwendersicht) 121
Abbildung 16: Erweiterter Barrierenbaum im Überblick 124
Abbildung 17: Das Play.Tools-Framework im Überblick 135
Abbildung 18: Dienststellung mit dem SMS Werkzeug 137
Abbildung 19: Rollenmodell des LOMS-Projektes 142
Abbildung 20: Mobilspezifische Erweiterung der Notation eEPK 150
Abbildung 21: Beispiele für UML-Aktivitäten mit verschiedenen Arten von Ortseinschränkungen 151

Abbildung 22:	Beispiele für UML-Aktivitäten mit verschiedenen Arten von Kontexteinschränkungen	152
Abbildung 23:	Darstellung der Plattform-Architektur, getrennt nach Bereichen	157
Abbildung 24:	Schichtendarstellung der Plattform-Architektur	158
Abbildung 25:	Verschiedene Endgerätedarstellungen für einen mobilen Dienst	159
Abbildung 26:	Anwendungsbeispiel auf Basis von CAS OPEN	162
Abbildung 27:	CAS PIA als Spezialisierung von MODIFRAME	163
Abbildung 28:	Beispielbildschirm der mobilen CAS PIA	164
Abbildung 29:	Auswertung zur mobilen Anwendung CAS PIA	168
Abbildung 30:	Auswertung zu den mobilen Systemen	169
Abbildung 31:	Auswertung zur allgemeinen Bedienung	170
Abbildung 32:	Hemmnisse für den Einsatz von Mobile-Business-Lösungen (Anbietersicht)	172
Abbildung 33:	Mobile Sicherheitsbedrohungen	175
Abbildung 34:	3-Zonen-Architektur für den Zugriff auf Unternehmensdaten	180
Abbildung 35:	Hauptknoten des Angriffsbaums „Daten missbrauchen"	187
Abbildung 36:	Unterbaum „Daten vortäuschen"	188
Abbildung 37:	Unterbaum „Daten unverfügbar machen"	188
Abbildung 38:	Unterbaum „unbefugt Daten lesen"	189
Abbildung 39:	Unterbaum „Daten unbefugt schreiben"	190
Abbildung 40:	Prinzipieller Aufbau eines SINA-Clients	200
Abbildung 41:	Beispielhafte (vereinfachte) Ausführung von Passmaze	209
Abbildung 42:	Ebenen von Sicherheitsmaßnahmen	211
Abbildung 43:	Gesamtarchitektur mit 3-Faktor-Authentifizierung	214
Abbildung 44:	Absicherung des Verbindungsaufbaus (vereinfacht)	220

Abbildungen

Abbildung 45:	Abstraktionsebenen der IT-Sicherheit	225
Abbildung 46:	Klassifikationsübersicht von ortsabhängigen Zugriffskontrollmodellen	227
Abbildung 47:	Generisches kontextsensitives Zugriffskontrollmodell	237
Abbildung 48:	Firewalls und SumoDacs Sicherheitsserver im 3-Zonen Modell	243
Abbildung 49:	Einbindung des Hardware-Sicherheits-Tokens beim mobilen Gerät	244
Abbildung 50:	Backend-Integration mit CAS Open Server	247
Abbildung 51:	Einrichtung des Evaluationslabors	251
Abbildung 52:	Soziodemografische Daten - Alter, Geschlecht, Abschluss, Tätigkeit	257
Abbildung 53:	Gebrauchstauglichkeit insgesamt.	258
Abbildung 54:	Aufgaben leicht und schnell erledigen.	259
Abbildung 55:	Einfach zu Recht finden / Verständlichkeit der Anwendung.	260
Abbildung 56:	Verständlicher und einfacher Umgang mit Fehlern.	261
Abbildung 57:	Wahrgenommene Sicherheit insgesamt.	262
Abbildung 58:	Sicherer fühlen mit Token und bei Verlust des Tablets.	263
Abbildung 59:	Einfache Handhabung des Tokens am PC / Tablet.	264
Abbildung 60:	Die Anwendung auf dem PC / Tablet ist schnell mit dem Token.	265
Abbildung 61:	Handhabung des Tokens mit PC / Tablet im Vergleich zum Zurechtfinden in der Anwendung.	266
Abbildung 62:	Vergleich der Szenarien-Tage bzgl. der Einfachheit.	267
Abbildung 63:	Vergleich der der Szenarien-Tage bzgl. der Zeit.	268
Abbildung 64:	Gesamtvorgehensmodell zur Einführung	273
Abbildung 65:	Teilvorgehensmodell Berechtigungsmodell	275
Abbildung 66:	Teilvorgehensmodell Backend-Integration	277

Abbildung 67: Teilvorgehensmodell mobiler Client 278

Abbildung 68: Kosten-Nutzen-Verhältnis von Sicherheitsmaßnahmen 282

Abbildung 69: Bedenken hinsichtlich Datensicherheit und Rechtslage im Cloud Computing 283

Tabellen

Tabelle 1:	Kontextdimensionen	51
Tabelle 2:	Kategorien der Chancen und Risiken von SaaS	64
Tabelle 3:	Identifizierte Funktionalitäten in der Qualitativen Datenanalyse	88
Tabelle 4:	Identifizierte Kontextformen in der QDA	90
Tabelle 5:	Dienstkategorien	103
Tabelle 6:	Kommerzielle Lösungen für hoch-mobile Endgeräte	133
Tabelle 7:	Kommerzielle Hardware-Produkte für Sicherheitsfunktionen	203
Tabelle 8:	Identifizierte Kontextparameter für eine Zugriffskontrolle	239

1 Einführung

1.1 Problemstellung

Effiziente Mobilität ist in der globalen Wirtschaft immer mehr zum Erfolgsfaktor geworden. Die Umsetzung mobiler Geschäftsprozesse durch die „Mobilisierung" von Unternehmensanwendungen kann für viele Firmen überlebenswichtig sein, um gegenüber Mitbewerbern bestehen zu können. Wenn bestimmte Aktivitäten unterwegs beziehungsweise vor Ort mit mobilen Computern durchgeführt werden, können Medienbrüche mit samt ihren Nachteilen (wie beispielsweise Kosten für Material und Personal, Fehleranfälligkeit, Zeitverzögerung) vermieden werden.

Nicht nur Großunternehmen, sondern auch viele kleine und mittelständische Unternehmen (KMU) verfügen über Mitarbeiter, welche mobil tätig sind (siehe Abbildung 1). Heutzutage ist mittels der nahezu überall verfügbaren drahtlosen Zugangsnetze an fast jedem Ort ein IT-gestütztes Arbeiten möglich. Nach Angaben der Bundesnetzagentur[1] wurden im Jahr 2013 in Deutschland rund 37 Millionen UMTS- und LTE-fähige Geräte eingesetzt, das übertragene Datenvolumen im Mobilfunk betrug ungefähr 267 Millionen Gigabyte [FHHP14]. Durch den nahezu allgegenwärtigen mobilen Internetzugang gehen die Anwendungsmöglichkeiten für mobile Mitarbeiter weit über den Zugriff auf E-Mail und Kalender hinaus. Beispielsweise können Daten direkt vor Ort beim Kunden erfasst (Bestellungen, Messwerte, Berichte), benötigte Kunden- oder Produktinformationen im aktuellen Zustand abgefragt (aktueller Lagerbestand, technische Dokumentation, Service-Historie) oder neue Anweisungen am Bildschirm entgegen genommen werden. Außendienstmitarbeiter sind via Smartphone oder Notebook und drahtloser Verbindung permanent an die zentralen Datenbestände des Unternehmens angebunden. Damit sind die Voraussetzungen geschaffen, dass der bisher auf Desktop-Computing ausgerichtete Unternehmensarbeitsplatz um mobile Lösungen ergänzt wird.

---

[1] Bundesnetzagentur für Elektrizität, Gas, Telekommunikation, Post und Eisenbahnen

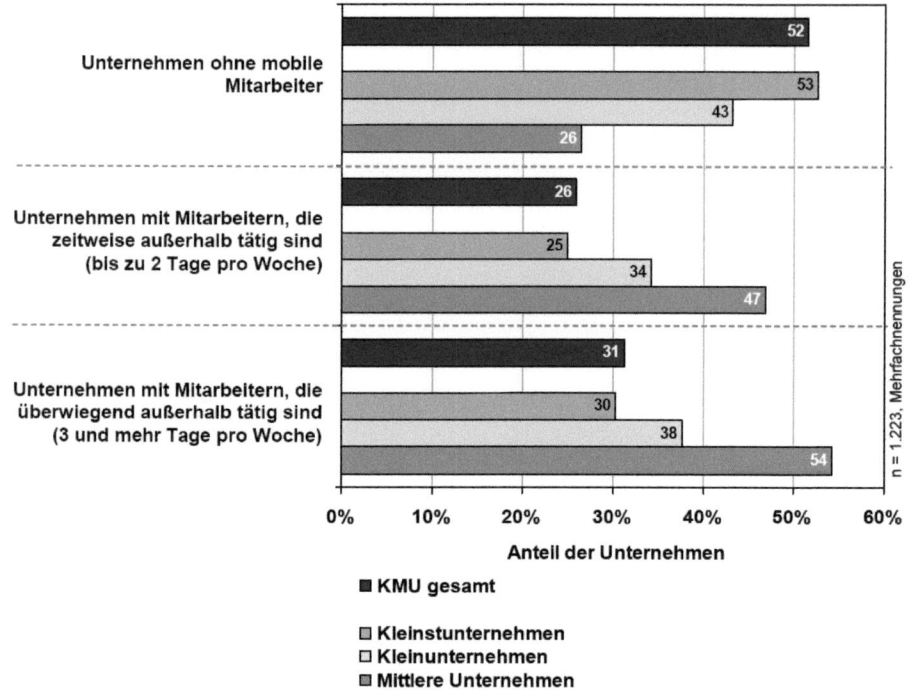

Quelle: [BüHS10]

Abbildung 1: Mobile Mitarbeiter in Unternehmen (KMU)

Die Weiterentwicklungen der Browser (als universell eingesetzte Nutzeranwendungen) erschließen zusätzliche Möglichkeiten zur Unterstützung von webbasierten Anwendungen und erfordern nicht immer vorher festgelegte Gerätetypen und Betriebssysteme [AlSt12]. Webbasiertes Computing über Software as a Service (SaaS) sorgt für einen besseren mobilen Zugang zu IT-Ressourcen [KeWa14, 17]. Trotzdem erfordert die Bereitstellung eines entfernten Zugangs zu den Unternehmensdaten oftmals einen nicht unerheblichen Aufwand [Chri12, 49ff].

Zu diesem Aufwand kommen noch weitere Barrieren, welche den Einsatz von IKT im Innovationsprozess hemmen. Nach dem Monitoring-Report Digitale Wirtschaft 2014 sind die wichtigsten Hemmnisse der IT-Fachkräftemangel,

Bedenken bezüglich IT-Sicherheit und Datenschutz sowie ein zu geringes IT-Budget [GrBe14, 103]. Gerade bei mobilen Anwendungen sind die Sicherheitsbedenken derzeit noch für viele KMU ein Hinderungsgrund, diese Anwendungen tatsächlich zu realisieren: Die dafür erforderliche Nutzung eventuell ungesicherter fremder Zugangsnetze macht es erforderlich, dass diese Kommunikation besonderen Sicherheitsanforderungen unterliegt. Die mobil verwendeten Geräte können leichter abhandenkommen, weshalb darauf gespeicherte Unternehmensdaten einem größeren Offenbarungsrisiko ausgesetzt sind, als die auf einem stationären Unternehmens-PC [Schu14]. Durch die Verwendung von mobilen Computern an Orten außerhalb des Betriebsgeländers oder der persönlichen Wohnung besteht eine erhöhte Gefahr, dass Unbefugte durch Zuschauen oder vorübergehendes „Ausleihen" des mobilen Gerätes Einblick in vertrauliche Daten nehmen oder diese sogar verändern.

Zur Gewährleistung eines angemessenen Schutzniveaus der Unternehmensdaten müssen folglich entsprechende Sicherheitsmaßnahmen ergriffen werden. Wichtig ist dabei, dass diese Maßnahmen komfortabel zu benutzen sind. Wenn die Anwendung der Sicherheitsmaßnahmen von den Nutzern als zu aufwändig gesehen wird oder sie in der Erledigung ihrer Aufgaben zu stark einschränkt, besteht die Gefahr, dass sich die Nutzer alternative eigene Lösungen suchen, über welche sie einen mobilen Zugriff auf die benötigten Daten bekommen. Dabei kommen dann oft Lösungen zum Einsatz, welche ein deutlich geringeres Schutzniveau haben.

1.2 Zielsetzung

Das Ziel dieser Arbeit ist deshalb, eine Architektur zu entwickeln, welche ein hohes Schutzniveau für den entfernten Zugriff auf Unternehmensdaten ermöglicht, ohne den Nutzer mit einem erheblichen Mehraufwand zu belasten. Dazu ist es erforderlich, die Ausgangslage der Unternehmen detailliert zu betrachten und die nötigen Anforderungen aus Unternehmenssicht zu ermitteln. Dazu gehören die Anforderungen für die Mobilisierung der bestehenden Unternehmenssysteme genauso wie eine Analyse der neu entstehenden Bedrohungen. Dieses Wissen kann dann für die Entwicklung einer geeigneten Architektur genutzt werden, welche sich in bestehende Unternehmensinfrastrukturen einfügen lässt. Nicht vorgesehen ist, ein Replikationsmodell zu entwickeln, bei dem ein Teil der Daten für den entfernten Zugriff kopiert wird. Hier könnte man zwar gezielt sensitive Daten weglassen, allerdings wären diese Daten dann immer nur ein Abzug zu einem bestimmten Zeitpunkt. Damit wäre die Verwendung aktueller Daten nicht gewährleistet.

Um den Zugang zu den Unternehmensdaten nicht nur vom mobilen Gerät und den Zugangsdaten des Nutzers abhängig zu machen, sollen zur Absicherung des entfernten Zugriffs auf die Unternehmensdaten zusätzlich Smartcards zum Einsatz kommen. Dies hat den Vorteil, dass ein weiterer Authentifizierungsfaktor hinzukommt. Sofern das mobile Gerät und die Smartcard nicht gemeinsam abhandenkommen, soll durch die Architektur verhindert werden, dass Daten für Unberechtigte einsehbar werden.

Das Problem der unterschiedlichen Risiken für den Datenzugriff in Abhängigkeit von sich verändernden Nutzungssituationen soll durch kontextabhängige Zugriffsregelungen gelöst werden. Abhängig von den momentan gültigen Kontextparametern kann die Zugriffsberechtigung auf die Daten eingeschränkt werden. Dabei kann der Nutzer auch kontextabhängig unterstützt werden, indem beispielsweise die dargestellten Informationen an die Situation und das verwendete Gerät angepasst werden.

Für die Modellierung der kontextabhängigen Zugriffsregelungen wird insbesondere auch ein spezielles Datenmodell benötigt, mit dem dynamisch (also erst zur Laufzeit) durchgesetzt werden kann, welche Nutzer unter welchen Bedingungen (z.B. Zeit oder Ort) auf welche Daten mit welchen Rechten zugreifen können. Mit diesem kontextsensitiven Zugriffskontrollmodell sollen Richtlinien umgesetzt werden können, die unterschiedliche Rechte in Abhängigkeit der jeweiligen Nutzungssituation festlegen. Dazu soll ein bestehendes Zugriffskontrollmodell weiterentwickelt werden.

Da mobile Geräte oftmals ununterbrochen über einen längeren Zeitraum und dabei gegebenenfalls auch an unterschiedlichen Orten genutzt werden, kann sich die Situation des Nutzers während einer Sitzung ändern. Deshalb ist es nicht ausreichend, dass die Autorisierung für einen Datenzugriff nur zu Beginn einer Sitzung erfolgt. Diese muss in kurzen Abständen regelmäßig wiederholt werden, um auf Veränderungen der Situation entsprechend der gewünschten Zugriffsvorgaben reagieren zu können. Da es nicht praktikabel ist, den Nutzer in kurzen Abständen zur wiederholten Eingabe von Authentifizierungsinformationen zu zwingen, musste hier eine andere Lösung entwickelt werden.

1.3 Aufbau der Arbeit

Um die genannten Ziele zu erreichen, wird in dieser Arbeit eine Architektur und ein Zugriffsmodell vorgestellt, bei dem durch eine Mehr-Faktoren-Authentifizierung bei jeder Datenanfrage ein signifikant höheres Sicherheitsniveau erreicht werden kann.

Im Anschluss an dieses einleitende Kapitel werden im **Kapitel 2** grundlegende Begriffe geklärt und mobile Geräte klassifiziert. Es folgen weitere Betrachtungen zu den zentralen Bausteinen Smartcards und Kontext. Abschließend stellt das Kapitel verschieden Grundformen von Zugriffskontrollmodellen vor und trifft eine Auswahl für die weitere Verwendung.

Das 3. **Kapitel** beschäftigt sich mit der Entwicklung mobilgeeigneter Dienste. Nach einer Diskussion der Vorteile von SaaS-Anwendungen und mobilen Diensten wird zuerst die Entwicklung mobilgeeigneter Dienste betrachtet. In einem mehrstufigen Verfahren werden die Anforderungen von Unternehmen für mobile SaaS-Anwendungen erhoben: Ausgehend von einer Analyse gescheiterter Dienste werden eine qualitative Datenanalyse und darauf aufbauend eine Expertenbefragung durchgeführt. Neben der Darstellung von anderen Lösungsansätzen für hochmobile Geräte wird eine mit Forschungspartnern umgesetzte eigene Lösung dargestellt und evaluiert.

Die schon in der Problemstellung dargelegten Hemmnisse durch Sicherheitsbedenken werden durch die Ergebnisse in Kapitel 3 gestützt. In **Kapitel 4** wird eine zusätzliche Absicherung des mobilen Zugriffs über Smartcards und kontextabhängige Zugriffskontrolle vorgestellt. Dazu werden Bedrohungen und Sicherheitsanforderungen erhoben. Aufbauend auf dem Stand der Technik und Wissenschaft wird eine Architektur entwickelt, welche eine 3-Faktor-Authentifizierung mittels Hardware-Sicherheits-Token (Smartcard) und Kontextinformationen realisiert. Diese Architektur ermöglicht es, nicht nur zu Beginn einer Sitzung die Zugangsberechtigung zu prüfen, sondern während der Nutzung eine permanente Berechtigungsüberprüfung durchzuführen, ohne den Nutzer bei der Arbeit zu stören. Darüber hinaus können Unternehmensdaten neben den statischen Zugangsberechtigungen um kontextabhängige Berechtigungen erweitert werden, um die Kontrolle über den Datenzugriff situationsabhängig zu gestalten. Zur Modellierung der kontextsensitiven Zugriffskontrolle wurden bereits in Kapitel 2 bestehende generische Zugriffskontrollmodelle beleuchtet. Hier wird darauf aufbauend ein Zugriffsmatrix-Modell [Ecke14, 260] um die kontextabhängige Zugriffsbeschreibung erweitert. Nach einer kurzen Beschreibung der Umsetzung der Architektur in einem Demonstrator setzt sich das Kapitel mit der Evaluation des Einsatzes von Hardware-Sicherheits-Token fort. Abgeschlossen wird das Kapitel 4 mit einem Vorgehensmodell zur Einführung einer Lösung auf Basis der vorgestellten Architektur.

Zum Abschluss fasst **Kapitel 5** die bisherige Arbeit und deren Ergebnisse zusammen und gibt einen Ausblick auf noch offene Fragen im Zusammenhang mit dieser Arbeit.

2 Grundlagen

Viele Begriffe in Verbindung mit mobilen Diensten haben trotz häufiger Verwendung noch keine eindeutige Definition und werden oftmals auch mit (etwas) unterschiedlicher Bedeutung verwendet. Für ein gemeinsames Verständnis werden im Folgenden einige Begriffe und Themen näher erläutert, wie sie im weiteren Verlauf dieser Arbeit verwendet werden.

2.1 Mobilität

Der Begriff *Mobil* kann für vieles verwendet werden. Beispielsweise kann damit die Beweglichkeit einer Person gemeint sein. Andererseits wird damit auch ein technisches Gerät bezeichnet, welches sich fortbewegt, beispielsweise ein Automobil. In dieser Arbeit bezieht sich mobil auf die Nutzung von Computern an unterschiedlichen, vorher nicht festgelegten Orten.

2.1.1 Aspekte der Mobilität

Mobilität von Geräten und Nutzern

Lehner definiert „Mobilität [als] die allgemeine Bezeichnung für die physische Beweglichkeit von Geräten (meist mobile Endgeräte) [...]" [Lehn04]. In Anlehnung an diese Definition bezieht sich die Mobilität von Geräten im Sinne dieser Arbeit auf die Mobilität computergestützter Systeme, auch als Portabilität bezeichnet. Darunter ist zu verstehen, dass ein Gerät *mobil* ist, wenn es an mehreren verschiedenen Orten genutzt werden kann, bestenfalls sogar während einer Ortsveränderung. Dazu wird von kleinen und leichten Geräten ausgegangen, welche in der Regel ohne maschinelle Hilfe von einem Nutzer bewegt bzw. mitgenommen werden können. In Abschnitt 2.2 wird noch näher auf mobile Geräte eingegangen.

Neben der Gerätemobilität ist auch die *Benutzermobilität* von Bedeutung. Dies bedeutet, dass ein Nutzer sich von einem Ort zu einem anderen bewegen und an seinem jeweiligen Aufenthaltsort (gegebenenfalls auch unterwegs) ein computergestütztes System nutzen kann, idealerweise mit immer der gleichen oder zumindest ähnlichen Nutzeroberfläche. Es muss dazu jedoch nicht immer dasselbe Gerät sein. Da die in dieser Arbeit betrachteten mobilen Geräte so klein und leicht sind, dass sie (fast) immer mitgenommen und nahezu überall genutzt werden können sowie in der Regel auch nur von einer Person genutzt werden, ist in vielen Fällen die Nutzermobilität gleich der Gerätemobilität [Schi03, 15f].

Arten der Mobilität

Bei der Mobilität kann man zwischen diskreter und kontinuierlicher Mobilität unterscheiden. Diskrete Mobilität bezeichnet den dynamischen Wechsel zwischen verschiedenen Netzzugangspunkten, auch als nomadische Nutzung bezeichnet. Kontinuierliche Mobilität bezeichnet die stetige Mobilität des Gerätes, welche häufig mit der Bewegung eines Nutzers verbunden ist [Lehn04]. Bei der nomadischen Nutzung wird der Zugang zum Internet mit dem mobilen Gerät an wechselnden Orten genutzt. Auf dem Weg dazwischen wird das mobile Gerät nicht genutzt. In vielen Fällen existiert während des Ortswechsels auch kein Netzzugang, oftmals befinden sich die Geräte währenddessen in einem „Ruhezustand" oder sind ausgeschaltet.

Dem gegenüber ist bei der kontinuierlichen Mobilität der Nutzzugang (nahezu) die ganze Zeit vorhanden. Es existiert die Möglichkeit, das mobile Gerät nahezu jederzeit zu nutzen.

Drahtlos und mobil

In der Literatur und im Sprachgebrauch wird der Begriff drahtlos oft synonym für mobil verwendet und umgekehrt. Es handelt sich hierbei jedoch um orthogonale Konzepte [Schi03, 16]. Die Mobilität eines Endgerätes sagt nichts darüber aus, ob eine drahtlose oder eine drahtgebundene Verbindung für die Datenkommunikation zur Verfügung steht (Abbildung 2). Ein Beispiel für eine mobile aber drahtgebundene Nutzung ist AvantGo [Pass06]. Dieser Dienst erlaubt es, Sammlungen von Webseiten (sog. Kanäle, z.B. Nachrichtendienste) in einem speziellen Format in einem mobilen Gerät (z.B. Handheld) zu speichern. Dies geschieht durch

Synchronisation dieser Webseiten von einem stationären System über eine Andockstation mit dem mobilen Gerät. Dabei muss das stationäre System eine Verbindung zum Internet haben. Die gespeicherten Inhalte können dann offline bzw. mobil unter Verwendung einer speziellen Clientapplikation gelesen werden.

Datenkommunikation

Gerätemobilität		*drahtgebunden*	*drahtlos*
	mobil	Handheld ohne Funkinterface, Kabel für Datenkommunikation erforderlich	**Mobiltelefon, Smartphone, Handheld mit Funkinterface**
	stationär	PC mit LAN oder DSL-Anschluss	SkyDSL, PC mit WLAN (keine Verkabelung im Haus)

Abbildung 2: Endgeräte-Klassifikation bzgl. „mobil" und „drahtlos"

Im weiteren Verlauf der Arbeit stehen drahtlose mobile Systeme im Vordergrund. Aus Gründen der Einfachheit wird dafür jedoch nur der Begriff mobil verwendet. Darunter werden Systeme verstanden, die sowohl drahtlos als auch mobil sind.

2.1.2 Mobile Dienste

Ein Dienst bzw. ein Service allgemein bezeichnet die Einlösung eines Leistungsversprechens gegenüber einem Anwender, keine (software-) technische Instanz oder Anwendung [Felt02, 210]. Im Sinne der Informatik ist ein Dienst (Service) eine zusammenhängende Funktionalität zu einem Themenkomplex, die einem Rechner (Client) von einem oder mehreren anderen entfernten Rechnern (Server) über eine klar definierte Schnittstelle zur Verfügung gestellt wird.

Wenn ein Dienst dafür gedacht ist, mit Hilfe eines mobilen Gerätes von unterschiedlichen Orten aus genutzt zu werden, so wird dieser hier als *mobiler Dienst* (mobile service) bezeichnet. Dabei ist der Ort, an dem der Dienst genutzt werden kann oder soll im Allgemeinen nicht im Voraus genau bekannt. Üblicherweise werden für die Kommunikation drahtlose Kommunikationstechniken eingesetzt, beispielsweise UMTS oder WLAN. Die reine Transportleistung („Bit-Pipe") wird hier nur als ein Teil einer mobilen Dienstleistung angesehen, auch wenn der Begriff Dienst beispielsweise von Mobilfunkunternehmen so aufgefasst wird. Eine reine Transportleistung für Kommunikation wird hier als Basisdienst bezeichnet. Beispiele für solche Basisdienste sind der General Packet Radio Service (GPRS) und der Short Message Service (SMS).

Typen mobiler Dienste

Die mobilen Dienste können nach der Zielgruppe in zwei Typen eingeteilt werden (siehe Abbildung 3): Ein Unternehmen kann einen Dienst anbieten, um ihn selbst zu nutzen („Eigenbedarf", Typ I) oder um ihn Kunden zur Verfügung zu stellen („Fremdbedarf", Typ II) [ScSU03; StTe05]. Der Dienstanbieter muss für diese Einteilung den Dienst nicht selbst betreiben, er kann dazu auch einen (oder mehrere) Betreiber beauftragen. Das Ziel für die Bereitstellung von Typ I-Diensten kann beispielsweise die Verbesserung von Prozessen oder die Einsparung von Kosten sein.

Typ II-Dienste werden primär nicht für den Eigenbedarf bereitgestellt, sondern für Kunden. Bei den Kunden kann es sich sowohl um Privatanwender als auch um Geschäftskunden handeln. Typ II-Dienste lassen sich weiter danach unterscheiden, ob der mobile Dienst direkten oder indirekten Umsatz erzeugt. Direkter Umsatz entsteht, wenn die Kunden des Dienstanbieters direkt für die Nutzung bezahlen, beispielsweise einen monatlichen Pauschalpreis. Indirekter Umsatz entsteht zum Beispiel, wenn der Dienst Werbung für andere Produkte oder Dienstleistungen des Dienstanbieters ist oder wenn er innerhalb bereits bestehender Kundenbeziehungen zusätzlichen Service bietet.

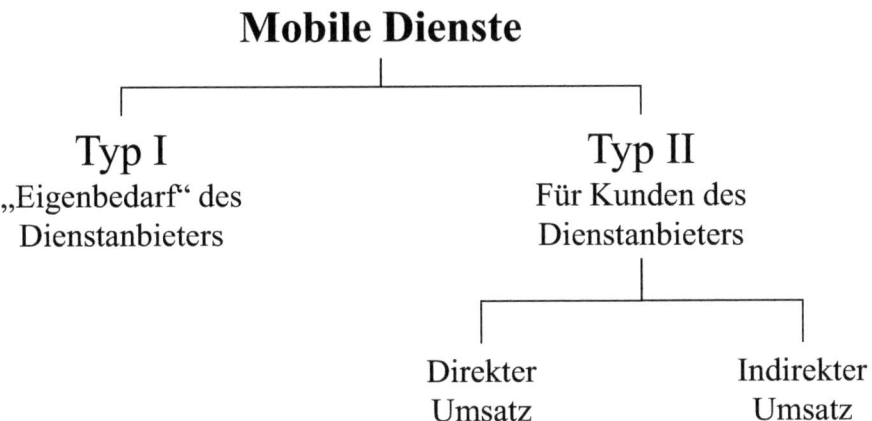

Abbildung 3:   Typen von mobilen Diensten

2.1.3   Mobiler Mehrwert

Die Nutzung von mobilen Geräten kann für verschiedene Aufgaben einen Mehrwert gegenüber der rein stationären Nutzung eines Computers haben. Im einfachsten Fall ergibt sich dieser Mehrwert allein daraus, dass man Informationen schon bekommen kann, während man noch unterwegs ist, und nicht erst am Schreibtisch im Büro. Die Abbildung 4 stellt die Potenziale der Nutzung von mobilen Technologien zur Verbesserung der betrieblichen Prozesse dar. Mit Hilfe eines mobilen Gerätes können Nischenzeiten produktiv genutzt werden. Durch den Einsatz der mobilen Geräte können Medienbrüche vermieden werden. Dies dient vor allem der Reduzierung von Fehlern und Kosten. Ebenso können einem reisenden Mitarbeiter benötigte Informationen mit Hilfe eines mobilen Gerätes zur Verfügung gestellt werden.

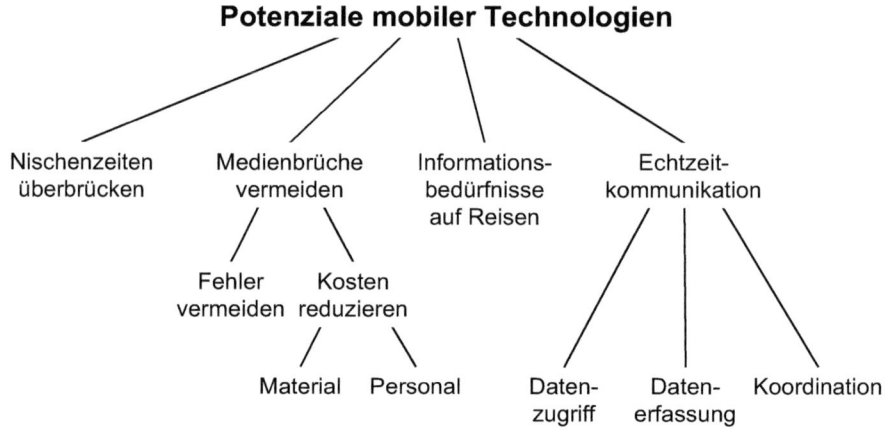

Quelle: [Deck08b], modifiziert

Abbildung 4:   Potenziale mobiler Technologien

Die bisher genannten Potenziale können auch ohne direkte Kommunikation durch die mobilen Geräte durch lokale Anwendungen und Daten unterstützt werden. Mittels Kommunikation können aber zusätzliche Möglichkeiten genutzt werden. Durch die Nutzung der mobilen Echtzeitkommunikation entstehen darüber hinaus zusätzliche Potenziale. Durch Dienste können Daten und Informationen aktuell aus den Datenbeständen des Unternehmens abgerufen oder direkt dorthin übertragen werden. Damit sind die Informationen aktueller und können früher in die Prozesse einfließen. Ebenso wird es möglich, zeitkritische Aktivitäten von Unterwegs zu koordinieren. All dies kann dabei helfen, die Prozesse zu verbessern.

Mobile Mehrwertdienste

Bringt der mobile Einsatz eines Dienstes einen Mehrwert gegenüber der stationären Nutzung, so wird dieser als Mehrwertdienst bezeichnet. Der Begriff Mehrwertdienst ist die deutsche Übersetzung des angelsächsischen „value-added service". Als „Added Value" bezeichnet man originär den Wertzuwachs durch intellektuelle Leistung. Im Umfeld der Telekommunikation werden unter „value-added services" virtuelle Dienstleistungen unter Nutzung der Funknetze verstanden. Rannu unterscheidet zwei Arten von „mobile value-added services": Zum einen die Dienste, welche zu existierenden Basisdiensten einen Mehrwert hinzufügen, zum anderen diejenigen, welche nach seiner Auffassung völlig unabhängig von Basisdiensten sind [Rann04a]. Allerdings stellt sich die Frage, wie diese Unabhängigkeit definiert ist, da die dort angeführten Beispiele mobile Payment und mobile Advertising nicht ohne die Basisdienste eines Funknetzbetreibers realisiert werden können. Pousttchi spricht von mobilen Mehrwertdiensten, „wenn über einen mobilen Datendienst Inhalte transportiert werden, die selbst einen monetären Wert haben" [Pous05, 9]. In dieser Definition fehlen jedoch diejenigen virtuellen Inhalte, welche keinen monetären bzw. monetär messbaren Wert haben, dem Nutzer aber einen Mehrwert bringen.

Unter einem *mobilen Mehrwertdienst* wird hier ein Dienst verstanden, welcher einem Nutzer unter Nutzung eines mobilen Gerätes und eines Basisdatendienstes eine Leistung bereitstellt, die dem Nutzer einen Mehrwert bietet. Dabei erfolgt die Kommunikation zwischen einem Menschen und einer Maschine mit Hilfe eines mobilen Gerätes. Reine Mensch-zu-Mensch-Kommunikation (z.B. E-Mail) oder Maschine-zu-Maschine-Kommunikation wird hier nicht zu den mobilen Mehrwertdiensten gerechnet. Die Bereitstellung der Basisdatendienste ist die Kernaufgabe eines oder mehrerer (Funk-)Netzbetreiber. Unter Verwendung dieser Basisdatendienste können Dienstanbieter ihre eigene virtuelle Dienstleistung bereitstellen.

Bei den Mehrwertdiensten kann zwischen zwei Stufen unterschieden werden. Die **erste Stufe** umfasst die einfachen Mehrwertdienste. Dies sind im wesentlichen Dienste, welche von der stationären Nutzung übernommen und ohne wesentliche inhaltliche Änderung für die Nutzung mit mobilen Endgeräten angepasst wurden. Diese Dienste sind in ihrer Darstellung so angepasst worden, dass diese gut (oder zumindest annehmbar) auf den meist kleineren Displays der mobilen Endgeräte darstellbar und bedienbar sind. Diese angepassten Dienste sind ebenso auf einem stationären PC sinnvoll nutzbar. Beispiele finden sich inzwischen viele: mobile.bahn.de, pda.leo.org, de.m.wikipedia.org usw.

Mobile Mehrwertdienste der **zweiten Stufe** nutzen die spezifischen Besonderheiten mobiler Geräte und mobiler Netze. Beispielsweise ist ein Barcodeleser an einem stationären PC im Unternehmen nicht in der Lage, das Barcodelabel an einer Maschine bei einem Kunden vor Ort einzulesen und dabei den aktuellen Standort der Maschine zu ermitteln. Werden Mobilfunknetze genutzt, ist der Nutzer über die SIM-Karte identifiziert, direkt erreichbar (Push-Kommunikation) und kann auf die mobilen Mehrwertdienste (nahezu) immer und überall zugreifen. Weiterhin existieren Möglichkeiten, den aktuellen Kontext des Nutzers einzubinden (beispielsweise den aktuellen Aufenthaltsort), um damit den mobilen Mehrwertdienst anzupassen und den Nutzer bei der Interaktion zu unterstützen. Näheres zum Begriff Kontext findet sich im Abschnitt 2.4.

Mobile Mehrwertdienste der zweiten Stufe sind zum Beispiel besonders dann von Vorteil,

- wenn zeitkritische Sachverhalte vorliegen, über welche der Nutzer direkt informiert werden muss,
- wenn ein Nutzer unterwegs ist und seine Informationsbedürfnisse in unbekannten Umgebungen befriedigen kann (Navigation, POI, usw.),
- wenn die Kontextinformationen des mobilen Gerätes genutzt werden oder
- ganz allgemein bei der Unterstützung von mobilen Arbeitern mit Informationen aus den aktuellen Daten des Unternehmens.

Ein Beispiel für einen mobilen Mehrwertdatendienst der zweiten Stufe ist ein Fahrplan für öffentliche Verkehrsmittel auf dem mobilen Gerät. Dieser kann realisiert werden, indem die dafür vorhandene Webanwendung im Layout an die Displays von mobilen Geräten angepasst wird. Der Nutzer muss wie am PC alle benötigten Daten wie Abfahrtsort, Zielort und ggfs. die gewünschte Abfahrtszeit mit den meistens umständlicheren Möglichkeiten des mobilen Gerätes eingeben. Damit ist ein Mehrwertdienst der ersten Stufe realisiert, wie es zum Beispiel die Deutsche Bahn AG anbietet[2]. Der Komfort für den Nutzer kann jedoch noch deutlich verbessert werden: Wird ein neuer mobiler Mehrwertdienst realisiert,

---

[2] Über http://mobile.bahn.de

welcher den Nutzer ortet und ein vorhandenes Profil des Nutzers verwendet, kann dies für den Nutzer sehr viel einfacher werden. Unter der Annahme, dass der Nutzer auf dem mobilen Gerät eine zeitnahe Verbindung sucht, können einige Eingaben entfallen. Die Positionsinformation des mobilen Gerätes kann dazu genutzt werden, geeignete naheliegende Abfahrtsorte in der Umgebung zu berücksichtigen. Diese muss der Nutzer nicht namentlich kennen und einzeln auswählen. Ebenso kann die Zeit, welche der Nutzer bis zum jeweiligen Abfahrtsort benötigt mit Hilfe der Positionsinformation geschätzt werden. Der momentane Aufenthaltsort gibt eventuell auch einen Hinweis auf das potentielle Ziel der Fahrt. In nahezu der Hälfte aller Fahrten im Nahverkehr ist die eigene Wohnung das Ziel. Die Information über die Wohnadresse des Nutzers lässt sich aus dem Profil (sofern vorhanden) entnehmen. Befindet sich das mobile Gerät des Nutzers nicht in näherer Umgebung seines Wohnortes ist dies mit hoher Wahrscheinlichkeit sein Ziel. Somit kann die Anwendung als „Ein-Klick-Anwendung" realisiert werden. Der Nutzer wählt den Dienst „Fahrplan" aus und bekommt die nächsten Fahrtmöglichkeiten zu seiner Wohnung angezeigt, ohne dass weitere Eingaben nötig sind. Sollte sich der Nutzer in der Nähe seiner Wohnung befinden, kann diesem eine Auswahl seiner häufigsten Zielorte angeboten werden. Selbstverständlich sollten alle Angaben wie Abfahrtsort, Zielort und Zeit in diesem Beispiel änderbar sein, aber nur als Option und nicht als zwingend nötige Eingaben. Damit wäre unter Nutzung der Kontextinformationen Zeit, Profil und Ort und davon abhängig die potenzielle Abfahrtszeit und das potenzielle Ziel, ein mobiler Mehrwertdienst der zweiten Stufe beschrieben.

2.2 Mobile Geräte

Ein portabler Computer, der als Endpunkt einer Verbindung drahtlos mit anderen IT-Systemen kommunizieren kann, ist ein mobiles Gerät im Sinne der vorliegenden Arbeit (in Anlehnung an [Kuhn04, 30]). Ein Computer wird hier als portabel bezeichnet, wenn dieser von einer einzelnen Person ohne größere körperliche Anstrengung getragen und genutzt werden kann und er über eine eigene netzunabhängige Stromversorgung verfügt (Akkumulator). Zusätzlich wird hier gefordert, dass der Computer mit der Möglichkeit zur Dateneingabe und -ausgabe für den Benutzer ausgestattet ist. Somit sind z.B. RFID, Smartcards und ähnliches keine mobilen Geräte im Sinne der obigen Definition, da sie oftmals keine eigene Stromversorgung haben und über keine Nutzerschnittstelle verfügen. Auch Computer in mobilen Maschinen ohne Nutzerschnittstelle gehören nicht dazu. Computer, welche den gleichen Nutzungszwecken dienen wie die mobilen Geräte, jedoch fest in mobilen Maschinen wie beispielsweise PKW, landwirtschaftlichen Maschinen usw. verbaut sind, gibt es vereinzelt. Diese bilden einen Graubereich, und könnten zu den mobilen Geräten hinzugerechnet werden. Hier werden sie jedoch nicht den mobilen Geräten zugeordnet, da sie nicht portabel sind.

Mobile Geräte sind heute aus unserem Alltag kaum noch wegzudenken. Durch die zunehmende Nutzung mobiler Geräte für eine Vielzahl von Aufgaben nehmen die Gerätevarianten ebenfalls zu. Die mobilen Geräte unterscheiden sich vor allem hinsichtlich ihrer Größe, ihrem Verwendungszweck, ihrer Ein- und Ausgabemöglichkeiten und ihrer Leistungsfähigkeit bei der Ausführung mobiler Anwendungen. Dennoch lassen sich gemeinsame Merkmale identifizieren.

2.2.1 Merkmale mobiler Geräte

Folgende Merkmale können zur Klassifizierung der Geräte verwendet werden [WaPi02, 52ff]:

Größe und Gewicht

Die Mobilität eines mobilen Gerätes wird maßgeblich durch seine Größe und sein Gewicht bestimmt. Die physische Größe richtet sich dabei im Wesentlichen nach den Anforderungen der Nutzer, die ein mobiles Gerät für ihre jeweiligen Aufgaben verwenden. Kleine Geräte sind komfortabler hinsichtlich des Transports, während große Geräte meistens mehr Eingabe- und Ausgabekomfort bieten. Je nach gewünschter Anwendung muss hier ein Kompromiss gesucht werden. Der integrierte Akkumulator trägt in der Regel erheblich zum Gesamtgewicht bei.

Eingabemöglichkeiten

Manche mobilen Geräte verfügen im Vergleich zu stationär installierten Systemen - bedingt durch die geringeren Abmessungen - über eingeschränkte Eingabemöglichkeiten. Dabei kann die Eingabe mit sehr unterschiedlichen Eingabegeräten erfolgen. Es gibt hierzu beispielsweise eine Tastatur, einen Stift, den Finger, Zeigegeräte (Joystick), Kippschalter oder Rädchen. Darüber hinaus kann die Eingabe über Sprache oder Gesten erfolgen. Manche Geräte können auch ohne direkte Interaktion durch den Nutzer zum Beispiel Gesichter oder QR-Codes erkennen und darauf reagieren. Ebenso können mobile Geräte auf akustische Muster reagieren [ZDF14] sowie mittels Druck- oder Beschleunigungssensoren Eingaben erhalten.

Ausgabemöglichkeiten

Eine Ausgabe kann visuell, akustisch oder taktil erfolgen. Im einfachsten Fall beschränkt sich eine visuelle Ausgabe auf eine Leuchtanzeige. Geräte mit verschiedenen Aufgaben sind für die Ausgabe üblicherweise mit Displays ausgestattet. Diese unterscheiden sich in Auflösung, Farbtiefe und Art der zugrunde liegenden Displaytechnologie. Akustische Ausgabe kann sich auf einzelne Signaltöne beschränken oder auch aus Sprachausgabe bestehen. Signaltöne haben dabei den Vorteil, dass diese schnell und ohne Blickkontakt zum Gerät erfasst werden können. Taktile Ausgabe wird schon lange für mobile Geräte verwendet, zum Beispiel die Signalisierung eines Anrufes durch Vibration des Mobiltelefons.

Leistungsfähigkeit

Die Leistung des Prozessors, die Größe des Datenspeichers sowie die Eingabe- und Ausgabemöglichkeiten sind für die Ausführbarkeit bestimmter mobiler Anwendungen ausschlaggebend. Die zunehmende Fähigkeit zur Nutzung multimedialer Anwendungen bedingt dabei einen deutlichen Zuwachs von Prozessorleistung und Speicherkapazität. Die Beschränkung auf wenige spezifische Fähigkeiten reduziert dagegen in der Regel den Speicherbedarf und die erforderliche Prozessorleistung deutlich.

Art der Verwendung

Bei der Verwendungsart können sogenannte Universalgeräte und Geräte für spezielle Anwendungen unterschieden werden. Universalgeräte wie beispielsweise Smartphones oder Tablets (siehe unten) lassen sich vielseitig einsetzen, sind auf der anderen Seite jedoch für manche spezielle Anwendungen nicht gut geeignet, da sie eine erforderliche Funktionalität nur sehr umständlich, unzureichend oder gar nicht zur Verfügung stellen. Spezialgeräte, wie z.B. GPS-Uhren, bieten nur eine sehr eingeschränkte Funktionalität, sind jedoch sehr effizient für ihre spezielle Aufgabe.

Kommunikationsmöglichkeiten

Für die Kommunikation der mobilen Geräte mit anderen Systemen gibt es eine Reihe verschiedener Möglichkeiten. Die drahtlose Datenübertragung kann dabei mittels unterschiedlicher Funktechnologien[3] erfolgen. Drahtgebundene Kommunikation (beispielsweise die regelmäßige Synchronisation über eine Andockstation mit einem stationären System) wird in der Klasseneinteilung nicht weiter betrachtet.

Stromversorgung

Die Mobilität eines Systems wird maßgeblich durch das Energiespeichervermögen seiner netzunabhängigen Stromversorgung (in der Regel ein Akkumulator) beeinflusst. Je länger ein Gerät ohne Netzanschluss betrieben werden kann, umso höher ist seine Mobilität. Dabei wird der sogenannte StandBy-Betrieb als ein spezieller Betriebsmodus verstanden.

Erweiterungsmöglichkeiten

Über Schnittstellen lassen sich mobile Geräte erweitern. Je mehr Schnittstellen verfügbar sind, umso vielfältiger kann ein System erweitert und eingesetzt werden. Dies sind z.B. Speichererweiterungen über Steckkarten oder Funktionserweiterun-

---

[3] Weitere Technologien wie z.B. infrarotes Licht, welches zwingend eine Sichtverbindung voraussetzt, werden hier nicht betrachtet.

gen über verbundene Zusatzgeräte. Inzwischen sehr verbreitet ist die Nutzung von Nahbereichs-Funktechniken wie beispielsweise Bluetooth. Zusatzgeräte müssen damit nicht mehr direkt in physischem Kontakt mit dem Hauptgerät sein.

Betriebssysteme

Mobile Geräte unterscheiden sich - ebenso wie beispielsweise Personalcomputer – in den eingesetzten Betriebssystemen. Üblicherweise werden mobile Geräte mit einem installierten Betriebssystem nutzungsfertig ausgeliefert. Es ist aber nicht nur bei mobilen Standardcomputern möglich, die Geräte mit alternativen Betriebssystemen auszustatten. Der Wechsel des Betriebssystems ist meistens von den Herstellern nicht vorgesehen und auch nicht gewünscht. In der Regel verliert der Nutzer die Gewährleistungsansprüche, wenn das vorinstallierte Betriebssystem ersetzt wird. Der Austausch eines Betriebssystems bei einem Smartphone verlangt einige Kenntnisse, kann jedoch mit entsprechenden Anleitungen von vielen Nutzern ausgeführt werden. Bei einigen anderen Geräteklassen ist dazu jedoch zusätzliche Hardware nötig. Die Unterschiede bei den Betriebssystemen sind für die folgende Einteilung in Geräteklassen nicht ausschlaggebend.

2.2.2 Geräteklassen

Im Bereich der mobilen Geräte gibt es eine Reihe verschiedener Typen. Sie unterscheiden sich in den oben aufgeführten Merkmalen Größe, Gewicht, Eingabe- und Ausgabefähigkeiten, Verwendungsart, Leistungsfähigkeit und Erweiterungsmöglichkeiten. Es gibt verschiedene Ansätze, die Geräte in unterschiedliche Klassen einzuteilen, siehe dazu zum Beispiel Nösekabel / Lehner [NöLe02, 130f] oder Roth [Roth05, 387ff]. Allen hier betrachteten Klassen gemeinsam sind die drahtlose Kommunikationsmöglichkeit und Einschränkungen bezüglich der unabhängigen Nutzungsdauer aufgrund der beschränkten Stromversorgung durch Akkumulatoren. Die Grenzen zwischen den verschiedenen Geräteklassen, werden von verschiedenen Autoren unterschiedlich gesehen und sind vielfach nicht trennscharf. Beispielsweise wird die Einteilung in Feature Phone und Smartphone bei manchen Autoren daran festgemacht, ob zusätzliche Software direkt durch das

Betriebssystem ausgeführt wird oder durch eine Laufzeitumgebung wie z.B. Java ME [BrZe08; Cana04a]. Diese Unterscheidung ist einerseits nicht direkt offensichtlich, andererseits gibt es Geräte, welche beides können.

In Anlehnung an Meier [Meie02, 92], jedoch mit einigen Erweiterungen, wurde eine Klasseneinteilung entwickelt, welche den Stand im Jahr 2007 gut widerspiegelte [ScDe08]. Um die zwischenzeitlichen Änderungen abzubilden, wurde auf dieser Basis eine erweiterte Klasseneinteilung entwickelt.

In der folgenden Klasseneinteilung werden Kriterien angegeben, welche es ermöglichen sollen, auch ohne eine vertiefte technische Analyse die Geräte in die angegebenen Klassen einzuteilen. Die inzwischen immer weiter zunehmende Vielfalt der Geräte und die fließenden Übergänge machen es jedoch schwer möglich, eine trennscharfe Klasseneinteilung anzugeben. Die Abbildung 5 gibt einen Überblick über die Gerätetypen und deren Zusammenhänge.

Mobiltelefone - Drahtlose Mobilcomputer

Historisch betrachtet gab es einige Zeit lang eine scharfe Trennung zwischen Mobiltelefonen, welche in den Mobilfunknetzen kommunizieren konnten (Simple und Feature Phone), und drahtlosen Mobilcomputern, welche andere drahtlose Kommunikationstechniken wie beispielsweise WLAN nutzten (Handheld, MID, mobile PC).

Mobile Geräte

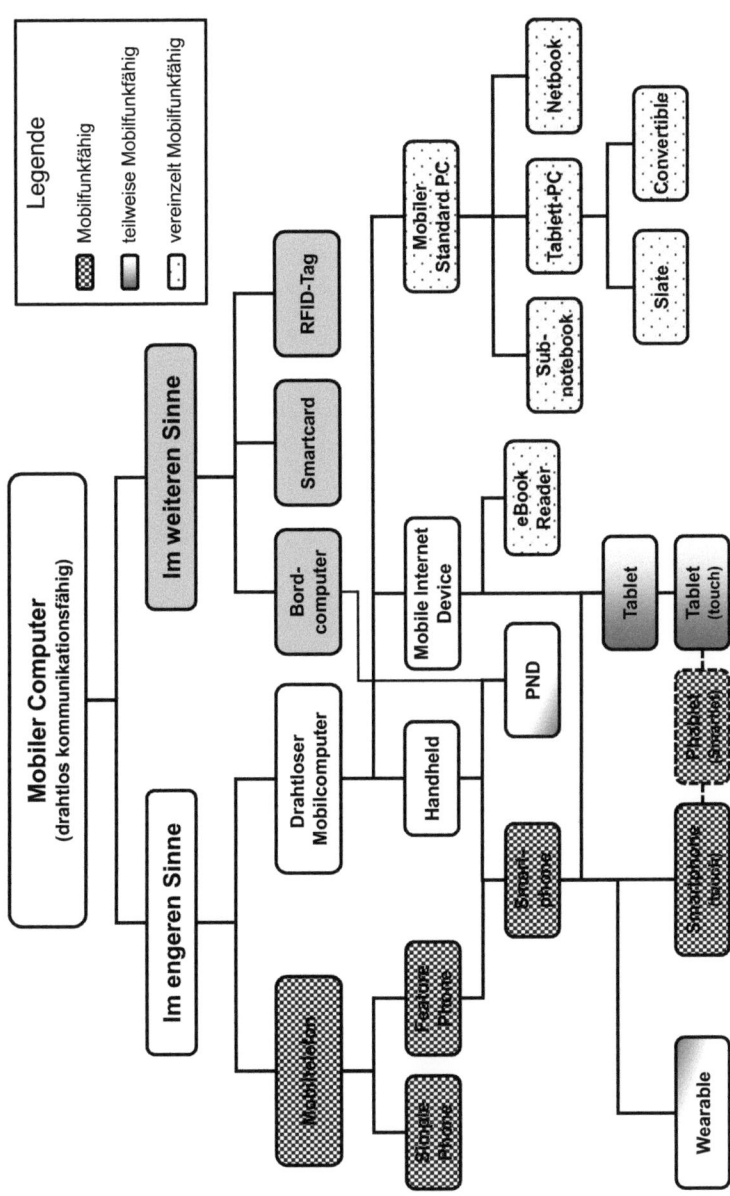

Quelle: [ScDe08], erweitert

Abbildung 5: Klasseneinteilung mobiler Geräte

Mobile Standard PC

Die drahtlosen mobilen Standardcomputer umfassen Laptops / Notebooks, Subnotebooks[4], Tablett-PC und Netbooks[5]. Auf mobilen Standardcomputern lassen sich die gängigen Desktop-Betriebssysteme einsetzen. Wesentliche Unterscheidungsmerkmale sind die Größe von Gehäuse und Display, das Gewicht, die Leistungsfähigkeit, die eingebauten Peripheriegeräte und die Bedienungsart der Geräte. Bei den Tablett-PC wird zwischen Geräten mit klappbarer oder drehbarer Tastatur (Convertible) und Geräten ohne Tastatur (Slate) unterschieden. Auch hier gibt es Geräte, bei welchen die Tastatur komplett vom Gerät getrennt werden kann. Diese stellen damit einen Hybrid zwischen den beiden Erscheinungsformen dar.

Es gibt inzwischen mobile Standardcomputer in all diesen Bauformen, welche eine eingebaute Mobilfunkfähigkeit und einen Einschub für eine SIM-Karte besitzen. Diese machen jedoch nur einen geringen Teil der vorhandenen Geräte aus. Die meisten mobilen Standardcomputer benötigen für die Kommunikation in Mobilfunknetzen eine Zusatzausstattung, welche üblicherweise über USB oder drahtlos verbunden wird. Für die mobilfunkfähigen Standardcomputer werden deshalb hier keine eigenen Klassen definiert.

Mobile Internet Device (MID)

Als Vorläufer der Tablets sind Mobile Internet Devices (MID) zu nennen. Diese haben eine sehr ähnlicher Geräte- und Displaygröße wie Tablett-PC, jedoch einen deutlich reduzierten Funktionsumfang. Diese Geräte sind in der Regel mit einem Betriebssystem im ROM ausgestattet und nach dem Einschalten sofort betriebsbereit. Die Hauptnutzungen sind Webbrowser und Client für Terminalserver-Sitzungen. Sie sind damit zur Erfüllung ihrer Aufgaben meistens auf eine ständige mobile Netzanbindung angewiesen. Diese wird üblicherweise über WLAN

---

[4] Subnotebook ist die Bezeichnung für ein besonders kleines und leichtes Notebook, das häufig in der Ausstattung an ein vollwertiges Notebook heranreicht, allerdings in der Regel auf optische Laufwerke verzichtet und die Tastatur verkleinert.

[5] Netbook bezeichnet ein kleines, kostengünstiges Notebook, welches leistungsschwächere und damit günstigere Komponenten verbaut hat.

realisiert. Die meisten MID sind wie die Tablett-PC über ein berührungsempfindliches Display zu bedienen. Es gibt auch Geräte, die über eine Tastatur verfügen.

Handhelds

Handhelds sind kleine Rechner, die - wie der Name schon andeutet - in einer Hand gehalten werden können. Sie werden auch als Personal Digital Assistent (PDA) bezeichnet. Historisch entstanden sind diese aus den reinen Organizern, die vorwiegend für Terminplanung und als Adressbuch eingesetzt werden konnten. Die Handhelds sind gegenüber den Organizern deutlich leistungsstärker und in der Regel mit multimedialen Fähigkeiten ausgestattet. Darüber hinaus können viele drahtlos kommunizieren. Für die Klasseneinteilung werden nur Handhelds betrachtet, welche Endpunkt einer drahtlosen Verbindung sein können. Die universeller einsetzbaren Handhelds sind mit einem Betriebssystem im ROM ausgestattet und sind nach dem Einschalten sofort betriebsbereit (wenn sie nicht komplett abgeschaltet wurden). Neben den im ROM vorinstallierten Programmen können vom Benutzer weitere Anwendungen im RAM - bzw. inzwischen überwiegend im Flash-EEPROM - installiert und vielfältige Erweiterungsgeräte angeschlossen werden. Handhelds verfügen in der Regel entweder über ein berührungsempfindliches Display und lassen sich mit einem Stift (oder den Fingern) bedienen, oder sie haben eine Buchstabentastatur und Navigationstasten dafür. Zunehmend gibt es auch Geräte, die mit beidem bedient werden können. Geräte werden nur als Handheld klassifiziert, wenn sie nicht (ohne Erweiterungen) in den Mobilfunknetzen kommunizieren können.

Simple Phones

Die einfachen Mobiltelefone (im Deutschen auch oft als Handy bezeichnet) sind primär für die Sprachkommunikation entwickelt worden. Textbasierte Kommunikation in Form von SMS gehört heute jedoch ebenfalls zu den Standardfähigkeiten der Mobiltelefone. Die Auflösung und Farbtiefe der Displays hat in der letzten Zeit stark zugenommen. Sie sind größer geworden, sind jedoch in der Regel deutlich kleiner als bei Feature Phones und Smartphones (s.u.). Der Funktionsumfang ist bei diesen Geräten nur in geringem Umfang durch Software erweiterbar, z.B. durch zusätzliche Klingeltöne, Bilder und multimediale Animationen, Spiele oder weitere Programme, wobei diese durch den verfügbaren Speicher und die Prozessorleistung stark beschränkt werden. Geräte der Klasse Simple Phones sind nicht in der Lage, paketorientierte Datenkommunikation über die Mobilfunknetze abzuwickeln (GPRS) - abgesehen von dem in die Mobilfunknetze integrierten Kurznachrichtendienst (SMS).

Feature Phones

Feature Phones sind Mobiltelefone mit in der Regel etwas größeren Abmessungen, größerem Display und erweitertem Funktionsumfang. Der primäre Nutzungszweck der Feature Phones liegt in der mobilen Kommunikation, wobei dies sowohl die Sprachkommunikation als auch die textbasierte Kommunikation (SMS, MMS, eMail usw.) einschließt. Kennzeichnend für diese Geräteklasse ist die Fähigkeit, zur mobilen Datenkommunikation über die Mobilfunknetze (GPRS). Die Eingabemöglichkeiten beschränken sich auf eine Zahlentastatur und einige wenige Zusatztasten. Vor allem bei Geräten, welche neben dem GSM-Standard auch UMTS nutzen können, sind zunehmend mobile Webbrowser und Wiedergabesoftware für multimediale Inhalte im Betriebssystem integriert. Diese Geräte sind durch das Einspielen von zusätzlicher Software in ihrem Funktionsumfang erweiterbar. Da viele Geräte dieser Klasse proprietäre herstellereigene Betriebssysteme haben, wird derzeit die meiste Zusatzsoftware auf Basis von Java ME angeboten, welche auf sehr vielen Feature Phones unterstützt wird.

Smartphones

Smartphones sind eine Entwicklung, welche eine Kombination aus Feature Phone und Handheld darstellt. Die ersten Smartphones haben sich aus diesen beiden Klassen heraus entwickelt. Einerseits kamen Handhelds auf den Markt, welche die Fähigkeit der Kommunikation über die Mobilfunknetze beherrschen und damit (nahezu) überall und „seamless"[6] Zugang zum Internet haben. Andererseits wurden Feature Phones um größere Displays und zusätzliche Eingabemöglichkeiten erweitert. Eine Eingabemöglichkeit kann ein berührungsempfindliches Display sein (welches mit den Fingern oder einem Stift bedient werden kann) oder eine vollständige Buchstabentastatur. Bei Smartphones kommen Betriebssysteme zum Einsatz, welche speziell für diesen Einsatzzweck entwickelt wurden. Diese sind im Flash-EEPROM installiert. Wenn die Geräte komplett ausgeschaltet waren, sind diese üblicherweise nach einer - im Vergleich zu Standard PC – kürzeren Zeit betriebsbereit. Üblicherweise werden Smartphones bei regelmäßiger Nutzung nur in einen Stand-by-Modus versetzt und sind somit nach dem Einschalten sofort betriebsbereit.

Tablets

Tablets sind eine Vergrößerung von Smartphones und greifen die Idee der MID mit berührungsempfindlichem Display wieder auf. Anfänglich gab es für Tablets eigene Unterarten der mobilen Betriebssysteme, inzwischen können für Smartphones und Tablets jedoch meistens identische Betriebssysteme verwendet werden. Unterschiede gibt es bei den vorinstallierten Anwendungen, so werden beispielsweise auf Tablets keine Anwendungen für die Telefonie vorinstalliert. Tablets gibt es oftmals in zwei unterschiedlichen Varianten, mit und ohne Mobilfunkfähigkeit, bei ansonsten gleicher Ausstattung.

Touch-Displays

Erst mit der Entwicklung von gut mit den Fingern bedienbaren Touch-Displays kam es zu einer starken Verbreitung von Smartphones und Tablets. Die Bedienung mit Stiften – welche leicht verloren gehen konnten – war weniger intuitiv und nicht so attraktiv. Vermutlich haben zu dieser Verbreitung im Markt auch das Aufkom-

---

[6] Damit ist gemeint, dass diese Geräte unbemerkt und ohne weitere Interaktion durch den Nutzer selbständig von einer Funkzelle in die nächste wechseln und somit den Eindruck einer einzigen großen Funkzelle erwecken.

men neuer Betriebssysteme und die damit einhergehenden massiven Werbemaßnahmen beigetragen.

Inzwischen existiert ein fließender Übergang zwischen Smartphones und Tablets. Die Geräte werden in vielen Größen zwischen etwa 8 cm und 25 cm Bildschirmdiagonale angeboten. Eine genaue Grenze zwischen den Geräteklassen Smartphone und Tablet gibt es nicht. Teilweise werden Geräte in den nicht eindeutig zuordenbaren Zwischengrößen mit der Wortkreuzung Phablet (aus *Ph*one und T*ablet*) bezeichnet.

Personal Navigation Device (PND)

Es gibt einige Spezialgeräte, welche viele Anwender gefunden haben und deshalb in die Klasseneinteilung aufgenommen wurden. Ein erstes Beispiel dafür sind Navigationsgeräte zur Ortsbestimmung und Wegeführung. Die meisten PND sind nur eingeschränkt kommunikationsfähig, da diese nur Daten empfangen, aber keine senden. Für die Ortung werden Signale von mehreren Satelliten genutzt. Das Global Positioning System (GPS) der USA ist schon seit vielen Jahren im Einsatz und kann weltweit ohne Nutzungsgebühren verwendet werden [Roth05, 284ff]. Inzwischen ist auch das Russische GLONASS-System wieder voll einsatzfähig [IAC14], wird aber kaum von in Deutschland erhältlichen PND genutzt. Ab 2015 soll auch das zivile europäisch geführte Galileo-System in einer ersten Version kostenfrei zur Verfügung stehen (siehe 2.4.2 Ortung).

Die größte Verbreitung haben PND zur Nutzung im Straßenverkehr gefunden. Viele dieser PND empfangen mit den UKW-Radiosignalen den Traffic Message Chanel (TMC). Dieser enthält Information über die aktuelle Verkehrslage. Damit können dem Nutzer gegebenenfalls entsprechend angepasste Routenvorschläge gemacht werden. Die PND in Fahrzeugen nutzen oftmals die Stromversorgung des Fahrzeuges, so dass die beschränkten Akkukapazitäten auch bei längerer Nutzung keine Einschränkung darstellen. Einige PND sind in der Lage, bidirektional über die Mobilfunknetze zu kommunizieren und dadurch weitere Informationen abzurufen um die Routenführung zu optimieren oder Zusatzinformationen bereitzustellen.

Genutzt werden können diese Ortungsinformationen durch alle Geräte, welche die notwendigen Komponenten enthalten. Das sind ein Empfänger für die Satellitendaten, ein Computer für die Berechnung der Ortung und ein Display für die Informationsdarstellung sowie gegebenenfalls ein Lautsprecher für die Sprachausgabe. Damit können mobile Geräte wie beispielsweise Smartphones oder Handhelds ebenso als PND genutzt werden, gegebenenfalls durch die Anbindung eines eigenständigen Empfängers für die Satellitenortung, welcher als Zubehör verfügbar ist.

eBook Reader

Eine weitere verbreitete Geräteart für eine Spezialaufgabe sind eBook Reader. Diese können elektronischer Bücher und andere Textdokumente speichern und wiedergeben. Die Größe dieser Geräte ist an die Größe von Buchseiten angelehnt. Die Bildschirmdiagonalen betragen meistens ungefähr 15 cm, es gibt auch eBook Reader mit rund 10 cm oder auch rund 20 cm Bildschirmdiagonale. Am weitesten verbreitet sind Geräte mit einem sogenannten elektronischen Papier (ePaper) [NaSL14, 605]. Dabei erfolgt die Darstellung in Graustufen durch Elektrophorese. In Mikrokapseln sind positiv geladene weiße Partikel und negativ geladene schwarze Partikel in einem transparenten zähflüssigen Polymer enthalten. Durch kurzzeitiges Anlegen einer elektrischen Spannung kann die Darstellung verändert werden. Diese bleibt mehrere Wochen lang unverändert. Es wird also nur für die Änderung der Darstellung Strom benötigt. Während der Zeit des Lesens einer Seite wird daher nahezu kein Strom benötigt. Das verlängert die Akkulaufzeiten beträchtlich. Zusätzlich hat die Darstellung mit einer passiven (nichtleuchtende) Anzeige Vorteile beim Lesen im hellen Licht, da keine Spiegelungen auf dem Bildschirm auftreten.

Viele eBook Reader kommunizieren über WLAN, um Verbindung zu elektronischen Buchläden oder dem heimischen Computer aufzunehmen und darüber Bücher zu laden. Es gibt einige wenige Geräte, welche über die Mobilfunknetze kommunizieren können, dies hat sich bisher jedoch nicht breit am Markt durchgesetzt.

Geräte wie beispielsweise Tablets können mit dafür geeigneten Anwendungen ebenfalls für das Lesen von elektronischen Büchern verwendet werden. Allerdings entfallen hier die Vorteile der langen Akkulaufzeiten und der Spiegelfreiheit. Meistens sind eBook Reader auch leichter als vergleichbar große Tablets, dafür bieten Tablets viele andere Verwendungsmöglichkeiten, welche bei eBook Readern nicht gegeben sind.

Wearables

Unter Wearables versteht man Computer, welche der Nutzer mit sich führt und nutzt, ohne diese in der Hand halten zu müssen. Sie sind während der Anwendung am Körper oder der Kleidung des Nutzers befestigt. Die Befestigung am Körper geschieht dabei meist in Form eines schmückenden Accessoires, wie beispielsweise als Uhr oder als Brille. Diese kommunizieren in vielen Fällen mittels Nahbereichskommunikation mit einem Smartphone und sind somit quasi eine Erweiterung. Beispielsweise können sogenannte Smartwatches als ein zweiter Bildschirm des Smartphones fungieren. Hier werden kompakte Informationen des Smartphones angezeigt, wie beispielsweise der Eingang einer Textnachricht. Sie können aber auch eigenständig agieren, beispielsweise in dem die Smartwatch als kleine Spielkonsole genutzt wird. Es gibt auch Wearables, welche als sogenannte Handy-Uhr über die Mobilfunknetze kommunizieren können, so dass ein Nutzer kein Smartphone mehr benötigt, um damit zu telefonieren oder Kurznachrichten zu empfangen.

Hoch mobile Geräte

Mobile Standard PC, welche nicht über einen berührungsempfindlichen Bildschirm gesteuert werden, benötigen in der Regel eine Abstellfläche um komfortabel genutzt zu werden - auch wenn dies manchmal die Oberschenkel eines oder einer Sitzenden sind. Daraus resultiert üblicherweise eine sogenannte „nomadische" Nutzung. Das bedeutet, dass diese an einem Ort abgestellt und genutzt werden. Dann erfolgt ein Transport an einen neuen Ort. Während des Transports werden die Geräte nicht bedient, sondern erst wieder am neuen Abstellort.

Dem gegenüber können *hoch mobile Geräte* üblicherweise auch beim Stehen und evtl. auch im Gehen bedient und genutzt werden. Sie können üblicherweise mit einer Hand gehalten und mit der anderen Hand über Tasten oder den Bildschirm bedient werden. Geübte Nutzer können diese Geräte auch mit zwei Händen bedienen (und gleichzeitig festhalten), beispielsweise beim Schreiben von Texten auf einem Smartphone. In dieser Arbeit werden Mobiltelefone und drahtlose Mobilcomputer, ohne mobile Standard PC, als hoch mobile Geräte bezeichnet.

2.3 Smartcards

Üblicherweise versteht man unter Smartcards Kunststoffkarten in genormten Größen, die mit einem Mikrochip ausgestattet sind [LaRo10, 33]. Bekannte und verbreitete Smartcards sind beispielsweise Bankkarten, SIM-Karten oder der neue Personalausweis (nPA). Neben der Form als Kunststoffkarten gibt es weiter Bauformen, welche ebenso als Smartcards bezeichnet werden können. Hierzu zählen unter anderem Smartcards, welche über Standardschnittstellen wie USB, SD oder μSD mit einem mobilen Gerät verbunden werden können. Smartcards haben viele Anwendungsbereiche. Diese reichen von einer einfachen Identifizierungsfunktion über Speicherfunktionen bis hin zu multifunktionalen Bankkarten oder komplexen Sicherheitskarten mit Kryptografiefunktionen.

Smartcards können als Speicherkarte oder als Prozessorkarte ausgeführt sein. Speicherkarten können neben dem Speicher eine Zugriffslogik enthalten. Dies können Zähler, Authentifizierung oder eine beschränkte Beschreibbarkeit sein. Prozessorkarten enthalten einen Mikrocontroller (Prozessor) und Software, welche auch als Firmware bezeichnet wird da diese fest (engl.: firm) mit der Hardware verbunden ist. Die Software bestimmt die Funktionalität der Prozessorkarte. Neben dem Prozessor können noch weitere Hardwarekomponenten hinzukommen, wie beispielsweise ein kryptografischer Prozessor, ein Zufallszahlengenerator oder eine Speicherverwaltungseinheit (MMU, Memory Management Unit).

Smartcards benötigen eine Kommunikationsschnittstelle. Diese kann kontaktbehaftet oder kontaktlos sein. Für diese Schnittstellen gibt es viele verschiedene

Protokolle, bei den kontaktbehafteten beispielsweise USB oder SDIO. In den meisten Fällen haben Smartcards keine eigene Stromversorgung. Deshalb muss über die Kommunikationsschnittstelle auch die Stromversorgung sichergestellt werden. Das ist bei den im direkten Kontakt verbundenen Karten relativ einfach, bei den kontaktlosen Karten schwieriger. Bei den kontaktlosen Karten wird die benötigte Versorgungsenergie meistens mittels Induktion übertragen.

Smartcards mit Sicherheitsfunktionen müssen gegen Angriffe geschützt sein, da darauf sicherheitskritische Informationen gespeichert oder verarbeitet werden. Vorrangig sind hier Manipulationen am Mikrochip zu nennen. Vorkehrungen gegen die Manipulation von Smartcards umfassen beispielsweise ein spezielles Layout der Leiterbahnen, um die Analyse mit einem Elektronenmikroskop erheblich komplexer zu machen. Es werden teilweise Pseudo-Rechenoperationen verwendet, um auf Zeit-und Stromverbrauchsmessungen basierende Seitenkanal-Angriffe zu verhindern.

Eine andere Art von Angriffen beruht auf der Veränderung der Betriebsbedingungen um die Funktion des Mikrochips zu stören. Durch bewusst unzulässige Betriebsbedingungen (beispielsweise eine erhöhte Taktfrequenz, zu geringe Betriebsspannung, unzulässige Umgebungstemperatur) können Fehlfunktionen ausgelöst werden, so dass Teile des vorgesehenen Programms nicht vollständig ausgeführt werden. Dadurch ist es möglich, dass die Smartcard zum Beispiel geheime Daten (insbesondere Schlüsselmaterial) preisgibt oder Zähler nicht ausgeführt werden. Auch zerstörende Angriffe wie beispielsweise das Aufätzen des Chips sind möglich. Dadurch können elektrische Signale direkt vom Chip abgegriffen werden. Angriffe dieser Art werden unter dem Begriff Microprobing zusammengefasst [Hiat80]. Um solche Angriffe abzuwehren, enthalten Smartcards teilweise Sensoren, welche unzulässige Betriebszustände erkennen. Die Programmierung kann dann dafür sorgen, dass gegebenenfalls geheime Daten gelöscht werden oder die Smartcard sich selbst funktionsunfähig macht.

Weitere Angriffe wie beispielsweise durch Ausnutzen von Softwarefehlern, Einschleusen von Schadcode in den Herstellungsprozess oder soziale Attacken sind ebenfalls möglich, aber keine spezifischen Angriffe für Smartcards.

Detailliertere Informationen zu Smartcards finden sich beispielsweise im „Handbuch der Chipkarten" [RaEf08].

2.4 Kontext

2.4.1 Definition

Dey definiert Kontext als jede Information, welche genutzt werden kann, um die Situation einer Entität zu charakterisieren [Dey01]. Chen und Kotz definieren Kontext als „[...] the set of environmental states and settings that either determines an application's behaviour or in which an application event occurs and is interesting to the user" [ChKo00].

Im Vergleich zu Desktop-Computern ist die Datenein- und ausgabe bei hoch mobilen Geräten in vielen Fällen weniger komfortabel, bedingt durch die anders gestalteten Nutzerschnittstellen. Um die daraus entstehenden Nachteile zu kompensieren, ist eine erweiterte Unterstützung des Nutzers bei der Interaktion mit mobilen Anwendungen hilfreich. Eine Form dieser Unterstützung ist die Auswertung von relevanten Kontextinformationen und eine Anpassung der Anwendung mit Hilfe der Kontextinformationen. Diese Anpassungen können beispielsweise dazu dienen, dem Nutzer andere oder eingeschränkte Informationen zu präsentieren, die Darstellung anzupassen oder Eingaben zu vermeiden, weil benötigte Informationen aus den Kontextinformationen abgeleitet werden können. Kontextinformationen können nicht nur lokal auf dem mobilen Endgerät Veränderungen bewirken, sie können auch an Server übertragen werden, welche daraufhin ihrerseits auf Basis der Kontextinformationen geänderte Funktionalitäten bereitstellen.

Im Sinne dieser Arbeit sind relevante Kontextinformationen alle Informationen, die bewusst dazu verwendet werden können, den Nutzer bei der Interaktion mit den mobilen Anwendungen zu unterstützen. Allerdings sind zur Laufzeit einer mobilen Anwendung oftmals nicht alle wünschenswerten Kontextinformationen für die Auswertung durch mobile Dienste verfügbar, so dass die relevanten

Kontextinformationen auf die explizit zur Laufzeit eines Dienstes vorliegenden nutzbaren Kontextinformationen eingeschränkt werden müssen. Zur Vereinfachung werden in dieser Arbeit im Weiteren unter dem Begriff Kontextinformationen (sofern nicht explizit anders angegeben) die relevanten vorliegenden nutzbaren Kontextinformationen verstanden.

Einige Kontextinformationen wie zum Beispiel der Aufenthaltsort, die Lautstärke der Umgebungsgeräusche und so weiter liegen in der Regel nicht für den Nutzer vor, sondern nur für das mobile Gerät. Den kontextsensitiven mobilen Anwendungen liegt jedoch die nahe liegende und meistens zutreffende Vermutung zugrunde, dass der Gerätekontext dem Nutzerkontext entspricht.

2.4.2 Ortung

Die wohl prominenteste Form von Kontextinformation ist der „Aufenthaltsort des Nutzers". Dieser wird durch Ortung gewonnen und kann beispielsweise für die sogenannten „Location Based Services" dazu verwendet werden, dem Nutzer nur genau die Informationen zu präsentieren, die in Bezug auf seine gegenwärtige Position hilfreich sind (z.B. Navigationsdienst oder Touristenführer).

Unter Ortung versteht man in diesem Zusammenhang die Ermittlung der Position eines Benutzers unter der Annahme, dass die Position des Benutzers mit der des mobilen Endgerätes übereinstimmt, da meistens nur dieses geortet werden kann. Die Genauigkeit dieser Ortung ist abhängig von der verwendeten Technologie und kann zwischen wenigen Zentimetern und mehreren Kilometern schwanken. Bei den Ortungsverfahren kann aus Sicht eines mobilen Gerätes zwischen zwei grundlegend verschiedenen Verfahren unterschieden werden: Fremdortung und Eigenortung [TuPo04, 73].

Fremdortung

Erfolgt die Ortung aus Sicht des mobilen Endgerätes passiv, d.h. das Gerät wird geortet, beispielsweise durch den Mobilfunknetzbetreiber, spricht man von „Tracking". Die vom Mobilfunknetzbetreiber gewonnene Information kann anschließend an das mobile Endgerät übertragen und dort als Information oder zur Anpassung von mobilen Anwendungen genutzt werden [Roth05, 276]. Ebenso wird diese Information vom Mobilfunknetzbetreiber für den Betrieb des Mobilfunknetzes genutzt oder kann an Dritte übertragen werden.

Eigenortung

Erfolgt die Ortung aktiv, das heißt das mobile Gerät ortet sich selber mit Hilfe von Sendern oder Baken, spricht man von „Positioning". Im Gegensatz zur Fremdortung ist die Ortungsinformation bei der Eigenortung direkt im mobilen Endgerät verfügbar [Roth05, 276].

Zur Durchführung der Ortung gibt es verschiedene Verfahren. Inzwischen weit verbreitet und in vielen Smartphones und Tablets Verfügbar ist eine Satellitenortung. Diese Verfahren sind der Eigenortung zuzuordnen, da die Satelliten permanent Signale abstrahlen und die mobilen Geräte diese empfangen und für die Berechnung der Position verwenden. Die dafür meistens verwendeten Systeme sind das US-Amerikanische NAVSTAR-GPS [Capd14, 666ff; DoHä10, 177ff] und das Russische GLONASS [Capd14, 678ff; DoHä10, 245ff]. Auch die Europäer wollten schon 2008 ein eigenes Satellitennavigationssystem GALILEO in Betrieb haben [TuPo04, 75]. Nach Angaben der Europäischen Kommission von 2014 soll das System ab 2015 nutzbar [EuKo14a] und ab 2020 voll einsatzfähig sein [EuKo14b].

Neben der Satellitenortung, welche in der Regel nur im Freien funktioniert, gibt es netzwerkgestützte Verfahren sowie verschiedene Verfahren für begrenzte Gebiete, welche üblicherweise innerhalb von Gebäuden zum Einsatz kommen [Roth05, 278]. Bei den netzwerkgestützten Verfahren werden Mobilfunknetze oder andere Funknetze - meistens WLAN - verwendet. Die Mobilfunknetze benötigen für den Betrieb eine grobe Ortung der Mobilfunkgeräte, somit fällt die Ortungsinformation zwangsweise an. Diese Ortung kann mit speziellen Verfahren ggfs. noch präzisiert und für zusätzliche Dienste oder zur Weitergabe an Dritte genutzt werden. Dieses Ortungsverfahren ist der Fremdortung zuzuordnen, da das mobile Gerät hier nur passiv beteiligt ist. Der Nutzer eines mobilen Gerätes hat ohne

Unterstützung des Mobilfunknetzbetreibers keinen Zugriff auf diese Ortungsinformation. Somit ist dieses Fremdortungsverfahren deutlich resistenter gegen eine Manipulation durch den Nutzer als Eigenortungsverfahren, welche durch die mobilen Geräte durchgeführt werden.

Detailliertere Beschreibungen und nähere Erläuterungen zu Ortungsverfahren finden sich beispielsweise bei Roth [Roth05, 274ff] oder Küpper [Küpp05, 123ff].

2.4.3 Klassifikation

Kontextinformationen können aus unterschiedlichen Quellen gewonnen werden. Sie können sich auf einen Nutzer beziehen, aber auch auf eine Gruppe von Personen, eine Region oder dergleichen mehr. Die Gültigkeit einer Kontextinformation kann sich auf sehr kurze Zeiträume beschränken (beispielsweise die aktuelle Uhrzeit) oder auch auf sehr lange Zeiträume beziehen (bspw. Höchstgeschwindigkeit innerorts). In der folgenden Tabelle 1 wird eine Einteilung nach den Dimensionen öffentlich / persönlich und statisch / dynamisch vorgenommen und mit Beispielen verdeutlicht.

Öffentlicher Kontext hat keinen Bezug zu einer Person oder einer Personengruppe. Diese Kontextinformationen sind auch ohne Kenntnis der Identität des jeweiligen Nutzers nutzbar und können anonymisiert, ohne Mithilfe eines mobilen Gerätes erhoben werden. Für die Bestimmung von **persönlichem Kontext** muss entweder die Identität des Nutzers bekannt sein, oder es müssen Informationen von Sensoren aus dem direkten Umfeld des Nutzers vorliegen. Hierzu bietet sich die Verwendung von mobilen Geräten an, da sich die Geräte während der Nutzung meistens in unmittelbarer Nähe des Nutzers befinden.

Kontextdimensionen c_{ij} (Beispiele)	Öffentlich c_{i1}	Persönlich c_{i2}
Statisch c_{1j}	c_{11} (Währung, Zeitformat, Netzfrequenz)	c_{12} (Geschlecht, Geburtsdatum, Vorname)
Semistatisch c_{2j}	c_{21} (Jahreszeit, Öffnungszeiten, Fahrplan)	c_{22} (Steuerklasse, berufliche Tätigkeit, Anzahl der Kinder)
Dynamisch c_{3j}	c_{31} (Wetterlage, Verkehrssituation, Verspätungen der Bahn, Aktienkurse)	c_{32} (Aufenthaltsort, Umgebungsgeräusche, Termin im Kalender, Übertragungsrate)

Quelle: [BDKS05; BDSH05; BDSK07], modifiziert

Tabelle 1: Kontextdimensionen

Die Gültigkeitsdauer von ermittelten Kontextparametern kann sehr unterschiedlich sein. **Statische** Kontextparameter ändern sich nicht beziehungsweise äußerst selten wie beispielsweise die Muttersprache oder die Landesgrenzen. **Semistatische** Kontextparameter ändern sich gelegentlich, allerdings nur in größeren Zeitabständen von mehreren Wochen bis hin zu Jahren. Beispiele hierfür sind der Familienstand oder der Mehrwertsteuersatz. **Dynamische** Kontextparameter können sich sehr oft ändern, teilweise sogar permanent. Hier können Wechselkurse, aktuelle Bewegungsgeschwindigkeit und momentane Sonnenintensität an einem Ort als Beispiele genannt werden.

Das letzte Beispiel zeigt, dass für die zielgerichtete Bestimmung von einigen öffentlichen Kontextparametern die vorhergehende Bestimmung eines persönlichen Kontextparameters benötigt wird. So ist zum Beispiel die aktuelle Wettersituation in einer bestimmten Stadt ein öffentlicher Kontextparameter, während die Stadt, in der sich ein Nutzer gerade aufhält, ein persönlicher Kontextparameter ist. Hier wird nochmal die herausragende Stellung der Kontextinformation „aktueller Aufenthaltsort" eines Nutzers deutlich. Viele andere dynamische öffentliche Kontextinformationen hängen davon ab, wie beispielsweise die aktuelle Ortszeit oder die momentane Niederschlagsmenge.

Für die Nutzung von Kontextinformationen zur Zugriffskontrolle finden überwiegend nur persönliche dynamische Kontextinformationen (c_{32}) und davon abhängige öffentliche Kontextinformationen (c_{31}) Verwendung.

2.5 Zugriffskontrollmodelle

Das Ziel einer Zugriffskontrolle (Access Control) ist es, die Aktionen (auch Operationen genannt) einzuschränken, welche ein zugelassener Benutzer mit einem Computersystem ausführen kann [SaSa94]. Damit soll verhindert werden, dass Computersysteme unerwünscht genutzt werden.

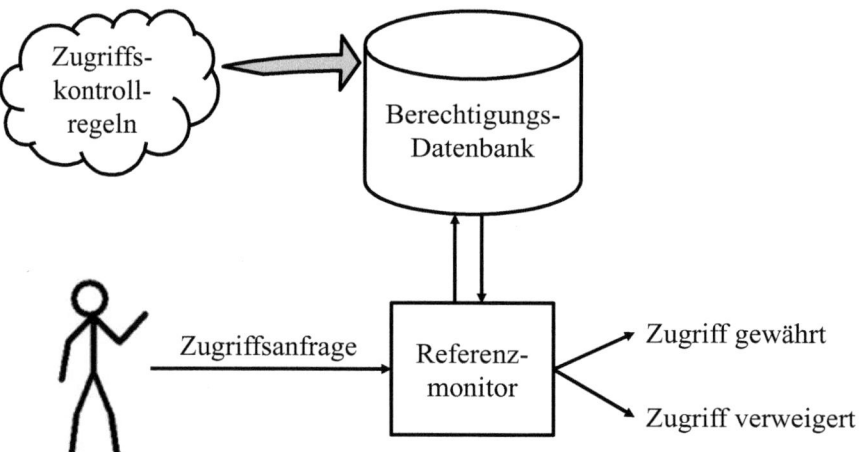

Quelle: [Ferr10, 5], modifiziert

Abbildung 6:   Grundlegende Komponenten einer Zugriffskontrolle

Zugriffskontrollmodelle 53

Abbildung 6 illustriert die grundsätzliche Funktionsweise einer Zugriffskontrolle. Wenn der Nutzer eine Zugriffsanfrage stellt, muss der sogenannte Referenzmonitor entscheiden, ob der Zugriff gewährt wird oder nicht. Dazu nutzt er eine Berechtigungsdatenbank. In dieser sind die Zugriffskontrollregeln so abgespeichert, dass der Referenzmonitor damit die Zugriffsentscheidung treffen kann. Die Abbildung 6 dient dem logischen Verständnis und ist nicht als Architektur zu verstehen, da die Implementierung der Zugriffskontrolle sehr unterschiedlich erfolgen kann.

Zur Modellierung der Regeln für die Zugriffskontrolle werden *Zugriffskontrollmodelle (ZKM)* verwendet. Aufgabe eines Zugriffskontrollmodells ist es zu entscheiden, ob ein Nutzer zur Ausführung einer bestimmten *Operation* mit einem bestimmten *Objekt* berechtigt ist. Beispiele für Objekte sind Dateien, Datenbanken, Datenfelder und auch Ressourcen wie Drucker, Festplatten, Webservices und dergleichen. Übliche Operationen sind z.B. lesen, schreiben, löschen, ändern usw. Der Nutzer ist dabei das aktive Element und wird *Subjekt* genannt. Eine *Aktionserlaubnis* verknüpft ein Objekt mit einer Operation. Zugriffskontrollmodelle legen für jedes Subjekt fest, welche Aktionserlaubnisse es hat. Im Folgenden werden die drei wichtigsten generischen Zugriffskontrollmodelle kurz skizziert.

2.5.1 *Discretionary Access Control (DAC)*

Discretionary Access Control (DAC) kann ungefähr mit „benutzerbestimmbare Zugriffskontrolle" übersetzt werden, da die Entscheidung über einen Zugriff nur von der Identität des anfragenden Nutzers abhängt. Das Grundprinzip dieses Zugriffskontrollmodells besteht darin, dass ein Subjekt (bspw. Nutzer), welches ein Objekt (bspw. Daten) erzeugt hat, über alle Rechte an diesem Objekt verfügt und diese nach eigenem Ermessen an andere Subjekte weitergeben kann [Lamp74]. Die Nutzungsrechte werden dabei getrennt für verschiedene Operationen vergeben, beispielsweise lesen, schreiben oder ausführen. Der Besitzer eines Objektes kann auch das Recht zur Vergabe von Rechten oder den Besitz an einem Objekt an ein anderes Subjekt weitergeben.

Diese Art der Zugriffskontrolle lässt sich als Matrix darstellen (siehe Abbildung 7), in der in den Zeilen die Subjekte, in den Spalten die Objekte und in den Matrixelementen die erlaubten Operationen stehen [SaSa94].

	Datei 1	Datei 2	Dienst 1
John	lesen	schreiben	
Alice	lesen, schreiben		ausführen
Bob	lesen	lesen, schreiben	

Quelle: [SaSa94], modifiziert

Abbildung 7:   Zugriffsmatrix

Um die Festlegung von Rechten zu vereinfachen, kann die Zugriffskontrolle so erweitert werden, dass mehrere Nutzer in eine Gruppe aufgenommen werden können. Eine Gruppe tritt dabei im System ebenfalls als Subjekt auf. Somit können Rechte ebenfalls an eine Gruppe vergeben werden. Damit verfügt jeder in der Gruppe eingetragene Nutzer über dieses Recht. Manche Zugriffskontrollmodelle erlauben darüber hinaus, dass Gruppen wiederum in Gruppen aufgenommen werden können (beispielsweise das Dateisystem NTFS von Microsoft).

2.5.2 Mandatory Access Control (MAC)

Mandatory Access Control (MAC) lässt sich mit „verpflichtender Zugangskontrolle" übersetzen. Bell und LaPadula haben das DAC-Modell von Lampson um Sicherheitsstufen erweitert [BeLa76]. Dabei wird eine Menge von Sicherheitsstufen mit einer totalen Ordnung eingeführt, beispielsweise Öffentlich, Vertraulich, Geheim, Streng_Geheim. Dabei ist Streng_Geheim die höchste Sicherheitsstufe, öffentlich die niedrigste. Den Subjekten und Objekten wird jeweils eine dieser Sicherheitsstufen zugewiesen. Dazu kommen zwei Regeln:

- Ein Subjekt darf nur dann ein Objekt lesen, wenn die Sicherheitsstufe des Objektes nicht höher ist als die des Subjektes (no read up).
- Ein Subjekt darf nur dann (in) ein Objekt schreiben, wenn die Sicherheitsstufe des Objektes mindestens so hoch ist wie die des Subjektes (no write down).

Beispielsweise darf ein Nutzer, der sich auf der Stufe Geheim befindet, lesend auf Objekte der Stufen Öffentlich, Vertraulich und Geheim zugreifen, während ihm der Zugriff auf Objekte der Sicherheitsklasse Streng_Geheim verwehrt wird. Schreibend darf er nur auf Objekte der Stufen Geheim und Streng_Geheim zugreifen. Mit diesen Regeln wird sichergestellt, dass keine Informationen aus Bereichen mit einer höheren Sicherheitsstufe in Bereiche mit einer niedrigeren Sicherheitsstufe gelangen können.

Eine Umkehrung des Bell-LaPadula-Modells ist das Modell von Biba [Biba77]. Durch die Umkehrung der Regeln wird sichergestellt, dass höher klassifizierte Objekte nicht durch niedriger klassifizierte Subjekte manipuliert werden können

Bei MAC handelt es sich um ein Zugriffskontrollmodell, das vor allem in Hochsicherheitseinrichtungen, wie Militär oder Geheimdiensten, verwendet wird. In zivilen Computersystemen hat es keine besonders hohe Verbreitung, da es einige gravierende Mängel aufweist und deshalb nur stark eingeschränkt einsetzbar ist [Ecke14, 285ff]. Unter der Bezeichnung Multi-Level Security wird das Bell-LaPadula-Modell in einigen Betriebssystemen umgesetzt [Ecke14, 284]. Beispielsweise implementiert SELinux (Security-Enhanced Linux) die Zugriffskontrollen auf Ressourcen im Sinne von MAC [ChMi14]. Einer der Hauptentwickler von SELinux ist die amerikanische National Security Agency (NSA).

2.5.3 Role-Based Access Control (RBAC)

Wenn ein Zugriffskontrollsystem für viele Subjekte und Objekte zuständig ist, kann das Management der Zugriffsrechte sehr komplex werden. Um das zu vereinfachen, wurde Role-Based Access Control (RBAC) als alternativer Ansatz entwickelt [FeBK99]. RBAC wurde 1992 von Ferraiolo und Kuhn vorgeschlagen [FeKu92]. Sandhu et al. definierten 1996 eine Familie von RBAC-

Referenzmodellen [SCFY96], welche als RBAC96 bezeichnet werden [Ferr10, 61]. Ferraiolo, Kuhn, Sandhu et al. entwarfen 2001 einen NIST-Standard für RBAC [FSGK01], welcher 1994 als ANSI-Standard verabschiedet wurde [ANSI04].

Bei RBAC werden Berechtigungen ausschließlich über Rollen vergeben. Rollen entsprechen dabei Aufgabenbeschreibungen für Stellen und Positionen in Organisationen (bspw. „Vertriebsleiter", „Vorstandsmitglied", „Praktikant") und sind mit den für die Aufgabenerfüllung notwendigen Rechten ausgestattet. Berechtigungen können bei RBAC nur über Rollen und nicht an einzelne Nutzer vergeben werden. Auf den ersten Blick scheinen die Rollen bei RBAC den Gruppen bei DAC zu entsprechen, bei genauerem Hinsehen erschließen sich aber Unterschiede. So werden Gruppen nur als Sammlung von Nutzern verstanden, während Rollen eine Sammlung von Nutzern mit einer Sammlung von Rechten zusammen bringen [SCFY96].

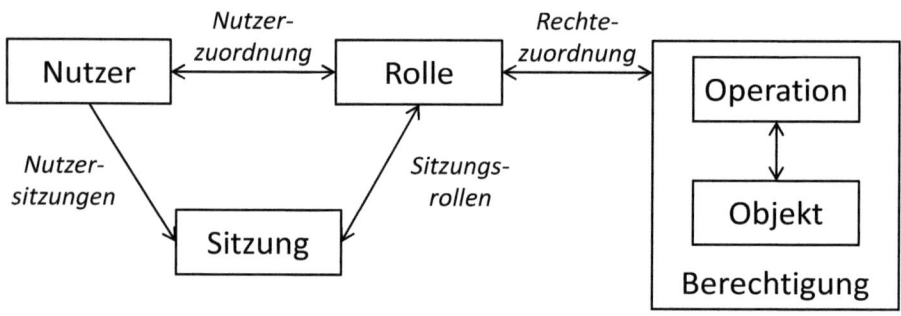

Quelle: nach [FSGK01]

Abbildung 8: Darstellung von Core-RBAC.

In Abbildung 8 sind die beteiligten Entitäten und ihre Beziehungen in Core-RBAC dargestellt. Core-RBAC enthält die fünf Basiselemente Nutzer, Rollen, Objekte, Operationen und Berechtigungen. Ein **Nutzer** ist jede Person, die direkt mit dem zu kontrollierenden System interagiert. Die Nutzer werden **Rollen** zugeordnet, die beispielsweise einer Aufgabenbeschreibung innerhalb einer Organisation entsprechen können. In einer konkreten **Sitzung** wird jeweils entschieden, welche Rollen ein Nutzer gerade einnimmt. Den Rollen wiederum sind verschiedene **Berechtigungen** zugeordnet. Diese bestehen aus einer **Operation** (z.B. *lesen, schreiben, ausführen*) und einem zugehörigen **Objekt**, also beispielsweise einer Datei oder einem Dienst.

2.5.4 Rollen versus Gruppen

Eine Rolle (in RBAC) kann als eine benannte Sammlung von Rechten oder auch als eine Sammlung von Rechten und Nutzern verstanden werden. Demgegenüber sind Gruppen eine Sammlung von Nutzern und gegebenenfalls anderen Gruppen [Sand96]. Durch ein DAC-Modell mit Gruppen kann die gleiche Funktionalität beschrieben werden wie durch ein Rollenmodell.

Gruppen sind ein etabliertes Konzept. In der Praxis werden deshalb sehr häufig DAC-Modelle verwendet. Fast alle Dateisysteme mit Zugriffsrechten auf Ordner und Dateien basieren auf DAC, beispielsweise NTFS oder Ext [ViPS03]. Zugriffsrechte auf Daten in relationalen Datenbanken beruhen oftmals ebenso auf einem DAC-Modell. Griffiths und Wade haben 1976 eine Erweiterung für SQL vorgestellt, mit der Berechtigungen in relationalen Datenbanken eingeführt werden können [GrWa76]. Beispielsweise setzen die Datenbanksysteme Oracle oder DB2 dieses Verfahren ein [Ferr10, 13].

Für die später in Abschnitt 4.6 eingeführte kontextsensitive Zugriffskontrolle ist der Kontext eines bestimmten Nutzers relevant. Da viele etablierte Betriebssysteme und Datenbanken für ihre Zugriffsrechte ein DAC-Modell verwenden, mittels eines DAC-Modells die hier benötigte Funktionalität ebenso wie durch ein RBAC-Modell umgesetzt werden kann und eine direkte Beziehung zwischen Kontextinformationen und Nutzer besteht, wird im weiteren Verlauf dieser Arbeit auf einem DAC-Modell mit Gruppen aufgebaut.

3 Entwicklung mobilgeeigneter Dienste

Durch die gemeinsame Nutzung von Daten jeglicher Art stellt sich das Problem, dass diese entweder an einer zentralen Stelle zusammengefasst oder mit geeigneten Mechanismen an alle Nutzer verteilt werden müssen. Aufgrund der oftmals einfacheren Handhabung durch die Zentralisierung der Daten überwiegt derzeit dieses Vorgehen. Dennoch besteht vielfach der Wunsch, benötigte Daten jederzeit an jedem Ort zur Verfügung zu haben. Dazu könnten die Daten dupliziert und mitgenommen werden, allerdings ergeben sich daraus Probleme wie z.B. Fragen der Aktualität, der Konsistenz usw. Eine andere Möglichkeit ist der entfernte Zugriff auf diese Daten mittels Datenkommunikation über ein Netzwerk. Dieser Wunsch kann durch die zunehmende ubiquitäre Vernetzung von Computern immer besser erfüllt werden. Eine gute Beschreibung dafür ist die Definition des Cloud Computing durch das US-Amerikanische National Institute of Standards and Technologie (NIST). Dieses setzt für Cloud Computing ein Modell voraus, welches einen allgegenwärtigen, bequemen und nachfrageorientierten Zugriff auf einen gemeinsamen Pool von konfigurierbaren Ressourcen (z.B. Netzwerke, Server, Speicher, Anwendungen und Dienste) ermöglicht [MeGr11]. Dabei wird nicht festgelegt, in welcher Form Cloud Computing genutzt wird. Übliche Ausprägungen sind private, öffentliche und hybride Cloud. Damit ist der Betrieb einer eigenen Infrastruktur durch die IT-Abteilung (private Cloud) als Ausprägung genauso enthalten wie die Nutzung einer Massendienstleistung wie z.B. E-Mail für private Endnutzer (öffentliche Cloud). Ebenso werden drei Dienst-Modelle definiert: Software as a Service (SaaS), Platform as a Service (PaaS) und Infrastructure as a Service (IaaS). Für die weiteren Betrachtungen hier ist vor allem SaaS relevant, da der Focus dieser Arbeit auf dem entfernten Datenzugriff über eine Anwendung liegt und nicht bei der Bereitstellung von Speicherplatz oder Betriebsplattformen.

Im folgenden Kapitel werden zuerst die Potentiale und der Nutzen von servergestützten Anwendungen (SaaS) und des mobilen Datenzugriffs dargestellt. Es folgt eine Analyse der Anforderungen für die Bereitstellung von mobilen Diensten.

Dazu wurden gescheiterte mobile Dienste analysiert, eine strukturierte Analyse von Veröffentlichungen vorgenommen und darauf aufbauend eine Expertenbefragung durchgeführt. Daran schließt sich die Darstellung einiger vorhandener Lösungsansätze an. Abschließend werden die exemplarische Umsetzung der Anforderungen und eine Nutzerevaluation dieser Umsetzung dargestellt.

3.1 Vorteile von SaaS-Anwendungen

Software as a Service (SaaS) bedeutet, dass der Betrieb von Software zur Benutzung durch Endanwender zur Verfügung gestellt wird. Da dabei mehrere Computer beteiligt sind, sind die Aufgaben auf diese Computer verteilt, in der Regel auf einen Client und einen oder mehrere Server. Es handelt sich also um verteilte Dienste. Dabei können folgende Aufgaben je nach Ausprägung auf dem Client oder dem Server (bzw. den Servern) ausgeführt werden:

- Benutzerschnittstelle
- Darstellungslogik
- Geschäftslogik
- Daten

Die folgende Abbildung 9 illustriert mögliche Verteilungen dieser unterschiedlichen Aufgaben auf Client und Server. Dabei sind für SaaS-Anwendungen die beiden umrandeten Fälle (S_{hon} und S_{on}) von Bedeutung.

Die Datenspeicherung auf dem Server dient der oben schon angesprochenen Zentralisierung der Daten. Die Verlagerung der Geschäftslogik entlastet das Endgerät und ermöglicht es, schlankere Client-Anwendungen zu nutzen.

Über diese Vorteile hinaus haben SaaS-Anwendungen noch eine Reihe weiterer Vorteile für den Anwender, z.B.:

- ein flexibles Kostenmodell (pay per use);
- die Konzentration des Unternehmens auf seine Kernkompetenzen;
- ein vielfältiges Angebot verschiedener SaaS-Dienste;
- es ist weniger eigenes IT-Know-how nötig.

Vorteile von SaaS-Anwendungen 61

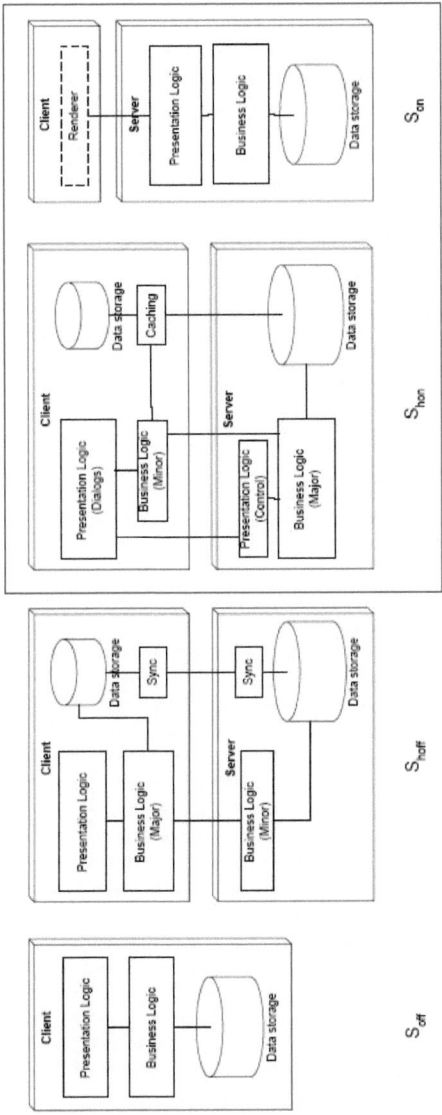

Quelle: [BGHS05]

Abbildung 9: Verschiedene Aufteilung einzelner Funktionen auf Endgerät (Client) und SaaS-Anwendung (Server)

Diesen Vorteilen stehen jedoch auch einige Risiken gegenüber:
- Wie zuverlässig ist die SaaS-Anwendung verfügbar?
- Sind die Daten gegen Missbrauch geschützt?
- Kann die SaaS-Anwendung alle Anforderungen erfüllen?
- Verliert der Anwender geschäftskritisches Wissen?
- Entstehen zusätzliche rechtliche Risiken?

Benlian und Hess [BeHe10] haben auf Basis einer Literaturstudie die Chancen und Risiken von SaaS aus Anwendersicht in fünf Kategorien eingeteilt, welche Tabelle 2 zusammenfasst.

Im Ergebnis zeigt die Untersuchung von Benlian und Hess, dass vor allem Anwendungen mit einem hohen Standardisierungsgrad für SaaS-Modelle geeignet sind. Über alle Applikationstypen hinweg sind Kostenvorteile eine Chance und Sicherheit ein Risiko.

Chancen		Risiken	
Kategorie	*Beschreibung*	*Kategorie*	*Beschreibung*
Kosten- und Liquiditätsvorteile	Chance, dass der Bezug von SaaS-Anwendungen zu niedrigeren Gesamtkosten und zu einer günstigeren Liquiditätslage führt	Finanzielle Risiken	Risiko, dass SaaS-Kunden insgesamt mehr für die Bereitstellung der Anwendungen bezahlen (z.B. aufgrund von Internet-Ausfällen, erhöhten Anpassungskosten oder Preissteigerungen)

Chancen		Risiken	
Kategorie	*Beschreibung*	*Kategorie*	*Beschreibung*
Strategische und operative Flexibilität	Chance, dass SaaS-Kunden mehr Spielraum besitzen, den SaaS-Anbieter zu wechseln (z.B. durch kürzere Kündigungsfristen und geringere Abhängigkeit). Zudem erlaubt eine SaaS-Architektur, IT-Kapazitäten nahezu „on-demand" an den Bedarf flexibel anzupassen	Strategische Risiken	Risiko, dass SaaS-Kunden unternehmenskritische Ressourcen oder Kenntnisse verlieren, wenn sie die Entwicklung und den Betrieb von Anwendungen auslagern
Qualitätsverbesserungen	Chance, dass SaaS-Anbieter gezwungen sind, kontinuierlich hohe Servicequalität zu liefern, da ihre Kunden die Möglichkeit haben, kurzfristig kündigen zu können	Operative Risiken	Risiko, dass SaaS-Anbieter die vereinbarten Service Levels im Sinne der Erreichbarkeit, Performance und Interoperabilität der SaaS-Anwendungen nicht erfüllen
Zugang zu spezifischen Ressourcen	Chance, dass SaaS-Kunden von den spezifischen Ressourcen, Fertigkeiten und Technologien des SaaS-Anbieters profitieren	Sicherheitsrisiken	Risiko, dass unternehmenskritische Daten an den SaaS-Anbieter übergeben und/oder kritische Prozesse negativ beeinträchtigt werden

Chancen		Risiken	
Kategorie	*Beschreibung*	*Kategorie*	*Beschreibung*
Konzentration auf Kernkompetenzen	Chance, dass es SaaS-Kunden (noch) leichter fällt, sich auf ihre Kernkompetenzen zu konzentrieren, wenn sie die Entwicklung und den Betrieb von Anwendungen auslagern	Soziale Risiken	Risiko, dass es durch die Auslagerung von Anwendungen an einen Drittanbieter zu Mitarbeiterwiderständen oder negativer Presse kommt

Quelle: [BeHe10, 176]

Tabelle 2: Kategorien der Chancen und Risiken von SaaS

3.2 Vorteile mobiler Dienste

Die Nutzung von SaaS-Anwendungen mit mobilen Endgeräten hat im Allgemeinen den Charakter einer Dienstleistung, da große Teile der Leistung auf Veranlassung des Nutzers durch eine Serverinfrastruktur erbracht werden und nicht durch das mobile Endgerät. Deshalb wird die mobile Nutzung von SaaS-Anwendungen im Folgenden als mobiler Dienst bezeichnet.

Trotz vorhandener Herausforderungen gibt es einige Gründe dafür, sich intensiv mit den Möglichkeiten der Realisierung mobiler Dienste zu beschäftigen. Die Funknetze im Zusammenspiel mit mobilen Endgeräten besitzen einige besondere Möglichkeiten. Gegenüber herkömmlichen, mit stationären Geräten und drahtgebundenen Kommunikationstechnologien realisierbaren Datendiensten (z.B. Internet) zeichnen sich Datendienste für mobile Endgeräte durch spezifische Potenziale aus.

Mobile Endgeräte wie Smartphones und Tablets, welche auch ohne eine Abstellfläche gut bedient werden können, sind im Auslieferungszustand meistens auf weniger komplexe Funktionen ausgerichtet als PC. Damit sind Smartphones und Tablets für die Mehrzahl der Nutzer einfacher zu bedienen als PC. Unterstützt wird dies durch eine direkte Bedienung auf der Bildschirmoberfläche (Touchscreen), welche für die meisten Benutzer intuitiver ist, als eine Bedienung über Tastatur und Maus/Touchpad. Mobilfunkfähige Geräte werden in vielen Fällen zusammen mit einem Mobilfunkvertrag erworben. Dabei werden die Geräte fast immer vom Mobilfunkanbieter vorkonfiguriert ausgeliefert. Somit sind die Geräte in der Regel nach dem Einschalten ohne weitere Konfigurationsarbeit durch den Nutzer für die üblichen Aufgaben wie Telefonie, Rufnummernverwaltung, Messaging, Internetzugang usw. einsetzbar. Die meisten Smartphones und Tablets sind üblicherweise auch direkt nach dem Einschalten zur Nutzung bereit. Es muss nicht erst das Betriebssystem geladen werden. Daher entfallen die Startzeiten, welche viele Nutzer als unproduktive Wartezeiten empfinden, wenn sie diese nicht mit anderen kurzen Tätigkeiten füllen können. All diese Eigenschaften machen diese mobilen Endgeräte zu „**convenient**"-Geräten.

Der Aufenthaltsort eines Mobilfunkgerätes, und damit in der Regel auch der seines Nutzers, kann zumindest näherungsweise jederzeit festgestellt werden, sofern das Gerät nicht ausgeschaltet ist. Aufgrund der zellularen Architektur der Mobilfunknetze fällt die Information über den Aufenthaltsort des Nutzers quasi automatisch mit für viele Dienste ausreichender Genauigkeit an. Dazu wird als Näherungswert für die tatsächliche Position der Standort der Basisstation, in dessen Funkzelle sich das Mobilfunkgerät eingebucht hat, als Gerätestandort angenommen. Das Verfahren dazu nennt sich „Cell-of-Origin"-Verfahren. Mit dieser **Ortsinformation** können Dienste so gestaltet werden, dass sie ihr Informationsangebot entsprechend dem aktuellen Aufenthaltsort des Nutzers anpassen. Diese werden als „Location Based Services" bezeichnet [Kölm03]. Die Genauigkeit der Ortung in den Mobilfunknetzen lässt sich mit anderen technischen Verfahren wie z.B. TDOA (Time Difference of Arrival) oder E-OTD (Enhanced Observed Time Difference) weiter erhöhen [ZeGL03]. Unabhängig von den Mobilfunknetzen können satellitengestützte Systeme zur Selbstortung genutzt werden. Derzeit ist das Global Positioning System (GPS) [HoKL94] in Westeuropa am weitesten verbreitet. Ebenso steht das russische System „Globalnaja Nawigazionnaja Sputnikowaja Sistema" (GLONASS) [DoHä10, 245ff] zur Verfügung. Das europäische System Galileo [DoHä10, 257ff] sollte schon seit längerem zur Verfügung stehen, es wird voraussichtlich jedoch erst in einigen Jahren vollständig in Betrieb sein. Aufgrund der großen Beliebtheit von Satellitensystemen zur weltweiten Navigation (GNSS) und der gesetzlichen Forderung in einigen Ländern nach automatisierter Ortung bei Notrufen (z.B. „E911" in USA) ist mit einer weiten Verbreitung von mobilen Endgeräten mit integriertem GNSS-Modul auszugehen.

Als Verallgemeinerung der standortbezogenen Dienste (Location Based Services) gibt es weitere Informationen, die der Charakterisierung der Situation einer Entität dienen. All diese Informationen zusammen bilden den **Kontext** der Entität. Diese Entität ist meist der Nutzer selbst, technisch wird in der Regel jedoch oftmals der Kontext des mobilen Endgerätes eines Nutzers verwendet. Hier liegt die (meistens zutreffende) Annahme zugrunde, dass das mobile Endgerät nur von einer Person genutzt wird und der Kontext des Endgerätes mit dem Kontext des Nutzers übereinstimmt. Der Kontext kann zur Unterstützung des Nutzers bei der Interaktion mit dem mobilen Endgerät und zur Anpassung eines Dienstes an die üblichen Vorlieben des Nutzers herangezogen werden [Dey01]. Beispielsweise kann ein Dienst an die zur Verfügung stehende Datenübertragungsrate angepasst werden. Das bedeutet, dass z.B. Bilder mit geringerer Auflösung und Farbtiefe zum mobilen Endgerät übertragen werden, wenn die realisierte Datenübertragungsrate eine bestimmte Schwelle unterschreitet. Auch die Profildaten des Nutzers können helfen, einen Dienst für den Nutzer anzupassen. Man nennt das personalisieren. Dazu werden Informationen wie Geburtsdatum, Geschlecht, Familienstand, Interessen usw. genutzt. Ebenso können Umgebungsbedingungen berücksichtigt werden. Für Navigationsdienste kann dies die Berücksichtigung der aktuellen Witterungslage sein, um bestimmte Routen bei unpassendem Wetter zu vermeiden. Oder aus dem messbaren Geräuschpegel im Umfeld des mobilen Endgerätes können unterschiedliche Ausgabeformen für Informationen gewählt werden (optisch, akustisch, taktil). Weiterer Kontext kann z.B. die aktuelle Ortszeit sein oder die Fähigkeit des gerade verwendeten mobilen Endgerätes zur Darstellung von Grafiken (animiert, Auflösung usw.).

Die Mobilfunknetze können nur genutzt werden, wenn vorher eine vertragliche Vereinbarung geschlossen wurde. Dabei werden auch immer Zahlungsmodalitäten für die Nutzung der Mobilfunknetze festgelegt. Somit besteht immer eine Kundenbeziehung zwischen Mobilfunkanbieter und Nutzer, welche definierte Regeln und Methoden für die **Bezahlung** der anfallenden Nutzungskosten enthält. Über diese Zahlungsbeziehung (unabhängig davon, ob auf Debit- oder Kredit-Basis) besteht die Möglichkeit, auch andere Dienstleistungen abzurechnen. In Deutschland ist dies rechtlich zumindest für telekommunikationsnahe Dienstleistungen zulässig. Im Internet ist im Gegensatz dazu oftmals die Registrierung bei entsprechenden Intermediären zur Zahlungsabwicklung, wie etwa „ClickandBuy" oder „PayPal", erforderlich.

Mobile Endgeräte werden in der Regel nur von einem Nutzer verwendet. Andere Kommunikationsgeräte wie Festnetztelefon, Fernseher oder PC teilen sich meist mehrere Nutzer. Durch diese persönliche Zuordnung eines Nutzers zu einem mobilen Endgerät mit zugehöriger SIM ist eine Identifizierung des Nutzers durch die Identifizierung der SIM möglich. Vor der Verwendung des Mobilfunknetzes muss sich das Gerät bzw. die genutzte SIM unter Verwendung der „International Mobile Subscriber Identity" (IMSI) gegenüber dem Mobilfunknetz authentifizieren und angeben, für welche Rufnummern (MSISDN) es zuständig ist. Diese **Identifizierung** kann z.B. für die oben angesprochene Personalisierung genutzt werden: Durch die Übermittlung der MSISDN kann das zugehörige Nutzerprofil ermittelt werden. In weniger sicherheitskritischen Fällen kann die erfolgte Authentifizierung des mobilen Endgerätes gegenüber dem Mobilfunknetz auch als **Authentifizierung** zur Nutzung anderer Dienste mitgenutzt werden. Damit ist keine manuelle Benutzerauthentifizierung mehr notwendig, wie dies im stationären Internet üblich ist. Durch die persönliche eins-zu-eins Zuordnung eines mobilen Endgerätes zu genau einem Nutzer und unter der Annahme, dass der Gerätekontext dem entsprechenden Nutzerkontext entspricht, kann die Identifizierung genutzt werden, um eine passive Profilierung zugunsten des Nutzers vorzunehmen.

Mobile Endgeräte sind in der Regel so klein und leicht, dass sie von den Nutzern fast überall hin mitgenommen werden. Nach einer Umfrage des Berliner Forsa-Instituts von 2007 lässt über die Hälfte der Handybesitzer (54 %) das

Mobiltelefon **immer eingeschaltet**. Ein Viertel der Befragten (24 %) gibt an, es nur nachts auszuschalten. Lediglich das letzte Viertel (22 %) aktiviert das Mobiltelefon nur bei Bedarf [BöEi07]. In bestimmten Nutzergruppen ist der Anteil derer, die ihr Mobiltelefon rund um die Uhr im empfangsbereiten Zustand als persönliche Kommunikationsgeräte mitführen, sogar noch höher [DBSK05]. Die Nutzer können damit zu fast jeder Zeit und an fast jedem Ort erreicht werden. Man spricht hier von ubiquitärer (allgegenwärtiger) Informationsversorgung, die auch mit den Schlagworten „Anytime, Anywhere, Anything" („any-X-Eigenschaften") umschrieben wird. Diese Eigenschaften ermöglichen Dienste, die mit stationären Endgeräten nicht immer sinnvoll sind: Es können z.B. Informationsdienste für Situationen sein, in denen man unterwegs ist. Ein Beispiel dafür ist das Tsunami-Alarmsystem, welches die Professoren Eduard Heindl und Wolfram Reiners von der Fachhochschule Furtwangen entwickelt haben [A3M07].

Mobilfunknetze bieten die Möglichkeit einer echten **Push-Kommunikation**, also der Präsentation von Informationen ohne eine direkt vorausgehende Anfrage seitens des Nutzers. Dies ist besonders für Warn- und Benachrichtigungsdienste eine wichtige Eigenschaft. Bei den meisten PC mit Internetverbindung ist das in der Regel nicht möglich, da diese in den wenigsten Fällen statische und öffentliche IP-Adressen haben. Dort kann nur mit einigen Umwegen und Tricks ein annähernd ähnliches Verhalten simuliert werden. In den Mobilfunknetzen dagegen geschieht dies durch Nachrichten über den Signalisierungskanal (Direct Transfer Application Part, DTAP). Dieser kann in der Regel nur durch den Netzbetreiber genutzt werden. Über den SMS, welcher diesen Mechanismus nutzt, besteht die Möglichkeit, unabhängig vom Netzbetreiber Informationen direkt an ein Mobilfunkgerät zu senden [Saut04, 26]. Der SMS kann nicht nur die bekannten Kurznachrichten übermitteln und dem Nutzer präsentieren. Mit Hilfe sogenannter „stiller Kurznachrichten" können auf dem Gerät ganz unterschiedliche Funktionen ausgelöst werden. So können z.B. auch nachträglich installierte Programme auf diesem Wege Informationen erhalten und entsprechend ihrer Programmierung Aktionen auslösen. Ohne die Mitwirkung der MNO ist es derzeit normalerweise nicht möglich, Daten proaktiv an ein Mobilfunkgerät zu schicken. Dies ist somit ein gewisser Schutz gegen Schadsoftware, da dieser Mechanismus dazu missbraucht werden könnte. Die heutigen Mobilfunknetze vergeben an die Mobilfunkgeräte in der Regel keine statischen und öffentlich sichtbaren IP-Adressen. Damit sind Mobilfunkgeräte von außerhalb des Kernnetzes auf IP-Basis nicht erreichbar.

Die Hersteller der mobilen Betriebssysteme für Smartphones umgehen das Problem, indem sie für die Nutzung des Betriebssystems eine Registrierung des Nutzers erfordern (z.B. Apple mit den frühen Versionen von iOS) oder zumindest nahelegen, indem eine Nutzung ohne Registrierung nur sehr eingeschränkt möglich ist. Mit Hilfe von im Betriebssystem fest eingebauten Komponenten wird somit eine **Pseudo-Push-Kommunikation** ermöglicht, indem diese Komponenten in regelmäßigen Abständen bei Servern des Betriebssystemherstellers nachfragen, ob neue Informationen vorliegen. Diese Funktion wird auch für Anwendungen Dritter zur Verfügung gestellt, so dass diese keine eigene Pseudo-Push-Kommunikation implementieren müssen. Damit sind Smartphones auch ohne Einbindung der Mobilfunknetzbetreiber direkt ansprechbar, sofern eine Datenverbindung besteht.

3.3 Anforderungen

Einige Anforderungen an eine mobilgeeignete SaaS-Anwendung ließen sich durch eine kurze Recherche von frei verfügbaren Publikationen im Internet zusammenstellen. Dabei konnte ein erster Eindruck gewonnen werden, der keinen Anspruch auf Vollständigkeit erhebt. Es wurden, unter anderem, die folgenden Anforderungen ermittelt:

- Die Nutzer möchten jederzeit und überall mit aktuellen Daten arbeiten können. Dies sollte einfach und schnell möglich sein.
- Die Art des Netzzugangs (Festnetz, Funknetz, usw.) soll keine prinzipielle Einschränkung darstellen.
- Die Nutzung der SaaS-Anwendungen soll mit unterschiedlichen Geräteklassen möglich sein (z.B. Notebook, Tablet, Smartphone)
- Der Zugang zu Daten und SaaS-Anwendung muss durch persönliche Zugangsdaten abgesichert sein.

- Die Datenkommunikation muss dem aktuellen Stand der Technik entsprechend abgesichert sein.
- Die Nutzung von Kontextinformationen zur Unterstützung der Nutzerinteraktion sollte möglich sein.
- Die SaaS-Anwendung soll entsprechend der Datenmenge und der Nutzerzahlen skalierbar sein.

Um die Anforderungen von insbesondere kleinen und mittelständischen Unternehmen (KMU) an eine mobilgeeignete SaaS-Anwendung genauer zu ermitteln, wurden umfangreiche Untersuchungen durchgeführt. Eine kurze Analyse gescheiterter mobiler Dienste ermittelte die Grundanforderungen für mobilgeeignete Anwendungen. Im nächsten Schritt wurde durch eine qualitative Datenanalyse (QDA) von wissenschaftlichen Veröffentlichungen ein erster Überblick über benötigte Funktionen, vorhandene Barrieren und relevante Kontextarten erarbeitet. Aus der QDA konnten ebenso Informationen für die Erstellung eines Interviewleitfadens für die darauf aufbauende Expertenbefragung entnommen werden. In der Befragung wurden Erfahrungen mit mobilen Diensten gesammelt, die Zusammenstellung der vorhandenen Barrieren erweitert und präzisiert sowie Anforderungen für den Betrieb einer mobilgeeigneten SaaS-Anwendung durch einen Dienstleister erhoben. Teile dieser Ergebnisse sind schon im Schlussbericht zum Projekt MODIFRAME [ScID10] veröffentlicht worden.

3.3.1 Analyse gescheiterter mobile Dienste

Die Analyse einiger willkürlich ausgewählter gescheiterter mobiler Dienste im Frühjahr 2006 hat eine Reihe von Faktoren ergeben, welche für den Erfolg mobiler Dienste unabdingbar zu sein scheinen. Dabei wurde ein mobiler Dienst als „gescheitert" betrachtet, wenn,

- das Unternehmen, das den Dienst angeboten hat, Konkurs angemeldet hatte,
- die Webseite nicht mehr erreichbar war,
- der Dienst (in Deutschland) nicht mehr angeboten wurde oder

- dieser sich nicht durchgesetzt hat. Dies ist bei langer Verfügbarkeit am Markt und mangelnder Marktdurchdringung der Fall.

Beispiele für gescheiterte mobile Dienste sind:
- SMS-Fahndung (www.sms-fahndung.de), Bundeskriminalamt
- Gesundheitsdienste (www.mobilelife.de), Deutsche Krankenversicherung
- Standortbezogene Dienste SieFinder und SieFriend, Siemens AG
- Mobiles Bezahlen (www.paybox.de), paybox.net AG
- Automobilhersteller (mobileservices.volkswagen.de), Volkswagen AG

3.3.1.1 Gründe für das Scheitern mobiler Dienste

Management-Fehler

Wie in jeder anderen Branche auch, sind einige Dienste aufgrund von Management-Fehlern gescheitert, obwohl die Dienste möglicherweise marktfähig gewesen wären.

Technik

Die technische Leistungsfähigkeit sowohl der mobilen Endgeräte als auch die verfügbare Datenübertragungsraten schränkten die komfortable Nutzung mobiler Dienste ein.

Usability

Viele mobile Dienste benötigen intensive Benutzereingaben. Die verfügbaren mobilen Endgeräte boten hier noch wenig Komfort. Ebenso ist die Darstellung der Informationen auf sehr kleinen Displays unzureichend. Lange Ladezeiten für die Bildschirmdarstellung bzw. Latenzzeiten verhindern einen flüssigen Dialog.

Medienbrüche

Eine häufige Fehlkonzeption mobiler Dienste ist die Notwendigkeit des Medienwechsels für die Benutzung. So stellt beispielsweise das Medium Mobiltelefon beim Bezahlen in Internetshops einen Medienbruch dar, da Zahlungen auch direkt im Internet möglich sind (z.B. PayPal, ClickandBuy, GiroPay usw.).

Insel-Lösungen, fehlende Standardisierung

Regionale bzw. anbieterspezifische Insel-Lösungen haben zum einen zur Folge, dass Endkunden sich für ein- und denselben Anwendungsfall (z.B. m-Parking) mehrfach registrieren und unterschiedliche Benutzeroberflächen und Bedienungsweisen erlernen müssen. Zum anderen stehen die Anbieter vor dem Problem, beispielsweise mehrere unterschiedliche Bezahlsysteme bereitstellen zu müssen (z.B. t-pay, m-pay, ...).

Kosten

Die Zahlungsbereitschaft wird häufig überschätzt. Die Kosten für die Dienstnutzung sowie auch die reinen Übertragungskosten schrecken viele Kunden ab. Dies liegt unter anderem auch daran, dass viele kostenpflichtige mobilen Dienste durch kostenlose stationäre Substitute ersetzt werden können, wobei der Zusatznutzen der Mobilität die höheren Kosten bei gleichzeitig schlechterer Bedienbarkeit nicht aufwiegt.

Kundenbedürfnisse verfehlt

Häufiger Fehler war die Implementierung von zu vielen Funktionen, die den mobilen Dienst unnötigerweise überladen und den Benutzer überfordern. Umfragen, die eine überwältigende Akzeptanz für mobile Dienste ergeben, beruhen teilweise auf der Schlussfolgerung, dass eine interessierte Person automatisch ein zukünftiger Kunde ist.

Fehlendes Vertrauen

In Deutschland spielt die Sicherheit mobiler Dienste eine wesentlich größere Rolle als in vielen andere Ländern. Auch sind die Ansprüche an Qualität und Zuverlässigkeit der Dienste sehr hoch und die Nutzer damit leicht zu enttäuschen.

Fehlende Initialzündung / Henne-Ei-Problem

Im Jahr 2006 war die Nutzung mobiler Dienste noch nicht sehr verbreitet. Dienste, welche eine größere Anzahl von Nutzern benötigten, um ihren Nutzen zu entfalten, hatten kaum Chancen. Die später stark sinkenden Nutzungskosten für die mobile Datenübertragung (u.a. Flatrates), neue Bedienkonzepte (Touchscreens), leistungsfähigere Endgeräte und neu konzipierte Betriebssysteme haben die Nutzung in den folgenden Jahren stark anwachsen lassen.

3.3.1.2 Abgeleitete Erkenntnisse

Auf Basis der oben genannten Analyse wurde das Zusammenwirken der folgenden Faktoren als Grundvoraussetzung für den Erfolg mobiler Dienste ermittelt.

Der mobile Dienst muss dem Nutzer einen echten **Mehrwert** im Vergleich zu den möglichen Alternativen wie stationäres Internet, Fernsehen, Telefon usw. bieten. Die Dienste sind in der Regel umständlicher zu bedienen und mit höheren Kosten für die Nutzung verbunden. Nur wenn der Mehrwert den zusätzlichen Aufwand übersteigt, kann man davon ausgehen, dass der Dienst Erfolg haben kann. Dies ist z.B. beim SMS der Fall: Der Mehrwert liegt unter anderem darin, dass eine Kommunikation möglich ist, welche den Empfänger normalerweise sofort erreicht, diesen aber dazu nicht unbedingt zu einer direkten Reaktion zwingt oder bei seiner momentanen Tätigkeit unterbricht. Vor der Einführung von mobiler E-Mail-Nutzung gab es dazu keine Alternative (von den nie verbreitet akzeptierten Pagern einmal abgesehen). Die Nutzer waren und sind bereit, dafür eine umständliche Eingabe und einen entsprechenden Preis zu akzeptieren. Eine Fehlkonzeption mobiler Dienste ist beispielsweise die Notwendigkeit eines Medienwechsels ohne Mehrwert für den Nutzer. Umfragen, die eine überwältigende Akzeptanz für einen mobilen Dienst ergeben, gehen oft von der falschen Schlussfolgerung aus, dass eine interessierte Person automatisch auch ein zukünftiger Nutzer ist. Oftmals hört sich ein mobiler Dienst interessant an, bei genauerer Prüfung ist jedoch der Mehrwert nicht bzw. nicht ausreichend vorhanden.

Die **Zahlungsbereitschaft** der Nutzer für mobile Dienste ist sehr unterschiedlich. Diese ist in erster Linie von dem angebotenen Mehrwert abhängig. Sie verändert sich auch abhängig von der Rolle, in welcher sich ein Nutzer gerade befindet. Die Zahlungsbereitschaft wird häufig überschätzt, die Kosten für die Dienstnutzung schrecken viele Nutzer ab. Die Preise müssen so gestaltet sein, dass sie ein angemessenes Preis-Leistungs-Verhältnis bieten [Pepe06, 259ff]. Der Nutzer muss zu dem Schluss kommen, dass der zu bezahlende Preis für die Nutzung des mobilen Dienstes nicht höher ist als der empfundene Wert (Preiswürdigkeit) [KASW07, 779]. Dabei ist vor allem die Konkurrenz zu kostengünstigeren stationären Angeboten zu beachten. Angebote, welche aus dem stationären Internet auf mobile Endgeräte übertragen und dort mit höheren Kosten belegt werden, können nicht erfolgreich sein. Ausnahme bilden hier nur zeitkritische Informationen, welche durch die schnellere Übermittlung einen höheren Wert haben. Die Bereitschaft zur Bezahlung von mobilen Diensten entsteht nur, wenn diese die schon angesprochenen spezifischen mobilen Bedürfnisse befriedigen. Unter diesen Aspekten ist die Zahlungsbereitschaft für die Preisfindung von mobilen Diensten jeweils genau zu analysieren.

Mobile Dienste müssen eine hohe **Benutzbarkeit** haben. Sie müssen leicht zu bedienen und selbsterklärend sein. Es ist heutzutage sehr einfach, eine beliebige Person irgendwo auf der Welt anzurufen: Mobilfunknummer eintippen, grüne Taste drücken, warten bis der Angerufene den Anruf annimmt und dann sprechen. Möchte ein Nutzer stattdessen z.B. ein Foto von seinem Mobilgerät auf ein anderes Mobilgerät übertragen, welches sich in wenigen Metern Entfernung befindet, ohne Internetdienste oder den MMS zu nutzen, ist die Sache ungleich schwieriger. Für die Übertragung per Bluetooth z.B. muss zunächst der Empfänger sein Gerät in den sichtbaren Modus schalten. Dies empfiehlt sich aufgrund von immer wieder auftauchenden Sicherheitslücken aber nur vorübergehend. Dann muss der Sender das Gerät des Empfängers durch die Software suchen lassen, bei mehreren empfangsbereiten Bluetooth-Geräten im Sendebereich das richtige auswählen und an dieses die Datei übermitteln. Schließlich muss der Empfänger sie wie eine Multimedia-Nachricht öffnen, Dabei werden oft noch Sicherheitsrückfragen gestellt [Petz07]. Ein direkter Versand als Multimedia-Nachricht über die

Anforderungen

Mobilfunknetze ist zwar einfacher, aber auch mit deutlich höheren Kosten verbunden. Wichtig ist, dass bei der Umsetzung eines mobilen Dienstes nicht viel mögliche bzw. denkbare Funktionen implementiert werden. Viele Funktionen überladen den mobilen Dienst unnötigerweise und können den Benutzer überfordern oder die Leistungsfähigkeit des mobilen Endgerätes stark einschränken.

Sowohl Nutzer als auch Dienstanbieter bevorzugen **einheitliche Systeme**, die flächendeckend und betreiberübergreifend arbeiten. Dabei werden für die Nutzer der Registrierungs- und Eingewöhnungsaufwand verringert, für die Dienstanbieter die Bereitstellungskosten. Regionale bzw. anbieterspezifische Insel-Lösungen haben zum einen zur Folge, dass Endkunden sich für ein- und denselben Anwendungsfall wie zum Beispiel m-Parking mehrfach registrieren und unterschiedliche Benutzeroberflächen kennen lernen müssen (Handy-Parking in Paderborn, Schlauer-Parken in Saarbrücken, Easy:Park in Hannover usw.). Zum anderen stehen die Dienstanbieter vor dem Problem, zum Beispiel mehrere spezifische Systeme unterschiedlicher Zahlungsanbieter bereitstellen zu müssen (z.B. MobilZahlen, Luupay usw.) Einheitliche Bezahlung ist einer der entscheidenen Faktoren für erfolgreiche B2C-Lösungen im Mobile Business. Nach den Umfragen der Universität Augsburg [EiLP04; KhPG03] haben die potentiellen Kunden das größte Vertrauen zu den Banken als Anbieter von mobile Payment. Aus diesem Grund hat das Bundeswirtschaftsministerium 2004 und 2005 moderierte Gespräche mit Banken und Netzbetreibern als den großen treibenden Partnern veranstaltet. Nach Aussagen des Leiters dieses „National Roundtable M-Payment" haben die Gespräche jedoch zu keinem Erfolg geführt [Pous13].

Die vom Nutzer subjektiv wahrgenommene **Sicherheit und Zuverlässigkeit** eines mobilen Dienstes hat einen entscheidenden Einfluss auf dessen Akzeptanz. Funknetze werden im Allgemeinen als unsicherer angesehen als Festnetze, da die Ausbreitung von Informationen nicht auf festgelegt Wege (die Kabel) beschränkt werden kann. Somit ist es aufwändiger, diese zu kontrollieren. Zur subjektiven Sicherheit gehört nicht nur der Schutz vor der Veränderung und dem Diebstahl von Daten, sondern auch der **Schutz der Privatsphäre** des Nutzers. Funknetze bieten in vielen Fällen die Möglichkeit, den ungefähren Aufenthaltsort eines Nutzers festzustellen. Eine Umfrage aus dem Jahr 2002 unter 623 Internetnutzern hat ergeben, dass diese sehr sensibel auf die Verletzung ihrer Privatsphäre reagieren. 40 % der Befragten sagten, sie würden ihr Mobiltelefon abschaffen, wenn dadurch ihr Aufenthaltsort bestimmbar sei. Den Befragten war offenbar nicht klar, dass diese Standortbestimmung bedingt durch das System Mobilfunknetz jederzeit möglich ist und in den Daten der Netzbetreiber mehrere Monate vorgehalten werden muss [Helm02]. Obwohl inzwischen den meisten Nutzern klar sein müsste, dass die Mobilfunknetzbetreiber oder die Betriebssystemhersteller Standortdaten erheben und speichern, ist diese Absichtserklärung nicht in einem nennenswerten Umfang umgesetzt worden, die Nutzerzahlen sind seit 2002 weiter gestiegen. Dieses Beispiel zeigt, dass es für den Erfolg in Deutschland vor allem auf die subjektive Einschätzung, die „gefühlte Sicherheit", ankommt. Wichtig ist das Image, welches ein mobiler Dienst, oder eine Gruppe von ähnlichen mobilen Diensten, bei den potenziellen Nutzern hat. Nur wenn die Nutzer dem Anbieter des mobilen Dienstes und dem Dienst selber gegenüber das entsprechende Vertrauen in Sicherheit, Zuverlässigkeit und den Schutz der Privatsphäre haben, kann dieser erfolgreich sein. In vielen anderen Ländern, vor allem in Schwellen- und Entwicklungsländern ist das Sicherheitsbedürfnis deutlich niedriger. Dies liegt unter anderem daran, dass in vielen dieser Länder die Mobilkommunikation überhaupt erst der breiten Masse eine Telefonnutzung ermöglicht, da eine Festnetzstruktur wie in den Industrieländern nicht existiert. Aufgrund des Charakters des Mobiltelefons als personenbezogenes Kommunikationsmittel ist die Gewährleistung von Datenschutz bei mobilen Diensten besonders wichtig. Zum Beispiel wird kaum ein Nutzer einen Dienst für mobile Werbung akzeptieren, wenn dadurch das werbetreibende Unternehmen jederzeit seinen ungefähren Aufenthaltsort feststellen könnte [BaDe03]. Demgegenüber kann es aber durchaus interessant sein, Angebote passend zum aktuellen Aufenthaltsort zu erhalten, z.B. von einem nahe liegenden Restaurant. Ein Nutzer wird nur dann bereit sein, Profilinformationen für eine mobile Werbeanwendung zu liefern, wenn er den vertraulichen Umgang mit diesen Daten für gewährleistet hält. Darüber hinaus sind die einschlägigen gesetzlichen Bestimmungen zu beachten, z.B. in Deutschland das Bundesdatenschutzgesetz. Es gibt ebenfalls international gültige Regelungen diesbezüglich, z.B. in der „Charta der Grundrechte der Europäischen Union"

[EuUn00] oder die „Guidelines on the Protection of Privacy and Transborder Flows of Personal Data" der OECD [OECD81].

Fasst man die hier ermittelten und beschriebenen Grundanforderungen für mobile Dienste zusammen, so kann man feststellen dass sich darin die von Nielsen [Niel93, 23ff] beschriebene praktische Akzeptanz widerspiegelt. Eine Studie von Bauer, Reichardt und Schüle der Universität Mannheim hat als Grundanforderungen für standortbezogene Dienste die Anforderungen „Usefullness", „Usability" und „Security" als Kernanforderungen ermittelt [BaRS05]. Diese gehören ebenfalls zu den Akzeptanzfaktoren nach Nielsen. Eine positive User Experience ist demnach eine Grundvoraussetzung für den Erfolg mobiler Dienste. Diese scheint in der Vergangenheit teilweise nicht vollständig beachtet worden zu sein. Ist einer der Akzeptanzfaktoren nicht in genügendem Maße erfüllt gewesen, hat dies unvermeidlich zum Scheitern des mobilen Dienstes geführt.

3.3.2 Qualitative Datenanalyse

Die bis hierher unstrukturiert ermittelten Anforderungen waren noch nicht ausreichend für eine umfassende Anforderungsanalyse. Deshalb sollten in einem weiteren Schritt strukturiertere Anforderungen ermittelt werden. Ein Problem war dabei (und ist es immer noch), dass die Anforderungen nur teilweise von den potentiellen zukünftigen Nutzern erhoben werden konnten, da ihnen einige Anforderungen noch gar nicht bewusst waren. Deshalb wurde hier auf das Wissen von Experten zurückgegriffen. Dazu wurde eine Qualitative Datenanalyse (QDA) durchgeführt. Diese fokussierte auf die Bereitstellung von Diensten für Feature- und Smartphones. Sie hatte das Ziel, Arbeiten zu Plattformen für mobile Dienste zu untersuchen und daraus die dort beschriebenen Probleme, Lösungsansätze und Funktionalitäten zur Ermittlung der Anforderungen zu verwenden. Dabei ist eine Funktionalität eine beschriebene funktionale oder nicht-funktionale Leistung der untersuchten Plattform [BrPr06].

Es gibt eine Vielzahl von Veröffentlichungen und Projekten auf dem Forschungsgebiet der mobilen Dienste. Zum Zeitpunkt der QDA hatten sich die betriebssystemherstellereigenen Vertriebsplattformen noch nicht als Hauptverbreitungsweg herausgebildet. Ebenso hatte sich noch kein Projekt bzw. keine Plattform als herausragender Vertreter für eine Entwicklungsplattform hervorgetan. Mit Hilfe der QDA sollte das Forschungsfeld untersucht und die benötigten Informationen extrahiert werden.

Der Vorteil einer QDA ist das systematische Erfassen eines breiten Forschungsfeldes, das noch wenig untersucht wurde oder bei dem noch nicht die notwendigen Erkenntnisse zutage gefördert wurden [StCo96, 5]. Darüber hinaus ermöglicht die QDA, das Wissen, das durch die Untersuchung extrahiert wurde, zu verdichten, um einen möglichst hohen Informationsgehalt bei minimal notwendiger Datenmenge zu bekommen [Crop02, 118]. Die durchgeführte QDA basiert in ihrem Vorgehen auf dem vorgeschlagenen generischen Vorgehen von Creswell [Cres03, 190ff]:

- Vorbereitung
- Quellenauswahl
- Analyse
- Kategorisierung und Darstellung der Ergebnisse
- Interpretation der Ergebnisse

3.3.2.1 Vorbereitung

Zur Vorbereitung der Analyse wurde in einem mehrstufigen Verfahren mit acht Veröffentlichungen ([CDMF00], [HaRo04], [KoSt03], [KZZN04], [OKAO03], [PSSH06], [TJFF06] und [WSBS05]) ein Fragenkatalog entwickelt (Pretest). Die Veröffentlichungen wurden aus einer im Lauf der Zeit entstandenen Informationssammlung zum Thema entnommen. Ziel des erstellten Fragenkataloges war es, die in den nachfolgend ausgewählten Veröffentlichungen beschriebenen Probleme, Lösungsansätze, Eigenschaften und Funktionalitäten herauszufinden.

3.3.2.2 Quellenauswahl

Über Google Scholar wurde eine Suchanfrage mit den Worten „"mobile service" platform -agent" am 21.03.2007 durchgeführt. Das Suchwort „agent" wurde ausgenommen, da sich sonst sehr viele der so gefundenen Ergebnisse mit Agentenplattformen beschäftigt hatten. Die Treffer 1 bis 998 der englischsprachigen Veröffentlichungen waren Grundlage der bewussten Auswahl, bei welcher im ersten Schritt der QDA jene Veröffentlichungen ausgesucht wurden, deren Titel oder Abstract die Wörter „mobile service" und „platform" enthielten. Einige der so ermittelten Veröffentlichungen beschäftigten sich mit dem Thema Robotik. Deshalb wurden alle Veröffentlichungen mit dem Wort „robot" im Titel beziehungsweise Abstract aufgrund des anderen thematischen Schwerpunkts wieder aus der Auswahl entfernt. Beschrieben Veröffentlichungen keine Plattform, sondern die Entwicklung einer Software [NaKN94] oder Probleme bei der Serviceentwicklung durch mangelnde Berücksichtigung der Kundenbedürfnisse [EKHS04], wurden diese ebenso wieder heraus genommen wie Veröffentlichungen ohne Abstract [AmWe03] oder aus anderen wissenschaftlichen Disziplinen wie der Verhaltenstheorie [PeMe04]. Die damit verbliebene Auswahl umfasste acht Veröffentlichungen:

- m-Mag-Plattform [PfDo05],
- QoS-gerechte Serviceplattform für das AWARENESS-Projekt [WaHB07],
- SOA-Plattform für mobile Mehrwertdienste [XiJi05],
- Kontextsensitiver Ansatz für das SPICE-Projekt [ZZMK06],
- QoS-Architektur für mobile Serviceplattformen [HeHS04],
- Profilmanagement-Framework für mobile Serviceplattformen [HAMM03],
- Mobile Environmental Information System (MEIS) [KMAO04],
- Building Blocks für das Projekt MOBILIFE [MrRS05].

3.3.2.3 Analyse

Mit Hilfe des Fragenkataloges wurden die in den Veröffentlichungen beschriebenen Probleme, Lösungsansätze, Eigenschaften und Funktionalitäten herausgearbeitet (kodiert). Im Wesentlichen waren folgende Fragen zu beantworten:

- Welche mobil-spezifischen Probleme werden in der Veröffentlichung angesprochen, bzw. zur Motivation verwendet?
- Welche Lösungsvorschläge werden gegeben?
- Welche Funktionalitäten werden beschrieben oder sind im Architektur-Diagramm eingezeichnet?
- Welche Formen von Kontext werden genannt?
- Welche Dienste werden von der betrachteten Plattform angeboten bzw. unterstützt (Dienstspektrum)?

Um die Objektivität der Untersuchung zu gewährleisten, wurde die Kodierung von drei Wissenschaftlern parallel vorgenommen. Die Antworten wurden anschließend zusammengeführt und ausgewertet.

3.3.2.4 Kategorisierung und Darstellung der Ergebnisse

Die Antworten auf die fünf wesentlichen Fragen der Untersuchung wurden in Kategorien zusammengefasst. Im Folgenden werden die in den untersuchten Veröffentlichungen thematisierten Problemkategorien kurz dargestellt[7]. Einige Probleme wurden in den untersuchten Veröffentlichungen beschrieben, ohne dass dafür Lösungsvorschläge genannt wurden. Dies sind Probleme

- die marktbedingte sind,
- auf Seiten der MNO,
- bei der Kooperation zwischen MNO und Dienstanbieter,

---

[7] Die im Folgenden aufgeführten Behauptungen sind fachlich nicht immer ganz korrekt. Sie geben die Aussagen der untersuchten Veröffentlichungen wieder.

Anforderungen

- welche die Dienstanbieter betreffen,
- auf der Kundenseite,
- mit dem Schutz der Privatsphäre und
- hinsichtlich der Nutzung von Kontext.

Die **Marktstrukturen** für mobile Dienste sind unzureichend, da unter anderem etablierte Wertschöpfungsnetzwerke fehlen. Darüber hinaus mangelt es an einem „Ökosystem" von Dienstanbietern und adäquaten Abrechnungsmethoden für zahlungspflichtige Inhalte [PfDo05]. Die Portale der Netzbetreiber bieten nur wenige ausgesuchte Inhalte und bieten somit auch nur für einen beschränkten Kundenkreis die zutreffenden Inhalte [HAMM03].

Die **MNO** haben Schwierigkeiten, die kritische Masse hinsichtlich der Umsätze von mobilen Diensten im 3G-Netz zu erreichen. Die komplexe Netzstruktur der MNO verhindert, dass eine Vielzahl von Dienstanbietern ihre Dienste darüber anbieten [PfDo05]. Hinderlich ist auch, dass MNO die zellbasierte Ortung oftmals auf den Eigenbedarf beschränken [KMAO04]. Für die Dienstentwicklung werden von den MNO spezialisierte Tools verwendet. Auch ist die Dienstnutzung oftmals nur durch Kunden dieses einen MNO möglich [HAMM03].

Eine **mangelnde Kooperation** zwischen MNO und Dienstanbieter kann die Bereitstellung von mobilen Diensten durch Dienstanbieter erschweren, wenn diese beispielsweise für ihre Abrechnung auf das Billing durch die MNO angewiesen sind. Auch können Dienstanbieter ihre Dienste nicht ohne entsprechende Kooperationen über die Portale der MNO anbieten. Dienstanbieter bekommen oftmals nur schwer Zugang zu diesen Portalen [PfDo05].

Dienstanbietern fehlen automatisierte Entwicklungsmöglichkeiten für mobile Dienste [PfDo05]. Die angebotenen Inhalte müssen ansprechender gestaltet werden und dem Anwender einen hohen Nutzwert bieten. Die bisher angebotenen Inhalte sind größtenteils reine Informationsdienste und keine interaktiven Dienste, welche sich den momentanen Nutzeranforderungen anpassen [HeHS04]. Zwar gibt es eine große Zahl an Entwicklungsumgebungen für Dienstanbieter, jedoch können sich die Dienstanbieter bisher nicht auf eine „Standardentwicklungsumgebung" konzentrieren [MrRS05]. Darüber hinaus sind momentan nur wenige Dienste verfügbar, da der Weg von der Entwicklung bis zur Markteinführung bisher sehr komplex, mühsam und zeitraubend ist [HAMM03].

Viele **Kunden** kennen nicht die Möglichkeiten, die ihnen mobile Dienste bieten können, sie sind mit mobilen Diensten (noch) nicht vertraut [WaHB07]. Die benötigten Endgeräte sind noch nicht flächendeckend verbreitet, da die Anforderungen für mobile Dienste „luxuriösere" Geräte voraussetzten. Zusätzlich führt die Nutzung der mobilen Endgeräte, die aus unterschiedlichen Ländern stammen, bei den Kunden zu Frustration, da keine ausreichenden internationalen Standards der Endgeräte vorhanden sind [XiJi05].

Privatsphäre und Eigentumsrecht verbieten eine zentrale Datenhaltung von Benutzerprofilen, Präferenzen und jeweiligen Geräteeigenschaften. Ein zu entwickelndes Personalisierungsmodell muss berücksichtigen, dass diese Informationen verteilt gespeichert werden [MrRS05].

Kontextinformationen, die von menschlichen Sinneseindrücken, Emotionen oder Stimmungen stammen, sind schwer maschinell zu erfassen und umzusetzen [ZZMK06]. Auch Informationen über Umweltzustände werden zu wenig erfasst und genutzt, lediglich Ort, Zeit, Datum oder ähnliches wird verwendet [KMAO04]. Kontextinformation erhöht den Dienstnutzen eines Kunden. Durch die automatische Ortung seines Endgeräts zum Beispiel muss der Nutzer nicht selbst seinen momentanen Aufenthaltsort eingeben, um ein in der Nähe liegendes Hotel reservieren zu können. Auch können damit Schwierigkeiten mit eingeschränkter Prozessor-, Speicher- oder graphischer Leistung verringert werden [KMAO04]. Herausforderungen sind auch die Integration von Kontexterwerb und Repräsentation für den Einsatz auf Plattformen von mobilen Diensten und die Verwendung von Kontextinformationen, welche dem Mobilitätsverhalten des Nutzers entsprechen [KMAO04].

Im Gegensatz zu den vorangegangenen Problemen wurden in den untersuchten Veröffentlichungen zu den technischen Problemen oftmals Lösungsansätze skizziert. Diese beziehen sich auf die folgenden Kategorien:

Anforderungen

- Entwicklung
- Heterogenität und Interoperabilität
- Anpassbarkeit
- Betrieb (Laufzeitumgebung)
- Service Discovery
- „Quality of Service" (QoS)
- "Single sign on"

Ein großes Problem ist die steigende Komplexität bei der **Entwicklung** mobiler Dienste [HAMM03]. Für Dienstanbieter ist es ein mühsamer und zeitraubender Weg, bis sie einen Dienst anbieten können. Die Heterogenität der vielen verschiedenen mobilen Endgeräte erschwert die Entwicklung zusätzlich. Auch die eingeschränkten Ressourcen wie Speicherkapazität, Prozessorleistung und Darstellungsgröße sind problematisch. Eine Dienstentwicklung muss alle möglichen Gerätetypen berücksichtigen, in dem nicht-funktionale Eigenschaften beschrieben werden. Problematisch ist eine enge Koppelung von Dienstlogik und Infrastruktur. Houssos et al. schlagen vor, generische, wiederverwendbare Mechanismen zu verwenden, welche verschiedene adaptive Profile und Algorithmen handhaben können, um der steigenden Komplexität der Dienstentwicklung entgegenzuwirken [HAMM03]. Die Entwicklung mobiler Dienste sollte mit WSDL (Web Services Description Language) durchgeführt werden, da es den Modifizierungsaufwand des Legacy Codes minimiert sowie Fehler (Bugs) und Kosten reduziert [XiJi05]. Sinnvoll ist auch die Verwendung von XML (Extensible Markup Language), damit Dienste sprach- und plattformunabhängig werden, und Semantic Web Technologien, wie RDF(S), OWL und SWRL [ZZMK06]. Bisherige Standards für mobile Dienste wie z.B. WAP 1.x bieten nicht alle Funktionalitäten an, die ein komplexer Dienst benötigt. Sie sind beispielsweise beim Betrachten von und Navigieren innerhalb von Karten oft zu langsam und kaum interaktiv [KMAO04]. Deshalb sind erweiterte Plattformen nötig. Dienstentwickler erhalten Zugang zu den Funktionalitäten der Dienstinfrastruktur der Plattform über wohldefinierte Schnittstellen. Darüber hinaus bietet die Dienstinfrastruktur die Möglichkeit, Dienste zu entwickeln, zu betreiben und zu pflegen.

Ebenso müssen Dienstentwickler von der Plattform durch ein Dienst-Lifecycle unterstützt werden. Komplexe Personalisierungsmodelle müssen vor Nutzer und Dienstentwickler verborgen werden [MrRS05]. Das Profilmanagement ist ein großes Problem hinsichtlich effektiver Profilrepräsentation und Management [XiJi05]. Das Nutzerprofil muss mit dem Geräteprofil kombiniert werden. Dazu werden erweiterte Möglichkeiten benötigt [HAMM03].

Nach Ansicht von Xiaosu und Jian bereiten **heterogene** Endgeräte und Middleware Probleme, wenn mobile Dienste realisiert werden sollen [XiJi05]. Mrohs, Räck und Steglich stellen heraus, dass es trotz Heterogenität von Endgeräten, verfügbaren Netzwerken, Interaktionsmodi und mobilen Diensten den Entwicklern ermöglicht werden sollte, die Potenziale der Informations- und Kommunikations-Technologien verwenden zu können [MrRS05]. Durch diese Heterogenität ist die **Interoperabilität** der Endgeräte nicht vorhanden, da die zu Grunde liegende Middleware den Zugang zu und den Informationstausch zwischen mobilen Endgeräten beschränkt. Herausfordernd sind auch die Heterogenität von Dienst-Plattformen, mobilen Diensten und Anwendungen sowie die gemeinsame Nutzung von Nutzerdaten. Um eine Verbindung zwischen mobilen Endgeräten und einer Plattform beziehungsweise den damit verbunden Endgeräten zu ermöglichen, kann eine verbesserte Infrastruktur eingesetzt werden, die auf der Service Oriented Architecture (SOA) basiert. Mit Hilfe von SOA können Details der Implementierung verborgen werden, und es entsteht eine einheitliche Sicht des Dienstes. Durch den Einsatz der Web Service Description Language (WSDL) kann der Legacy-Code leichter an heterogene Endgeräte und Middleware angepasst werden und verursacht daher weniger Kosten [XiJi05]. Mrohs, Räck und Steglich beschreiben eine Möglichkeit, welche die Realisierung mobiler Dienste trotz Heterogenität von Endgeräten, verfügbaren Netzen, Interaktionsmodi und Diensten erleichtert. Die Basis bilden sogenannte Building Blocks, bestehend aus den Funktionalitäten Personalisierung, Kontextsensitivität, Dienst-Adaption, Dienst-Lifecycle sowie Privacy und Trust Support, die beliebig miteinander kombiniert werden können, um einen mobilen Dienst bereit zu stellen. Somit treten sie als Intermediär zwischen dem einzelnen Dienst und der zugrunde liegenden, heterogenen Kommunikationsinfrastruktur auf [MrRS05].

Anpassbarkeit und Rekonfiguration von mobilen Diensten sind Schlüsselfaktoren in einer heterogenen Umwelt, in der unzählige Bedürfnisse von Nutzern befriedigt werden müssen [XiJi05]. Problematisch ist es, wenn Parameter und Entscheidungslogik für die Adaption statisch und hart kodiert sind [HAMM03]. Notwendig ist, dass Dienste geräteunabhängig beschrieben werden und dadurch in der Lage sind, sich an die jeweils verwendete Endgerätetechnologie anzupassen. Dazu muss eine strikte Trennung von Inhalt und Layout eingehalten werden [MrRS05]. Auch muss die Dienstarchitektur skalierbar sein, um eine große Menge an Kunden bedienen zu können, ohne dass dabei die Performanz spürbar nachlässt [KMAO04]. Die Online-Aktualisierung des Directory Services reduziert den Aufwand der Dienst-Rekonfiguration [XiJi05]. Um Dienste an die jeweiligen Geräte anpassen zu können, müssen Meta-Informationen wie auch generische Anpassungsmechanismen verwendet werden. An letztere werden folgende grundlegende Anforderungen gestellt: klare Abgrenzung der Anpassungsphasen, Unterstützung hoher Komplexität, Unabhängigkeit von bestimmten Profiltypen oder Algorithmen, Interoperabilität und Portabilität [HAMM03].

Während des **Betriebs** finden Dienste, die verschiedene Arten von Middleware verwenden, geringere Verbreitung [XiJi05]. Auch fehlt es an einer gemeinsamen Determinanten, welche die verschiedenen Nutzer-Modelle vereint [MrRS05]. Läuft ein Dienst, so ist ein Online- beziehungsweise Echtzeit-Datenmanagement unabdingbar [KMAO04]. Da bei mobilen Diensten eine große Datenlast über den Proxy läuft, muss dieser vor Absturz, Fehlern, Zeitverzögerungen und ähnlichem geschützt werden [HeHS04]. Beim Betrieb wie auch bei der vorangegangenen Entwicklung eines mobilen Dienstes kann ein Dienstanbieter durch eine Dienst-Lifecycle-Funktion unterstützt werden [MrRS05].

Die Möglichkeiten zum Auffinden von benötigten Diensten (**Service Discovery**) werden nicht genutzt, denn es gibt bisher kaum Werkzeuge, um mobile Inhalte oder Dienste zu finden [PfDo05][8]. Dabei ist die dynamische Dienstauffindung ein kritisches Element während der Verbindung mit dem mobilen Gerät. Eine

---

[8] Inzwischen existieren mit den betriebssystemspezifischen Application-Stores verbreitete Werkzeuge, um mobile Anwendungen und Dienste zu finden.

Service-Orientierte Architektur (SOA) würde das Hinzufügen und Löschen von Diensten „on the fly" ermöglichen. Ein Dienstanbieter könnte somit selbst als Dienst-Broker auftreten und die angeforderten Dienste bei dritten Dienstanbietern beziehen. Falls ein bisher verwendeter Dienst nicht mehr zur Verfügung steht, könnte mit Hilfe von SOA ein alternativer Dienst gefunden werden. Bisher ist ein Nutzer selbst dafür verantwortlich: Kann ein aufgerufener Dienst nicht ausgeführt werden, so muss er sich selbst um adäquaten Ersatz bemühen [XiJi05].

Eine **Quality of Service (QoS)** wird in Funknetzen nur unzureichend garantiert. Wac, Halteren und Broens bemängeln, dass die Spezifikationen der QoS nicht strikt genug formuliert sind und somit nicht den Anforderungen entsprechen [WaHB07]. Beispielsweise beeinflusst das gewählte Kommunikationsnetz die Realisierung der QoS. Darüber hinaus scheint es schwierig zu sein, die verschiedenen QoS der unterschiedlichen Dienste-Plattformen zu kombinieren, die von Nutzern verwendet werden. Die allgemein zu geringe Verwendung von QoS erschien He, Hiltunen und Schlichting problematisch. Durch die Vereinbarung von Service Level Agreements (SLA) könnte der Einsatz von QoS verstärkt werden [HeHS04]. Unter Zuhilfenahme von Kontextinformationen können QoS besser spezifiziert werden und somit die Anpassung eines Dienstes an die betreffende Situation ermöglichen. Beispielsweise lassen sich QoS über SLA bei einem Dienst kombinieren, der aus verschiedenen Service-Requests besteht. Die Einhaltung der QoS kann sichergestellt werden, indem Dienstanfragen dynamisch und redundant an unabhängige Dienstinstanzen übertragen werden [WaHB07].

Auch der Mangel eines **„Single sign on"** kann dem User Unannehmlichkeiten bereiten. Wird beispielsweise ein mobiler Dienst aus verschiedenen Diensten kombiniert und ist für jeden Teildienst eine Authentifizierung nötig, muss der Nutzer jedes Mal die geforderten Daten erneut eingeben. Werden von verschiedenen Diensten die gleichen Daten des Nutzers benötigt, etwa für die Dienst-Komposition, können Semantic-Web-Technologien wie das Resource Description Framework (RDF) [Deng12, 109ff] oder die Web Ontology Language (OWL) [Deng12, 127f] eingesetzt werden, um „single sign on" zu ermöglichen. Der Vorteil für den Nutzer liegt in der Verwendung stark individuell angepasster Dienste, die jedoch nur eine geringe Interaktion erfordern [ZZMK06].

In den untersuchten Veröffentlichungen konnten die in Tabelle 3 aufgelisteten **Funktionalitäten** identifiziert werden. Diese werden durch die jeweils beschriebenen Plattformen unterstützt. Eine umfassende Plattform für die Bereitstellung mobiler Dienste sollte diese zu einem großen Teil ebenfalls unterstützen.

Kategorie	Funktionalitäten
AAA (Authentication, Authorization, Accounting)	Abo-Verwaltung (Pauschal- und Zeittarife)
	Sitzungsverwaltung
	Identitätsmanagement
	Single Sign-On
	Gutschriften ("Rückwärts-Billing")
	Einheitliche Rechnung
Entwicklung und Deployment	Visuelle Programmierung, Verwendung von Bausteinen (keine "Quelltext-Programmierung")
	Nicht-öffentliches Testen auf der Plattform
	Geo-Datenbank inklusive Umgebungssuche (Proximity Search)
	Time-Trigger mit verschiedenen Modi (einmal, periodisch, ...)
	GUI für Geo-Datenbank
	Versionierung
	Validierung
	„Gepushte" Konfiguration des Endnutzer-Terminals (z.B. Bookmarks, Zugangsdaten)
Monitoring	Reports über Abos & Einnahmen
	Zugriffsstatistiken
	Logging der Nutzerwege

Kategorie	Funktionalitäten
Service Discovery	Komposition der Dienste
	Einbindung von Drittdiensten
	Vorschlagswesen (Recommender) für Dienste
	Verfügbarkeitscheck bei Diensten
	Ersatzdienst, wenn bisheriger nicht mehr verfügbar ist
Interoperabilität	MNO-Unabhängigkeit
	Verschiedene Kanäle/Protokolle (WAP, SMS, ...) verwendbar
	Zugriff auf Kernnetz-Funktionen

Quellen: [HAMM03], [HeHS04], [KMAO04], [MrRS05], [PfDo05], [WaHB07], [XiJi05], [ZZMK06]

Tabelle 3: Identifizierte Funktionalitäten in der Qualitativen Datenanalyse

Die Unterstützung von **Kontext** ist eine wichtige Eigenschaft für Plattformen, welche mobile Dienste unterstützen sollen. Deshalb wurden in der QDA alle in den Veröffentlichungen angesprochenen Formen von Kontext gesammelt. Das Ergebnis ist in Tabelle 4 zusammengefasst.

Kategorie	Einzelne Kontextformen
Ort	Standort (Information wie Cell-ID oder GPS Koordinaten)
	Bewegung/Geschwindigkeit
	Nähe
	Räumliche Information (Umgebung)
Zeit	Tageszeit (Ortszeit)
	Jahreszeit

Kategorie	Einzelne Kontextformen
Nutzer	Zustand von Nutzern, Menschen, Gruppen; Gesundheit
	Individuelle oder gemeinsame Interessen
	Identität (Account)
	Präsenz
	Stimmung, Emotionen
	Präferenzen
	Aufmerksamkeit
	Identität der sich in der Nähe befindenden Menschen und Objekte
	Soziale Situation
	Aktivitäten
	Persönliche Kalenderinformationen
Endgerät/Hardware	Fähigkeiten des Body Area Networks (BAN)
	Audio
	Batterieleistung
	Zustand von Computer oder physischen Objekten
	Endgerätefähigkeiten
	Ressourcen des Endgeräts
Umwelt/Umgebung	Temperatur
	Feuchtigkeit
	Helligkeit
	Umgebungsinformationen
	Vegetation
	Wetterbedingungen
	Stärke der Bedrohung durch gefährliche Substanzen in der Luft oder im Boden…

Kategorie	Einzelne Kontextformen
Netzwerk	Clickstream-Informationen
	Verfügbarkeit der Netze
	Bandbreite
	Sich in der Nähe befindende Kommunikationsressourcen
	Zugangstechnologien
	Netzwerkeigenschaften
	Sicherheit
Sonstiges	Jegliche Kombination von unterschiedlichen Kontextvariablen
	Jeglicher Einfluss bei der Verarbeitung einer Anfrage oder beim proaktiven Anstoßen eines Dienstes
	Metadaten hinsichtlich Anforderungen

Quellen: [HAMM03], [HeHS04], [KMAO04], [MrRS05], [PfDo05], [WaHB07], [XiJi05], [ZZMK06]

Tabelle 4: Identifizierte Kontextformen in der QDA

In vier der acht Veröffentlichungen ([KMAO04], [PfDo05], [WaHB07], [ZZMK06]) wurden **konkrete Dienste** beschrieben. Diese umfassten die Bereitstellung von statischen Inhalten, wie der Download von Klingeltönen, Java-Anwendungen und ähnlichem sowie Messaging (z.B. Voting, Alarm, Chat). Ebenso wurden Location Based Services (etwa botanische Informationen zur gerade besuchten Grünanlage) und Advertising als Dienst angeboten. Für spezielle Anwendungsfälle wurden beispielsweise mobile Patientenüberwachung, mobiles Check-In oder Autovermietung beschrieben. In den restlichen Veröffentlichungen wurde keine Aussage über konkrete Dienste gemacht, die entweder von der Plattform angeboten werden oder bei der Realisierung unterstützt werden können.

3.3.2.5 Zusammenfassung und Bewertung

Die qualitative Datenanalyse der Veröffentlichungen des Tests ergab, dass zum Zeitpunkt der Analyse kein Projekt bzw. keine Plattform ein breites Angebot an generischen Diensten bot oder besonders KMU bei der Entwicklung ihrer mobilen Dienste unterstützte. Einige untersuchte Plattformen decken einen Teilbereich ab, indem sie sich auf ein bestimmtes Dienstspektrum oder eine spezifische Problematik beschränkten. Die besondere Betrachtung von KMU wurde gewählt, da diese in der EU einen Anteil von über 99% aller Unternehmen ausmachen und rund ⅔ der Arbeitsplätze bereitstellen [EuKo05]. Insgesamt wurde in den analysierten Artikeln sehr wenig auf die Belange und Probleme von KMU bei der Realisierung von mobilen Datendiensten eingegangen.

Aus der Kategorisierung der Ergebnisse konnten erste allgemeine Barrieren abgeleitet werden, welche die Entwicklung mobiler Dienste betreffen. Diese wurden in Form eines „Barrierenbaumes" dargestellt, in dem Barrieretypen in Cluster zusammengefasst wurden (siehe Abbildung 10). Barrieren, welche nur in bestimmten Anwendungsszenarien vorhanden sind, wurden dabei mit Anmerkungen versehen. Einerseits wurden Barrieren markiert, welche überwiegend für Typ I- oder Typ II-Dienste zutreffen bzw. solche Barrieren, die besonders in Szenarien mit direktem Umsatz (B2C) zum Tragen kommen[9], andererseits Barrieren, die in besonderem Maße KMU betreffen.

Die in den analysierten Veröffentlichungen angesprochenen Probleme sind weit gestreut und decken damit ein breites Spektrum an möglichen mobilen Diensten ab. Anregungen zur besseren Handhabung von technischen Problemen geben die in den untersuchten Veröffentlichungen vorgeschlagenen Lösungsansätze. Für nichttechnische Probleme wurden nahezu keine Lösungsansätze skizziert.

In den einzelnen Veröffentlichungen wurde eine Vielzahl von Funktionalitäten genannt, welche für mobile Dienste relevant sind. Des weiteren wurden neben der Ortsinformation (LBS) viele weitere Arten von Kontextinformation aufgeführt, welche für die Erstellung mobiler Dienste bedeutsam sind. Dabei wurde auch betont, dass die Erhebung des Kontextes oftmals mit Schwierigkeiten verbunden ist.

---

[9] Zur Definition der Kennzeichnungen siehe Abschnitt 2.1.2

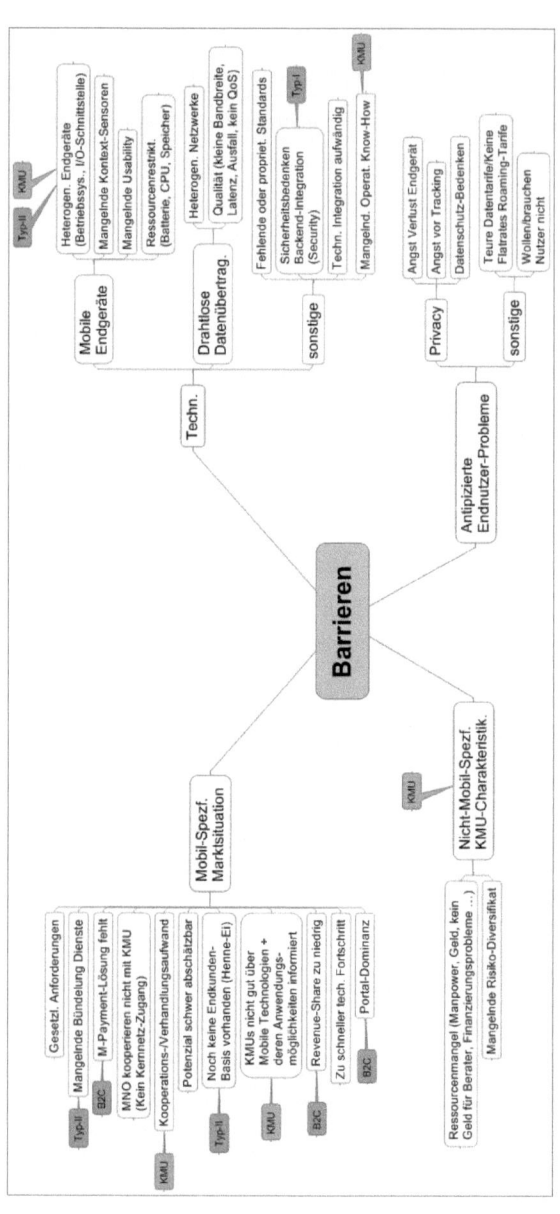

Quelle: [ScID10, 30]

Abbildung 10: Barrieren für mobile Dienste

Die Untersuchung der ausgewählten Veröffentlichungen nach dem unterstützten Dienstspektrum kam zu dem Ergebnis, dass keine Plattform beschrieben wurde, welche die Erstellung beliebiger Dienste unterstützt und selbst diverse generische Dienste anbietet (white label content, billing, payment, transcoding, ...). Dies könnte zum Einen daran liegen, dass die Plattformen meistens auf einen Anwendungsfall beschränkt sind und zum Anderen daran, das nur ein Teilaspekt der dahinter stehenden Plattform in den untersuchten Veröffentlichungen beschrieben wurde. Letzteres verhinderte auch die zufriedenstellende Beantwortung der Untersuchungsfragen hinsichtlich der Unterstützung von Push-Diensten, des Angebots an Entwicklungstools oder der Architektur der Plattform (Schichtenmodell oder ähnliches).

Auf Basis der gewonnen Ergebnisse sind einige weitere Erkenntnisse aus der QDA festzuhalten:

- Die untersuchten Veröffentlichungen haben nicht alle Aspekte der dahinter stehenden Plattform dargelegt.
- Das Forschungsgebiet der Plattformen im Mobile Business ist sehr breit.
- Es gibt keinen Vertreter für das gesamte Forschungsgebiet, der in vielen Veröffentlichungen zitiert wird.
- Für gewöhnlich ist das Dienstangebot der Projekte stark beschränkt, meist sogar auf nur einen Anwendungsfall.
- Auf die Schwierigkeiten der KMU bei Entwicklung, Betrieb und Verbreitung von mobilen Diensten wird nur selten eingegangen.

3.3.3 Expertenbefragung

Die QDA hat sich auf die Analyse von wissenschaftlichen Veröffentlichungen gestützt. Um einen stärkeren Praxisbezug zu erreichen, wurden aufbauend auf den Ergebnissen der QDA mit Hilfe einer Expertenbefragung weitere Barrieren festgestellt und der Barrierenbaum verfeinert. Des Weiteren sollte die Befragung zusätzliche Lösungsansätze für bestehende Probleme bei der Erstellung mobiler

Dienste ermitteln. Anforderungen an Dienstleister und Systeme zur Unterstützung der Bereitstellung mobiler Dienste waren ein weiterer Aspekt.

Aufbauend auf den Erkenntnissen der QDA wurde ein Interviewleitfaden für die Befragung von Experten entwickelt. Dabei lagen diesem und den damit geführten Interviews folgende Annahmen als Ergebnis aus der QDA zugrunde:

- KMU können mobile Dienste nicht ohne weiteres entwickeln und betreiben, weil sie durch verschiedene Barrieren behindert werden.
- Ein spezialisierter Dienstleister könnte KMU bei der Realisierung mobiler Dienste unterstützen.

3.3.3.1 Methode

Experteninterviews als qualitative Methode bieten gegenüber quantitativen Erhebungsformen den Vorteil, dass sie in einem Forschungsgebiet eingesetzt werden können, das recht wenig strukturiert und nicht umfassend erforscht ist – wie die Entwicklung von Anwendungen im Mobile Business. Aus den drei Typen der Expertenbefragung nach Bogner und Menz [BoMe05, 36ff] (Exploration, systematisierendes Experteninterview, theoriegenerierendes Experteninterview) wurde hier die Exploration als Forschungsmethode gewählt, da sie es ermöglicht, umfangreiche Daten in einer relativ kurzen Zeit zu gewinnen. Mit dieser Methode kann das Forschungsfeld systematisch strukturiert werden und sie erlaubt tiefere Einblicke in die Thematik. Außerdem ist es damit möglich, Hypothesen zu generieren.

Das Interview wurde durch einen Gesprächsleitfaden gestützt (siehe Anhang 1). Dadurch bekam es die nötige Struktur, um alle relevanten Themen ansprechen zu können. Jedoch war weiterhin ausreichend Raum vorhanden, sodass die Befragten aufgrund der Offenheit wichtige Ergänzungen, neue Erkenntnisse oder Probleme einbringen konnten, die im Gesprächsleitfaden nicht berücksichtigt waren. Auch bestand die Möglichkeit, im Gespräch eventuelle Unklarheiten sofort zu beseitigen (etwa bzgl. der Definition von Begriffen), sobald sie auftraten.

Der Interviewleitfaden war so gestaltet, dass der erste Fragenblock einen Einstieg in das Interview ermöglichte. Durch die Frage nach den eigenen Erfahrungen bei der Erstellung eines mobilen Dienstes wurde dem Interviewten signalisiert, dass seine Erfahrungen gefragt sind und ihm Kompetenz zugesprochen wird. Dadurch wurde eine positive, interessierte Atmosphäre aufgebaut. Im zweiten und dritten Fragenblock ging es darum, das Faktenwissen der Befragten zu ermitteln: Zum Einen hinsichtlich der Barrieren, denen sich KMU bei der Erstellung mobiler Dienste gegenüber sehen, und zum Anderen zu den Anforderungen, die eine Plattform erfüllen müsste, wenn sie helfen soll, die Barrieren zu überwinden. Schließlich wurde im letzten Teil des Interviews die Möglichkeit gegeben, Anmerkungen zum Inhalt zu machen.

3.3.3.2 Experten

In der Literatur werden verschiedene Definitionen des Begriffs Experte beschrieben. Neben der konstruktivistischen Definition existieren der voluntaristische und der wissenssoziologische Expertenbegriff. Unter ersterem wird verstanden, dass jeder Mensch besondere Informationen besitzt, die ihm helfen, sein Leben zu meistern. Daher ist qua Definition jeder Mensch Experte. In der wissenssoziologische Fokussierung gibt es verschiedene Auslegungen: Nach Schütz [Schü72] ist der Experte ein Wissenschaftler mit sicherem, eindeutigem Wissen, das er jederzeit abrufen kann. Sprondel [Spro79] sieht Expertenwissen als Sonderwissen und von Alltagswissen abzugrenzen. Es umfasst komplexe, vernetzte Wissensbestände und bezieht sich auf die Berufsausübung.

Die hier verwendete Definition des Begriffs Experte greift auf die konstruktivistische Definition nach Bogner und Menz zurück [BoMe05, 39ff], die wiederum in zwei Ansätze unterschieden wird. Nach dem methodisch–rationalen Ansatz ist jemand ein Experte aufgrund der Zuschreibung der Rolle durch diejenigen, die an seinem Expertenwissen - dem objektiven Faktenwissen - interessiert sind. Gemäß dem sozial–repräsentationalen Ansatz ist Experte, wer von der Gesellschaft als Experte gesehen wird, also aufgrund seines Prestiges bzw. seiner Reputation. Da eine Person meist aus methodisch–rationalen oder sozial–repräsentationalen

Gründen zum Experten erklärt wird, liegen hier der Festlegung einer Person als „Experte" die folgenden Merkmale zugrunde:
- Sie hat objektives Faktenwissen, da sie im Beruf mit dem Thema Mobile Business zu tun hat, oder
- sie ist diesbezüglich in einschlägigen Fachkreisen bekannt, da sie auf vielen Konferenzen zum Thema Mobile Business mit Vorträgen anzutreffen war.
- Sie hat in Projekten zu diesem Thema gearbeitet.

Aufgrund dieser Vorgaben wurden 22 Experten im deutschsprachigen Raum angefragt. Von diesen nahmen schließlich 19 an der Studie teil. Die befragten Experten aus der Wirtschaft wurden so ausgewählt, dass sie in einem Unternehmen beschäftigt waren, das nach der Definition der EU [EuUn03] zu den KMU gehört und das sich mit mobilen Diensten befasst hat. Der Experte selber sollte Aufgaben im mittleren bis oberen Management wahrnehmen. Die Experten aus der Wissenschaft wurden nach ihrer Bekanntheit in einschlägigen Fachkreisen ausgewählt. Während der ersten sechs Interviews wurde der Interviewleitfaden noch verbessert und angepasst. Insofern stellen diese Interviews eine Art Pretest dar und können deshalb nur eingeschränkt mit den restlichen Ergebnissen zusammengefasst werden. Die für die Auswertung maßgeblichen 13 Interviews wurden mit acht Personen aus der Wirtschaft und fünf Wissenschaftlern durchgeführt. Allen Befragten wurde Vertraulichkeit und Anonymität bei Auswertung und Verwendung der Befragung zugesichert.

3.3.3.3 Ablauf

Der gesamte Ablauf der Befragung stützte sich auf das Ablaufmodell zur strukturierten Inhaltsanalyse von Mayring [Mayr03].

Die Interviews wurden als Telefoninterviews durchgeführt. Dabei wurde das Gespräch, mit vorheriger Erlaubnis, elektronisch aufgezeichnet. Dies geschah mit der ausdrücklichen Zusicherung, dass die Auswertung anonym erfolgen wird. Alle Interviews wurden von nur einer Wissenschaftlerin durchgeführt, um annähernd

Anforderungen 97

gleiche Bedingungen bei den Befragungen zu schaffen. Somit sollte die Beeinflussung des Befragten durch den Interviewer (Interviewerffekt), der trotz neutralem Verhalten stets vorhanden ist, sich immer in ähnlicher Weise auswirken. Daraus resultierende mögliche Verzerrungen gehen dann in die gleiche Richtung und können vernachlässigt werden.

Wie schon in Abschnitt 3.3.3.1 beschrieben war der Interviewleitfaden in drei Fragenblöcke gegliedert:

- Einstieg in das Interview und Schaffung einer positiven, interessierten Atmosphäre mit Hilfe von Fragen nach den Erfahrungen bei der Erstellung eines eigenen mobilen Dienstes
- Fragen nach Barrieren, denen sich KMU bei der Erstellung mobiler Dienste gegenüber sehen.
- Beschreibung von Anforderungen, die eine unterstützende Plattform erfüllen muss, um Barrieren zu verringern.

Die ersten sechs Interviews (Pretest) dienten dazu, den Interviewleitfaden auf seine Verständlichkeit, Struktur und Dauer hin zu überprüfen und zu verbessern. Diese wurden im Oktober und November 2007 geführt. Folgende Änderungen ergaben sich:

- Im zweiten Fragenblock (KMU-spezifische Barrieren) wurden zwei Szenarien eingefügt, um nochmals konkret auf die Schwierigkeiten bei der Realisierung von Typ I- und Typ II-Diensten einzugehen.
- Im dritten Fragenblock wurde bei Teil a (nicht-technische Anforderungen) zuerst nur eine der fünf Fragen gestellt, die zuvor ausgewürfelt wurde, da es zeitlich nicht zu passen schien. Es stellte sich jedoch heraus, dass der zeitliche Rahmen das Stellen aller fünf Fragen zuließ.
- Bei der zweiten Frage von Teil 3b wurde die Erklärung, was Kontextinformation ist, gekürzt und umformuliert, um die Verständlichkeit zu erhöhen. Da selbst in der wissenschaftlichen Fachliteratur dieser Begriff nicht einheitlich definiert ist, schien dieser Schritt angebracht. Aus diesem Grund wurde auch die vierte Frage modifiziert. Hier wurden noch weitere Beispiele erwähnt, um dem/der

Befragten einen Hinweis zu geben, was mit Schnittstellen, die ein System eventuell bieten sollte, gemeint ist. Im Übrigen blieb der Interviewleitfaden unverändert.

Von Dezember 2007 bis März 2008 wurden die weiteren 13 Interviews mit einem identischen Interviewleitfaden durchgeführt. Anhand der so gewonnen Audiodateien wurde für jedes Interview ein Textdokument erstellt, das die Fragen nebst Zeitangabe enthält. Anhand dieser Dokumente wurde die Kodierung von drei Wissenschaftlern parallel und unabhängig vorgenommen. Dabei wurden von jedem Wissenschaftler Stichpunkte oder wichtige Phrasen zur jeweiligen Frage niedergeschrieben. Anschließend wurden die Stichpunkte bzw. Phrasen hinsichtlich der Kernaussage verglichen. Da diese meistens übereinstimmten, wurde nur eine Kodierung stehen gelassen. Gab es leicht abweichende Niederschriften, wurden diese nochmals anhand der Aufnahme überprüft bis sie konsistent waren. Schließlich wurde ein Kategoriensystem in Form von Mindmaps (Barrieren, Anforderungen) und Tabellen (eigene Dienste) erstellt und mit den entsprechenden Daten befüllt.

3.3.3.4 Aufgestellte Hypothesen

Als Ergebnis der vorangegangen QDA wurden Barrieren für die Erstellung mobiler Dienste zusammengestellt und daraus Hypothesen abgeleitet. Eines der Ziele der Expertenbefragung war die Überprüfung dieser Hypothesen. Sie beziehen sich auf den zweiten Teil der Befragung, der auf den Erkenntnissen der QDA aufbaut. Zu technischen und nicht-technischen Anforderungen einer Plattform wurden keine Hypothesen erstellt, da es hier lediglich um die Ermittlung von Anforderungen ging.

Hypothese 1 [Device Fragmentation]
Durch die Vielzahl von verschiedenen Endgeräten (sogenanntes „device fragmentation problem") ist es sehr aufwändig, mobile Dienste zu erstellen. Vor allem für

KMU ist es oftmals nicht möglich, Anwendungen für viele verschiedene Geräte zu erstellen. Das Bundesamt für Strahlenschutz hat in einer Erhebung vom Sommer 2009 1310 verschiedene aktuell auf dem deutschen Markt verfügbare Geräte-Modelle ermittelt [BufS10]. Im November 2013 lag die Zahl der in Deutschland marktüblichen Mobiltelefone bei 2056 [BufS13], wobei in dieser Zusammenstellung keine Tablets enthalten sind. Durch diese Vielzahl an Geräten können sich KMU kaum den Gerätepark an mobilen Endgeräten leisten, der nötig wäre, um einen Dienst auf allen im Markt vertretenen Endgeräten lauffähig zu machen. Denn neben einer Vielzahl von Herstellern, die in der Regel mehr als ein Modell anbieten, werden verschiedene Versionen von Betriebssystemen eingesetzt.

Hypothese 2 [Datenübertragung]

Aufgrund der zu geringen Datenübertragungsraten und zu hohen Latenzzeiten sowie der nicht lückenlosen Funkversorgung werden mobile Dienste nicht umfangreich genutzt.

Störungen und Abbrüche der Datenverbindung sind bei kabellosen Verbindungen systembedingt häufiger zu erwarten. Dabei kann befürchtet werden, dass Daten verloren gehen könnten, wenn die Verbindung gestört ist. Deutlich merkbare Verzögerungen wirken sich negativ auf die Systemakzeptanz aus. Darüber hinaus scheint es wenig komfortabel zu sein, eine Online-Sitzung immer wieder neu starten zu müssen. Je nach Tarifmodell können durch Verbindungsabbrüche Mehrkosten entstehen (z.B. durch Blockrundungen).

Hypothese 3 [Kosten]

Mobile Dienste werden wenig genutzt, da die Kosten der Nutzung zu hoch sind.

Im Allgemeinen gibt es eine positive Zahlungsbereitschaft für mobile Dienste, jedoch erscheint potenziellen Kunden das Preisniveau immer noch zu hoch [BuTi08].

Hypothese 4 [Datenschutz]

Datenschutzanforderungen („privacy"), die sich aus gesetzlichen Bestimmungen ergeben, haben einen negativen Einfluss auf die Entwicklung mobiler Dienste.

Aufgrund der Möglichkeit der Nachverfolgung von Dienstnutzungen und der Ortung der Endgeräte sowie den Verpflichtungen zur Datenspeicherung können Nutzer mobiler Dienste ihren Datenschutz gefährdet sehen. Diese Vorbehalte sowie gesetzliche Vorgaben zum Datenschutz haben einen Einfluss auf die Entwicklung mobiler Dienste.

Hypothese 5 [Sicherheit]

Die Realisierung mobiler Datendienste wird von Sicherheitsanforderungen („safety" und „security"), die sich aus der Nutzung mobiler Endgeräte ergeben, beeinträchtigt.

Ein weiterer Sicherheitsaspekt neben dem Datenschutz ist die Sicherheit der Daten, Zugänge und dergleichen. Daten sollen nicht von Unbefugten eingesehen oder manipuliert werden können. Auch sollten die Nutzer gegen den unbeabsichtigten Verlust von Daten abgesichert sein. Beispielsweise sollten Unberechtigte nicht über ein mobiles Endgerät, das gestohlen wurde oder verloren gegangen ist, auf firmeninterne Daten zugreifen können.

Hypothese 6 [Organisatorische Struktur]

Kleine und mittelständische Unternehmen haben nicht die notwendige organisatorische Struktur, um mobile Dienste zu erstellen.

Organisatorische Barrieren können sein, dass die Eigentümer von KMU oftmals viele Unternehmensaufgaben selbst durchführen und daher nicht in jedem Bereich spezialisiert sind. Dies kann dazu führen, dass das Wissen auf verschiedenen Gebieten unterschiedlich stark fundiert ist.

3.3.3.5 Ergebnisse

Die Abbildung 11 gibt einen Überblick über die drei Bereiche des Interviewleitfadens. Dieser besteht auf der obersten Ebene aus den Bereichen „Erfahrung mit eigenem Dienst", „KMU-spezifische Barrieren" und „Anforderungen an einen Dienstleister".

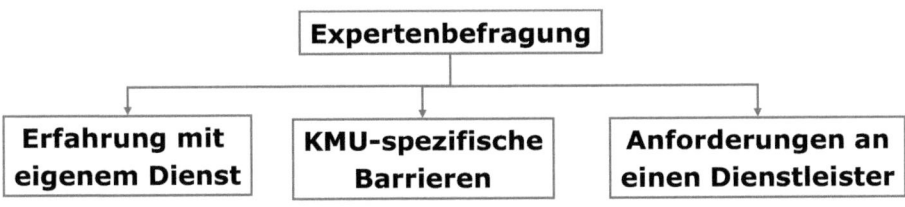

Quelle: [ScID10, 35]

Abbildung 11: Bereiche der Expertenbefragung

In den nachfolgenden Abschnitten werden die Erkenntnisse der Befragung nach diesen drei Bereichen zusammengefasst erläutert.

Bereich „Erfahrung mit eigenem Dienst"

Im ersten Teil des Interviews konnten die Befragten ihre eigenen Erfahrungen mit der Bereitstellung mobiler Dienste einbringen. Aufgrund der jeweiligen individuellen Erfahrungen und Hintergründe wurden ganz unterschiedliche Barrieren oder auch mögliche Lösungen gesehen. Es wurde eine Vielfalt von Diensten ermittelt, mit denen sich die Unternehmen oder Forschungseinrichtungen beschäftigt haben, sodass davon ausgegangen werden kann, dass ein breites Spektrum von Barrieren und eventuell sogar Lösungsvorschlägen erfasst werden konnten. Die 13 befragten Experten haben über 30 Dienste genannt, von denen sie wussten, dass sich ihr Unternehmen oder ihre Forschungseinrichtung damit beschäftigt hat. Aus diesen Diensten konnten insgesamt zehn Dienstkategorien gebildet werden. Tabelle 5 können die verschiedenen Dienstkategorien und Beispiele für einzelne genannte Dienste entnommen werden.

Kategorie	Dienst - Beispiel
Mobile Banking	Abruf von Kontostand und Umsatz.
	Mobile Banking für Kunden von MNO
Spiele / Edutainment	Lernspiele / Edutainment Anwendungen, Sudoku, Lebensspiel, Chaos-Theorie, Mandelbrot
	Spiele für Palm: Quiz, Wissen über die ganze Welt
	Wissen vermitteln (Rätselform, Vokabeltrainer)
	Bewerbungstrainer (Standard-Fragen Bewerbung)
Medizin	Medizinische Anwendung – die z.B. EKG erfasst und auf den Server überträgt
	Mobile Erfassung Vitalparameter für Blutdruck und Gewicht, spezielle Messgeräte für Blackberry und Windows Mobile, EKG Anwendung – mobile Erfassung für 12-kanal-EKG
	Dienste für ältere Menschen
Kommunikation / Organisation	Mobile Telefonbuch-Anwendung
	Consumer-Anwendung für PALM – komfortables Schreiben von SMS und Serien-SMS, Vorlagenerstellung über Bildschirm
	PIM – Verwaltung von E-Mails, Einteilen in Kategorien
	Tankmanager für Tankstelle – Tagesbuch auf Handy
	Schicken von MMS aus Online-Fotoalbum
Touristik / Transport	Public transportation - Abfahrtmonitor, Tür-Zu-Tür-Funktion
	„Stuttgart mobil" - Touristenführer, Zugriff auf Internetseiten.
	Touristenführer / Reisebegleiter, Hotelbuchung, Restaurant
Prozessverbesserung	Gastronomie-Anwendung: Bestellung aufnehmen für Kellner

Kategorie	Dienst - Beispiel
	Multilieferanten-Vertreter-Szenario mobil
	Führerscheinprüfungsprogramm. Der Prüfer bekommt die Daten von Fahrprüfling auf mobiles Endgerät, Fahrprüfling bekommt Bescheinigung ob bestanden
Benachrichtigung	Dispatching-System für Callcenter mit SMS-Notifikation
	Benachrichtigungssystem bei IT-System-Problematik ((Web-)Server-Ausfall, Firewall-Probleme), automatische Benachrichtigung
	Abfragen von Noten über SMS
LBS	Branchenbuch mit kartenbasierten Informationen - Kartengröße angepasst an kleinere Displays, auch über iPhone
Web 2.0	Friend-Finder
	Web2.0-Anwendungen für MNO in In- und Ausland, für Handy, Chat, blogging, social networking, Java Applets, Downloads wie bei Jamba, Spiele
mobile Commerce / Werbung	Bestellung über das Handy
	Recommender – Empfehlung von anderen Anwendungen
	Branding, für Werbung - Firmen können eigene Inhalte in Programm einbringen

Quelle: [ScID10, 35]

Tabelle 5: Dienstkategorien

Die Entwicklung von Diensten wurde durch Kundenaufträge und eigene Ideen gleichermaßen motiviert. Die Mehrheit der realisierten Dienste (20) waren Anwendungen, die einen Fremdbedarf (Typ II) decken, d.h. sie wurden für Kunden entwickelt. Vor allem B2C-Lösungen waren im Fokus. Lediglich zwei mobile Applikationen wurden für den firmeninternen Gebrauch (Typ I) hergestellt. Fast alle Dienste (27 Antworten) wurden selbst realisiert. Alle Befragten hatten Erfahrungen hinsichtlich der Erstellung mobiler Dienste machen können. Auch die Bereitstellung des Dienstes wurde von 2/3 der befragten Experten (bzw. deren Unternehmen) selbst übernommen. In vielen Fällen versuchen die KMU weite Teile der Wertschöpfungskette abzudecken und greifen nur dort, wo es unbedingt nötig ist, auf die Dienstleistung von Partnern zurück.

Bereich „KMU-spezifische Barrieren"

Im zweiten Teil der Interviews wurden die KMU-spezifischen Barrieren abgefragt. Dazu wurde eine offene Frage nach den Barrieren gestellt. Themenbereiche, welche die Befragten nicht selber angesprochen hatten, wurden durch Nachfragen motiviert. Die Zielrichtungen der Nachfragen ist in Abbildung 12 dargestellt. Diese bilden gleichzeitig auch die im Weiteren verwendeten Kategorien der „KMU-spezifischen Barrieren".

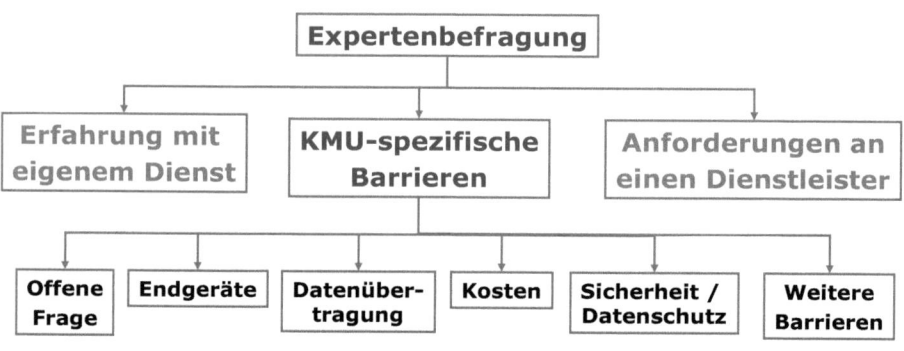

Quelle: [ScID10, 37]

Abbildung 12: Kategorien „KMU-spezifische Barrieren"

Den Kategorien respektive Fragestellungen lagen die in Abschnitt 3.3.3.4 aufgestellten Hypothesen zugrunde, wobei Sicherheit und Datenschutz zusammengefasst wurden. Es lässt sich festhalten, dass auf Basis der Experteninterviews zum damaligen Zeitpunkt keine der Hypothese abzulehnen war. Im Jahr 2014 würde das Ergebnis vermutlich anders ausfallen.

Offene Frage

Die einleitende, allgemeine **offene Frage** „Welche Hürden sehen Sie bei Entwicklung und Betrieb einer mobilen Anwendung, die insbesondere bei klein- und mittelständische Unternehmen und weniger bei Großunternehmen vorhanden sind?" zu KMU-spezifischen Barrieren beantworteten zwölf der dreizehn Befragten. Ihre Antworten ließen sich den fünf Kategorien zuordnen, die sich aus den nachzuhakenden Fragen ergaben. Ausnahme waren zwei Themen: Zum einen die **Entwicklungskosten** bzw. das **Risiko**, das vorher kaum abzuschätzen ist, in Bezug zum **Nutzen** eines mobilen Dienstes. Drei Befragte nannten spontan dieses Problem. Zum anderen wurden von zweien Schwierigkeiten im Zusammenhang mit **Mobilfunkanbietern** gesehen. Einerseits gäbe es keine brauchbaren Schnittstellen zu großen Mobilfunkanbietern, andererseits kann der Endkundenkontakt aus ihrer Sicht nur über die Mobilfunkanbieter hergestellt werden.

Die meisten Antworten der offenen Frage konnten den Kategorien Endgeräte, gefolgt von organisatorischen Belangen, zugeschrieben werden. Kosten wurden von zwei Personen und Sicherheit von einer befragten Person angesprochen.

Endgeräte

Nachfolgend wird die Unterkategorie „Endgeräte" näher betrachtet. Die dazu gehörige Frage lautete „Gibt es Barrieren bzgl. der mobilen Endgeräte [z.B. dass es so viele verschiedene Typen gibt]?" und wurde von zehn Befragten beantwortet.

Heterogenität von Endgeräten bzw. diesbezüglichen Technologien wurde von sechs Personen genannt, wovon zwei ihre Antwort dazu bei der offenen Frage äußerten. Es handelte sich allgemein um die Vielfalt der Endgeräte, die große Auswahl an Betriebssystemen, verschiedene vorinstallierte Browser-Anwendungen und unterschiedliche Qualitäten der Endgeräte.

Fünf Antworten - inklusive zwei der offenen Frage - ließen sich zu Schwierigkeiten rund um **Anwendungen** zusammenfassen. Konkret wurde hier genannt, dass JavaME nicht durchgängig und einheitlich unterstützt wird, Spezifikationen zum Teil inkompatibel und die Anwendungen auf mobilen Endgeräten instabil sind.

Restriktionen mobiler Endgeräte sehen sechs Befragte als Problem. Dazu zählen Einschränkungen des Displays (3), der Akku-Laufzeit (2) und der Übertragungsqualität.

Die **Usability** wurde von zwei Personen bemängelt, einmal bei der offenen Frage. Nach deren Einschätzung ist der Umgang mit dem Internet über das mobile Endgerät nicht benutzerfreundlich, unter anderem aufgrund der zu langen URL-Eingabe.

Aspekte des Marktes scheinen für drei Befragte (inklusive einer Antwort bei der offenen Frage) eine Barriere für die Realisierung mobiler Dienste zu sein. Dies beinhaltet die Schwierigkeiten bzgl. der Verlässlichkeit, ob Services oder benötigte Updates auch noch Jahre später zu erhalten seien, oder bei den Produktlebenszyklen, die bei Consumer-Endgeräten immer kürzer werden, was die Entwicklung neuer Dienste erschwert. Auch haben KMU das Problem, dass sie nicht rechtzeitig neue Endgeräte, etwa für die Entwicklung neuer Dienste, beschaffen können. Schließlich seien beispielsweise Tablett-PC schlicht zu teuer.

Datenübertragung

Als nächstes wurde die Frage gestellt, ob der Befragte besondere Barrieren sieht, die sich aus der Nutzung drahtloser Datenübertragung ergeben. Neun Personen gaben darauf eine Antwort. Für zwei ist die **Netzabdeckung** ein Problem.

Viermal wurden die **Kosten** heran gezogen. Im Einzelnen hieß es, dass die Tarife zu teuer sind und die Preisgestaltung zu inflexibel ist, da es unter anderem keine speziellen Lösungspakete für KMU gibt.

Übertragungsprobleme, d.h. zu geringe Datenübertragungsraten, zu hohe Latenzzeiten und besondere Schwierigkeiten bei hohen Datenraten, kamen bei drei Antworten vor.

Sonst wurde hier noch erwähnt, dass Nutzer das Gefühl der Überwachung oder der Mehrarbeit haben, da sie durch die mobile Datenerfassung und -übertragung nicht mehr einige Zeit früher nach Hause können, um dort die Daten manuell einzugeben und zu übertragen. Auch die Sicherheit der Datenübertragung wurde genannt.

Kosten

Elf Personen antworteten auf die Frage „Welche Kosten bzw. Preise behindern die Umsetzung mobiler Anwendungen?". Die meisten Aussagen (9) bezogen sich auf die Kosten hinsichtlich der **Datentarife**.

Neben den eigentlichen Datentarifen (von fünf genannt) zählten auch (Einrichtungs-) Gebühren, Mindestumsatz, zu wenige Flatrates oder mit Zusatzkosten, teures Roaming, fragwürdige Abrechnungsmodalitäten und Intransparenz dazu. Zwei Befragte bemängelten hohe Kosten für **Endgeräte**.

Schließlich wurden Kosten bei der **Realisierung** eines mobilen Dienstes von sieben Teilnehmern erwähnt. Dies schließt die Entwicklung (vier von fünf Personen nannten dies schon bei der offenen Frage) als auch den Betrieb eines Dienstes ein (jeweils eine Nennung bei dieser und bei der offenen Frage). Beratungskosten, Kosten für das Customizing und die Personalkosten bei der Umsetzung wurden angegeben. Hohe Provisionen, die an mobile Zahlungsanbieter gezahlt werden müssen, wurden ebenso hierzu gezählt.

Sicherheit und Datenschutz

Von den Interviewten wurde die Frage, ob sich aus Sicherheits- und Datenschutzanforderungen an eine mobile Anwendung besondere Barrieren ergeben, unterschiedlich beantwortet. Gruppen konnten nur beim Verlust von **Endgeräten** (vier Antworten) und bei der **Wahrnehmung** gebildet werden. Bei letzterer handelte es sich zum einen um das Gefühl mangelnder Sicherheit, welches jedoch nicht der Realität entspräche, und zum andern um die gesteigerte Wahrnehmung von Sicherheit als Problem bei den KMU.

Die **sonstigen** Aussagen beinhalteten die Notwendigkeit der Verwendung von Sicherheitsmechanismen und Verschlüsselung, da die Endgeräte immer leistungsfähiger werden, Aufwandssteigerung durch Sicherheits- und Datenschutzbelange, Gefahr von Viren und dergleichen. Auch sollen Kundendaten nicht auf dem mobilen Endgerät gespeichert sein (u.a. bei offener Frage erwähnt). Arbeitsrechtliche Aspekte müssen berücksichtigt werden, etwa der Störung des Mitarbeiters in seiner Pause. Bewegungsprofile, Abhören oder Teilnahme an mobilen Umfragen erfordern gleichfalls die Beachtung des Datenschutzes. Auch bei der Zellortung muss der Nutzer jedes Mal zustimmen, wenn diese genutzt werden soll. Des Weiteren ergeben sich Schwierigkeiten aus der Übertragung allgemein und der Verwendung von offenen Bluetooth-Schnittstellen sowie daraus, dass beispielsweise Zertifikate oftmals nicht nachladbar sind.

Weitere Barrieren

„Sehen Sie besondere Barrieren für klein- und mittelständische Unternehmen im z.B. organisatorischen Bereich, also nicht technische Hindernisse?" lautete eine weitere Frage im Block KMU-spezifische Barrieren, die von acht Teilnehmern beantwortet wurde. Sieben Personen nannten bei der offenen Eingangsfrage Barrieren, die in diese Kategorie gehören. Fehlendes **Wissen** zur Realisierung mobiler Dienste gaben zwei Befragte (und drei bei der offenen Frage) als Barriere an.

Die **Integration** bzw. die **Anpassung** an die bestehende Infrastruktur sehen drei Kandidaten als problematisch. Dies betrifft nicht nur die Integration in das ERP oder die Backend-Software, sondern auch die Prozesse.

Vereinzelt wurde angesprochen, dass KMU Standard-Anwendungen bevorzugen, die sie aufspielen und gleich verwenden können („Out-of-the-Box"-Lösungen). Jedoch fehlten diese im Mobile Business. Die Auswahl der passenden Endgeräte scheint ebenso ein Problem zu sein. Auch verfügen KMU meist nicht über die notwendigen Ressourcen (zwei Antworten der offenen Frage) bzw. Strukturen, da etwa ihre IT-Abteilung viel zu klein ist, um mobile Dienste adäquat realisieren zu können. Hier und bei der offenen Frage hielten zwei Personen das Change-Management bzw. die Akzeptanz der Mitarbeiter bzgl. des Einsatzes mobiler Technologien für kritisch. Schließlich ist die Integration verschiedener Partner und die damit verbundene Kostenaufteilung eine weitere Barriere.

Um die Ermittlung der Barrieren noch weiter zu konkretisieren oder zusätzliche Barrieren zu erfassen, wurden den Befragten zwei Szenarien dargestellt, anhand derer sie KMU-spezifische Probleme aufzeigen sollten. Ziel dieser Szenarien war es herauszufinden, welche Barrieren im Einzelnen bei Typ I- bzw. Typ II-Diensten[10] vorhanden sein könnten.

Szenario Typ I

Das erste Szenario (Typ I) lautete: „Ein mittelständischer Betrieb möchte einen mobilen Dienst realisieren, mit dem seine Außendienstmitarbeiter aktuelle Preise und Lagerbestände von Produkten mit einem Smartphone abfragen können."

Die Äußerungen dazu, die von zwölf Teilnehmern gegeben wurden, konnten zu folgenden Gruppen zusammengefasst werden: Bei der **Entwicklung** werden von fünf Befragten Barrieren vor allem darin gesehen, dass Systeme bei KMU nicht aktuell sind, wodurch das Aufsetzen eines Standards erschwert wird. Auch sind meist ERP-Systeme bei KMU nicht für den externen Zugriff geeignet bzw. es fehlt der Zugang zum Backend. Des Weiteren sind Open-Source-Lösungen für KMU wegen ihres Kosteneinsparpotenzials interessant, jedoch sind diese im Mobile Business kaum vorhanden.

Vier Kandidaten sehen in der **Integration** in die bestehende IT eine Hürde. Dabei spielen die Schnittstellen eine wichtige Rolle. Das Zusammenspiel vieler Komponenten ist eine Herausforderung für KMU.

Ein weiteres Problem sind die **Kosten**, die von drei Personen als Problem gesehen werden. Mangelndes **Wissen** ist für zwei Befragte eine Hürde, die nur mit hohen Kosten überwunden werden kann.

Zu den **Endgeräten** gab es vier Antworten. Einerseits haben Mitarbeiter bei einem KMU oftmals unterschiedliche Endgeräte (sofern sie überhaupt eines besitzen), so dass Anwendungen für verschiedene Geräte lauffähig gemacht werden müssten. Andererseits sind oft „Low-Cost-Handys" im Einsatz, die nicht für jede Anwendung geeignet sind.

Als **weitere Schwierigkeiten** wurden genannt: Daten und Anwendungen müssen vor dem Zugriff durch Unberechtigte geschützt werden. Datenquellen sind heterogen, und die Datenbank wird nicht in der benötigten Form bereitgestellt. Es

---

[10] Definition siehe Abschnitt 2.1.2

kann Schwierigkeiten beim Datenaustausch geben, und bei einem Verbindungsabbruch können Daten verloren gehen. Zur Realisierung des Szenarios würde ein KMU einen externen Dienstleiter benötigen. Berater neigen jedoch oftmals dazu, eingeschränkt nur eine mögliche Lösung zu empfehlen.

Szenario Typ II

Im zweiten Szenario (Typ II) ging es darum, dass eine kleine Firma ein erfolgreiches Webportal mit aktuellen Veranstaltungshinweisen betreibt und nun seinen Nutzern den Zugriff auch mit dem Mobiltelefon ermöglichen möchte. Alle Befragten äußerten sich zu diesem Szenario.

Drei waren der Meinung, dass die **Ressourcen**, die nötig wären den beschriebenen Dienst zu entwickeln, hinsichtlich des Personals und des Wissens nicht ausreichend bei KMU vorhanden sind.

Schwierigkeiten ergeben sich, gemäß sechs Befragter, aufgrund der **Heterogenität** der Endgeräte und Technologien. Diese beeinflusst die automatische Anpassung eines Dienstes an ein mobiles Gerät sowie den Aufwand der Implementierung für verschiedene Geräte. Die Abdeckung möglichst vieler Geräte ist eine Herausforderung. Nach Ansicht der Befragten laufen die meisten Dienste auf höchstens ca. 70% der mobilen Geräte.

Nach Ansicht dreier Befragter spielen die **Kosten** bei KMU eine wichtige Rolle. Die Dienstentwicklung selbst sei teuer und werde noch teurer, wenn der Betrieb von einem externen Dienstleister vollzogen wird. Kosten auf Kunden-Seite sah ein Befragter in Form von hohen Datentarifen.

Schließlich ist die **Usability** eines Dienstes eine Herausforderung. Denn es reicht nicht, eine Webseite „klein" zu machen, damit sie den Ansprüchen mobiler Endgeräte und deren Benutzer entspricht. Anforderungen wie die „Drei-Klick-Regel" [Zeld01] müssen gleichfalls beachtet werden.

Bereich „Anforderungen an einen Dienstleister"

Die nachstehende Abbildung 13 zeigt einen Überblick über die Fragen im Bereich „Anforderungen". Diese wurden in technische und nicht-technische Anforderungen unterteilt.

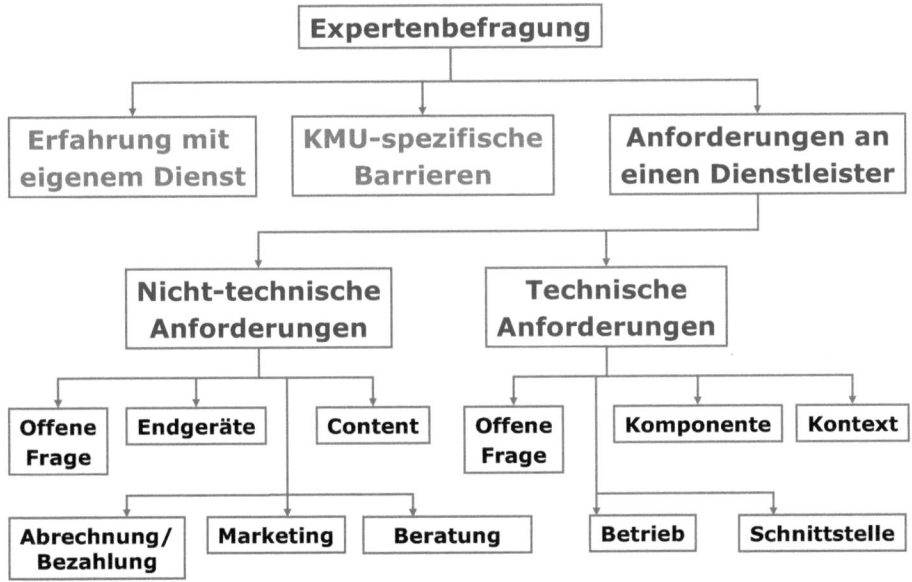

Quelle: [ScID10, 42]

Abbildung 13: Überblick Bereich „Anforderungen an einen Dienstleister"

Nicht-technische Anforderungen

Die einleitende offene Frage des ersten Teils befasste sich damit, ob und inwieweit die Unterstützung von KMU durch einen Dienstleister, der ein System zur vereinfachten Bereitstellung mobiler Dienste und Anwendungen betreibt, notwendig sei, d.h. was von diesem Dienstleister erwartet werden könnte. Daraufhin antworteten die meisten (neun Kandidaten), dass Beratung in unterschiedlichster Weise notwendig sei:

- Unterstützung von KMU bei der Entwicklung von Geschäftsmodellen.

- Hilfestellung bei der Auswahl eines Providers oder von Anbietern, die entsprechende Technik, mobiles Bezahlen, LBS oder SMS bereitstellen.
- Die Implementierung bzw. das Einbinden mobiler Technologien in die bestehende Infrastruktur oder das Anbinden von Schnittstellen müssen ebenfalls besprochen werden.
- Auf welche Art und Weise ein KMU seine Internetseite mobil-tauglich machen kann, muss verdeutlicht werden, da es meist nicht reicht eine Webseite lediglich zu verkleinern.
- Weiterhin ist Beratung notwendig, wenn ein mobiler Dienst schon in Betrieb genommen wurde, da dann Aufgaben wie Device- und Security-Management zu bewältigen sind.

Ob ein Dienstleister bei der Auswahl der Endgeräte beratend tätig sein sollte, wurde noch gezielt erfragt (s. unten). Ein Befragter hielt das Marketing für eine nicht-technische Anforderung, die ein Dienstleister erfüllen sollte. Dazu wurde ebenso gezielt nachgefragt.

Darüber hinaus wurden folgende Themen als Aufgaben eines Dienstleisters genannt:

- Gute Tarife sollten mit MNO für die KMU ausgehandelt werden.
- Die Installation mobiler Dienste sollte besser von Statten gehen.
- Bei der Abrechnung sollten KMU besser bedacht werden.
- Infrastrukturen sind zu planen und zu entwickeln.
- Sinnvoll wäre es, einen Value-Net-Ansatz[11] zu verwenden, ähnlich wie ihn NTT DoCoMo in Japan verfolgt.
- Durch eine Plattform eines Dienstleisters sollte im Allgemeinen mehr Transparenz geschaffen werden.
- Inhalte sollten leichter in Dienste einbringbar sein.

---

[11] Der Value-Net-Ansatz besagt, dass der Erfolg eines Produktes erst durch sogenannte Komplementatoren (Anbieter von Zubehör) möglich wird. Das schließt auch die Angebote von Anwendungen in den jeweiligen Application-Stores mit ein [ReGü11].

Anforderungen

- Technische Lösungen sollten auf Prozesse abzubilden sein.
- Hilfreich kann der Erfahrungsaustausch mit anderen Ländern sein.
- Unterstützung der Unternehmen bei der Frage, welche Daten bereitgestellt werden sollen und dürfen.

Nach der offenen Frage zur Unterstützungsleistung eines Plattform-Anbieters, wurde auf bestimmte Themen durch gezieltes Nachfragen weiter eingegangen.

Der Bedarf an Beratungsleistungen zur **Endgeräteauswahl** wurde mit den Worten „Halten Sie Hilfe bei der Auswahl mobiler Endgeräte für notwendig?" erfragt. Eine Hilfe bei der Auswahl hielten fünf Befragte für notwendig, unter anderem um die Endgeräte in die bestehende Systemlandschaft zu integrieren. Jedoch meinten vier Befragte, dass es nicht notwendig sei, da sich die meisten Menschen mit mobilen Endgeräten auskennen, so eben auch die KMU. In einer Aussage wurde nur bedingt die Notwendigkeit gesehen, bei der Endgeräteauswahl zu helfen, da die Fähigkeiten der Endgeräte gut dokumentiert sind.

Die Frage danach, ob es notwendig sei, **Inhalte und Content** von Drittanbietern zu besorgen, bejahten sechs Teilnehmer, unter anderem mit der Begründung, dass nicht jeder unbedingt alle relevanten Kompetenzen besitzt. Zwei Kandidaten hielten es nicht für notwendig (beispielsweise bei Haus-internen Typ I-Diensten). In Abhängigkeit des Projekts, Szenarios oder Dienstes sollte entschieden werden, ob Content vom Dienstleister besorgt werden soll, war die Meinung von sechs Befragten.

Auf die Frage: „Halten Sie Unterstützung bei **Abrechnung und Bezahlung** der Anwendung für notwendig?" antworteten 12 Befragte mit „Ja" (3 davon gleichzeitig auch mit „Nein") und knüpften daran u.a. folgende Bedingungen:

- Der Dienst ist vom Endnutzer zu zahlen, d.h. Endnutzeranwendungen
- Es sind keine Abrechnungsstrukturen („Rundum-Sorglos-Paket") vorhanden
- Für Unternehmen, die mit allen Netzbetreibern Abrechnungsbeziehungen eingehen
- Da die sichere Bezahlung äußerst kompliziert ist, wird das nur von großen Unternehmen beherrscht.

- Beim Angebot von Mobile Payment

Verneint wurde die Frage viermal und zwar mit den Argumenten, dass es nicht notwendig ist, wenn Abrechnungsstrukturen vorhanden sind oder der Dienst firmenintern genutzt wird. Zweimal wurde auch geantwortet, dass es von der Anwendung bzw. der Unternehmensgröße abhängig ist.

Neunfach wurde die Frage bejaht, ob Hilfe beim **Marketing** für den Dienst bzw. die Anwendung notwendig ist. Begründet wurde dies wie folgt:

- Das Geschäftsfeld ist bei den Kunden noch nicht so bekannt, daher ist es kein Selbstläufer.
- Beim Consumer-Markt
- Es ist generell sinnvoll.
- Hinsichtlich der über das Portal angebotenen Dienste, damit der Kunde weiß, dass es ein vernünftiger Dienst ist, dessen Bezahlung er auch trauen kann
- Marketing ist ein Hauptproblem, das für kleine Unternehmen kaum zu bewältigen ist.
- Wenn ein Dienst größere Anwendergruppen erreichen soll, sonst finden die Anwender nicht hin.
- Bei externer Nutzung der Dienste

Es gab auch ablehnende Meinungen, da

- Es im Business Markt weniger relevant ist,
- Es im Allgemeinen kaum notwendig ist,
- Dienste intern genutzt werden,
- Die Firma eine eigene Marketing-Abteilung hat und dies selbst macht.

Angemerkt wurde, dass dies nicht pauschal beantwortet werden kann sondern von der Anwendung, der Kompetenz des Betreibers und davon, was schon existiert, abhängig ist.

Zur Frage nach der Notwendigkeit **sonstiger konkreter Beratungsleistungen** kamen die unterschiedlichsten Antworten. Teilweise wurden schon vorher angesprochene Themen erneut aufgegriffen. Für beratungswürdig wurden unter anderem rechtliche Aspekte gehalten, etwa hinsichtlich des Betriebsrats, des Arbeitsschutzes, der Zahlungssysteme oder der ordnungsgemäßen Abrechnung der Bezahlung. Die Personaldecke der KMU sollte analysiert werden, um festzustellen, ob genug eigene Mitarbeiter für die Realisierung des mobilen Dienstes vorhanden sind oder ob welche zugekauft bzw. externe Dienstleistungen wahrgenommen werden müssen. Es sollte sowohl eine Marktübersicht über mobile Endgeräte als auch eine Gerätedatenbank angeboten werden. Insbesondere sollte aufgezeigt werden, wie der Inhalt an die mobilen Endgeräte angepasst werden kann. Darüber hinaus sollte im gesamten Entwicklungsprozess beraten werden. Neben der Machbarkeit eines Dienstes sollte klar aufgezeigt werden, was dieser kosten wird, ob überhaupt ein Investitionsrückfluss möglich ist und nach welcher Zeit dieser zu erwarten ist.

Insgesamt entstand der Eindruck, dass der Bedarf an ergänzender Unterstützung und Beratung im nicht-technischen Bereich für KMU hoch ist.

Technische Anforderungen

Der zweite Teil der Kategorie Anforderung wurde mit der offenen Frage eingeleitet, welche Funktionalitäten ein System zur vereinfachten Realisierung mobiler Anwendungen bietet sollte, wenn es insbesondere für KMU geeignet sein soll. Geantwortet wurde unter anderem zu folgenden Themen:

Es sollte Standards geben bzw. standardisiert werden, vor allem bei den Bezahlverfahren und bei der Integration von Ortungsinformationen (GPS-Daten). Es sollte eine passende Entwicklungsumgebung mit entsprechenden Toolkits angeboten werden, die unter anderem eine modellbasierte, grafische Entwicklung ermöglicht und von der Technik abstrahiert. In diesem Zusammenhang wurde auch genannt, dass die Entwicklung eines Dienstes einfach vonstatten gehen muss. Eine Schnittstellenintegration verschiedener Systeme, nicht nur von SAP sondern auch kleinerer ERP-Systeme, soll problemlos möglich sein. Wichtig scheint auch, dass Dienste gekapselt werden können.

Detaillierter nachgehakt wurde mit vier Fragen. Zunächst wurde gefragt, ob eine **Komponente** auf dem mobilen Endgerät **installiert** werden sollte, und wenn ja, was diese Komponente leisten muss. Dies wurde ungefähr gleich oft bejaht wie auch verneint. Argumente für die Installation auf dem Endgerät sind:

- Typ I-Dienste, beispielsweise die Anbindung des Warenwirtschaftssystems oder der Servicemitarbeiter (Rich-Client);
- zur Sicherstellung der Funktion, wenn der Dienst stabil laufen soll, etwa bei Arbeiten in Kellerräumen oder ähnlichen Orten an denen kein Funknetzempfang möglich ist;
- Zugriff auf das CRM mit dem mobilen Client wird dadurch deutlich komfortabler und bietet die Möglichkeit, Daten offline zu haben;
- wenn das Endgerät Kontext-Daten (z.B. Ortung) ermitteln soll.

Nicht sinnvoll ist nach Ansicht der Befragten eine zu installierende Komponente:

- wenn es sich um einen Endkunden-Dienst handelt wie eine Event-Webseite;
- wenn Probleme wegen Heterogenität der Endgeräte, Plattformen, Versionen etc. zu erwarten sind;
- da der Trend zu Java-basierten Anwendungen geht;
- da es aus Deployment-Sicht nicht sinnvoll ist;
- da es Kosten spart, wenn die Logik beim KMU auf dem Server ist, es vereinfacht die Wartung und das Update;
- da es Kunden extrem von einer Dienstnutzung abhalten kann. Ohne Installation kann ein Dienst ohne Barrieren durch Endkunden genutzt werden.

Kontextinformationen sind ein wichtiger Bestandteil vieler mobiler Dienste und Anwendungen. Daher wurde gefragt, welche Formen der Kontextinformationen ein solches System bereitstellen sollte. Da nicht davon ausgegangen werden konnte, dass alle Befragten ein einheitliches Verständnis des Begriffs Kontextinformation hatten, wurde eine kurze Erklärung gegeben: „Kontextinformationen werden vom Dienst verwendet, um sich an die aktuelle Situation des Nutzers anzupassen". Zu ermittelnde Kontextdaten sollten laut Befragten an erster Stelle Ortsinformationen, dann Zeit, gefolgt von Endgeräte-Daten und Temperatur sein. Wetter und allgemeine Umgebungsparameter wie auch Bewegung und Parameter der Vitalfunktion sind relevant. Der Anwendungskontext bzw. die Historie wurden ebenfalls als interessant eingestuft.

Wo ein mobiler Dienst **betrieben** werden sollte, d.h. beim Betreiber des Systems oder beim KMU, der den Dienst entwickelt hat, wurde in der nächsten Frage ermittelt. Hier ging die Tendenz (10 Antworten) in Richtung Betreiber (ASP, Application Service Provider). Grund dafür ist die größere Sicherheit und der Support. Ebenso wurden die Kosten als geringer eingeschätzt und bessere Ressourcen und Wissen beim Betreiber gesehen. Gegen das Hosting beim ASP sprachen nach Ansicht von sechs Befragten Datenschutzprobleme und Flexibilitätsanforderungen.

Abschließend wurde noch gefragt, welche **Schnittstellen** das System bieten sollte, zum Beispiel Abfragen der Ortung, Displayauflösung des Endgerätes, Anbindung an Adressdatenbank, Abfragen aktueller Verkehrsinformationen. Die Antworten umfassten unter anderem Schnittstellen zu

- Datenbanken,
- PIM (Personal Information Management),
- GIS (Geographical Information System),
- Endgeräten,
- Webservices,
- Bezahlsystemen,
- BI-(Business Intelligence)-Anwendungen,
- Übersetzungssystemen,
- Statistik-Anwendungen,
- Autorisierung,
- bestehende Infrastruktur,
- Verkehrsüberwachung.

Einige Befragte machten zum Schluss noch ergänzende Anmerkungen, etwa:
- dass Entwickler mehr die Anwenderseite beachten müssen,

- dass die Diffusion eines Dienstes sehr anstrengend sein kann,
- dass den KMU Informationen über Einsatzmöglichkeiten oder Kosten fehlen.

Darüber hinaus wurde von mehreren Befragten deutlich gemacht, dass Mobile Business ein wichtiges Forschungsgebiet und für KMU ein höchst relevantes Betätigungsfeld ist.

Die so insgesamt gewonnenen Ergebnisse erheben nicht den Anspruch auf Vollständigkeit. Dennoch können auf diese Weise in der Regel die meisten und wichtigsten Themen ermittelt werden. Für diese rein qualitativen Aussagen reicht auch die kleine Zahl von befragten Experten aus.

Mit diesen drei Frageblöcken konnte eine Vielzahl von Barrieren ermittelt werden. Um eventuell noch vorhandene Lücken zu füllen und keine wichtigen Barrieren auszulassen, wurden weitere Untersuchungen zu diesem Themengebiet herangezogen und ausgewertet.

3.3.4 Ergebnisse anderer Untersuchungen

Die KMU-spezifischen Probleme bei der **Umsetzung von Mobile Enterprise-Solutions** wurden in einer vom Bundesministerium für Wirtschaft und Technologie (BMWi) geförderten Studie von 2006 untersucht [Büll06]. Dabei wurden mehr als tausend Unternehmen in der Größenklasse mit bis zu 49 Mitarbeitern befragt. Dabei hatten die drei Kostendimensionen „Betriebskosten", „Installationskosten" und „Administrationsaufwand" den größten negativen Einfluss auf den Einsatz von Mobile Enterprise-Solutions. Zusammen mit „fehlender Investitionsbereitschaft", „IT-Sicherheit" und „fehlender Geräteausstattung der Mitarbeiter" hat dies für mehr als 20 % der befragten Unternehmen einen „sehr starken bis starken negativen Einfluss" auf den Einsatz mobiler Anwendungen [Büll06, 60]. Die erfragten Barrieren für den Einsatz von Mobile Enterprise-Solutions sind in Abbildung 14 dargestellt. Die Werte geben an, welcher Anteil der befragten

Unternehmen in der jeweiligen Barriere einen sehr starken bis starken negativen Einfluss sieht.

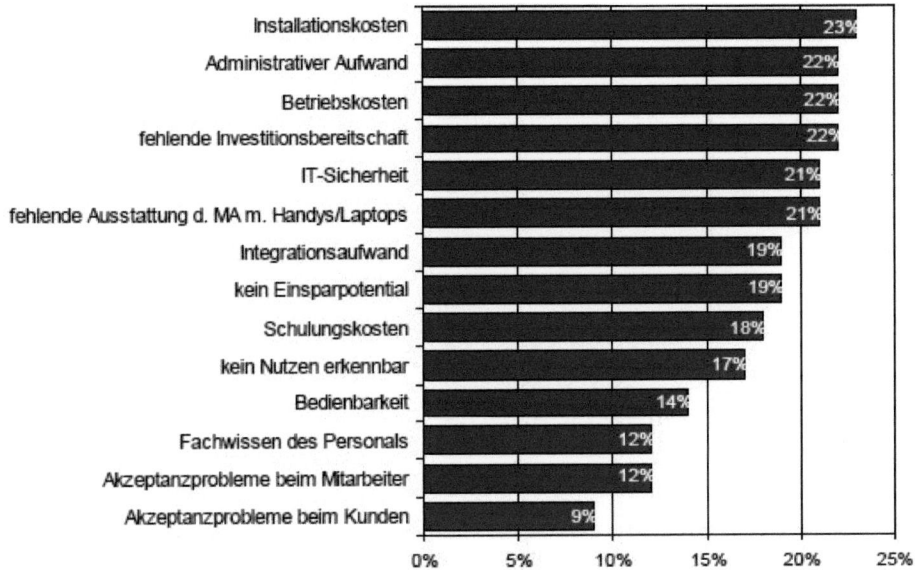

Quelle: [Büll06, 60]

Abbildung 14: Barrieren für den Einsatz von Mobile Enterprise-Solutions (sehr starker bis starker negativer Einfluss)

Diese Untersuchung stellte fest, dass die Kosten für die Bereitstellungen von mobilen Diensten eine große Barriere darstellt. Ebenso werden die Benutzerfreundlichkeit und die IT-Sicherheit als Barrieren gesehen. Die Probleme der Benutzerfreundlichkeit liegen zu einem überwiegenden Teil bei den Endgeräten. Dazu werden Akkuleistung, umständliche Dateneingabe, zu kleine Displays und Empfindlichkeit der mobilen Endgeräte am meisten bemängelt [Büll06, 62]. Abgesehen vom Kritikpunkt der „umständliche Dateneingabe" können hier nur die Hersteller der mobilen Endgeräte dies beeinflussen. Die Dateneingabe kann auch durch die konsequente Unterstützung des Nutzers durch die Verwendung von

Kontext vereinfacht werden. Bei der IT-Sicherheit sind die Aspekte „Angriffe durch Viren, Trojaner usw.", „Verlust oder Diebstahl von Endgeräten" und „Datenverlust durch Fehlbedienung" von großer Bedeutung. Die mobile Datenübertragung war kein sicherheitsrelevantes Thema [Büll06, 63]. Ein Weg, diese Sicherheitsbedenken zu reduzieren, besteht in der Umsetzung von mobilen Anwendungen als Dienste, bei denen die Daten nur temporär auf den mobilen Endgeräten zwischengespeichert werden. Damit ist das Risiko für Datenverlust durch Angriffe, Verlust oder Diebstahl und Fehlbedienung nicht höher als bei stationären IT-Systemen.

Eine Nachfolgeuntersuchung vier Jahre später hat wiederum die Hemmnisse für die Nutzung von Mobile Business-Lösungen für KMU zusammengetragen. Wie Abbildung 15 zeigt, sind dort aus Anwendersicht immer noch die Kosten die größten Barrieren. Die IT-Sicherheitsbedenken sind in der Rangfolge weiter nach hinten gerutscht, der prozentuale Anteil der Unternehmen mit Sicherheitsbedenken ist jedoch gestiegen.

Eine Untersuchung aus Australien von Marmaridis und Unhelkar hat einige **Anforderungen an die IT-Systeme für mobile Dienste** herausgefunden, welche für KMU besonders wichtig sind [MaUn05].

- KMU benötigen keine umfassende Lösung für alle Geschäftsprozesse, welche auf einmal umgesetzt wird. Nach Ansicht der Autoren ist dies der sichere Weg, das Projekt scheitern zu lassen. Der beste Weg besteht ihrer Ansicht nach darin, einzelne kleinere Lösungen umzusetzen und so mit der Zeit das Unternehmen zunehmend für Mobile Business fit zu machen.
- Die Lösungen für die Unternehmen müssen sicher, einfach zu nutzen und ausreichend erprobt sein. Je mehr eine Anwendung üblicherweise auch von anderen Unternehmen genutzt wird, desto geringer ist das Risiko und umso höher ist der Nutzen.

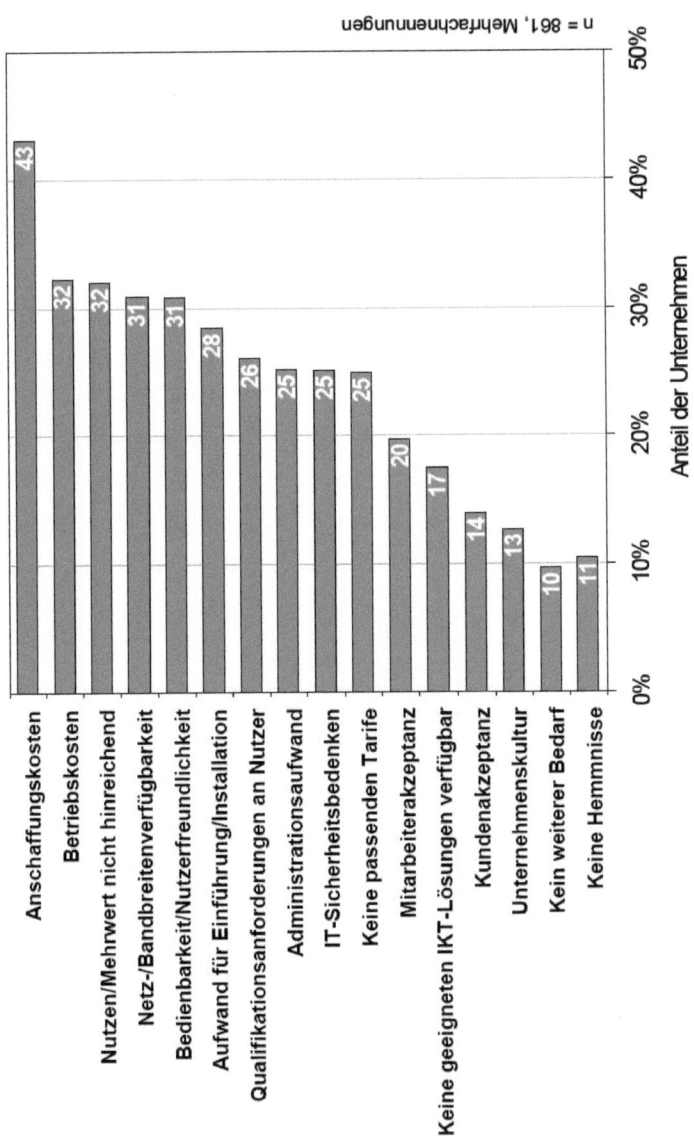

Quelle: [BüHS10, 87]

Abbildung 15: Hemmnisse für die intensivere Nutzung von Mobile Business-Lösungen (Anwendersicht)

- Mobile Dienste müssen direkt und einfach zu entwickeln sein. Sie müssen wartungsarm, bestenfalls sogar wartungsfrei sein. Für große Unternehmen ist es oftmals sinnvoll, eine eigene Lösung zu entwickeln, welche genau auf die Bedürfnisse des Unternehmens zugeschnitten ist. Dabei entstehen oftmals Lösungen, welche auf XML, Web-Services und großen Java-Entwicklungsumgebungen beruhen. Solche Lösungen sind für KMU unbrauchbar, da diese sehr komplex und teuer sind.
- IT-Systeme, welche als Basis für eigene mobile Dienste dienen, müssen breit akzeptierte Standards einsetzen. Dies ist erforderlich, damit das benötigte Know-how zu einem bezahlbaren Preis zu bekommen ist. KMU können es sich nicht leisten, eigene proprietäre Lösungen zu entwickeln und zu warten. Ein weiterer Grund für die Verwendung von Standards sind die notwendigerweise stattfindenden Veränderungen. Es ist für KMU entscheidend, dass die Lösungen über die Zeit erweiterbar sind.

Marmaridis und Unhelkar stellen nicht nur technologische Anforderungen heraus, sondern beschreiben auch Anforderungen, welche unter anderem Kosten und Usability betreffen. Mobile Dienste für KMU müssen nach ihren Erfahrungen einfach und kostengünstig entwickelt und betrieben werden können. Dazu benötigen die Unternehmen Unterstützung durch entsprechend angepasste IT-Systeme, welche sie nicht selber betreiben und warten müssen.

Die Faktenberichte, welche bis 2009 jährlichen von TNS-Infratest im Auftrag des BMWi herausgegeben wurden, beschäftigten sich überwiegend mit dem Endkundenmarkt. Der **10. Faktenbericht** vom Juli 2007 stellt heraus, dass der größte Hemmnisfaktor für die mobilen Dienste die Kosten sind. Diese waren nach Auffassung der Autoren noch viel zu hoch für den als Gegenleistung erzielten Nutzen [GrWo07, 123]. Als weitere Hemmnisfaktoren wurden dort die noch zu geringen Datenübertragungsraten in den Mobilfunknetzen, die geringe Akzeptanz der mobilen Bezahlsysteme, die benutzerunfreundlichen Anwendungen und das zunehmende Sicherheitsbewusstsein der Konsumenten genannt [GrWo07, 291]. Die Bereitstellung der nötigen Datenübertragungsraten und die dafür verlangten

Preise liegen in der Hand der Mobilfunknetzbetreiber. Die anderen Hemmnisse können auch von anderen Akteuren im Wertschöpfungsnetzwerk angegangen werden. Zum Beispiel kann die Usability von mobilen Diensten verbessert werden, indem Dienstanbieter durch entsprechende Werkzeuge und Leitfäden unterstützt werden. Ebenso muss bei der Dienstentwicklung Rücksicht auf die Sicherheitsbedürfnisse der Konsumenten genommen werden. Dazu bedarf es nicht nur technischer Lösungen. Es muss den Konsumenten auch glaubhaft dargelegt werden, wie deren Daten und Privatsphäre geschützt wird.

Eine Expertenbefragung **Mobile Enterprise in Germany** der Universität Augsburg zusammen mit der Finnish Foreign Trade Association (FINPRO) beschäftigte sich mit der Frage, welche Anforderungen KMU haben, um mobile Angestellte zu unterstützen (Typ I-Dienste) [PMVG04]. Die Antworten der Unternehmen in der Befragung, welche noch keine mobile Lösung einsetzen, hat ergeben, dass die Haupthinderungsgründe dafür die niedrigen Datenübertragungsraten, die hohen Kosten, die Komplexität für die Bereitstellung mobiler Dienste und Sicherheitsbedenken bezüglich der Kundendaten sind [PMVG04, 18]. Diese Ergebnisse von 2004 decken sich in einigen Punkten mit den Ergebnissen des Faktenberichts von 2007 [GrWo07]. Noch zu geringe Datenübertragungsraten in den Mobilfunknetzen, hohe Kosten und Sicherheitsbedenken sind Hemmnisse, welche sich von 2004 bis 2007 nicht geändert haben und offensichtlich teilweise immer noch fortbestehen. Die meisten befragten Unternehmen haben 2004 angegeben, dass sie davon ausgehen, dass die möglichen Datenübertragungsraten in den Mobilfunknetzen steigen und die Kosten dafür sinken werden [PMVG04, 19]. Diese Erwartung haben die Mobilfunkanbieter und der Markt inzwischen erfüllt.

3.3.5 Zusammenfassung der Anforderungen und Barrieren

Die durch die Expertenbefragung und die Auswertung der weiteren Untersuchungen ermittelten Barrieren sind zu vielfältig, um den entstandenen Barrierenbaum noch lesbar darzustellen. Für den besseren Überblick zeigt die Abbildung 16 den erweiterten Barrierenbaum in seiner auf die oberste Ebene reduzierten Form.

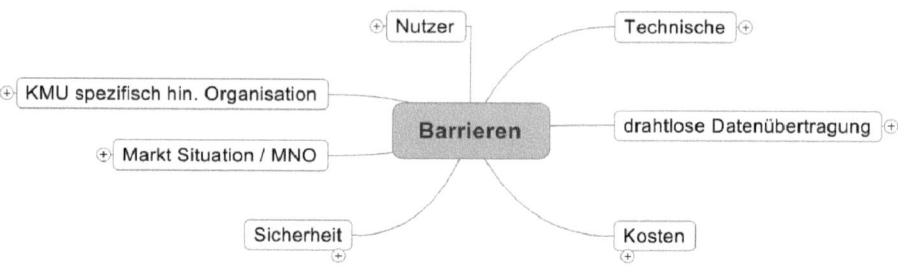

Quelle: [ScID10, 42]

Abbildung 16:   Erweiterter Barrierenbaum im Überblick.

In den folgenden Abschnitten werden die ermittelten Barrieren in Stichworten aufgelistet, gruppiert nach der obersten Ebene wie in Abbildung 16 dargestellt.

3.3.5.1 Technische Barrieren

- Bei den Endgeräten
    - Heterogenität der Endgeräte (auch für Entwicklung notwendig)
      - Unterschiedliche Endgeräte
      - Vielzahl Browser/Endgeräte
    - Batterielaufzeit
    - Spezifikationen / Standards nicht eingehalten (auch JavaME, https)
    - Endgeräte unzuverlässig
    - keine Vorab-Versionen von Endgeräten
    - Bildschirmgröße

- Anschaffung einzelne Geräte (z.B. iPhone) teuer
- Technik nicht ausgereift
- Kunden installieren keine Firmware-Updates
- Heterogenität bzgl. der unterstützten Features
- kurze Produktlebenszyklen der Endgeräte erfordern häufig Anpassungen
- Heterogenität der Browser-Implementierungen
- Integration der mobilen OS in Desktop-Produkte (z.B. Termine synchronisieren)
- Heterogenität bei der Darstellung
- GPS-Anbindung
- Längerfristige Bereitstellung von Updates
- Akzeptanz der Endgeräte
- Gewicht zu hoch (etwa bei TabletPCs)

• Bei der Entwicklung, sonstige technische Probleme
- Ressourcen-Probleme
- Echtzeit-Synchronisation (damit z.b. nichts doppelt verkauft wird)
- Backend-System bei KMU nicht aktuell gepatcht
- Backend-System hat keine Schnittstelle
- Schnittstelle zwischen Unternehmen und mobilem Gerät
- viele Komponenten integrieren
- keine passenden Standardlösungen
- Usability
- Qualitätssicherung / Testen schwierig
- Entwicklungswerkzeuge sind nicht ausgereift und unkomfortabel
- zu hoher Entwicklungsaufwand
- Anmieten von Servern notwendig
- mangelnde Erfahrung mit notwendigen Technologien
- Integration in ERP
- zu wenig Dienst-Features
- keine OpenSource-Lösungen verfügbar

3.3.5.2 Drahtlose Datenübertragung

- Datenverlust bei Verbindungsabbruch
- Netzabdeckung nicht überall (Landstrich / Keller)
- zu wenig Bandbreite
- IrDA und BT-Schnittstelle nicht ausgereift (weil als Gimmick betrachtet)
- nicht alle Endgeräte unterstützen UMTS
- Breitband-Abdeckung nicht überall
- Latenzzeiten
- Heterogenität der Netzstandards
- Unerwarteter Abbruch der Datenübertragung

3.3.5.3 Kosten

- Entwicklung / Betrieb
    - hohe Investitionskosten
    - Break-Event-Point / Bewertung / Prognose schwierig
    - notwendige Beratungsdienstleistungen zu teuer
    - auch für Testbetrieb zu teuer
    - Customizing-Kosten
    - Kosten für Betrieb mobile Anwendung
    - Missverhältnis Kosten & Nutzen

- Übertragung
    - Kosten bei volumenbasierter Abrechnung schwer abschätzbar / intransparente Tarife
    - Hohe Grund- / Einrichtungsgebühren / Mindestumsatz bei Providern
    - mangelnde Kostentransparenz
    - Kosten bei wenigen Fällen amortisieren sich nicht
    - Gebühr für MMS zu teuer
    - Auslandstarife Datenübertragung sehr teuer

- Flatrates sind nicht vorhanden / noch zu teuer
- Preis Datentarif (teuer)

3.3.5.4 Sicherheit

- Keine sichere Verbindung
- Unbefugte Zugriffe verhindern
- Einwilligung für Zellortung
- Gefahr durch Verlust / Ausleihen der Endgeräte
- Gefahr des Abhörens
- Gefühl der Überwachung
- Location Tracking
- KMU wollen sensible Kunden- / Firmendaten nicht mobil verfügbar machen
- Sicherheitsrichtlinien der Firma können nicht auf mobiles Endgerät übertragen werden
- mangelnde Aufklärung durch Provider über GSM/UMTS-Verschlüsselung
- keine Erfahrung mit Security
- Umgang mit personenbezogenen Daten
- VPN auf dem Handy umständlich
- Nachinstallation von Zertifikaten nicht möglich
- BT-Schnittstelle offen
- spezifische Gesetze bzgl. der Überwachung mobiler User
- Spamming-Gefahr
- spezielle Anforderungen für medizinische Anwendungen

3.3.5.5 Marktsituation / MNO

- Kooperation / Verhandlungen mit mehreren Netzbetreibern notwendig
- um Endkunden zu erreichen sind Kontakte zu MNO notwendig
- geringe Verhandlungsmacht gegenüber MNO
- viele Partner müssen integriert werden

- mangelnde Flexibilität der Netzbetreiber
- keine Schnittstellen von Telekommunikationsanbietern
- Revenue-Share zu klein

3.3.5.6 KMU-spezifisch hinsichtlich Organisation

- Aufwand Device Management
- interne IT-Abteilung wird umgangen
- Prozesse sind nicht definiert
- Problem, den Kunden die hohen Kosten zu vermitteln
- fehlende Masse an Prozessinstanzen
- KMU wird kein großer Umsatz zugetraut
- KMU traditionell ("feindlich gegenüber neuen Technologien")
- Probleme mit dem Betriebsrat (Arbeit außerhalb der Arbeitszeit, Überwachung)
- Anpassung der Prozesse erforderlich
- Knowhow für Entwicklung und Betrieb mangelt / fehlt
- Ressourcenmangel in KMU
- Bereitstellung mobiler Endgeräte für mobile Mitarbeiter

3.3.5.7 Nutzer

- Akzeptanz durch die Mitarbeiter ("man muss die Leute mitnehmen")
- Akzeptanz von Prozessänderungen
- Akzeptanz durch Consumer
- Angst vor Elektrosmog

Einige der so gesammelten Barrieren existieren heute nicht mehr bzw. haben sich deutlich abgeschwächt, andere sind wichtiger geworden. Das wird im Abschnitt 3.5.1 weiter vertieft.

3.4 Lösungsansätze für hoch-mobile Endgeräte

Um mobile Dienste für hoch-mobile Endgeräte wie Feature Phones und Smartphones bereitzustellen, gab es 2007 schon einige Lösungsansätze, die es erlaubten, Dienste und Inhalte auf die Endgeräte zu bringen. Die derzeit viel genutzten Application-Stores der Betriebssystemhersteller (App-Store von Apple, Google Play, Windows Phone Store) gab es damals noch nicht.

3.4.1 Portale der Netzbetreiber

An erster Stelle sind hier die Portale der Netzbetreiber zu nennen. Diese boten jeweils nur eine sehr begrenzte Auswahl von mobilen Diensten an und waren in der Hauptsache nicht mehr als kleine thematische Linksammlungen mit Unterstützung von Billing über den jeweiligen Netzbetreiber. Für die Nutzung der Portale mussten die mobilen Endgeräte mit einem WAP 1.x Browser bzw. einem i-mode Browser ausgestattet sein. Abgesehen von E-Plus waren alle diese Portale abgeschlossen und präsentierten nur die Inhalte, welche der Netzbetreiber vorher ausgewählt hatte. Dies führte z.B. dazu, dass manche Hersteller von Spielen für Mobiltelefone ihre Anwendungen nicht mehr nach den Interessen der potentiellen Nutzer, sondern nach den Vorlieben der wenigen Entscheider bei den jeweiligen Netzbetreibern entwickelt haben. E-Plus hat von Anfang an zusätzlich die „Open i-mode Area" angeboten, in welche zusätzliche Links aufgenommen werden konnten, allerdings ohne Billingunterstützung. Somit war dafür keine vertragliche Vereinbarung nötig. E-Plus hatte immer noch die Entscheidung über die dort aufgeführten Links, allerdings fanden sich dort auch Links auf weitere freie Linksammlungen. Die Portale der Netzbetreiber waren lange Zeit auf die eigenen Nutzer beschränkt, da sie aus anderen Netzen nicht erreichbar waren. Somit war der mögliche Kundenkreis eines Dienstes auf die Kunden eines Netzbetreibers und seiner MVNO beschränkt. Das hat sich seit Sommer 2005 teilweise geändert (siehe unten). Weitere Unterstützung über das Billing hinaus wurde für die Dienstbetreiber nicht angeboten. Dementsprechend beschränkte sich das Angebot größtenteils auf die eigenen Angebote des jeweiligen Netzbetreibers und Downloadangebote für statischen Content wie Bilder, kurze Videoclips, Klingeltöne usw. Die Portale der Netzbetreiber in Deutschland waren allesamt nicht erfolgreich. T-Mobile z.B. bot seit dem Sommer 2005 unter der URL des früheren Portals „T-Zones"[12] [TMob07] eine unbeschränkt erreichbare Seite an, welche an erster Stelle direkt eine Suchmaske von Google anzeigte. Die ehemaligen Linksammlungen und die zu bezahlenden Inhalte fanden sich dann nachgeordnet weiter unten auf der Webseite.

3.4.2 Downloadplattformen

Als weitere vorhandene Systeme waren die Downloadplattformen („Content Delivery Platform") von Bedeutung. Diese unterstützten den Dienstanbieter bei der Bereitstellung von statischem Content gegen Bezahlung. Prominente Vertreter dieser Plattformen in Europa waren „Bango" [Bang07], „Fuel" [Motr07], „MACS" [Mate07] und „net-m smart download platform" [netm07]. All diese Plattformen waren netzbetreiberunabhängig. Es war somit möglich, über diese Plattformen Nutzer in allen Funknetzen zu erreichen. Sofern es sich um kostenpflichtige Angebote handelte, wurden die Nutzungsmöglichkeiten auf die Funknetzanbieter beschränkt, mit denen der jeweilige Plattformbetreiber abrechnen konnte. Diese waren bei den meisten Anbietern sehr umfangreich, jedoch auf die Mobilfunkanbieter beschränkt. Andere Funknetze erlaubten ggfs. nur die Nutzung von bestehenden internetgestützten Bezahlverfahren, waren in den meisten Fällen jedoch nicht möglich.

---

[12] www.t-zones.de; wenn diese URL von einem Desktop-Browser aufgerufen wurde, leitete diese den Nutzer auf den Downloadbereich unter www.t-mobile.de. Bei einem Browser, der sich als Browser eines mobilen Endgerätes identifizierte, wurde der Nutzer auf das web'n'walk Portal unter www.t-mobile-favoriten.de weitergeleitet.

3.4.3 Lösungen für Großunternehmen

Es gab auch noch umfassendere Plattformen, welche in den meisten Fällen sehr technologisch ausgerichtet waren. Um diese zu nutzen, war ein Expertenwissen in Informations- und Kommunikationstechnologie nötig. Andere Plattformen wiederum boten viele Möglichkeiten, waren jedoch gezielt auf Großunternehmen ausgerichtet. Sie waren sehr teuer, und die Entwicklung von Diensten war sehr aufwändig. Alle diese Plattformen waren deshalb nicht für KMU geeignet [MaUn05]. Beispiele dafür waren:

- Die **Information Anywhere-Suite** von Sybase Inc. war eine Unternehmenslösung für Großunternehmen zur Unterstützung von E-Mail und Messaging, mobilem Gerätemanagement, unternehmensinterner und -externer Sicherheit und Back-Office-Anwendungserweiterung für Mitarbeiter [Syba08a; Syba08b].
- Die **Mobile Frame Suite** von MobileFrame LLC war ein System zur Back End-Integration mobiler Mitarbeiter von Großunternehmen. Es diente in erster Linie der unternehmensinternen Workflowunterstützung und der Anbindung an komplexe Datenbanken (MS SQL, Oracel, DB2) [MoFr07].
- Die **Mobile Resource Management Plattform** der M-Way Solutions GmbH diente dazu, eine größere Zahl von mobilen Geräten sowohl in der Installations- als auch in der Betriebsphase zu verwalten [MWay07].
- Das **IMS** (Internet Protocol Multimedia Core Network Subsystem) wurde von 3GPP spezifiziert. Es wurde für Mobilfunknetzwerkbetreiber konzipiert, damit diese alle IP-basierten Netzwerkfunktionen zusammenzufassen können [Hein06, 22].
- Die **Mobile Service Delivery Platform** der Hewlett-Packard Development Company war eine integrierte Sammlung von Softwareprodukten und Lösungen. Sie diente dazu, Mobilfunknetzbetreiber bei Entwicklung, Verteilung und Betrieb mobiler Sprach- und Datendienste zu unterstützen [CME07, 3].

Die folgende Tabelle 6 gibt noch mal einen Überblick über die wichtigsten damaligen kommerziellen Systeme. Dies waren überwiegend „Content-Delivery-

Plattformen", Synchronisationslösungen oder Geräteverwaltungsplattformen für Großunternehmen.

Produkt/Hersteller	Flexible Clientunterstützung	Vielzahl von Basisdiensten verfügbar	Einfache Integration existierender Webservices	Bereitstellung eigener Dienste an andere Dienste	Verwendung und Kombination fremder, bereits integrierter Dienste	Verhandlungen mit verschiedenen Netzbetreibern entfallen für Dienstanbieter
Bango	Nein	Wenige	Nein	Nein	Nein	Ja
iAnywhere (ehemals Extended Systems)	Nein	Wenige	Nein	Nein	Nein	Ja
Materna Anny Way MACS	Nein	Wenige	Nein	Nein	Nein	Ja
Mobile Frame	Ja	Nein	Ja	Nein	Nein	Ja
Motricity (ehemals Pinpoint)	Nein	Ja	Nein	Nein	Nein	Ja
m-way-solutions	Nein	Nein	Nein	Nein	Nein	Ja
net mobile AG	Nein	Ja	Nein	Nein	Nein	Ja

Produkt/ Hersteller	Quelle	Kommentar
Bango	www.bango.com/de	Content-Delivery-Plattform
iAnywhere (ehemals Extended Systems)	www.ianywhere.com/ products/mobile_ solutions.html	Unternehmenslösungen für Großunternehmen (Synchronisation)
Materna Anny Way MACS	www.annyway.de	Mobile Application and Content Server (MACS), für Netzbetreiber und Firmen, die Content wie „SMS und MMS-Dienste, Java-Anwendungen, Klingeltöne, Logos und Binär- und Streaming-Inhalte wie MP3, Videos oder Symbian-Dateien"
Mobile Frame	www.mobileframe.com	Unternehmenslösung für Großunternehmen, Anbindung Backend-Systeme (z.B. ERP)
Motricity (ehemals Pinpoint)	www.motricity.com	Plattform „Fuel", mit der statischer Content (Programme für mobile Endgeräte, Klingeltöne) verkauft werden können (z.B. software.palm.com), unterstützt aber keine mobilen Dienste, ist eine „Content Delivery Plattform"
m-way-solutions	www.mwaysolutions.com	Mobile Resource Management Plattform (MRM): Verwaltung von mobilen Endgeräten in Großunternehmen; Mobile Filtering & Transcoding Engine (MFT): reiner Transcoder
net mobile AG	www.net-m.de	Content-Delivery-Plattform („Download-Portal") und Messaging-Dienste

Tabelle 6: Kommerzielle Lösungen für hoch-mobile Endgeräte

Neben den kommerziellen Lösungen gab es einige Entwicklungen im Rahmen von Forschungsprojekten oder landesweiten Zusammenschlüssen mit dem Ziel, den Einsatz von mobilen Dienste auf hoch-mobilen Geräten zu steigern und damit die damals schwach ausgelasteten UMTS-Netze mehr zu nutzen. Alle diese Entwicklungen wurden durch die technischen und die Marktentwicklungen „überholt", und haben inzwischen keine Bedeutung mehr. Eine Auswahl der Projekte wird im Folgenden kurz vorgestellt.

3.4.4 Projekt Play.Tools

Das Play.Tools-Framework wurde an der TU München entwickelt, um innovative Ideen für mobile Anwendungen möglichst schnell prototypisch umsetzen zu können. Es beinhaltet Basis-Softwarefunktionalität für mobile Clientanwendungen, ein datenbankgestütztes Serversystem und eine Distributionsplattform für mobile Anwendungen. Die benötigten client- und serverseitigen Komponenten werden über eine XML-Datei konfiguriert [ScDW07]. Gemäß der Zielsetzung des Frameworks sind nur die Benutzeroberfläche und die anwendungsspezifische Logik für die Client- und die Serverkomponente durch eigene Programmierung zu realisieren und gegebenenfalls die benötigte Datenbank bereitzustellen. Die Abbildung 17 gibt einen Überblick über das Framework.

Als clientseitige Plattform für die mobilen Endgeräte wird nur Java ME unterstützt. Das Framework bietet dem Entwickler Module zur Implementierung der graphischen Benutzeroberfläche, der Datenkommunikation für den Fern- (SMS, http, SOAP) bzw. Nahbereich (Bluetooth), Benutzerauthentifizierung und Kontextermittlung, wobei letzteres insbesondere das Auslesen externer Sensoren (z.B. GPS-Empfänger) beinhaltet.

Die Serverkomponente des Frameworks basiert auf dem Spring-Framework und kann multimediale Inhalte mit Geokodierung für den Abruf durch die mobilen Clients bereitstellen (z.B. Kartenmaterial), wozu auch externe Dienstleister angebunden werden können. Zur Distribution von Clientanwendungen für die Nutzung neuer Dienste ist auch ein „Anwendungsempfehler" (Recommender) in die Serverkomponente integriert, der den Nutzern in Abhängigkeit ihres aktuellen Kontextes (vor allem des Aufenthaltsortes) eine Liste von passenden Anwendungen vorschlägt. Die ausgewählte Anwendung kann dann heruntergeladen werden.

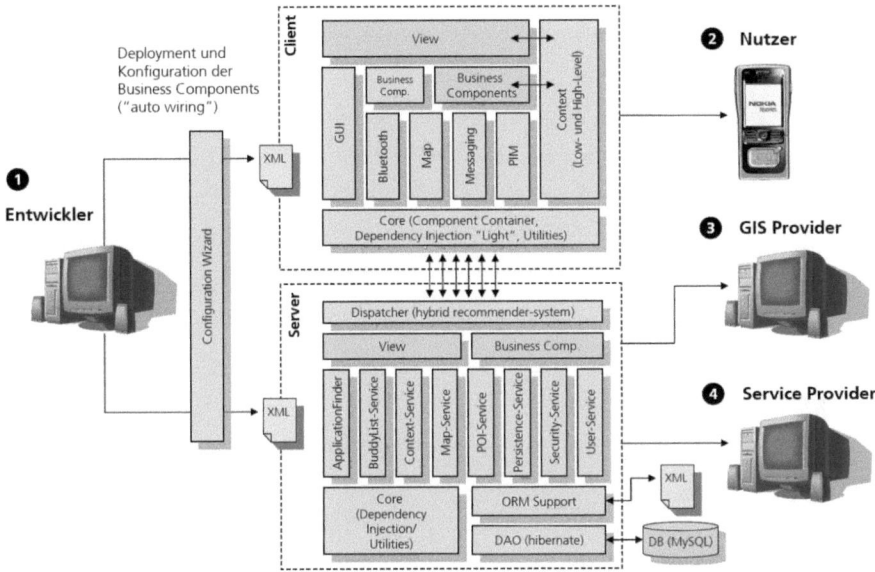

Quelle: [ScDW07]

Abbildung 17: Das Play.Tools-Framework im Überblick

Das Play.Tools-Framework ist eine Softwareentwicklungsumgebung. Es zielt darauf ab, mobile Anwendungen prototypisch umsetzen zu können. Dazu muss zwingend eine Clientkomponente auf dem mobilen Endgerät installiert werden, die Bereitstellung von Diensten ohne lokale Anwendung ist nicht vorgesehen. Für den Betrieb einer Anwendung muss jeweils eine eigene dazugehörige Serverkomponente, und gegebenenfalls eine Datenbank, installiert, programmiert und betrieben werden. Die Möglichkeit, eine eigene Anwendung bei einem Recommendersystem anzumelden wird nicht näher ausgeführt. Es wird nicht beschrieben, wer einen solchen Dienst betreibt, wie der Nutzer an die Vorschläge kommt und wie ein Anbieter eine eigene mobile Anwendung bei diesem System anmelden kann. Ein

Recommendersystem passt auch nicht zu der Zielsetzung des Frameworks, für prototypische Implementierungen da zu sein, da ein Recommendersystem vor allem für die Verbreitung von ausgereiften Anwendungen sinnvoll ist.

3.4.5 Projekt Simple Mobile Services (SMS)

Das von der EU geförderte Projekt "Simple Mobile Services" beschäftigte sich mit der Entwicklung von innovativen Werkzeugen zur Erstellung von mobilen Diensten. Es wurde im Sommer 2006 gestartet und Ende 2008 abgeschlossen. Ziel des Projektes war es, den Interneterfolg mit mobilen Diensten zu wiederholen. Dazu müssen diese Dienste nach Ansicht der Projektbeteiligten einfach zu finden, einfach zu nutzen, einfach zu entwickeln und vertrauenswürdig sein [BBCF06; Blef08].

Das Projektkonsortium ist weitgehend mit dem aus dem EU-Projekt „Simplicity" identisch [Blef07]. In diesem Projekt wurde ein sogenanntes „Simplicity Device" entwickelt, welches als Repräsentant des Nutzers in der „digitalen Welt" agieren soll. Dies kann ein explizites Gerät sein oder spezielle Software auf einem mobilen Endgerät. Das Simplicity Device soll die persönlichen Informationen des Nutzers speichern und diesen ggfs. auch gegenüber anderen digitalen Geräten drahtlos authentifizieren [BMRS06]. Das Simplicity Device ist ein zentraler Bestandteil des SMS-Projektes. Die mit den SMS-Werkzeugen erstellten Anwendungen benötigen dieses für die Authentifizierung des Nutzers, zur Darstellung der persönlichen Nutzerumgebung und für den Zugriff auf die persönlichen Daten des Nutzers [BBCF06].

Dem Nutzer sollen kontextabhängig SMS-Dienste zur Nutzung angeboten werden, welche zu seinem Profil, seinem Aufenthaltsort und anderen Kontextparametern passen. An einigen Stellen wird beschrieben, dass dies ohne explizite Anfrage des Nutzers geschehen soll, in Form von Push-Kommunikation. Das Projekt sieht vor, unterschiedliche Funknetze als Basistechnologie zu verwenden [BBCF06].

Lösungsansätze für hoch-mobile Endgeräte 137

Die Entwicklung von mobilen Diensten soll mit Hilfe webgestützter Assistenten („Wizards") erfolgen. Dabei kann der Dienstentwickler verschiedene vorgefertigte Komponenten und Schablonen („Templates") nach seinen Vorstellungen zusammenfügen und daraus seinen Dienst erstellen. Der endgültig vom Nutzer angeforderte Dienst soll dann zur Laufzeit abhängig von Kontextparametern („Context Cloud") und Gerätefähigkeiten angepasst werden. Dazu muss eine Softwarekomponente (eine „virtual Machine") auf dem Endgerät vorhanden und aktiv sein. Entwickelte SMS-Dienste sollen in einem Dienste-Repository abgelegt werden. Es wird beschrieben, dass dort auf Anfrage des Nutzers zu seiner momentanen Situation passende Dienste herausgesucht und angeboten werden [BBCF06]. Die Abbildung 18 skizziert den Vorgang der Diensterstellung.

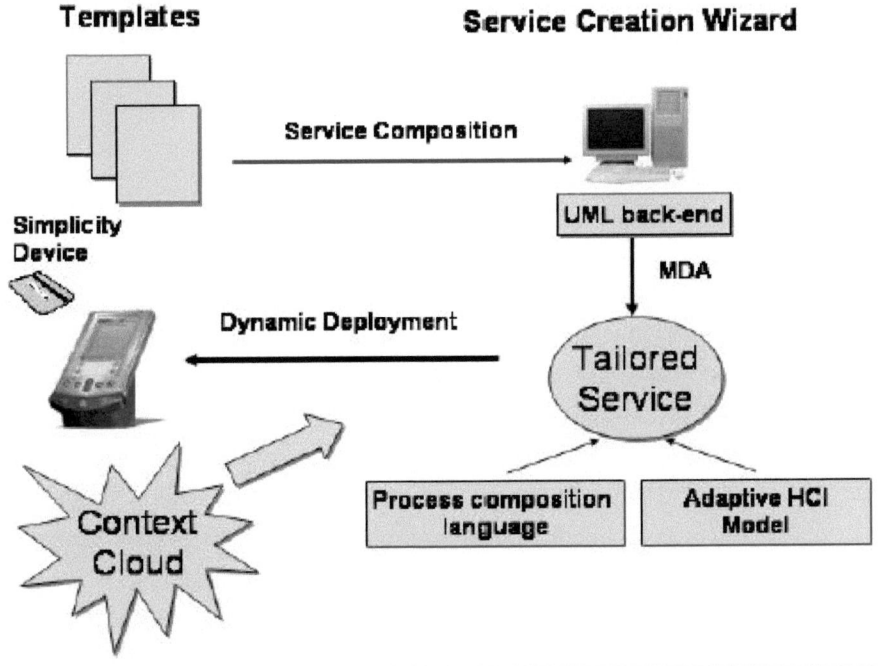

Quelle: [BBCF06]

Abbildung 18: Diensterstellung mit dem SMS Werkzeug

Hier ist eine widersprüchliche Beschreibung vorhanden: Einerseits wird beschrieben, dass die SMS-Dienste proaktiv den Nutzer unterstützen sollen, andererseits nur auf explizite Anfrage durch den Nutzer. Die Erzeugung von Diensten aus Schablonen und vorgefertigten Komponenten schränkt den möglichen Funktionsumfang dieser Dienste deutlich ein. Vermutlich wird es in diesem Modell nicht möglich sein, eigene Business-Logik (z.B. Algorithmen) zu spezifizieren. Damit werden hier nur einfache Standardanwendungen adressiert. Die Nutzung für umfangreichere oder spezifische Aufgaben dürfte nicht gegeben sein. Die feste Einbettung des Simplicity Devices in den Bereitstellungsprozess der SMS-Dienste ist eine weitere Einschränkung. Damit steht das Projekt vor dem Problem, dass das im Projekt „Simplicity" entwickelte Konzept erst noch verbreitet werden muss, bevor SMS-Dienste möglich werden.

Die SMS-Werkzeuge werden von der Universität Rom weiterhin bereitgestellt, sind jedoch seit 2009 nicht weiterentwickelt worden. Sie stehen nur für Java ME zur Verfügung [Sals09].

3.4.6 Open Mobile Internet (OMI)

Die niederländische „Open Mobiel Internet Initiatief" (OMI[2]) war ein Zusammenschluss der dortigen führenden Inhalteanbieter. Sie wurde im Sommer 2006 gegründet. Ziel war es, die mobile Internetnutzung in den Niederlanden zu steigern [Bann07; OMI08]. Die Situation in den Niederlanden war seinerzeit ähnlich wie in Deutschland: Die Penetrationsraten lagen rechnerisch über 100 %, aber mobile Datendienste wurden fast nicht genutzt. Um die Attraktivität der mobilen Internetnutzung für Inhalteanbieter und Konsumenten zu verbessern, wurden die drei Prinzipien Zugänglichkeit, Transparenz und Offenheit propagiert [Bann07]. Die OMI-Initiative hatte bis Ende 2007 folgende Teilziele erreicht:

Vor Beginn der Initiative war es vielfach nicht möglich, beliebige Seiten **uneingeschränkt** zu erreichen. Viele Benutzer waren auf die Portale der Netzbetreiber begrenzt. Inzwischen ist der Zugang zum Internet bei allen Netzbetreibern frei [OMI08]. Es ist allerdings nicht mehr festzustellen, ob diese

Öffnung auf die OMI-Initiative zurückgeht oder auf eigene Initiative der Netzbetreiber vorgenommen wurde.

Es bestand bei allen drei Netzbetreibern die Möglichkeit (zumindest für Postpaid Nutzer), ein **Volumenpaket** für die mobile Datennutzung im Inland zu buchen, welches weniger als 10 € im Monat kostete. Das war ein zum damaligen Zeitpunkt vergleichsweise günstiger Preis. Zum Beispiel war beim MNO KPN dafür ein Übertragungsvolumen von bis zu 50 MB inklusive. Das war für eine durchschnittliche mobile Nutzung ausreichend und kam somit einer Flatrate nahe [Brac07].

Es wurden einheitliche **Standards** für die Adressen der mobilen Webseiten (URL) und für die Auszeichnungssprache der Inhalte festgelegt. Diese sind ähnlich zu den Richtlinien von .mobi[13]. Die für mobile Endgeräte angepassten Inhalte sollen entweder unter der URL <Marke>.mobi oder unter mobiel.<Marke>.nl (bzw. mobiel.<Marke>.com) erreichbar sein. Gibt der Nutzer die vom Internet her gewohnten Adressen (mit oder ohne www. davor) an, so soll dieser auf die URL der angepassten Inhalte weitergeleitet werden. Für die Erstellung der Inhalte hat sich die Initiative auf den Standard „XHTML mobile Profile" (XHTML MP) als Auszeichnungssprache für die Inhalte festgelegt [Bann07]. Diese Spezifikation wird durch die Open Mobile Alliance (OMA) definiert.

Die **Konfiguration** der Mobiltelefone wurde vereinfacht. Durch Senden einer Kurznachricht mit dem Inhalt „INTERNET" an die Kurzwahl 1300 bekam der Nutzer die für sein Mobiltelefon erforderliche Konfiguration zur Nutzung von GPRS kostenfrei über das Mobilfunknetz geschickt. Diese wird dann (meistens erst nach Zustimmung durch den Nutzer) auf seinem Gerät installiert (OTA-Konfiguration). Das funktioniert, zumindest theoretisch, mit allen GPRS-fähigen Geräten bei allen niederländischen Netzbetreibern [OMI08]. Dies war in den meisten Fällen auch in Deutschland so möglich. Allerdings mussten hier die Konfigurationsdaten auf unterschiedlichen Wegen (Kurzwahl, Hotline, Internet

---

[13] .mobi ist eine generische Top-Level-Domain, die von der dotMobi Ltd. betrieben wird. Sie ist für Webseiten gedacht, die speziell für die Nutzung mit hoch mobilen Geräten gemacht sind. Dazu wurden Entwicklungsrichtlinien herausgegeben. http://dotmobi.com

usw.) und bei unterschiedlichen Ansprechpartnern (Netzbetreiber, MVNO, Gerätehersteller, Großhändler usw.) angefordert werden. Es konnte einigen Aufwand bedeuten, die Information in Erfahrung zu bringen, bei wem auf welchem Weg die richtige Konfiguration zu bekommen ist.

Im Dezember 2007 wurde eine landesweite **Kampagne** unter dem Titel „Ontdek Internet op je mobiel!" gestartet. Dazu wurde eine 24-seitige Informationsbroschüre erstellt und in einer Auflage von einer Million Exemplaren 20 populären Zeitschriften beigefügt. Die Broschüre enthielt Informationen zu den Themen: Wie komme ich mobil ins Internet, was kostet das, was sind die besten Dienste und wo bekomme ich weitere Informationen. Dafür wurden zwei Webseiten geschaffen. Eine Seite für Desktopcomputer mit vielen Informationen unter der URL „ontdekinternetopjemobiel.nl" und eine Seite für mobile Endgeräte unter „ontdek.mobi". Auf dieser Seite bieten die beteiligten Inhalteanbieter Links zu ihren jeweiligen Inhalten an. Als Anreiz zum „mobilen Surfen" wurden verschiedene Gewinnspiele angeboten [OMI08].

Ein weiteres Ziel der OMI-Initiative war die Schaffung einer sogenannten **„Anonymous Subscriber ID"** (ASID). Diese sollte einen Nutzer außerhalb der Portale der Netzbetreiber eindeutig identifizieren, ohne die Identität des Nutzers preiszugeben. Diese ASID sollte es ermöglichen, dass ein Nutzer verschiedene Webseiten und Dienste nutzen konnte, ohne sich manuell identifizieren zu müssen, was mit den meist eingeschränkten Eingabemöglichkeiten der mobilen Endgeräte sehr mühsam sein kann. Der Anbieter konnte diese ASID nutzen, um die Inhalte zu personalisieren oder um darüber kostenpflichtige Inhalte und Dienste abzurechnen. Diese ASID sollte von den MNO vergeben werden und musste zumindest innerhalb der Niederlande eindeutig sein. Diese ASID sollte immer gleich bleiben, auch wenn der Nutzer das mobile Endgerät oder die SIM-Karte wechselt, oder wenn die Verträge geändert werden (z.B. der Wechsel von Prepaid zu Postpaid und umgekehrt). Es war angedacht, dass die Erzeugung dieser ASID bei allen MNO nach dem gleichen Verfahren ablaufen sollte, so dass diese auch beim Wechsel des Netzbetreibers erhalten blieb. Dazu muss diese auf Basis der MSISDN gebildet werden. Das Verfahren muss unumkehrbar sein, damit die Identität eines Nutzers, welche die MSISDN preisgeben würde, nicht auflösbar ist [Bann07].

Die OMI-Initiative verfolgt einige Ziele, um die mobile Internetnutzung voranzubringen. Die Initiative beschränkte sich auf kurzfristig umzusetzende Maßnahmen, welche Konsumenten zum „mobilen Surfen" anregen sollen. Die einzige technische Maßnahme, die ASID konnte nicht umgesetzt werden. Ein Problem dabei war sicherlich, dass die Umsetzung vollständig in der Hand der Netzbetreiber liegt und die initiativen Inhalteanbieter darauf wenig Einfluss hatten. Inzwischen ist die OMI-Initiative nur noch als Informationsplattform für „mobiele Professionals" existent und bietet nur sehr wenige Informationen an [OMI213].

3.4.7 Projekt Local Mobile Services (LOMS)

Das Europäische Verbundprojekt LOMS war ein ITEA[14]-Projekt. Die deutschen Partner dominieren dieses Projekt. Das deutsche Teilprojekt D-LOMS war somit auch der Kern des europäischen Verbundprojektes [Flak06a]. Es beschäftigte sich mit Methoden und Tools zur Entwicklung mobiler und ortsabhängiger Dienste [BoFT07a; Flak06b]. Das Konzept von LOMS führt zwei zusätzliche Rollen bei der Erstellung von mobilen Diensten ein: Den *Platform Operator* und den *Service Operator*. Der eigentliche Dienstanbieter wird *Local Service Provider* genannt. Die Abbildung 19 stellt das Rollenmodell der LOMS-Plattform dar.

Der Platform Operator stellt die technische Verbindung zwischen den Diensten und den Nutzern über verschiedenen MNO her. Er betreibt die Plattform, auf welcher die Dienste ausgeführt werden und sorgt für die Bereitstellung weiterer benötigter Dienste. Der Service Operator ist nach den Vorstellungen des Projektes ein Anbieter mit technischem Know-how und guten Kenntnissen in der spezifischen Domäne des Local Service Providers. Er muss die letztendlich gewünschten Dienste voraussehen und dementsprechende Rahmendienste und Vorlagen entwickeln, mit welchen die Local Service Providers dann ihre Dienste konfigurieren können.

---

[14] Information Technology for European Advancement, strategisches pan-europäisches Programm für fortgeschrittene, vor-wettbewerbliche FuE in der Software für softwareintensive Systeme und Dienstleistungen.

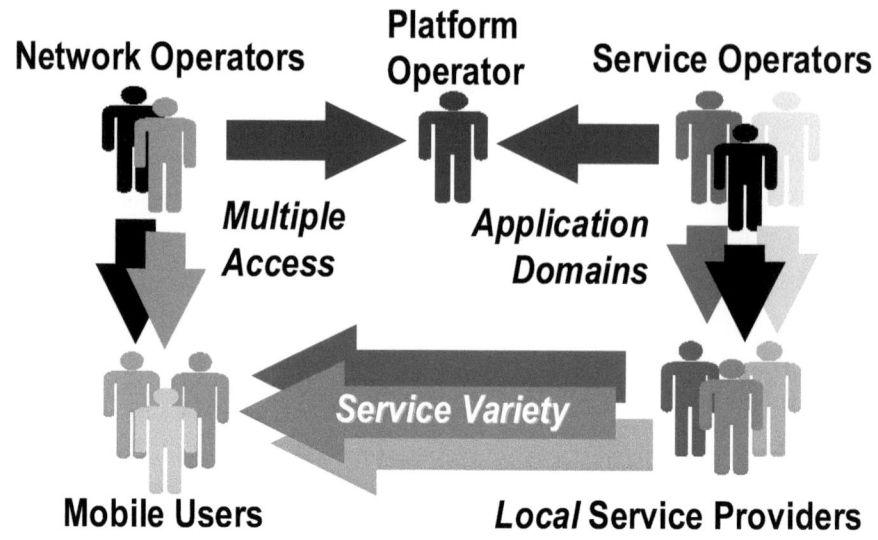

Quelle: Präsentation des LOMS-Projektes, CeBIT März 2008, Hannover

Abbildung 19: Rollenmodell des LOMS-Projektes

Kernidee der LOMS-Plattform ist es somit, dass der Dienstanbieter (Local Service Provider) kein technisches Know-how benötigt, um einen Dienst aufzusetzen. Zum Beispiel ein Restaurant-Betreiber, der seinen Kunden die Möglichkeit bieten möchte, mit einem mobilen Endgerät die Tageskarte abzurufen. Hierzu muss von einem Service Operator eine entsprechende Dienst-Schablone bereitgestellt werden, die dann vom Dienstanbieter konfiguriert werden kann. Diese Konfiguration hat die Form der Beantwortung eines Fragebogen („Wizard") unter Verwendung einer „Service Creation Environment" [EnEF07]. Eine mögliche Frage wäre etwa, ob der Dienst den Aufenthaltsort des Nutzers auswerten soll. Nach der Beantwortung aller Fragen erstellt die LOMS-Plattform automatisch die notwendigen Artefakte und installiert sie in einer geeigneten Laufzeitumgebung. Müssen bei der Ausführung des Dienstes Webservices (ggf. von anderen Anbietern) aufgerufen werden, wird hierfür eine entsprechende BPEL-Beschreibung zur Orchestration der Dienste erzeugt, die auch die entsprechenden Aufruf-Parameter enthält [Flak06a].

Der Ansatz des Projektes sieht vor, dass der Dienstanbieter völlig ohne Programmierkenntnisse einen Dienst aufsetzen können soll. Dies setzt allerdings das Vorhandensein einer passenden Schablone voraus. Diese muss vorher von einem Service Operator erstellt worden sein. Damit wird der Gestaltungsspielraum durch den Dienstanbieter sehr stark eingeschränkt, da er nicht selbst eine eigene „Geschäftslogik" implementieren oder einen eigenen Webservice integrieren kann.

Das LOMS-Projekt sieht zwei zusätzliche Rollen vor, den Platform Operator und den Service Operator. Für eine Realisierung dieses Modells ist es somit nötig, dass genügend finanzielle Mittel für die Bezahlung beider Dienstleister zur Verfügung stehen. Dazu müssen die bereitgestellten Dienste genügend Nutzen bieten, damit der Nutzer bereit ist, einen entsprechenden Preis dafür zu bezahlen.

Das Konzept der Plattform integriert einen eigenen Bezahlmechanismus in die Plattform, welcher darauf ausgelegt ist, dass eine Abrechnung über die Mobilfunkrechnung der Mobilfunkanbieter stattfindet [BoFT07b]. Damit legt sich die Plattform auf einen einzigen Weg der Bezahlung mobiler Dienste fest. Darüber hinaus wird damit ein weiteres Bezahlsystem eingeführt, welches nur einem eingeschränkten Nutzerkreis - den LOMS-Diensten - zur Verfügung steht. Da sich rein mobile Zahlungssysteme in Deutschland, unter anderem wegen mangelnder Nutzerzahlen, nicht etablieren konnten, ist die Schaffung einer weiteren Insellösung kritisch zu sehen.

3.5 Umsetzung und Evaluation

Kurz nach der Durchführung der Expertenbefragung im Jahr 2008 ereigneten sich tiefgreifende Veränderungen der Randbedingungen für die Nutzung mobiler Dienste. Das iPhone der Apple Inc. hatte Ende 2007 seine Markteinführung in Deutschland. Da es offiziell nur exklusiv über T-Mobile in Verbindung mit einem eigenen Tarif zu beziehen war, blieb der Verkaufserfolg hinter den Erwartungen von Apple zurück. Dennoch erreichte es einen weitreichenden Bekanntheitsgrad aufgrund seiner starken Präsenz in Werbung und Medien. Apple hatte 2004 ein Patent auf einen Multipoint Touchscreen beantragt. Mit dieser Technologie ließen sich neue Funktionen in der Bedienung des iPhones umsetzen. Durch den Wechsel von der Stift- zur Fingerbedienung war es erstmals möglich, Gesten mit mehreren gleichzeitigen Bildschirmberührungen, wie z.b. das Zoomen mit zwei Fingern, zur Bedienung einzusetzen (sog. „Multi-Touch-Gesten"). Diese Bedienungsform setzte für nachfolgende mobile Endgeräte Maßstäbe und ist inzwischen zur üblichen Bedienform für Smartphones und Tablets geworden. Deshalb wird Apple oftmals als der Erfinder des Smartphones gefeiert, obwohl alle Merkmale für die Klassifizierung als Smartphone schon lange vorher von vielen mobilen Endgeräten anderer Hersteller erfüllt wurden.

Um dem Erfolg von Apple etwas entgegenzusetzen, haben sich andere Marktbeteiligte zusammengetan. Getrieben vom Internet-Dienstleister Google wurde zusammen mit mehr als 30 weiteren Dienstanbietern und Geräteherstellern das Betriebssystem Android für Smartphones entwickelt. Aufgrund des lizenzkostenfreien Betriebssystems, das für die mobile Internet- und andere Datennutzung konzipiert wurde, fallen einerseits keine Lizenzgebühren an, so dass entsprechende Geräte günstig angeboten werden können. Durch die Offenheit des Systems können andererseits mehr mobile Anwendungen entwickelt und bereitgestellt werden. Zwar hat Google auch eigene Endgeräte mit diesem Betriebssystem herausgebracht, jedoch ist das vordergründige Ziel die Etablierung der offenen Plattform Android. Bereits Anfang 2008 existierten für Android über 50 Anwendungen, obwohl noch kein Endgerät mit diesem Betriebssystem erhältlich war. Allerdings ist dies das Ergebnis des von Google initiierten Wettbewerbs "Developer-Challenge" für Hobbyprogrammierer, welcher hohe Geldpreise von insgesamt 5 Millionen Dollar beinhaltete.

Im Frühjahr 2007 wurde die W3C-Arbeitsgruppe "Ubiquitous Web Applications" gegründet. Ziel dieser Gruppe war die Entwicklung einer Browser-API, mit welcher Webapplikationen auf Basis von JavaScript und/oder Ajax Kontextinformationen abfragen können. Diese Informationen umfassen z.B. Akkuladestand, Signalstärke, GPS-Daten usw. von mobilen Endgeräten und können dann dazu genutzt werden, um serverseitig mobile Anwendungen an die jeweiligen Fähigkeiten und aktuellen Zustände dieser Endgeräte anzupassen [Worm12]. 2008 wurde die W3C „Geolocation Working Group" gegründet. Ziel der Gruppe ist die

Spezifizierung einer sicheren und datenschutzsensiblen Schnittstelle in Browsern, bei welcher Webapplikationen Ortungsinformationen des (mobilen) Gerätes verwenden können. [BoWo13]. Im Juli 2009 kam die „Device APIs Working Group" dazu. Sie verfolgt das Ziel, clientseitige APIs zu entwickeln, mit denen Webanwendungen mit Gerätediensten wie Kalender, Kontakte, Kamera, Akku, Helligkeitssensor usw. interagieren können [HiHa14]. Inzwischen unterstützen nahezu alle aktuellen Browser die durch die W3C spezifizierten Funktionen zumindest teilweise. Es ist inzwischen problemlos möglich, auch auf mobilen Geräten mehrere Browser zu installieren und zu benutzen. Gemein sind allen modernen benutzerorientierten Browsern das Multitasking, das Verwenden von Registerkarten (sog. Tabs) und das adaptive Zoomen. Innovative Spracheingaben ermöglichen z.B. Google mit seiner *Voice Search* oder Apple mit *Siri*.

3.5.1 Anforderungen

Aus den in der Recherche ermittelten Barrieren und Anforderungen an einen Dienstleister lassen sich unter Berücksichtigung der zwischenzeitlichen Änderungen im Umfeld konkrete Anforderungen für die Umsetzung ableiten.

Die ermittelten Barrieren sind teilweise verschwunden oder zumindest deutlich abgesenkt:

- Die Nutzungskosten sind so weit gesunken, dass diese meist keine Barriere mehr darstellen;
- Geschwindigkeit und Qualität der Datenübertragung sind in der Regel ausreichend;
- die Heterogenität der Zugangsnetze ist üblicherweise irrelevant;
- die Bedienung der mobilen Endgeräte ist einfacher geworden und
- es gibt eine genügend große Zahl an unterschiedlichen Gerätetypen und -größen, so dass es für fast jeden Anwendungsfall ein passendes Gerät gibt.

Geblieben sind die Barrieren bei

- der Heterogenität der Endgeräte,

- Sicherheit und Datenschutz,
- den rechtlichen Fragen und bei
- der Integration in die bestehenden Systeme.

Diese stellen somit auch Anforderungen dar, wenn mobile Dienste bereitgestellt werden sollen.

Die Zahl der aktuell in relevanten Mengen genutzten Betriebssysteme für mobile Endgeräte ist überschaubar. Neben den Desktopbetriebssystemen für Notebooks kommen noch eine Handvoll Betriebssysteme für hoch-mobile Endgeräte hinzu. Gerade bei letzteren sind jedoch die Unterschiede zwischen den eingesetzten Softwareversionen für die Anwendungsentwicklung von größerer Bedeutung. Darüber hinaus sind die Zeiten bis zum Erscheinen neuer Betriebssystemversionen deutlich kürzer als bei den Desktopbetriebssystemen. Hinzu kommen noch spezifische Anpassungen der Gerätehersteller an Betriebssystemen und Geräten wie z.B. unterschiedliche Hardwaretasten (wenn die Geräte nicht ausschließlich vom Betriebssystemhersteller entwickelt werden). All dies führt zu einer Vielzahl von unterschiedlichen Geräten. (Siehe dazu z.B. das wurfl-Projekt [Pass06].) Diese **Heterogenität von Endgeräten und Betriebssystemen** macht es in vielen Fällen erforderlich, mehrere Varianten eines Dienstes zu entwickeln, zu testen und bereitzustellen, wenn dieser Dienst nicht auf wenige ausgewählte Geräte beschränkt sein soll. Der Aufwand für die verschiedenen Varianten ist oftmals größer als der Entwicklungsaufwand der mobilen Anwendung [Schl05]. Dieser Aufwand lässt sich reduzieren, wenn keine betriebssystem- und versionenspezifischen lokalen Anwendungen entwickelt werden, sondern auf einem Server ausgeführte mobilgeeignete Webanwendungen.

Mobile Endgeräte speichern meistens eine Vielzahl **personenbezogener oder vertraulicher Daten**. Kommt ein mobiles Gerät abhanden, durch Diebstahl oder Verlust, so können diese vertraulichen Daten leicht in die falschen Hände geraten. Dieses Risiko ist ungleich größer als bei stationär genutzten Computern, welche sich in klar abgegrenzten Räumen befinden und durch klassische Zugangssicherungen zusätzlich abgeschirmt werden können. Weiterhin hat die Diskussion um ungesicherte WLAN den drahtlosen Technologien insgesamt den Ruf eingebracht, potenziell unsicher zu sein. Auch wenn dies inzwischen nur noch bedingt zutrifft, da die Sicherheit der drahtlosen Datenübertragung durch entsprechende technische Maßnahmen erhöht worden ist, bestehen bei vielen Nutzern diese Bedenken weiterhin. Dies alles führt zu Vorbehalten und **Sicherheitsbedenken** der Nutzer gegenüber mobilen Diensten. Telefongespräche sind flüchtig und hinterlassen standardmäßig keine gespeicherten Daten (abgesehen von den Verbindungsdaten). Mobile Dienste hingegen hinterlassen in den meisten Fällen inhaltliche Daten im Endgerät oder in den an der Diensterbringung betroffenen Serversystemen, welche auch nach Beendigung des Dienstes noch vorhanden sind. Diese Vorbehalte gilt es durch entsprechend konzipierte Dienste und sicherheitstechnische Maßnahmen auszuräumen.

Direkt an die Sicherheitsbedenken schließt sich die Frage nach der **rechtlichen Zulässigkeit** der Nutzung personenbezogener Daten (wie z.B. Kundendaten) mit mobilen Diensten an. Prinzipiell ist diese Nutzung nach dem Bundesdatenschutzgesetz zulässig, solange diese nur von eigenen Mitarbeitern genutzt werden können. Allerdings öffnet der mobile Zugang zu den Unternehmensdaten neue Angriffspunkte. Kommen personenbezogene Daten in fremde Hände, z.B. durch den Verlust eines mobilen Gerätes mit darauf gespeicherten Daten oder evtl. sogar einem Zugangsschlüssel für den entfernten Zugriff auf die Unternehmensdaten, kann dies juristische Konsequenzen für das Unternehmen haben, vom Imageschaden einmal abgesehen [Lehn03]. Darüber hinaus bieten viele mobile Dienste inzwischen (zumindest theoretisch) die Möglichkeit, dass damit die Mitarbeiter überwacht werden könnten. Auch hier stößt ein Unternehmen schnell an die Grenzen der rechtlichen Zulässigkeit. Hieraus resultieren für den Einsatz eines mobilen Dienstes viele rechtliche Fragestellungen, welche in der Regel nur durch juristische Fachleute geklärt werden können.

Bei der **Integration** von mobilen Diensten **in die** (bestehende) **Back-End-Umgebung** entsteht ein hoher Aufwand. Es müssen viele mögliche Sicherheitsprobleme beachtet werden, da die integrierten Dienste meistens sehr weitgehende Zugriffsrechte haben. Oftmals wird die Einbindung von externen Computern in die internen Netze mittels „virtueller privater Netze" (VPN) als einfache Lösung angesehen. Dadurch können jedoch zusätzliche Einfallstore in interne Netze geöffnet werden. Auf den ersten Blick besteht kein Unterschied bei der mobilen Anbindung gegenüber der Anbindung mittels drahtgebundener Netze. Die Festnetzanbindung ist jedoch meistens an den physischen Zugang zu bestimmten Orten gebunden. Dieser kann durch entsprechende Maßnahmen kontrolliert werden. Die Funknetzanbindung dagegen kennt keine Zäune und soll (im Falle von mobilen Weitverkehrsnetzen) sogar möglichst überall verfügbar sein. Somit ist kein fester Ortsbezug mehr gegeben, welcher für die Kontrolle des Zugriffs genutzt werden kann. Dadurch entsteht ein zusätzlicher Unsicherheitsfaktor. Dieser muss durch geeignete technische Maßnahmen aufgefangen werden, was weiteren Aufwand bedeutet. Darüber hinaus ist das Abhören von und das Eindringen in Verbindungen in mobilen Netzen einfacher, da der physische Zugang zu Leitungen nicht nötig ist. Ebenso ist die Verschleierung der eigenen Identität beziehungsweise das Vortäuschen einer anderen Identität („spoofing") in mobilen Netzen meistens weniger schwierig zu gestalten [Ande08, 617]. Der Lösungsansatz, Teile von Daten für den Zugriff „von Außen" auf externe Server zu kopieren, um die internen Netze und die Gesamtheit der Daten gegen unberechtigte Zugriffe zu schützen, eröffnet jedoch zusätzliche Konsistenz- und Replikationsprobleme.

Besonders KMU sind in der Regel keine Experten auf dem Gebiet der Informations- und Kommunikationstechnologie, dennoch haben sie Bedarf an mobilen Diensten. Es ist in vielen Fällen auch nicht deren Ziel, hier zusätzliche Expertise aufzubauen. Sie benötigen Möglichkeiten für ihre Geschäftstätigkeit, welche einfach und leicht zu verwenden sind und die ohne großen Aufwand funktionieren [MaUn05].

3.5.2 Mobile Geschäftsprozesse

Vor der Umsetzung eines mobilen Dienstes müssen neben den Anforderungen auch die mobilen Geschäftsprozesse analysiert und die notwendigen Veränderungen modelliert werden. Erkenntnisse aus den empirischen Untersuchungen (qualitative Datenanalyse, Expertenbefragung) haben gezeigt, dass es in diesem

Umfeld keine allgemeingültigen Standardprozesse gibt, die einfach ohne explizite Analyse der Ausgangssituation und hohen Anpassungsaufwand übernommen werden können. Folglich ist eine detaillierte Prozessbetrachtung sehr individuell und muss demzufolge Einzelfall-bezogen durchgeführt werden. Jedoch ist es sinnvoll, mobile Geschäftsprozesse anhand einer angemessenen Methode und entsprechenden Sprache darstellen zu können, um den Ist-Zustand erfassen und ein Soll-Konzept entwickeln zu können.

Um Geschäftsprozesse hinsichtlich ihres mobilen Potenzials adäquat analysieren zu können, ist ihre grafische Modellierung eine sinnvolle Grundlage. Trotz intensiver Recherche ließ sich keine Notation finden, welche die Geschäftsprozessmodellierung hinsichtlich mobiler Bestandteile darstellen lässt. Daher wurde eine Modellierungssprache gesucht, die weit verbreitet und in ihren Grundzügen einfach und klar ist, aber auch umfangreich erweitert werden kann. Als Notation mit solchen Eigenschaften boten sich die Ereignisgesteuerten Prozessketten (EPK) an [Sche01], die als erweiterte Ereignisgesteuerte Prozessketten (eEPK) wesentlich detailliertere Repräsentationsmöglichkeiten bieten.

Zur Kennzeichnung mobiler Prozesse bzw. Prozessteile wurden stilisierte Funkwellen eingeführt. In Abbildung 20 zeigt die Notation A eine Erweiterung der EPK um eine mobile Aktivität, d.h. diese Funktion wird über mobile Technologien ausgeführt. Beispielsweise kann so ein Bestellvorgang dargestellt werden, der über ein mobiles Endgerät angestoßen wird. Die Notationsvariante B (eEPK) stellt detaillierter den mobilen Zugriff mit Hilfe einer bestimmten Endgeräteklasse (z.B. Feature Phone, Smartphone, Tablet) oder eines konkreten Modells mit spezifischen Fähigkeiten über einen bestimmten Netztyp (GSM, UMTS, WLAN, usw.) auf ein System dar. Bestimmte Fähigkeiten eines Endgerätes oder Zugangs zu verdeutlichen kann hilfreich sein, um einen mobilen Geschäftsprozess adäquat zu konfigurieren und eventuell umzustrukturieren. In Variante C wird gegenüber Variante A noch weiter abstrahiert, um beispielsweise einen Überblick von weiter oben über einen umfangreichen Geschäftsprozess zu erlangen, der an manchen Stellen mobil ist. Hier besteht die Funktion, welche mit den stilisierten Funkwellen ausgestattet ist, aus mehreren Aktivitäten, von denen mindestens eine mobil ausgeführt wird. Dieser Ansatz der Repräsentation mobiler Prozesse mit seinen verschiedenen Varianten kann bei Bedarf auch auf andere Notationen übertragen oder weiter verfeinert werden. Hierzu bieten sich die UML-Aktivitätsdiagramme an. Eine Übertragung auf Petri-Netze scheint möglich, ist jedoch noch genauer zu prüfen.

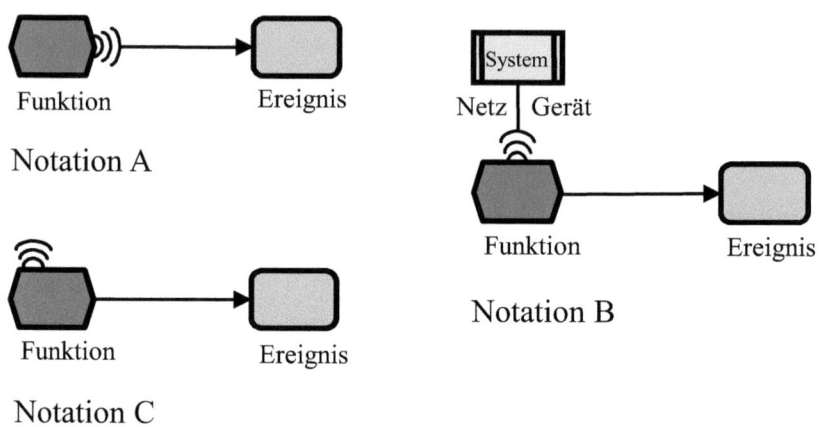

Quelle: [ScID10, 66]

Abbildung 20: Mobilspezifische Erweiterung der Notation eEPK

Decker hast in seiner Dissertation [Deck11a] einen weiteren Ansatz zur Modellierung mobiler Prozesse entwickelt, der auf den Aktivitätsdiagrammen der „Unified Modeling Language" (UML) basiert [Kech05]. Die UML bietet explizit die Möglichkeit, eigene Erweiterungen der Sprache vorzunehmen, etwa durch Beschreibung eines Meta-Modells. Das grundlegende Konzept dieses Ansatzes sind die Ortseinschränkungen (OE), auch Location Constraints genannt [DSKO09]. Eine solche OE macht eine Aussage darüber, an welchem Ort eine bestimmte Prozessaktivität ausgeführt werden muss (positive OE) oder nicht ausgeführt werden darf (negative OE). Zur Definition solcher OE wurde ein passendes Ortsmodell entwickelt, das eine Instanzen- und eine Typebene unterscheidet. Einige Beispiele für so annotierte UML-Diagramme sind in Abbildung 21 zu finden. Neben den einfachen OE (a) gibt es auch die Möglichkeit, dynamische

- also zur Laufzeit einer Prozessinstanz - OE abzuleiten, z.B. durch spezielle Regeln, die festlegen, dass bestimmte Aktivitäten für eine Prozessinstanz am selben Ort durchgeführt werden müssen („Binding of Locations") oder nicht am selben Ort durchgeführt werden dürfen („Separation of Locations"). Auch dies kann mit grafischen Elementen beschrieben werden (b). Weiter kann auch dargestellt werden, dass aus externen Quellen zur Laufzeit die OE abgefragt werden können. Eine solche externe Quelle könnte etwa ein CRM-System sein, mit dem Adressen der Kunden verwaltet werden (c).

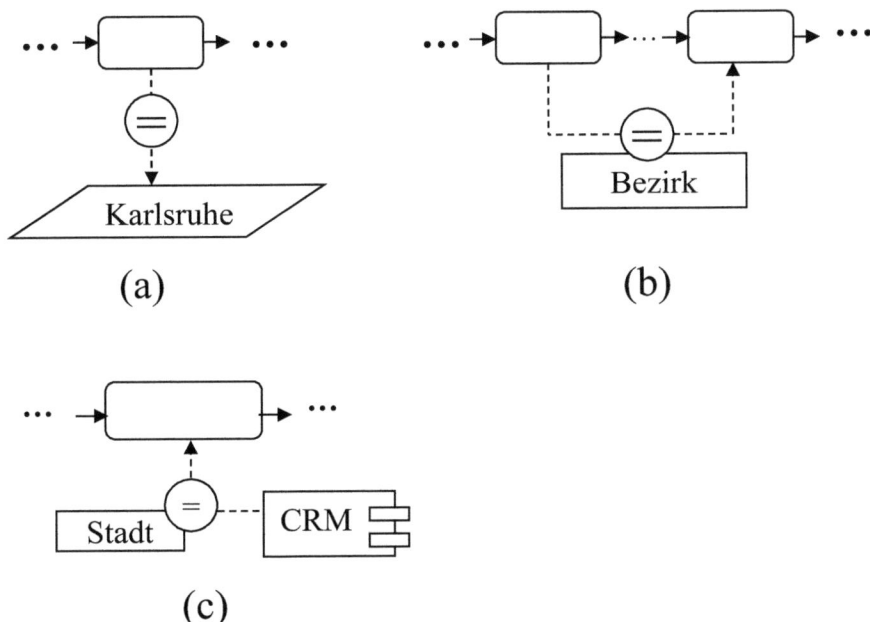

Quelle: [ScID10, 66]

Abbildung 21: Beispiele für UML-Aktivitäten mit verschiedenen Arten von Ortseinschränkungen

Die Kontextart Ort ist für mobile Dienste eine der wichtigsten Kontextarten, somit bot sich die Konzentration auf Ortseinschränkungen an. Das Prinzip kann jedoch auf beliebige andere Kontextarten erweitert werden, wie die Beispiele in Abbildung 22 zeigen. So kann beispielsweise ebenso definiert werden, dass die Ausführung einer Aktivität nur in bestimmten Funknetzen zulässig ist (a), zwei Aktivitäten innerhalb eines definierten Zeitfensters durchgeführt werden müssen (b) oder eine Aktivität nur durchgeführt werden kann, wenn im Kalender für diesen Zeitpunkt (also zur Laufzeit) kein Urlaub eingetragen ist (c).

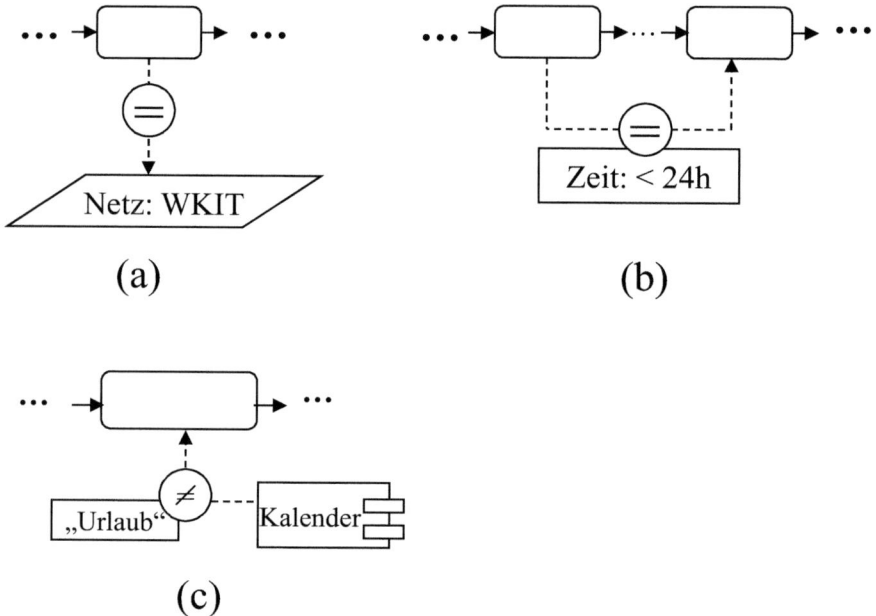

Abbildung 22: Beispiele für UML-Aktivitäten mit verschiedenen Arten von Kontexteinschränkungen

3.5.3 Umsetzung durch CAS

Im Rahmen des vom Bundeswirtschaftsministerium geförderten Projektes MODIFRAME wurden die bisher dargelegten Ergebnisse aufgegriffen und in einem konkreten Softwareprojekt überwiegend durch die CAS Software AG umgesetzt. Die folgende Beschreibung basiert zum Teil auf dem Schlussbericht der CAS [Kölm09].

Das Projekt MODIFRAME konzentrierte sich auf die Integration mobiler Dienste in die Geschäftsprozesse von Unternehmen. Große Unternehmen haben zunehmend individuelle Lösungen für innerbetriebliche Zwecke (B2E) eingesetzt. Für KMU gestaltete sich die Umsetzung mobiler Lösung noch sehr schleppend. In MODIFRAME wurde eine Plattform für mobile Dienste entwickelt, welche insbesondere für KMU den Betrieb eigener mobiler Dienste ermöglicht, ohne dass diese selbst die komplette dafür benötigte Infrastruktur betreiben müssen. Somit werden KMU in die Lage versetzt, ohne großes Risiko die Möglichkeiten mobiler Dienste zu testen und zu nutzen. Dazu ist es notwendig, Dienste leicht zur Plattform hinzufügen sowie neue Dienste aus weiteren Diensten zusammenbauen bzw. bestehende Dienste nutzen zu können. Die Plattform hat verschiedene Komponenten zu einer kompletten Infrastruktur zusammengefasst und von den zugrunde liegenden Hardware- und Netzwerkschichten abstrahiert. Sie ermöglicht somit die einfache und schnelle Bereitstellung beliebiger mobiler Dienste.

3.5.3.1 Ziele

Die Optimierung der Geschäftsprozesse ist ein kontinuierliches Thema im Rahmen des wirtschaftlichen Wettbewerbes. Themen mit einem geschätzten hohen Potential im Business-Bereich sind vor allem Mobile Workforce bzw. Business to Employee (z.B. Außendienstmitarbeiter, Kundenservice, mobile Office) und M-Business (mobile Businesslösungen).

Ziel war es deshalb, eine Infrastruktur bereitzustellen, mit der neue Dienste für eine zu entwickelnde Plattform einfach implementiert werden können. Unter der

Plattform wird ein System verstanden, das über offene Schnittstellen die komplette technische Infrastruktur für die einfache Implementierung und den Betrieb eigener Anwendungen der Klasse „mobile Dienste" bereitstellt. Mobile Dienste stellen in diesem Zusammenhang einen Sammelbegriff für alle Dienste und Anwendungen dar, die mit mobilen Geräten (Mobiltelefonen, Smartphones, Tablets, usw.) an einem oder mehreren beliebigen Orten über Funknetze genutzt werden können. Darin eingeschlossen sind auch ortsbasierte Dienste als Spezialfall kontextsensitiver Dienste.

Die Entwicklung sollte die Kommunikation und den Datenaustausch zwischen Unternehmen und mobilen Mitarbeitern vereinfachen:

- Entwicklung einer (serverseitigen) Software-Plattform, auf Basis derer KMU mobile Dienste entwickeln und anbieten können
- Konzentration auf mobile Web-Anwendungen, da dadurch mehrere Probleme gelöst bzw. vereinfacht werden können:
  - Nutzung auf dem mobilen Endgerät ohne Installation
  - Reduzierung des Wartungsaufwandes, da die Anwendung nur auf dem Server aktualisiert werden muss
  - Reduzierung der Komplexität durch die Heterogenität der Endgeräte
  - nahezu keine Daten im mobilen Endgerät gespeichert; dadurch bei Verlust ein geringeres Risiko, dass Daten in falsche Hände geraten
  - geringere Restriktionen bei der Endgeräteauswahl, „bring your own device" (BYOD) möglich
  - Schnittstellen zum Back-End müssen nur auf dem Server implementiert werden

- Reduktion der technischen Komplexität durch:
  - Bereitstellung einer Grundarchitektur
  - Bereitstellung wiederverwendbarer Basisdienste
  - Abstraktion von Endgeräte- und Netzspezifika

- Plattform kann als Basis einer gemeinsamen Vermarktung von Diensten und mobilen Anwendungen dienen

Um der Heterogenität der Endgeräte und deren Netzwerkanbindungen gerecht zu werden, muss die Darstellung von Inhalten an die Anforderungen der Endgeräte und Netzwerke angepasst werden. Das bedeutet, dass verschiedene Repräsentationen der Objekte generiert werden, die den speziellen Eigenschaften und Fähigkeiten einzelner Geräte und den Übertragungseigenschaften der verwendeten Netzwerke entsprechen.

Die bestehenden Dienste sollen auch unabhängig voneinander aktualisiert oder durch alternative Implementierungen ersetzt werden können, ohne dass der nutzende Dienst geändert werden muss. (Szenario: Ein Dienst zur Terminbenachrichtigung kann verschiedene weitere Dienste nutzen, z.B. Dienste für Versand von SMS, Instant Messaging, Info-Anruf.) Die Infrastruktur soll dafür sorgen, dass man den SMS-Dienst ggf. später durch einen anderen SMS-Dienst austauschen kann (z.B. den eines weiteren Anbieters), ohne dass der Termindienst davon berührt ist. Im Bedarfsfall kann es sogar möglich sein, einen weiteren Versanddienst (z.B. Push-Mail) einzubinden. Es soll keine Rolle spielen, ob die Dienste lokal oder entfernt (z.B. bei einem Drittanbieter) laufen. Für entfernte Dienste wird ein lokaler Stellvertreterdienst eingebunden, der den entfernten Dienst per Webservice-Aufruf anspricht. Dies berücksichtigt die Integration von hochgradig unabhängigen Komponenten. Damit werden flexible und erweiterbare Server-Strukturen geschaffen sowie die Effizienz von internen Abläufen und Datenflüssen verbessert. Damit ist eine einfache Anpassung an verschiedene Einsatzumgebungen gegeben sowie die Fähigkeit, auf die Leistungsmerkmale von mobilen Anwendungen und Diensten individuell eingehen zu können.

Schließlich soll die Plattform mit einer Reihe von Services wie einfache Bedienungstools, automatische Auswahl der bestgeeigneten Kommunikationstechnologie, Sicherheit nach Bedarf sowie bedarfs- und prozessorientierte Kombination von Diensten den Anforderungen der KMU gerecht werden.

3.5.3.2 Architektur

Abbildung 23 stellt die MODIFRAME-Architektur in einer vertikalen Aufteilung dar. Sie besteht aus folgenden Bereichen:

- Repräsentationsformen mobiler Clients
- MODIFRAME-Server in einem Webcontainer mit Application Router und Standardimplementierungen. Die Client-Server-Kommunikation stützt sich generell auf Web-Protokolle ab (HTTP, HTTPS, SOAP) und entspricht den OMA Richtlinien.
- MODIFRAME Backend-System mit der Diensteimplementierung und der Interoperabilität zu Komponenten über die Webservice-Schicht.

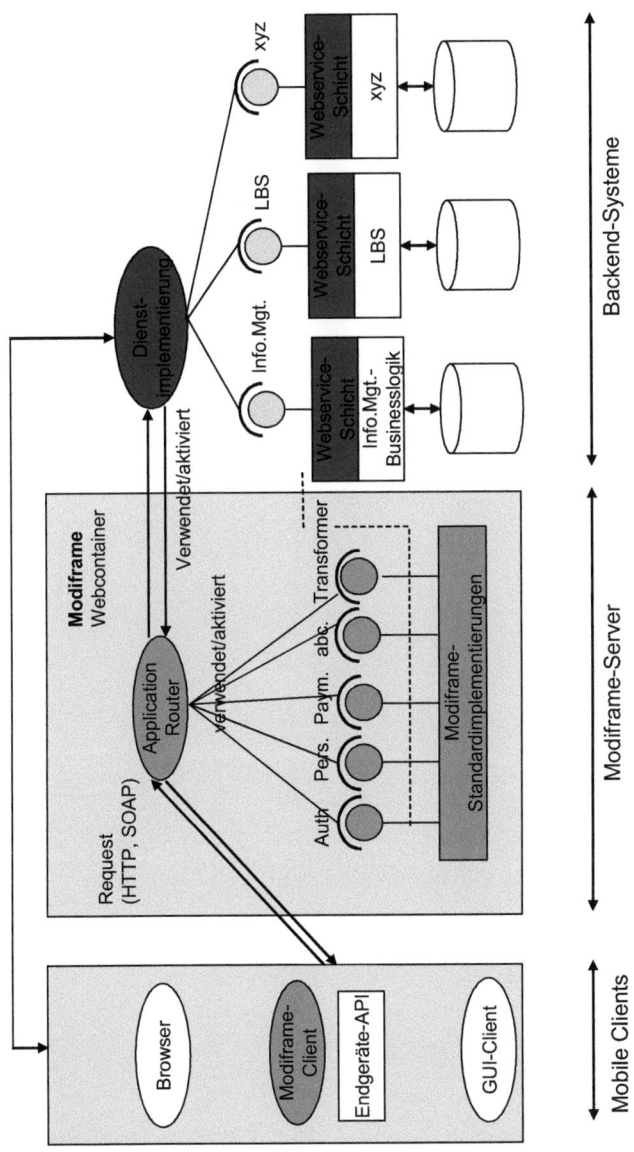

Quelle: MODIFRAME Projektdokument

Abbildung 23: Darstellung der Plattform-Architektur, getrennt nach Bereichen

Es wurde eine einheitliche Plattform und Programmierumgebung für RIA- (*Rich Internet Application*) und Mobilversionen für Unternehmensanwendungen geschaffen. Die Darstellung einer Schichtenarchitektur der Plattform ist in Abbildung 24 wiedergegeben.

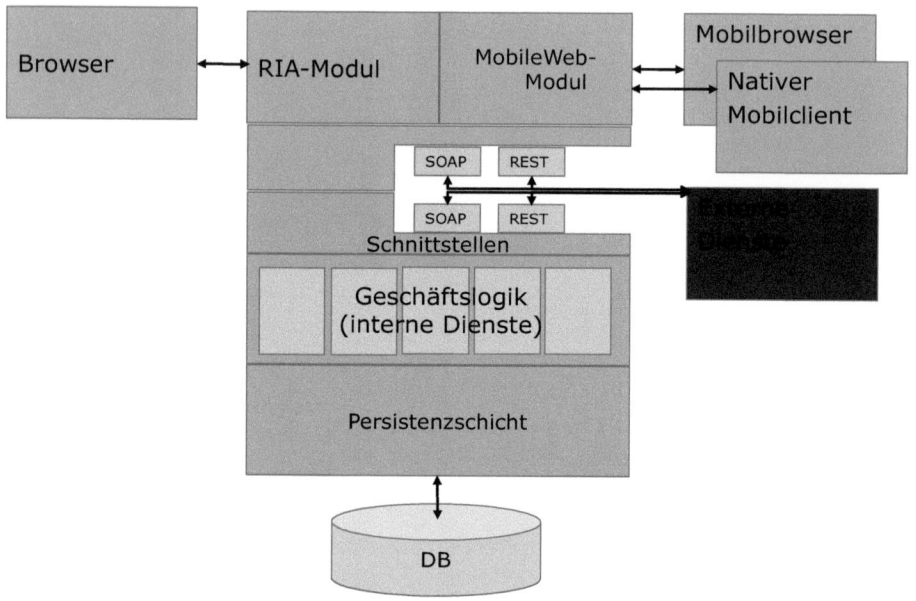

Quelle: [Kölm09]

Abbildung 24: Schichtendarstellung der Plattform-Architektur

Hier wird deutlich, dass vielfältige Möglichkeiten für die GUI-Darstellung implementiert wurden. Dadurch können bei Bedarf verschiedenen Geräteklassen mit unterschiedlichen Darstellungen versorgt werden, was die möglichen Einsatzbereiche erweitert:

- RIA-GUI auf Basis von Eclipse RAP für Desktop-Browser
- Endgeräte-optimierte, seitenbasierte Darstellung für Feature Phone, Smartphone, Tablet usw.

Umsetzung und Evaluation   159

Das Ergebnis der unterschiedlichen GUI-Darstellungen ist beispielhaft in Abbildung 25 zu sehen. Neben der RIA-Darstellung für Notebooks sind angepasste Darstellungen für unterschiedliche Smartphones dargestellt, welche das „look and feel" der jeweiligen Geräte nachbilden.

Quelle: MODIFRAME Projektdokument

Abbildung 25:   Verschiedene Endgerätedarstellungen für einen mobilen Dienst

Der größte Unterschied zwischen Desktop- und mobiler Web-Entwicklung ist die Mehrbenutzerfähigkeit von mobilen Web-Anwendungen. Eine RAP-Anwendung ist jedoch eine Web-Anwendung und läuft auf einem Server. Mehrere Benutzer teilen sich also eine Instanz der Anwendung. Aus diesem Grund muss man sich bei der Entwicklung einer mobilen Web-Anwendung Gedanken darüber machen, wie die benutzerspezifischen Daten der einzelnen Anwender voneinander getrennt aufbewahrt werden können. Hierfür wird eine Session verwendet, in welcher die benutzerspezifischen Daten hinterlegt werden können. Während der Bearbeitung von Requests eines Benutzers kann die Anwendung auf die Session des Benutzers zugreifen und mit den jeweils enthaltenen Daten arbeiten.

Die Plattform orientiert sich an Standards wie Linux, MySQL, Java, OSGi, SOAP. Die erreichten Formatstandards wie vCard, vCal, iCal, usw. erleichtern die Integration mit Drittsystemen sowie den Zugang zum Programmier-Knowhow, was bei KMU für hohe Akzeptanz unabdingbar ist. Es wurden dabei besonders hohe Sicherheitsstandards, vor allem durch „mSaaS" – 7x24, verschlüsselte SSL-Datenverbindung (128-Bit-Schlüssel), Multi-Mandanten-Fähigkeit und weitere Schutzmaßnahmen mit dem Rechtesystem, Journal und wiederherstellbaren Daten erreicht.

Weiterhin sorgen spezielle Features für hohe Akzeptanz durch die Einbindung von Zusatzdiensten wie beispielsweise „Location-Based-Services" mit den Möglichkeiten der Umkreissuche, Kartendarstellung, usw.

Im Folgenden sind die Kenndaten der Implementierung in Kurzform zusammengefasst:

- Erweiterbare, branchenfähige Basisplattform, bestehend aus einer Serverinfrastruktur mit Kernkomponenten auf Basis von Spring und OSGi
- Einheitliche Plattform und Programmierumgebung für Unternehmensanwendungen mit GUI für Rich Internet Clients (RIA) und Mobilversionen.
  - RIA-Schicht mit Eclipse RAP
  - MobileWeb-Schicht über JSF
  - iPhone-Schicht über JSF/JSP und iui

- Plattform an Standards orientiert
  - Linux + MySQL, Java, OSGi, SOAP
  - Formatstandards wie vCard, vCal, iCal, ...
  - erleichtert Integration mit Drittsystemen

- Skalierbarkeitskonzepte in der Plattform
  - Aufteilung der Anwendungsbereiche auf Plug-Ins

- Funktionalität durch Hinzufügen, Ersetzen oder Entfernen von Plug-Ins beliebig erweiterbar
- Eine Plattform + viele Module = viele Anwendungen
- kostengünstige Skalierbarkeit durch „Farm" aus günstigen Standardservern

- Hohe Sicherheitsstandards durch „mSaaS" – 7x24
  - verschlüsselte SSL-Datenverbindung (128-Bit-Schlüssel)
  - Multi-Mandanten-Fähigkeit
  - Schutzmaßnahmen durch Rechtesystem, Journal und wiederherstellbare Daten

3.5.3.3 Kommerzielle Nutzung

Die Firma CAS hat die im Projekt MODIFRAME entwickelte Plattform für die kommerzielle Nutzung weiter ausgebaut. Die identifizierten Zielgruppen sind primär KMUs als Abnehmer und Anbieter, gegebenenfalls auch Großunternehmen. Aus dem Projekt haben sich folgende Verwertungspotentiale ergeben:

- Ermöglicht die Bereitstellung von Mobilitydiensten basierend auf Service und Hosting
- Beinhaltet die Entwicklung von generischen Geschäftsmodellen für mobile Dienste
- SDK und zugehörige Entwicklungswerkzeuge (in Zukunft PaaS)
- Die Plattform ermöglicht es Unternehmen,
  - vorhandene Dienste kostengünstig in Anspruch zu nehmen
  - vorhandene Dienste mit eigenen Angeboten anzureichern
  - Dienste mit der eigenen Infrastruktur zu integrieren
  - Sicherheit besser zu gewährleisten

Die Weiterentwicklung wird unter CAS OPEN als PaaS zur Verfügung gestellt, was Abbildung 26 illustriert.

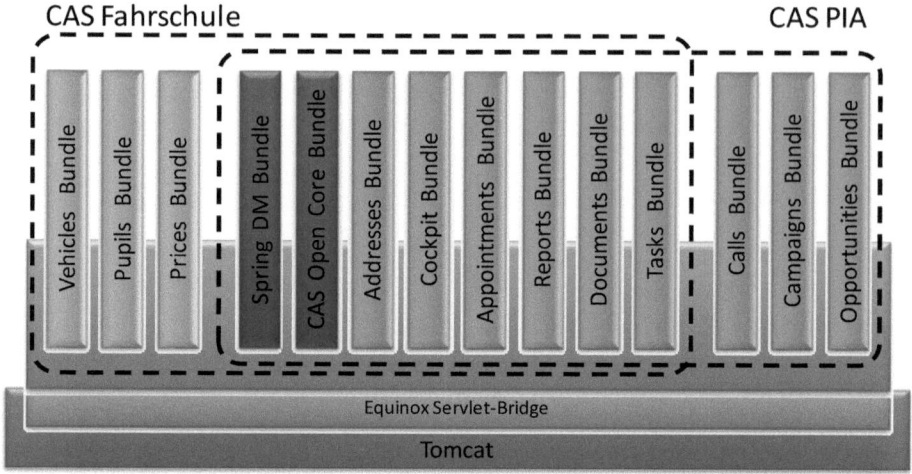

Quelle: MODIFRAME Projektdokument

Abbildung 26: Anwendungsbeispiel auf Basis von CAS OPEN

Das Mobilisieren von E-Mail und PIM-Daten wie Kalender und Kontakte war ein erster Schritt auf dem Weg zu einer effektiven Mobilitätsstrategie. Die Mobilisierung von CRM-Systemen für den Außendienst ermöglicht einen besseren Kundenservice, optimiert die Verkaufsmöglichkeiten und erlaubt das Erfassen wichtiger Daten direkt vor Ort. Durch Zugriff auf aktuelle Kunden-, Lagerbestands- und Auftragsdaten haben Mitarbeiter im Außendienst jederzeit auch vor Ort alle Informationen zur Hand, können neue Daten eingeben oder Verwaltungsaufgaben erledigen. All dies kann dazu beitragen, Kundenanfragen schneller zu bearbeiten, Verkaufschancen effektiver zu nutzen und den Service insgesamt zu verbessern. Darüber hinaus gewinnt man einen Wettbewerbsvorteil und eine nachhaltige Kundenbindung. Unabhängig von der Unternehmensgröße kann man vorhandene IT-Ressourcen besser ausschöpfen, indem man bestehende Anwendungen mobilisiert. Mit einem schnelleren Zugriff auf aktuelle Kundendaten kann man die Strategie des Unternehmens noch direkter und effektiver ausrichten. Deshalb hat CAS auf Basis der Plattform OPEN die CRM-Anwendung CAS PIA als mobilen Dienst realisiert. Diese umfasst neben den Web-Anwendungen auch native Clients für Google Android und das Apple iPhone sowie einen RIA-Client für Microsoft Silverlight. Abbildung 27 stellt kurz dar, wie die Spezialisierung der MODIFRAME-Plattform aussieht.

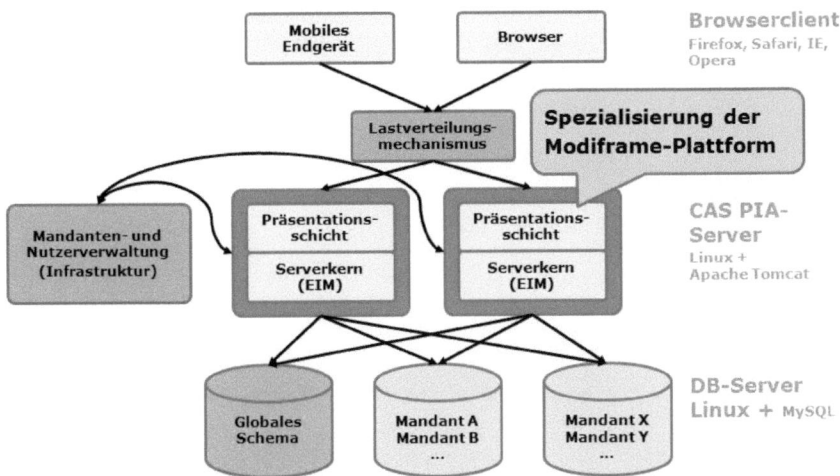

Quelle: MODIFRAME Projektdokument

Abbildung 27:   CAS PIA als Spezialisierung von MODIFRAME

3.5.4 Nutzerevaluation

Pilotanwendung für die Nutzung der Plattform CAS OPEN war die Anwendung CAS PIA. Dafür wurden verschiedene GUI-Varianten entwickelt. Für die mobilen Varianten von PIA wurde eine Nutzerevaluation durchgeführt. Ziel war es:
- Verbesserungspotentiale im Design und in der Anwendung aufzuzeigen,
- einen Vergleich zwischen Tastatur- und Touchscreen-Bedienung zu erstellen und
- Empfehlungen für eine Gerätetypenwahl abzuleiten.

Dazu wurde auf Basis der mobilen CAS PIA mit studentischer Unterstützung eine systematische Nutzerbefragung unter Labor-Bedingungen durchgeführt. Der

Schwerpunkt lag hierbei auf Aspekten der Gebrauchseignung als Zusammenfassung von Nützlichkeit und einfacher Benutzbarkeit. Zur Vorbereitung wurden das von Davis entwickelte Technology Acceptance Modell (TAM) [Davi86] und seine Vorschläge zur Messung der wahrgenommenen Nützlichkeit und Einfachheit [Davi89] verwendet. Ebenso herangezogen wurde das auf dem TAM aufbauende COMPASS-Akzeptanzmodell [AmHW03].

Quelle: MODIFRAME Projektdokument

Abbildung 28: Beispielbildschirm der mobilen CAS PIA

Untersuchungsgegenstand war die mobile Version von CAS PIA in der Version 1.1.7. Verglichen wurde die Nutzung mit zwei verschiedenen Smartphones der Typen „Blackberry Bold 9000" (mit Tastatur) und „Apple iPhone 3G". Anstelle des Blackberry-Gerätes war ursprünglich das Gerät „Google G1" vorgesehen, bei dem es sich um das erste in Deutschland verfügbare Smartphone mit dem

Betriebssystem „Android" handelte. Es stellte sich allerdings als unausgereift heraus, so dass die Wahl auf das Blackberry-Gerät fiel. Einen Eindruck der mobilen Version von CAS PIA gibt die Abbildung 28.

Die Untersuchung wurde mit 25 Probanden durchgeführt. Dabei musste ein vorgegebenes Szenario mit beiden Smartphones abgearbeitet werden, wobei zur Vermeidung von Reihenfolge-Effekten für jeden Probanden ausgelost wurde, welches Gerät zuerst zum Einsatz kommen sollte. Die Probanden mussten zunächst das textuell beschriebene Szenario aus dem Bereich des Kundenbeziehungsmanagements (CRM) in zwei Durchläufen mit den beiden mobilen Endgeräten durchspielen. Dazu wurde ihnen jeweils eine bebilderte Anleitung an die Hand gegeben, wie die Aufgaben mit dem jeweiligen Gerät abzuarbeiten sind. Das Szenario war so gewählt, dass möglichst viele Funktionen aus den drei Hauptbereichen Termine, Kontakte und Aufgaben abgedeckt waren. Im Folgenden werden einige Beispiel-Teilaufgaben aufgeführt:

- Suchen eines bestimmten Kontakts
- Anlegen eines Datensatzes mit neuen Kontaktdaten
- Suche eines freien Termins in einem bestimmten Zeitraum
- Anlegen eines neuen Termins
- Erstellen einer neuen Aufgabe

Ein Evaluationsdurchlauf endete mit dem Ausfüllen eines Fragebogens. Neben geschlossenen Fragen in Form von fünfstufigen Bewertungsskalen (Likert-Skalen) hatten die Teilnehmer auch die Möglichkeit, selbst Probleme oder Verbesserungsvorschläge zu formulieren (offene Befragung). Es werden im Folgenden beispielhaft einige Aspekte, die in der geschlossenen Form abgefragt wurden, aufgeführt:

- Auswahl eines bestimmten Feldes der Bildschirmmaske
- Klarheit der verwendeten Bezeichnungen
- Schwierigkeitsgrad der Eingabe von Zahlenwerten
- Schwierigkeitsgrad der Korrektur von Tippfehlern

Weiter wurden die üblichen soziodemographischen Angaben (Alter, Geschlecht, usw.) abgefragt und inwieweit die Probanden schon über Erfahrung mit den verwendeten Geräten und CRM-Anwendungen verfügen.

Um möglichst realistische Bedingungen bzgl. der Antwortzeiten zu schaffen, die wesentlich durch Datenrate und Latenzzeit der verwendeten Netzwerkverbindung beeinflusst werden, wurde für die Durchführung der einzelnen Versuchssitzungen eine Mobilfunkverbindung verwendet.

Insgesamt belegten die Ergebnisse die grundsätzliche Gebrauchstauglichkeit der mobilen Anwendung. Im Folgenden werden einige ausgewählte Ergebnisse der geschlossenen Fragen aufgeführt:

- Die im Durchschnitt schlechteste Bewertung erhielt die Frage bzgl. der Klarheit der Kontaktelemente, nach denen gesucht werden kann, also welche Datenfelder genau auf den eingegebenen Suchstring durchsucht werden.
- Bei der Frage, ob voneinander entfernte Bildschirmbereiche schnell zu erreichen sind, schnitt der Blackberry Bold relativ schlecht ab; dies liegt vermutlich daran, dass die „Zeigerfunktion" hier durch einen kleinen „Trackball" realisiert ist, während das iPhone über einen Touch-Screen verfügt.
- Auch bei der Frage nach der hinreichenden Größe des Bildschirms schnitt das Smartphone von Blackberry relativ schlecht ab. Zum einen ist das Display dieses Gerätes tatsächlich kleiner als das des iPhones und zum anderen ist es im Querformat während die mobile Anwendung auf das Hochformat ausgelegt ist.

Es konnten einige Punkte für kleinere Verbesserungen identifiziert werden, z.B.:

- Wenn ein Element erfolgreich gespeichert wurde, sollte dies dem Nutzer explizit mitgeteilt werden, da er dies von anderen gebräuchlichen Software-Produkten so gewohnt ist.
- Bei der Datumseingabe sollten auch eindeutig abgekürzte Schreibweisen (zum Beispiel 1.1.15 für 01.01.2015) akzeptiert werden.
- Bei Verwendung des mobilen Endgerätes „iPhone" hatten einige Probanden Probleme, die Tasten der virtuellen Tastatur mit den Fingern zu treffen. Hier

war es für die Probanden (im Durchschnitt) einfacher, das Gerät mit den realen Tasten zu benutzen.

Die Abbildungen auf den folgenden Seiten geben in kompakter Form die Auswertung der Untersuchung wieder. Die einzelnen Fragen (Items) stehen in den Kästchen ganz unten. Die Balken geben die Abweichung zwischen den Gerätetypen wieder, die Datenpunkte den jeweiligen Gerätetyp und den Mittelwert.

Zusätzlich wurde noch ein kurzer Symboltest für drei Symbole durchgeführt. Dieser wurde der eigentlichen Untersuchung vorangestellt, da sich aus der Nutzung der mobilen Anwendung durch „Versuch und Irrtum" auch die Bedeutung der Symbole ergeben kann. Es sollte jedoch geprüft werden, ob die verwendeten Symbole (Icons) im verwendeten Kontext von vorne herein selbsterklärend sind. Es wurden Icons ausgewählt, die nicht oder keine direkte Beschriftung aufweisen und die für die Bedienung eine wichtige Rolle spielen bzw. deren Gebrauch Zeit spart und die Effizienz steigert.

Als Testverfahren wurde ein Multiple-Choice-Test gewählt, ähnlich wie er bei Horton [Hort94, S. 327] beschrieben wird. Den Probanden wurden zu einem Icon oder einer Gruppe von Icons verschiedene plausible Bedeutungen präsentiert, aus denen sie durch Ankreuzen die ihrer Meinung nach passende Bedeutung auswählen sollten. Im Unterschied zu Horton wurden die Symbole nicht alleine, sondern als Teil eines Screenshots der Anwendung dargestellt, da - wie Horton auch anmerkt - der Zusammenhang, in dem ein Icon erscheint, die Bedeutung eines Icons mitbestimmt [Hort94, S. 24ff].

Ein ideales Ergebnis des Symboltest wäre es, wenn alle Probanden in allen Testteilen immer die richtige Bedeutung der Symbole auswählen und somit eine Erkennungsrate von 100 % erreicht würde. Die Auswertung der Daten ergab bei diesem Test korrekte Erkennungsraten von 68 %, 36 % und 52 %. Dies zeigt, dass die verwendeten Symbole noch keine gute Wahl darstellen und hier noch Verbesserungspotential besteht.

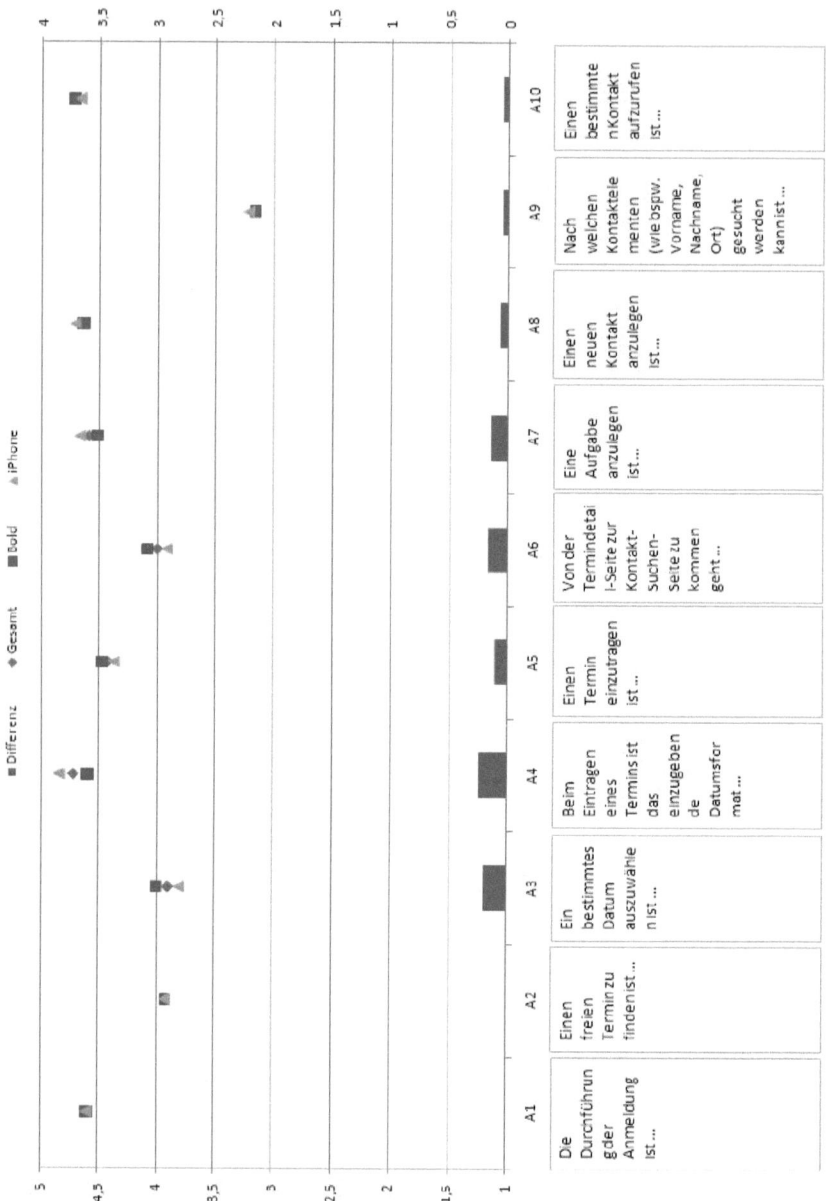

Abbildung 29: Auswertung zur mobilen Anwendung CAS PIA

Umsetzung und Evaluation

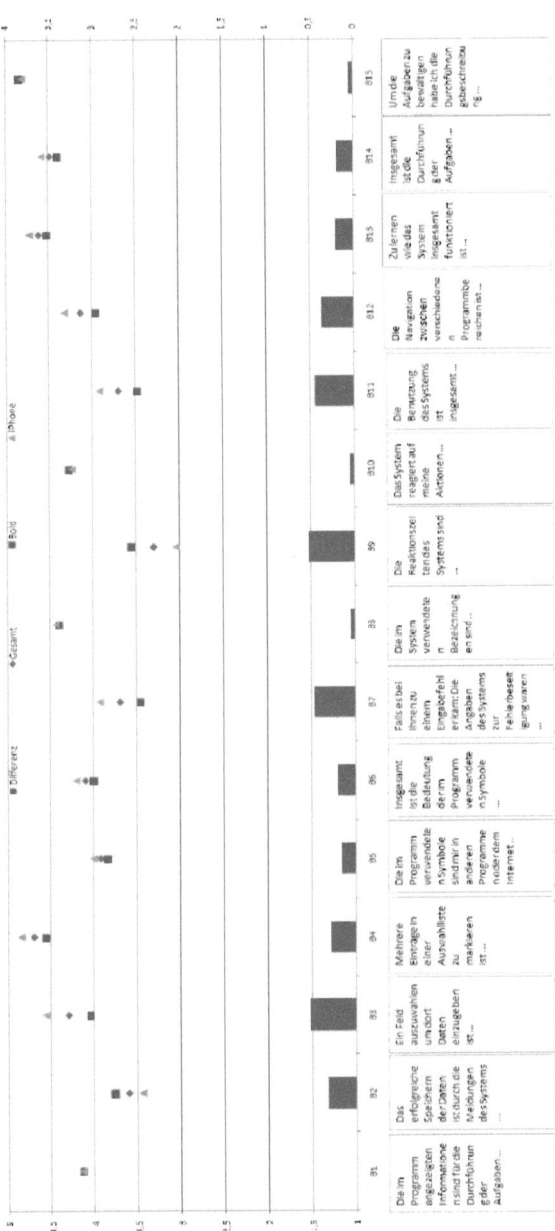

Abbildung 30: Auswertung zu den mobilen Systemen

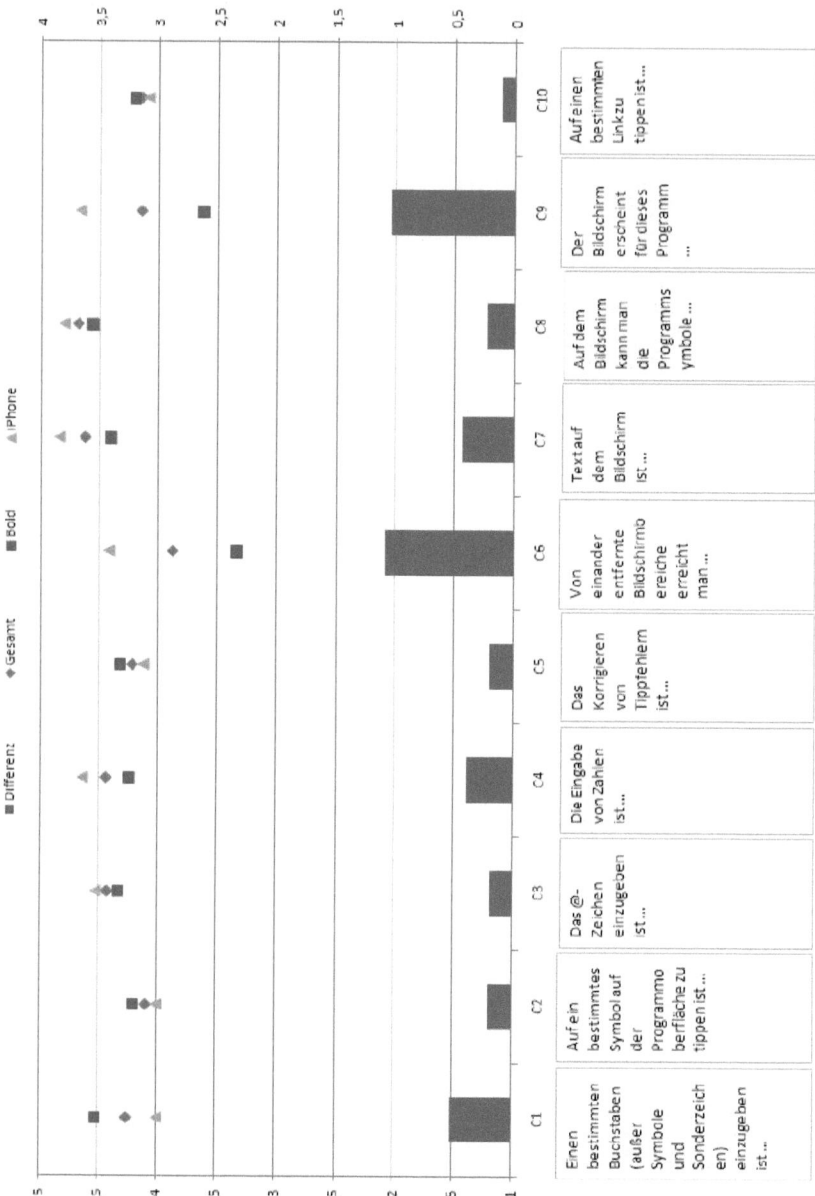

Abbildung 31: Auswertung zur allgemeinen Bedienung

3.6 Fazit

Das vorliegende Kapitel hat deutlich gemacht, dass der mobile Zugriff auf Unternehmensdaten große Vorteile hat. Das Modell der SaaS-Anwendung im Unternehmen in Verbindung mit einem Browser oder einer leichtgewichtigen Anwendung auf den mobilen Geräten ist für diese Aufgabe gut geeignet.

Inzwischen hat sich neben dem Einsatz von Notebooks auch die Verwendung von hoch mobilen Geräten für den entfernten Datenzugriff etabliert. Die vorliegenden Analysen und die Befragung haben gezeigt, dass eine Vielzahl von Barrieren für die Einrichtung eines mobilen Zugriffs auf Unternehmensdaten existiert. Einige dieser Barrieren haben sich inzwischen deutlich vermindert: So stellen beispielsweise die Nutzungskosten, die unterschiedliche Technik und Qualität der Zugangsnetze oder die ungewohnte Bedienung von hoch mobilen Geräten keine Barrieren mehr dar [BüHS10, 109]. Dennoch existieren weiterhin Hürden durch die große Zahl an unterschiedlichen Endgeräten und bei der Integration in die bestehenden Systeme.

Die exemplarische Umsetzung einer Plattform und einer darauf aufbauenden CRM-Anwendung im Rahmen des Projektes MODIFRAME hat gezeigt, dass es möglich ist, diese Hürden zu meistern. Eine SaaS-Anwendung lässt sich mit einem vertretbaren Aufwand mit den Anforderungen unterschiedlicher mobiler Geräte in Einklang bringen. Die Evaluation hat die Gebrauchstauglichkeit der Anwendung mit hoch mobilen Geräten gezeigt. Dies ist auch bei der Nutzung von Mobilfunknetzen gegeben. Andere Projekte haben ebenfalls Lösungsansätze gezeigt.

Nach Ansicht der Anbieter von Mobile-Business-Lösungen [BüHS10, 130] sind IT-Sicherheitsbedenken auf Entscheiderebene das größte Hemmnis für den Einsatz solcher Lösungen in Unternehmen und stellen eine noch größeres Hemmnis dar als die Kosten (siehe Abbildung 32). Die Untersuchung analysiert die IT-Sicherheitsbedenken noch genauer. Nach Auffassung der Anbieter von Mobile-Business-Lösungen beurteilen Kunden die Verfügbarkeit von IT-Systemen als den wichtigsten IT-Sicherheitsaspekt, gefolgt von der Vertraulichkeit

[BüHS10, 136]. Damit ist zur Sicherung der Unternehmensdaten der Schutz vor Zugriffen durch Unbefugte der zweitwichtigste IT-Sicherheitsaspekt.

Die Zuverlässigkeit der IT-Systeme ist auch bei einer reiner unternehmensinternen IT-Nutzung eine Kernaufgabe. Deshalb widmet sich das folgende Kapitel der Absicherung des mobilen Zugriffs auf Unternehmensdaten.

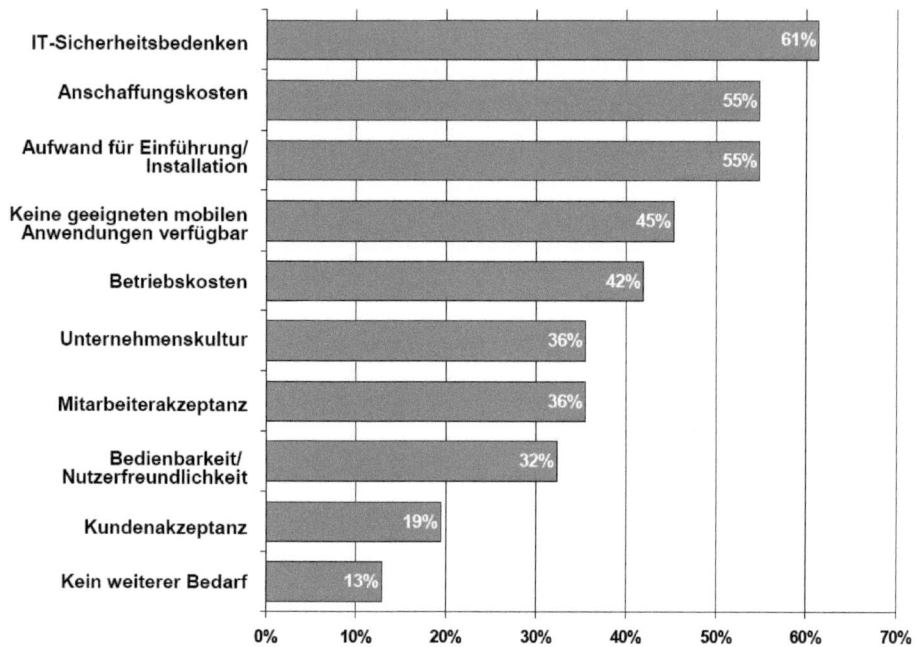

Quelle: [BüHS10, 130]

Abbildung 32: Hemmnisse für den Einsatz von Mobile-Business-Lösungen (Anbietersicht)

4 Abgesicherter mobiler Zugriff

4.1 Mobiler Zugriff auf Unternehmensdaten

Der Einsatz mobiler Computer (z.B. Smartphones, Tablets, Notebooks) in Verbindung mit drahtloser Datenkommunikation (z.B. UMTS, LTE, WLAN) bietet ein großes Potential für die Unterstützung von Geschäftsprozessen mit mobilen Aktivitäten. Im Geschäftsumfeld spielt deshalb der mobile Zugriff auf Unternehmensdaten eine zunehmend wichtigere Rolle [Pfis13].

4.1.1 Probleme und Risiken

Wie schon in Abschnitt 3.5.1 beschrieben, bringt die Nutzung mobiler Technologien zusätzliche Sicherheitsrisiken mit sich, die zur erfolgreichen Umsetzung mobiler Lösungen berücksichtigt werden müssen, vor allem wenn der Zugriff von außerhalb des eigenen (kontrollierbaren) Firmengeländes erfolgt. Dabei erhält nur ungefähr jeder Dritte von seinem Arbeitgeber Regeln für den Datenzugriff mit mobilen Geräten [Pfis13]. Ebenso hat die Expertenbefragung (siehe Abschnitt 3.3.5.4) eine ganze Reihe von Sicherheitsproblemen ergeben, welche sich überwiegend auf den Schutz der Unternehmensdaten oder die Überwachung der Nutzer beziehen. Diese Probleme lassen sich durch eine Vielzahl von Berichten belegen:

- Bei drahtloser Datenübertragung ist das Medium „Luft" nicht wie bei leitungsgebundener Datenübertragung physisch durch Mauern, Kabelschächte etc. gesichert. Die in den verschiedenen gängigen Übertragungsstandards integrierten Verschlüsselungsmechanismen sind oft sehr unzureichend (z.B. GSM [Rütt07], WLAN [Arno04]) und können keine anwendungs- und / oder firmenspezifischen Berechtigungskonzepte unterstützten.
- Es gibt zahlreiche bekannt gewordene Fälle, in denen durch Vorfälle mit mobilen Geräten (z.B. Diebstahl, Verlust) große Mengen hochsensiver Daten

in unbefugte Hände geraten sind, z.B. in The Herald [Hera09]. Auch Fälle mit prominenten Opfern wurden bekannt, z.B. Justizministerin Zypries [Heng08].

- Die Studie eines Marktforschers zu den Sicherheitsrisiken durch die Nutzung von mobilen Geräten hat ergeben, dass es bei rund zwei Drittel der befragten Unternehmen im letzten Jahr einen Sicherheitsvorfall mit mobilen Geräten gab [Mett14].
- In einer Studie zum Einsatz mobiler Technologien in KMU gaben über 80 % der Befragten an, dass sie Bedenken bzgl. Schadsoftware (Malware) haben; über 70 % gaben an, Bedenken bzgl. der Datensicherheit wegen des Verlusts oder Diebstahls von Endgeräten zu haben; 25 % der befragten KMU befürchteten besondere Risiken bzgl. Wirtschaftsspionage beim Einsatz mobiler Endgeräte [Büll06].
- In einer BITKOM-Studie unter mit dem Vertrieb von IT-Produkten beschäftigten Mitarbeitern gaben fast 80 % an, dass die IT-Sicherheit ein Schwerpunkt in Kundengesprächen sei [Altv08].
- Eine TechConsult-Umfrage unter mittelständischen Unternehmen ergab: „Der wichtigste Grund für Firmen, den mobilen Datenzugriff nicht zu nutzen, sind nach wie vor Sicherheitsbedenken." [Marw08].

Als Überblick stellt Abbildung 33 die häufigsten mobilen Sicherheitsbedrohungen dar.

Der Schutz der eigenen IT-Infrastruktur und die Sorge um die Vertraulichkeit der eigenen Daten ist eine der verbleibenden großen Hürden beim Einsatz von mobilen Geräten für den Zugriff auf Unternehmensdaten [BüHS10, 136], denn durch den Verlust oder Diebstahl mobiler Endgeräte sowie das Abhören drahtloser Datenkommunikation können sensitive Unternehmensdaten kompromittiert werden. Gerade kleine und mittelständische Unternehmen (KMU) können oftmals nicht die Ressourcen für die Implementierung von entsprechenden Sicherheitsmaßnahmen aufbringen und verzichten daher ganz auf mobile Lösungen und den damit einhergehenden Produktivitäts- und Qualitätsgewinn [DeKö10].

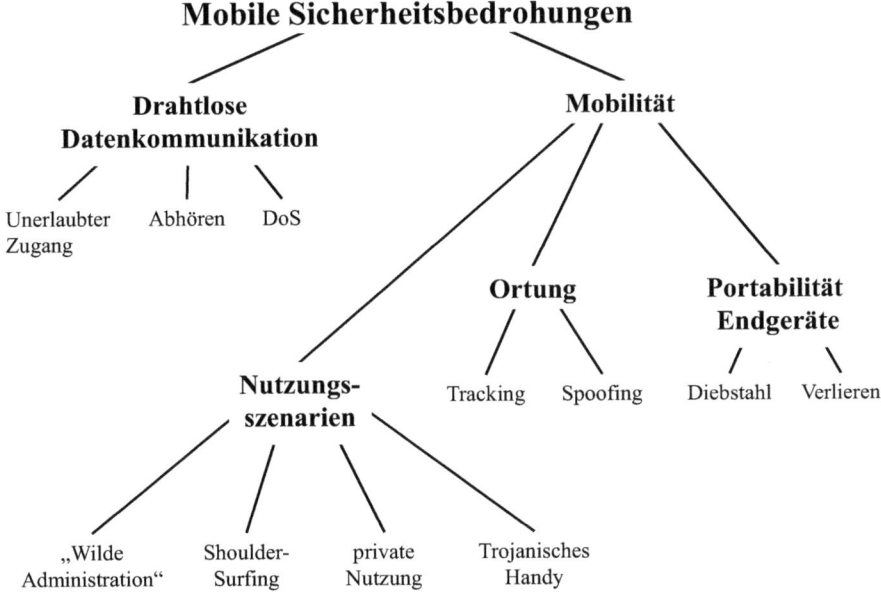

Abbildung 33: Mobile Sicherheitsbedrohungen

Die Absicherung der drahtlosen Datenübertragung kann durch eine ausreichende Ende-zu-Ende-Verschlüsselung sichergestellt werden. Es verbleibt jedoch ein gewisses Restrisiko, wie der zwei Jahre lang unentdeckte Fehler im OpenSSL-Code gezeigt hat [Kamp14]. Durch die Nutzung des mobilen Zugriffs auf Unternehmensdaten können beim eigenen Unternehmen oder bei an der Dienstleitung beteiligten Dritten (z.B. Mobilfunkanbieter) personenbezogene Daten des Nutzers anfallen. Hier ist es Aufgabe des Gesetzgebers oder des Unternehmens, entsprechende Regelungen festzulegen, um der Privatsphäre der Nutzer den notwendigen Schutz zu geben. Hier greifen beispielsweise Regelungen zur Vorratsdatenspeicherung oder Betriebsvereinbarungen. Ein Überblick über technische Maßnahmen zum Schutz der Nutzer gegen ungewollte Informationen über den Standort („location privacy") findet sich unter anderem bei Decker [Deck08a] oder Wernke et al. [WSDR14].

4.1.2 Lösungsansätze

Da die mobile Konnektivität zunehmend besser wird, ist ein Ansatz, um die Risiken zu verringern und gleichzeitig mit immer aktuellen Daten zu arbeiten, der jederzeitige Zugriff über drahtlose Netze auf die Unternehmensdaten. Dadurch dass die Daten immer vom Unternehmensserver abgerufen werden, sind sie bei mobiler Nutzung genauso aktuell wie am stationären Arbeitsplatz im Unternehmen. Sie werden nicht längerfristig auf dem Mobilgerät gespeichert und können damit nicht in falsche Hände geraten, falls das Mobilgerät gestohlen wird oder verloren geht. Die Notwendigkeit zum Schutz der Daten (bei der mobilen Nutzung) reduziert sich auf die (wenigen) aktuell im Speicher befindlichen Daten, die Absicherung des Datentransports und eine zuverlässige Kontrolle über den berechtigten Datenzugriff.

Zum Schutz der kurzzeitig zwischengespeicherten Daten (Cache) müssen diese konsequent und zeitnah wieder gelöscht werden. Dabei spielt es keine Rolle, ob der mobile Datenzugriff über einen Browser (Webanwendung) oder über eine lokal installierte Anwendung genutzt wird (siehe Abbildung 9 in Abschnitt 3.1). Die Absicherung des Datentransports durch eine zeitgemäße und ausreichende Verschlüsselung sollte inzwischen immer erfolgen. Sofern keine Sicherheitslücken in den dazu üblichen Standards auftauchen, sollte diese Anforderung mit wenig Aufwand umzusetzen sein.

Der Zugriff auf die Daten von außerhalb des gesicherten eigenen Netzes, erfordert es, die Kontrolle dieses Zuganges besonders sicher auszugestalten, um keinen unberechtigten Zugriff zu ermöglichen. Dazu muss der Zugriff nicht nur beim ersten Mal, sondern permanent kontrolliert werden. Hierzu reicht es nicht, nur eine einmalige Autorisierung zu Beginn einer Sitzung durchzuführen. Möglich wäre eine regelmäßige erneute Überprüfung der Zugangsdaten. Um ein ausreichend gutes Sicherheitsniveau zu erreichen müsste die Frequenz der Wiederholung sehr hoch gewählt werden. Dies würde vermutlich in vielen Fällen dazu führen, dass die Nutzer sich alternative Zugangsmöglichkeiten suchen, welche dann in der Regel weniger gut abgesichert sind.

Hier wird ein Konzept vorgestellt, welches zusätzlich zu den Zugangsdaten (diese muss der Nutzer *wissen*) ein mit dem Gerät verbundenes Hardware-Sicherheits-Token voraussetzt (dieses muss der Nutzer *haben*). Damit kann jede einzelne Datenanfrage ohne Nutzerinteraktion autorisiert werden. Weiterhin können jeder Anfrage definierte Kontextparameter mitgegeben werden, welche vor Verarbeitung der Anfrage auf Gültigkeit - entsprechend vorgegebener Regeln - geprüft werden. Der Nutzer muss somit z.B. an einem definierten Ort *sein* bzw. nicht sein.

Ein wichtiger Baustein dieses Konzeptes ist ein spezielles Hardware-Sicherheits-Token. Dieses Hardware-Sicherheits-Token existiert in Form einer für mobile Geräte geeigneten Smartcard, die durch die spezielle Bauweise gegen das Auslesen und die Manipulation der gespeicherten Daten resistent ist. Ein weiterer Baustein bezieht über ein spezielles Berechtigungskonzept aktuelle Kontextinformationen mit in die Zugriffsentscheidung ein. Damit können dynamische Zugriffsregeln definiert werden, die den Herausforderungen mobiler Geschäftsanwendungen gerecht werden.

Das Konzept kann auf bestehende Unternehmensanwendungen ausgeweitet werden. Über sogenannte Wrapper können im Prinzip nahezu beliebige Geschäftsanwendungen in die Architektur integriert werden. Diese Möglichkeit wird später bei der Umsetzung näher beschrieben.

Auf Grund der skizzierten Vorteile durch die Ausgestaltung als SaaS-Anwendung für den mobilen Zugriff auf Unternehmensanwendungen wird dieser Lösungsansatz dem weiteren Verlauf der Arbeit zugrunde gelegt. Dies bedeutet, dass die Daten nicht auf dem mobilen Gerät gespeichert werden sondern durch eine servergestützte Anwendung immer bei Bedarf zur Verfügung gestellt werden. Hiervon ausgenommen ist ein möglicher abgesicherter Caching-Mechanismus. Es sind auch alternative Ansätze zur mobilen Bereitstellung von Unternehmensdaten möglich, diese werden hier jedoch nicht näher betrachtet.

4.2 Bedrohungen

Die hier vorgestellten Bedrohungen basieren auf der Bedrohungsanalyse des Projektes SumoDacs [SGHN12]. Diese ist in Zusammenarbeit mit Mitarbeitern des Instituts für Kryptographie und Sicherheit (seit 2014 integriert in das Institut für Theoretische Informatik) am KIT entstanden.

Um die Sicherheitswirkung des Konzeptes beurteilen zu können, müssen die möglichen Bedrohungen systematisch ermittelt und analysiert werden. Dazu werden zuerst die Angriffsziele identifiziert. Darauf aufbauend können die möglichen Bedrohungen näher untersucht werden. Dabei muss zwischen einfachen Benutzern, privilegierten Benutzern sowie Mitarbeitern der Anbieter und externen Angreifern unterschieden werden. Durch unterschiedliche Rechte der einzelnen Angreifertypen ergeben sich unterschiedliche Bedrohungen für die Sicherheit. Neben einer Aufzählung der möglichen Ziele, die ein Angreifer verfolgen kann, ist eine Aufstellung der Objekte, die Angriffen ausgesetzt sein können, für eine umfassende Analyse notwendig.

4.2.1 Angriffsziele

Das hier untersuchte Konzept geht davon aus, dass bei der Nutzung der Unternehmens-IT Daten von den Servern eines Unternehmens abgerufen bzw. dort geändert oder hinzugefügt werden. Deshalb konzentrieren sich die Angriffsziele auf die Daten. Durch ein unbefugtes Eindringen in ein als „gesichert" angesehenes Unternehmensnetzwerk können noch weitere Angriffsziele entstehen. Da dies jedoch ein Standardfall ist, sofern ein Unternehmen sein Netzwerk nicht vollständig vom Internet isoliert, wird dies hier nicht näher betrachtet. Damit können vier Angriffsziele im Zusammenhang mit dem entfernten Datenzugriff identifiziert werden:

Daten unbefugt lesen

Hier ist das Ziel des Angreifers, in Daten Einsicht zu nehmen, zu deren Einsicht er nicht berechtigt ist. Hierzu kann er beispielsweise versuchen, ein mobiles Endgerät eines Berechtigten zu entwenden, um dieses für seine Zugriffe zu nutzen.

Daten unbefugt schreiben

Ähnlich wie beim vorgenannten Fall versucht der Angreifer hier, unberechtigt auf Daten Zugriff zu erhalten. In diesem Fall geht es jedoch darum, unbefugt Daten zu schreiben, also bestehende Daten zu verändern, Daten zu löschen oder neue Daten hinzuzufügen.

Daten unverfügbar machen

Es ist möglicherweise nicht das Ziel des Angreifers, Zugriff auf die Daten zu erhalten. Eine Sabotage der Funktionalität, also das (eventuell nur zeitweise) Unverfügbarmachen von Daten, ist ein weiteres Angriffsziel, das zum Bedrohungsszenario gehört. Ein solcher Angriff kann beispielsweise Konkurrenten einen Wettbewerbsvorteil verschaffen.

Daten oder Infrastruktur vortäuschen

Gelingt es einem Angreifer nicht, die Daten, die auf den SumoDacs-Anwendungsservern vorgehalten werden, selbst zu manipulieren, dann kann er versuchen, den Benutzern des Systems das Vorhandensein falscher Daten vorzutäuschen. Dazu kann er beispielsweise versuchen, die Infrastruktur zu imitieren, um den Nutzern irreführende Daten zu übermitteln oder deren Dateneingaben abzufangen.

4.2.2 Angriffsobjekte

Im komplexen Szenario des entfernten Zugriffs auf Unternehmensdaten gibt es einige Angriffsobjekte. Abbildung 34 gibt einen Überblick über die Architektur des Szenarios. Zugänge aus dem Internet in private Netze sind üblicherweise durch eine 3-Zonen-Architektur geschützt. Die drei Zonen sind die Außenwelt (Internet), eine „entmilitarisierte Zone" (DMZ) und das eigene dadurch gesicherte Netzwerk. Zwischen diesen Zonen befindet sich jeweils eine Firewall [Schn01, 185f].

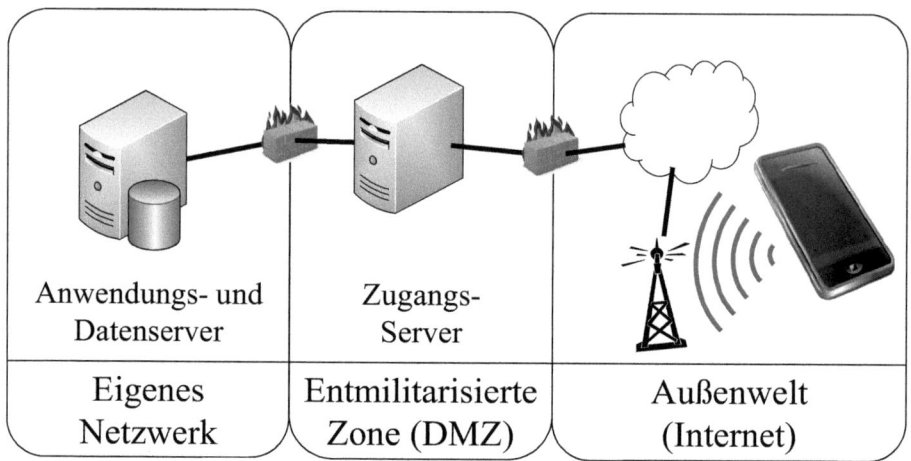

Abbildung 34: 3-Zonen-Architektur für den Zugriff auf Unternehmensdaten

Mobiles Endgerät

Das nächstliegende Angriffsobjekt ist das mobile Endgerät, das der Anwender bei sich trägt. Zu ihm erhält ein Angreifer in der Regel leichter physischen Zugriff als zur Serverinfrastruktur, da es sich in der Außenwelt befindet und nicht durch externe Firewalls gesichert ist. Weiterhin kann er nach einem Diebstahl des Geräts leicht seine gesamte Umgebung kontrollieren (Temperatur, Strahlung, Abschottung) und Manipulationen am Gerät vornehmen. Beispielsweise könnte ein Trojaner installiert oder auf dem Gerät befindliche Daten und Zugangsschlüssel kopiert bzw. verändert werden. Ein solcher Zugriff ist zeitlich nicht begrenzt.

Bedrohungen 181

Anwendungs- und Datenserver

Die Anwendungs- und Datenserver, welche die eigentliche Anwendung betreiben, stellen weitere Angriffsobjekte dar. Zu ihnen hat ein externer Angreifer nur schwer, ein interner Angreifer aber leicht Zugang.

Zugangsserver

Der Zugangsserver (Gateway), der die mobilen Endgeräte mit den Anwendungs- und Datenservern verbindet, stellt ein drittes Angriffsobjekt dar. Der Zugangsserver selbst sollte keine sensiblen Daten enthalten. Da er aber Zugang zu sensiblen Daten bereitstellt, kann er die erste Zielinstanz einer komplexen Angriffsstrategie sein. Ebenso kann er Ziel eines Denial-of-Service-Angriffs (DoS) sein.

Firewall

Ebenso wie der Zugangsserver sind die Firewalls, die zwischen Anwendungs- und Zugangsserver auf der einen Seite, und zwischen Zugangsserver und mobiler Anwendung auf der anderen Seite stehen, nicht primäre Angriffsziele. Sie können aber als „Einfallstor" für einen nachgelagerten Angriff dienen. Ebenso stellen sie potentielle Opfer von Denial-of-Service-Angriffen dar.

4.2.3 Angriffstypen

Basierend auf den definierten Angriffszielen und Angriffsobjekten kann eine Einordnung der Angriffstypen vorgenommen werden. Dies dient dazu, die verschiedenen Angriffe zu systematisieren.

Intern / Extern

Das am häufigsten zur Unterscheidung von Angriffen genutzte Merkmal ist die Kategorisierung nach internen und externen Angriffen. Ein interner Angriff wird von einer Person durchgeführt, welche berechtigten Zugang zu den Räumen, der Infrastruktur oder den IT-Systemen des Unternehmens hat. Dies schließt auch beauftragte Dienstleister ein, welche zur Erfüllung ihrer Aufgaben Zugriff auf die IT-Systeme oder Zugang zu den Räumen benötigen, z.B. Wartungstechniker oder Reinigungspersonal. Wenn diese Befugnisse allerdings missbraucht werden, um über das Erlaubte hinausgehenden Zugang zu erhalten, um daraus einen persönlichen Vorteil zu erlangen, wird das als sogenannter „Insider-Angriff" bezeichnet. Externe Angriffe werden im Gegenzug dazu von Personen durchgeführt, die keinen genehmigten Zugang zu den Räumen oder IT-Systemen haben, also aus Systemsicht externe Angreifer sind.

Online / Offline

Ein zweites, häufig zur Unterscheidung von Angriffen eingesetztes Merkmal ist der Interaktivitätsgrad des Angriffes. Dabei können die Angriffe danach unterschieden werden, ob sie in einer Interaktion mit den IT-Systemen stattfinden oder sich auf ein passives System beziehen. Onlineangriffe stellen aufgrund ihres dynamischen Charakters üblicherweise höhere Anforderungen an einen Angreifer als Offlineangriffe. Offlineangriffe spielen in den folgenden Betrachtungen nur eine untergeordnete Rolle, da beispielsweise die Unterbrechung der Stromversorgung des Rechenzentrums oder die Sabotage von Mobilfunkbasisstationen massive Auswirkungen haben kann, aber kein spezifisches Problem für den entfernten Zugriff auf Unternehmensdaten darstellt.

Social Engineering

Eine besondere Klasse von Angriffen sind Angriffe durch sogenanntes Social Engineering. Die Verwendung des Begriffes für Angriffe auf Computer geht zurück auf Kevin Mitnick, der sich 1979 telefonisch Informationen beschafft hat, um in ein Computersystem der Firma DEC einzubrechen [Gold10]. Im Zusammenhang mit IT-Sicherheit versteht man unter Social Engineering die Nutzung zwischenmenschlicher Interaktion zur Schaffung von Sicherheitsschwächen bzw. dem Erlangen von Zusatzinformationen. Ein Angreifer könnte beispielsweise unter Vorspiegelung falscher Tatsachen via Telefon einen Systemadministrator dazu überreden, ihm Zugangsdaten zu überlassen. Ein verwandter „Trick" ist das Vortäuschen einer Systemfehlfunktion mit dem Ziel, den Benutzer dazu zu nötigen, ersatzweise einen unsicheren Dienst zu verwenden. Diese Technik ist streng genommen nicht dem Social Engineering zuzuordnen, versucht aber ebenso, menschliche Schwächen auszunutzen, und ist nicht rein technischer Natur.

Dem Social Engineering ist durch systemarchitektonische Maßnahmen nur schwer beizukommen. Deshalb ist es wichtig, Schnittstellen, die durch Methoden des Social Engineering eine besondere Gefährdung erfahren, als solche zu erkennen. Es können dann geeignete Verhaltensregeln (Policies) festgelegt und betroffenes Personal geeignet geschult werden. Dennoch gibt es Möglichkeiten, diese Gefahren durch technische Maßnahmen zumindest zu verringern.

4.2.4 Mögliche Parameter für die Vergabe der Zugriffsrechte

Um den Zugang zu den Unternehmensdaten abzusichern, wird davon ausgegangen, dass Nutzername und Passwort alleine nicht ausreichend sein sollen, um den Zugriff zu gestatten. Die folgenden Merkmale können in eine Entscheidung für die Vergabe von Zugriffsrechten einbezogen werden:

Identität des Nutzers

Der Nutzer erhält für den Zugang einen Loginnamen sowie ein Passwort. Dies ist die weit verbreitete und im Allgemeinen bekannte Methode einer Zugangskontrolle. Weiterhin können alternativ oder ergänzend dazu biometrische Daten wie Fingerabdruck oder ähnliches verwendet werden. Bei mobilen Geräten ohne Tastatur sind inzwischen Gesten, gezeichnete Figuren oder ähnliches möglich. Diese Identifizierungsfunktion wird in der Regel nur zu Beginn eines möglicherweise länger andauernden Zugriffs genutzt, da wiederholte Eingaben von den Nutzern oftmals als störend wahrgenommen werden.

Mit entsprechenden Geräten oder Zusatzausstattung ist es möglich, mittels Nahbereichskommunikation (NFC) die elektronische Identifizierungsfunktion (eID) des elektronischen Personalausweises (nPA) dafür zu nutzen. Alternativ können auch andere NFC-fähige Chips genutzt werden, um die Authentifikation durchzuführen.

Rolle des Nutzers

Abhängig davon, in welcher Funktion (Rolle) ein Nutzer Aufgaben für ein Unternehmen durchführen will, können unterschiedliche Zugriffsrechte gewährt werden. Somit ist es zum Beispiel auch möglich, Daten von konkurrierenden Kunden gegeneinander abzuschotten. Somit lässt sich durchsetzen, dass es nicht zu Interessenskonflikten oder einer ungewollten Verwendung von Konkurrenzdaten kommen kann, wenn beispielsweise ein Unternehmensberater konkurrierende Firmen berät.

Gerätestatus und Geräteart

Abhängig vom verwendeten Endgerät können die Daten und Verbindungen anders geschützt oder unterschiedliche Rechte gewährt werden. In einem solchen Szenario mit heterogenen Clients kann beispielsweise abhängig von den Fähigkeiten des Gerätes und der aktuell installierten Software (Ende-zu-Ende-Verschlüsselung, Speicherverschlüsselung, usw.) der Zugriff auf sensible Daten verboten werden.

Weiterhin kann der Zugang für jedes einzelne Gerät individualisiert werden, indem ein geheimer Schlüssel in die lokale Software integriert wird. Zwar ist ein solcher Schlüssel beim Kopieren der Software leicht zu erhalten, jedoch kann dann nur auf Unternehmensdaten zugegriffen werden, welche von dieser Geräteart aus einsehbar sind und nicht auf alle vorhandenen Daten.

Hardware-Sicherheits-Token

Viele mobile Computer der neusten Generation erlauben den Anschluss von USB-Geräten oder Speicherkarten. Dadurch kann ein Hardware-Sicherheits-Token eingebunden werden. Dieses ist nur extrem schwer kopierbar und wird vom (mobilen) Mitarbeiter mitgeführt, jedoch getrennt vom mobilen Endgerät aufbewahrt. Weiterhin ist es mittels Nahbereichskommunikation möglich, Hardware-Sicherheits-Token drahtlos einzubinden. Diese elektronisch gekoppelten Token bieten die Möglichkeit einer permanenten oder regelmäßigen Überprüfung, ob sie noch mit dem mobilen Computer verbunden sind. Da dies automatisch ohne Mitwirkung des Nutzers geschehen kann, stellt dies eine geringe Störung des Nutzers dar.

Mit Hardware-Sicherheits-Token können unterschiedliche Nutzerrollen abgebildet werden. Für das oben erwähnte Beraterszenario kann beispielsweise in Abhängigkeit davon, welches Unternehmen beraten werden soll, der Berater jeweils ein anderes Token verwenden. Soll Unternehmen A beraten werden, nimmt er das Token für Unternehmen A mit, nicht jedoch das für Unternehmen B. Selbst bei Diebstahl des Gerätes sowie des Tokens für Unternehmen A kann nicht auf Daten von Unternehmen B zugegriffen werden.

Kontextinformationen

Abhängig von verfügbaren Kontextinformationen wie z.B. IP-Adresse, Aufenthaltsort, Kalendereinträgen oder der aktuellen Uhrzeit können unterschiedliche Zugriffsrechte gewährt werden. So kann beispielsweise die Gewährung des Zugriffs auf bestimmte IP-Adressbereiche eingeschränkt werden. Hier könnten z.B. die deutschen Mobilfunknetze als sicherer eingestuft werden, als frei zugängliche WLAN. Ebenso könnte der Zugriff auf sensible Daten von Kunde A auf die internetseitigen (öffentlichen) IP-Adressen dieses Kunden beschränkt werden. Damit wäre der Zugriff nur aus den Netzen (fest und drahtlos) dieses Kunden erlaubt. In gleicher Weise können Positionsangaben für eine Zugriffsentscheidung ausgewertet werden. Sind dafür hinreichend genaue Bereiche definiert, kann bei Diebstahl des Gerätes nicht einfach von überall auf die Unternehmensdaten zugegriffen werden. Weitere Möglichkeiten zur Einschränkung des Zugriffs sind beispielsweise die Beschränkung auf die üblichen Arbeitszeiten oder bestimmte Kalendereinträge. So könnte der Kalender eines Nutzers daraufhin überprüft werden, dass kein Urlaub eingetragen ist.

4.2.5 Sicherheitsannahmen

Beim Systementwurf können verschiedene Sicherheitsmaßnahmen getroffen werden, die eine Bedrohungsanalyse wesentlich vereinfachen. Dies sind vor allem die Nutzung von weit verbreiteten Verfahren sowie der Einsatz von etablierten Methoden. Die Untersuchung und Verbesserung von Standardverfahren ist nicht Gegenstand der vorliegenden Arbeit. Darüber hinaus gelten diese etablierten

Verfahren und Techniken gemeinhin als sicher und werden deshalb im Folgenden als sicher angenommen, unter der Annahme, dass beispielsweise Schlüssel mit hinreichender Güte eingesetzt werden und keine Sicherheitslücken in den Standardtechniken vorhanden sind.

Es besteht das Risiko, dass dem mobilen Computer eines Nutzers (Client) falsche Daten vorgetäuscht werden könnten. Damit würde der Nutzer falsche Informationen verwenden. Zusätzlich könnten auf diesem Wege auch Informationen auf dem Server in den Unternehmen verfälscht werden, wenn diese Daten z.B. in einem Formular zum Ändern angezeigt werden und der Nutzer diese korrekt abgesichert wieder zurückschickt. Um das zu unterbinden, beweist der Server seine Identität durch den Besitz eines Zertifikates, und es werden nur vom Server signierte Daten akzeptiert.

Um ein Mithören der Kommunikation zu unterbinden, werden sämtliche Verbindungen zwischen Server und mobilem Gerät prinzipiell verschlüsselt. Die kryptographischen Methoden müssen das Kerkhoff-Prinzip erfüllen, welches besagt, dass die Sicherheit eines Verfahrens nur vom verwendeten Schlüssel abhängen darf, nicht von der Geheimhaltung des Verfahrens [Ecke14]. Die Schlüssel müssen dabei so stark gewählt werden, dass nach dem aktuellen Stand der Technik ein Brechen des Schlüssels nur mit einem Zeitbedarf von mehreren Jahren möglich ist. Auch der Client muss sich gegenüber dem Server zweifelsfrei authentifizieren. Nur wenn beide Teilnehmer sich gegenseitig authentifiziert haben, kommt eine Datenverbindung zustande. Dadurch werden viele externe, aber auch interne Angriffe unmöglich gemacht.

Die Ende-zu-Ende-Verschlüsselung mit gegenseitiger Authentifikation der Kommunikationspartner (wie beispielsweise bei TLS) ist eine gängige Methode, gegenseitige Vertraulichkeit herzustellen. Auch für die Umsetzung des hier vorgestellten Konzeptes wird vom Einsatz von verschlüsselten und authentifizierten Kommunikationsverbindungen ausgegangen. Deshalb wird im Folgenden stillschweigend unterstellt, dass alle Kommunikationsverbindungen, zu denen externe Angreifer mit realistischem Aufwand Zugang erhalten könnten, auf diese Weise gesichert werden.

Auch im Falle eines kurzzeitigen Abbruchs der Kommunikationsverbindung soll es noch möglich sein, mit dem mobilen Gerät zu arbeiten. Dazu müssen Daten auf dem Gerät zwischengespeichert werden. Um „Diebstahl"-Angriffe zu erschweren, müssen diese Daten verschlüsselt abgelegt und zeitnah zuverlässig wieder gelöscht werden. Bei Einsatz eines Hardware-Sicherheits-Tokens können die dafür erforderlichen Schlüssel auf diesem gespeichert und gegebenenfalls mit einem zusätzlichen Passwort geschützt werden.

4.2.6 Angriffsbaum

Die nachfolgenden Abbildungen veranschaulichen den erarbeiteten Angriffsbaum. Dieser Baum stellt übersichtlich dar, was ein Angreifer tun müsste, um das entsprechende Angriffsziel zu erreichen.

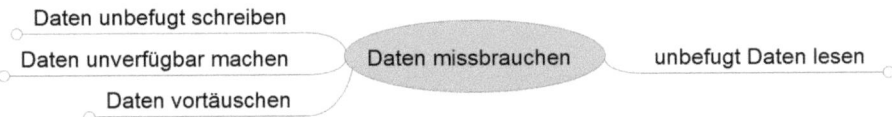

Quelle: SumoDacs Projektdokument

Abbildung 35:   Hauptknoten des Angriffsbaums „Daten missbrauchen"

Abbildung 35 zeigt, dass sich der Angriffsbaum vom Hauptknoten „Daten missbrauchen" aus in vier Unterbäume aufteilt. Diese sind in Abbildung 36ff dargestellt. Alle Knoten sind als „Oder-Knoten" zu interpretieren, d.h. um einen erfolgreichen Angriff durchzuführen, genügt es, mindestens eine Bedingung zu erfüllen. „Und-Knoten" werden durch ein zusätzliches „+" angezeigt. In diesem Fall sind die Bedingungen aller Teilbäume zu erfüllen.

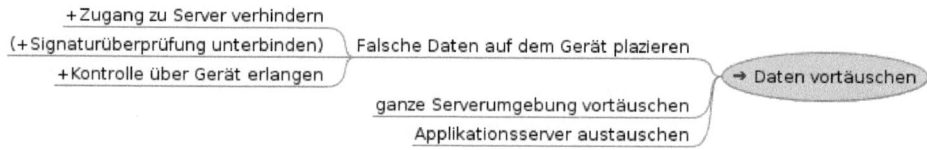

Quelle: SumoDacs Projektdokument

Abbildung 36: Unterbaum „Daten vortäuschen"

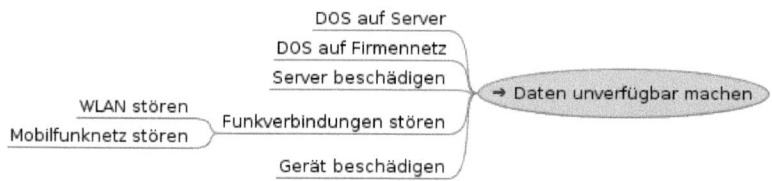

Quelle: SumoDacs Projektdokument

Abbildung 37: Unterbaum „Daten unverfügbar machen"

Diese Arbeit beschäftigt sich im weiteren Verlauf überwiegend mit dem Schutz der Daten gegen eine unbefugte Kenntnisnahme (Vertraulichkeit). Die zugehörigen Angriffsziele sind im Unterbaum „unbefugt Daten lesen" in Abbildung 38 dargestellt, andere Sicherheitsfragen (z.B. Datenverfügbarkeit) werden nur am Rande gestreift.

Bedrohungen

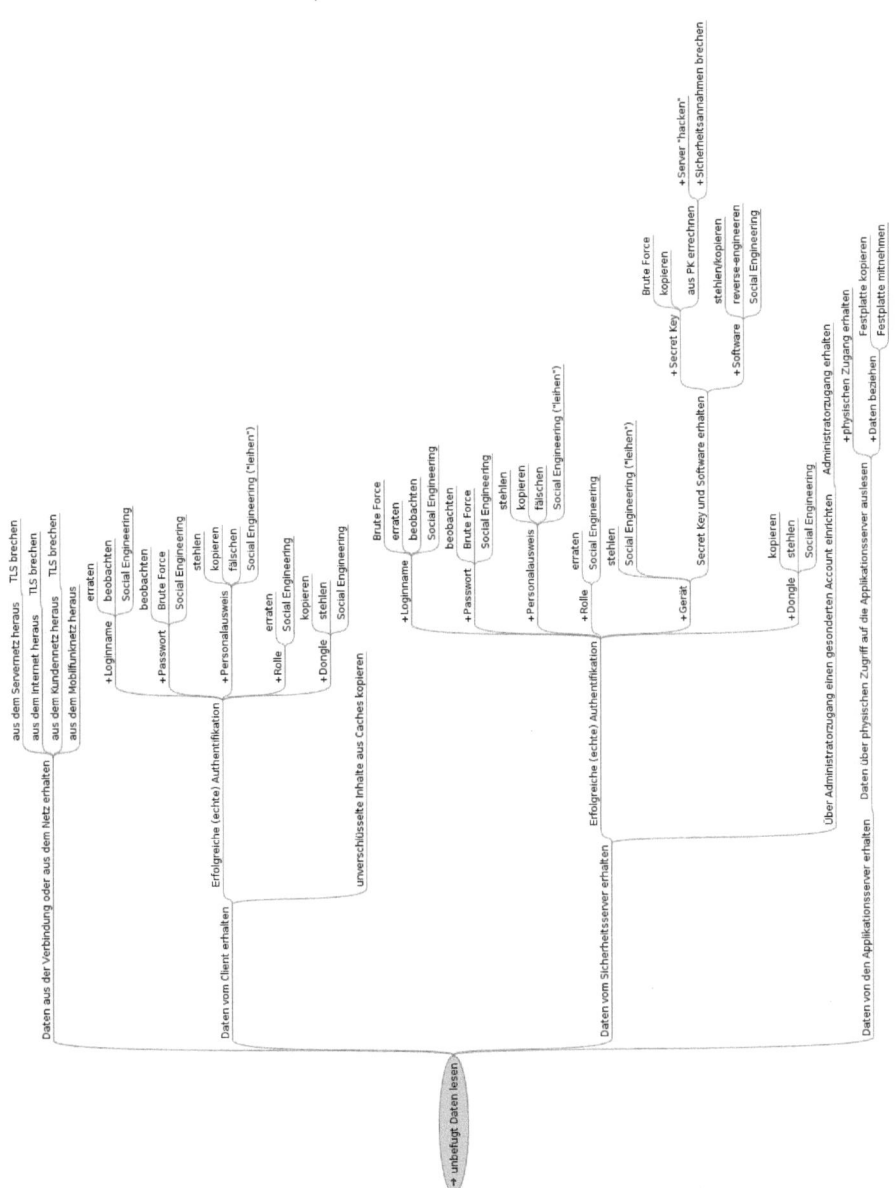

Quelle: SumoDacs Projektdokument

Abbildung 38: Unterbaum „unbefugt Daten lesen"

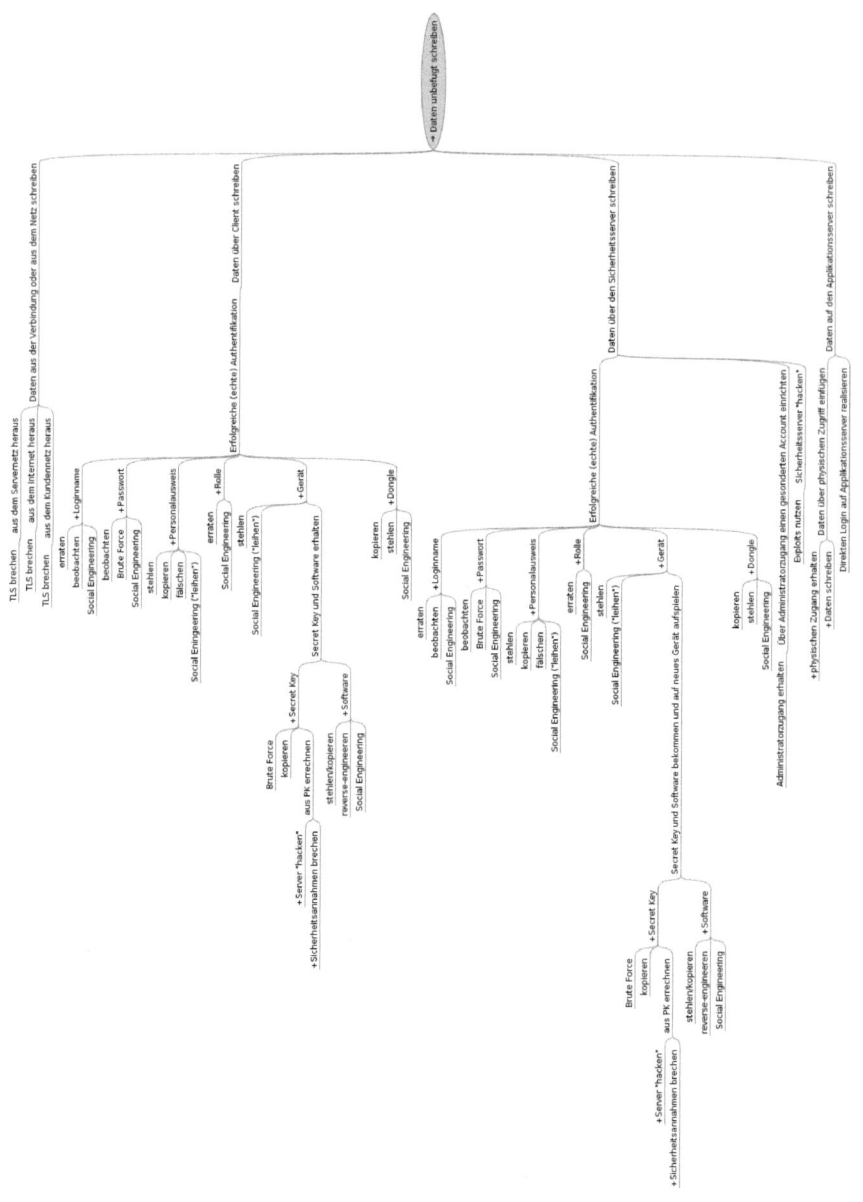

Quelle: SumoDacs Projektdokument

Abbildung 39: Unterbaum „Daten unbefugt schreiben"

4.3 Anforderungen

Die Anforderungen an eine Lösung für den sicheren mobilen Zugriff auf Unternehmensdaten können aus unterschiedlichen Perspektiven betrachtet werden. Dies sind im Wesentlichen die Perspektive des Nutzers und die Perspektive des Betreibers. Ein wesentlicher Aspekt ist dabei die Nutzung eines Hardware-Sicherheits-Tokens. Dies hat Auswirkungen auf den Nutzer, da er damit umgehen muss, ebenso wie auf den Betreiber, da er die damit möglichen Sicherheitsmaßnahmen umsetzen und betreiben muss.

4.3.1 Nutzeranforderungen

Bequemlichkeit

Eine der wichtigsten Anforderungen der Nutzer ist die Benutzbarkeit (Usability). Dazu gehören nach Nielsen [Niel93] eine einfache Erlernbarkeit, Effizienz, Effektivität, eine geringe Fehlerrate und die subjektive Befriedigung. Der Nutzer wird das System mehr und mehr nutzen, je besser es diese Kriterien erfüllt. Je weniger dieser Kriterien aus der subjektiven Sicht des Nutzers erfüllt sind, desto eher wird er sich alternative Lösungen suchen, welche aus seiner Sicht eine bessere Benutzbarkeit haben. Oftmals besteht das alternative Vorgehen darin, andere, nicht vom Unternehmen dafür vorgesehene, IT-Systeme zu nutzen. Dieses Vorgehen wird (neben anderen) unter dem Begriff Schatten-IT zusammengefasst. Das Problem, das dabei entsteht, ist, dass die Schatten-IT oftmals ein geringeres Sicherheitsniveau hat und deshalb vermieden oder klar geregelt werden sollte. Beispielsweise legen sich Mitarbeiter mobil benötigte Informationen bei einem beliebigen internetgestützten Speicherdienst ab [WaFT14]. Daraus ergeben sich mehrere Anforderungen aus Nutzersicht:

- Intuitive Benutzbarkeit
- Möglichst geringer Zusatzaufwand
- Keine aufwändige Installation (durch den Nutzer)

- Möglichst permanente Verfügbarkeit, das impliziert eine Robustheit gegen kurzzeitige Verbindungsabbrüche
- Die Nutzung darf nicht durch komplizierte und zusätzliche Arbeitsschritte erschwert werden.
- Kein Einfluss auf andere Internetverbindungen. Bei der Verwendung von VPN sollte Split-Tunneling[15] verwendet werden.
- Der Zugriff auf die zur Erledigung der beruflichen Aufgaben nötigen Informationen muss gewährleistet sein

Vertrauen

Der Nutzer muss Vertrauen in das System haben. Dazu muss es einfach, zuverlässig und verständlich nachvollziehbar Sicherheit bieten. Es muss klar kommuniziert und verständlich sein, gegen welche Bedrohungen welcher Schutz erzielt wird. Ein Grund für die Nutzung von Hardware-Sicherheits-Token ist, dass dadurch mehr Vertrauen in die Systeme geschaffen werden kann, da die Sicherheit damit sichtbarer und „anfassbar" wird (gefühlte Sicherheit).

Sicherheit

Die Sicherheit darf nicht nur subjektiv für die Nutzer erhöht werden. Es dürfen also nicht nur vertrauensbildende Maßnahmen ergriffen werden. Die objektive Sicherheit muss ebenfalls erhöht werden. Das bedeutet, dass nach vorgegebenen Kriterien das objektive Sicherheitsniveau höher ist, als mit bisherigen bzw. alternativen Lösungen. Dies muss nachweisbar sein.

---

[15] Tunneling bedeutet, dass eine kryptografisch abgesicherte logische Datenverbindung über ein anderes Netz hinweg erstellt wird [Ecke14, 779]. Split-Tunneling bedeutet, dass bei einem Internetzugang nur die Daten, welche für das System oder Netz am anderen Ende des Tunnels gedacht sind, in den Tunnel geschickt werden. Alle anderen Internetzugriffe werden genauso behandelt, wie ohne diesen Tunnel [Kapp07, 213].

Rechtemanagement

Es muss ein Rechtemanagement geben, welches eine genügend feingranulare Vergabe von Zugriffsrechten ermöglicht. Diese Rechte müssen änderbar sein, das heißt, einmal vergebene Rechte müssen auch wieder entzogen werden können. Das Rechtemanagement muss auch auf Ereignisse reagieren können, welche den generellen Zugriff betreffen. Dies kann beispielsweise der Verlust oder der Diebstahl eine mobilen Gerätes oder eines Hardware-Sicherheits-Tokens sein, aber auch das Ausscheiden eines Mitarbeiters aus dem Unternehmen oder der Ablauf einer vorgegebenen Frist.

Mobile Lösung

Die Lösung soll mit verschiedenen mobilen Geräten einsetzbar sein. Dazu muss die Lösung zu unterschiedlichen Betriebssystemen kompatibel sein, welche üblicherweise auf mobilen Geräten verwendet werden. Sie muss unabhängig von einem bestimmten Gerät funktionieren. Das bedeutet, dass nach der Installation der notwendigen Software auf einem mobilen Gerät die Nutzung mit Zugangsdaten und Hardware-Sicherheits-Token möglich sein muss. Damit kann der Nutzer je nach persönlichem Bedarf zwischen verschiedenen Geräten wählen. Ebenso steht bei einem Gerätedefekt sehr schnell eine Alternative zur Verfügung, ohne dass der Mitarbeiter zwangsweise ein angepasstes Gerät benötigt, welches ihm durch die IT-Abteilung des Unternehmens zur Verfügung gestellt werden muss.

4.3.2 Betreiberanforderungen

Im folgenden Abschnitt werden die technischen Anforderungen zur Sicherheit aus Betreibersicht kurz beschrieben. Darüber hinaus gibt es noch viele weitere Anforderungen wie beispielsweise Wirtschaftlichkeitsanforderungen. Diese werden hier nicht näher betrachtet.

Sicherheit allgemein

- Authentifizierung:
  Für die Authentifizierung eines Nutzers ist neben den Zugangsdaten auch ein

Zertifikat vorzusehen, welches sicher in den Hardware-Sicherheits-Token verwahrt wird.
- Verschlüsselung:
Neben einem Schlüssel/Zertifikat als Basis für die verschlüsselte Kommunikation mit dem Unternehmensserver wird ein nutzerindividueller Schlüssel benötigt, beispielsweise um auf dem Gerät zwischengespeicherte Daten (Cache) damit abzusichern oder ggfs. nutzerspezifische Daten zu verschlüsseln. Auch diese werden sicher in den Hardware-Sicherheits-Token verwahrt.
- Aus Sicherheitsgründen sind getrennte Zertifikate und Schlüssel für die unterschiedlichen Einsatzzwecke vorzusehen. Darüber hinaus kann es je nach Anwendungsfall sinnvoll sein, neben Einzelnutzerzertifikaten auch Gruppenzertifikate und Zertifikate für ganze Unternehmen vorzusehen.

Hardware-Sicherheits-Token

Durch die geschickte Wahl von Hardware-Sicherheits-Token können diese über die Authentifizierung hinausgehende Sicherheitsfunktionen unterstützen. Dieses Konzept geht von der Verwendung eines vielseitigen und manipulationsresistenten Hardware-Sicherheits-Tokens aus, welches in verschiedenen Bauformen zur Verfügung steht, damit es mit unterschiedlichen mobilen Geräten genutzt werden kann. Das Hardware-Sicherheits-Token soll folgende Funktionen bieten:

- Ver- und Entschlüsseln von Daten mit symmetrischen oder asymmetrischen Funktionen
- Sichere Speicherung von Signaturen, Schlüsseln, Zertifikaten und anderen kleineren Datenmengen
- Überprüfung von Signaturen und Zertifikaten auf Validität und abhängig vom Prüfungsergebnis ggfs. eine Freigabe von Daten (beispielsweise Schlüsseln)
- Erzeugung digitaler Signaturen

Mit Hilfe passender Software (Treiber) können diese Funktionen von den mobilen Geräten aus angesteuert und genutzt werden. Dazu muss die Treiber-Software in der jeweils passenden Form für die unterschiedlichen Betriebssysteme auf den mobilen Geräten zur Verfügung stehen.

Rechtemanagement

Das Rechtemanagement stellt sicher, dass nur die Nutzer Zugriff auf Daten bekommen, für welche diese auch vorgesehen sind. Dabei ist zu unterscheiden, zwischen der grundsätzlichen Erlaubnis, über den Zugangsserver auf die Unternehmensdaten zuzugreifen, und der feingranularen Kontrolle des Zugriffs auf spezifische Unternehmensdaten. Diese Rechte müssen, wie schon erwähnt, auch wieder entzogen werden können. Dabei ist vorzusehen, dass Rechte vorübergehend an andere Mitarbeiter delegiert werden können, z.B. für Urlaubs- oder Krankheitsvertretungen. Diese Rechte müssen mit einem automatischen Ablaufdatum versehen werden, damit es bei der beabsichtigten temporären Delegation bleibt.

Kontextsensitivität

Sowohl der grundsätzliche Zugriff auf die Unternehmensdaten über den Zugangsserver wie der Zugriff auf spezifische Daten sollen kontextsensitiv sein. Das bedeutet, dass Zugriffsentscheidungen vom Vorliegen entsprechender Kontextinformationen abhängig gemacht werden können. Beispielsweise kann der Zugriff auf bestimmte Daten von bestimmten Orten aus untersagt oder eingeschränkt werden. Fehlt eine geforderte Kontextinformation, so ist vom „schlechtesten" Fall auszugehen, das heißt, von den größten Einschränkungen. Die Kontextsensitivität wird in Abschnitt 4.6 noch vertieft.

Verbindungspausen

Bei der Verwendung von drahtloser Datenkommunikation während der Arbeit mit mobilen Geräten kann es naturgemäß zu Verbindungsunterbrechungen kommen (z.B. sogenannte „Funklöcher"). Diese fehlende Online-Verbindung soll für eine gewisse Zeitspanne überbrückt werden können. Dazu muss es möglich sein, mit dem mobilen Endgerät erfasste Daten sicher zwischenzuspeichern. Die Daten werden dazu mit einem im Token gespeicherten individuellen Schlüssel verschlüsselt („Tresor-Funktion") und auf dem mobilen Gerät zwischengespeichert. Wenn zu einem späteren Zeitpunkt die Verbindung wieder besteht, werden diese Daten mit entsprechender Authentifizierung automatisch über den Zugangsserver an die Anwendungs- und Datenserver übertragen und auf dem mobilen Gerät gelöscht. Zum Abgleich dieses Datenbestandes wird eine Synchronisationskomponente benötigt.

Lokale Clientanwendung

Für die Interaktion mit dem Hardware-Sicherheits-Token und ggfs. für die Übermittlung von Kontextinformationen wird eine lokal auf dem mobilen Gerät installierte Software benötigt. Soll eine lokale Zugangsanwendung für die Arbeit mit den Unternehmensdaten (App) genutzt werden, so bietet es sich an, die Funktionalitäten für Token und Kontext in die App zu integrieren. Der Zugriff auf die Unternehmensdaten kann auch über einen Webbrowser und eine Webanwendung erfolgen, da Webbrowser im Allgemeinen auf den Geräten schon vorhanden sind. Die notwendige Software für die Integration von Hardware-Sicherheits-Token und Kontextinformationen muss dann auf einem anderen Weg in die Kommunikation eingreifen. Fast alle Browser, teilweise auch die Betriebssysteme, bieten die Möglichkeit, einen Proxy-Server zu konfigurieren [Come03, 502]. Hier kann jetzt eine auf dem mobilen Gerät installierte Software als lokaler Proxy arbeiten. Dabei wird die meiste Kommunikation unverändert weitergereicht, nur in die Kommunikation mit dem Unternehmensnetzwerk wird eingegriffen, um die gewünschten Sicherheitsfunktionen umzusetzen.

Integration

Die hier beschriebenen Sicherheitsfunktionen müssen in allen drei Zonen (vgl. Abbildung 34) in die IT-Systeme integriert werden:

- Integration in der Außenzone in die Geräte der Anwender.
- Integration in der entmilitarisierten Zone in den Zugangsserver. Hier können die Zugangsentscheidungen getroffen werden.
- Integration im eigenen Netzwerk in die Geschäftsanwendungen. Feingranulare Zugriffsrechte auf die Daten können nur durch die datenverwaltende Anwendung gewährt werden. Diese muss in der Lage sein, entsprechende Zugriffsent-

scheidungen zu treffen und dabei gegebenenfalls auch die Kontextinformationen mit einbeziehen.

4.4 Stand der Technik und Wissenschaft

4.4.1 Softwareprodukte

Unter dem Schlagwort „Mobile Sicherheit" finden sich auf dem Markt ganz unterschiedliche Softwareprodukte.

Zuallererst gibt es viele Software-Produkte, die Schutz vor Schadprogrammen wie Viren, Trojanern oder Spyware bieten. Als Beispiele gibt es hier Produkte von Anbietern wie beispielsweise Avira, BitDefender, F-Secure, G Data, Kaspersky, Sophos, Symantec oder Trend Micro [AVTe14]. Diese Anbieter sind meistens schon länger mit Virenscannern für Desktop-Betriebssysteme auf dem Markt und erweitern dies um Produkte für „mobile" Betriebssysteme

Eine zweite Gruppe bilden die Virtuellen Privaten Netzwerke (VPN) [Kauf06, 141ff]. Dabei wird ein Computer virtuell in ein privates Netz eingebunden oder mit einem Zweiten verbunden. Dies geschieht dadurch, dass eine durch Verschlüsselung gesicherte Netzwerkverbindung über öffentliche Netzwerke aufgebaut wird. In Verbindung mit einem Unternehmensnetzwerk verhält sich der Computer damit quasi so, als ob er vor Ort im Unternehmensnetzwerk wäre. Für diese Lösung wird eine spezielle Software auf dem mobilen Gerät benötigt. Da das Unternehmensnetzwerk üblicherweise für mehrere VPN-Verbindungen ausgelegt wird, ist hier ein sogenanntes VPN-Gateway erforderlich. Das ist ein Computer, der dafür zuständig ist, mehrere VPN-Verbindungen mit mobilen Computern aufzubauen und diese so in das Unternehmensnetz zu integrieren. Normalerweise wird nur zu Beginn beim Verbindungsaufbau eine einmalige Authentifizierung durchgeführt. Manche VPN-Lösungen unterstützen die Anmeldung mittels einer Smartcard, eine regelmäßige wiederkehrende Authentifizierung findet üblicherweise nicht statt. Die Unterstützung einer abgesicherten Zwischenspeicherung von Daten bei fehlender Verbindung zum Unternehmensnetzwerk findet sich ebenso wenig in den kommerziellen VPN-Produkten wie die Möglichkeit der Unterstützung von Kontextinformationen. Eine Erweiterung ist das sogenannte Split-VPN. Dabei wird nur ein definierter Teil des Netzwerkverkehrs in den VPN-Tunnel geleitet, üblicherweise der Netzwerkverkehr zum/vom Unternehmen. Der restliche Netzwerkverkehr wird wie ohne VPN abgewickelt.

Eine Gruppe mit umfassenderen Funktionalitäten bilden die sogenannten Mobile Security Suites. Sie bieten weitergehende Sicherheitslösungen für mobile Endgeräte und bündeln mehrere Funktionalitäten. Diese Suites enthalten beispielsweise Funktionalitäten wie VPN, Überwachung der Telefonfunktionen, lokale Verschlüsselung von Daten, lokale Firewalls, SMS-Spam-Filter, Intrusion Detection oder eine „WipeOut"-Funktion, um im Falle des Verlusts eines mobilen Geräts Daten zu löschen („Kill Pill" oder „Block[ierungs] Pill"). Teilweise sind solche Funktionen auch in „Mobile Device Management"-Lösungen integriert, welche in der Regel ein „Over-the-air-management" der mobilen Geräte ermöglichen. Zusätzlich können meistens noch Regeln festgelegt werden, welche Funktionen auf einem mobilem Endgerät genutzt bzw. nicht genutzt werden dürfen, wie beispielsweise die Installation von Software (Apps) oder die Verwendung des Web-Browsers. Beispiele für solche Produkte sind etwa Dr.Web Enterprise Security Suite [DrWe14], Junos Pulse Mobile Security Suite [Juni14], Oracle Mobile Security [Orac14] oder Sybase SAP Afaria [Syba14a]. Diese Produkte sind bisher nicht auf die Integration von Unternehmensanwendungen ausgelegt.

Weiter gibt es spezielle Software-Integrations-Frameworks, um herkömmliche „stationäre" Unternehmenssoftware auch mit mobilen Endgeräten ansprechen zu können. Als Produktbeispiele sind hier Sybase Onebridge [Syba14b] oder Good Mobile Access [Good14] zu nennen. Es gibt auch Produkte, welche dafür entwickelt worden sind, entfernt arbeitende Maschinen oder Fahrzeuge einzubinden, wie beispielsweise Vodafone M2M [Voda14] oder die Mobile Secure Platform von Konzeptpark [Konz14]. Diese Produkte sind jedoch nicht primär auf die Erhöhung der Sicherheit unter Verwendung eines Hardware-Sicherheits-Tokens ausgelegt und nicht für eine kontextsensitive Zugriffskontrolle geeignet. „Sicherheit" ist bei diesen Produkten eher ein Feature unter vielen.

Speziell für die geschützte Bearbeitung, Speicherung und Übertragung von vertraulichen Informationen über das Internet hat das Bundesamt für Sicherheit in der Informationstechnik (BSI) die SINA-Produktfamilie entwickeln lassen [BuSI13]. Dies ist ein IP-basiertes Kryptosystem, welches für die Verarbeitung vertraulicher Informationen bis zum höchsten nationalen Deutschen Einstufungsgrad „streng geheim" zugelassenen ist. Das Konzept beruht darauf, dass die Daten nicht lokal vorhanden sind, sondern dass ein abgesicherter Thin-Client innerhalb eines Gastbetriebsystem betrieben wird (siehe Abbildung 40). Der Thin-Client arbeitet über eine abgesicherte Verbindung mit den Daten auf den Servern, wobei lokal keine Daten gespeichert werden. Bei der Verarbeitung der Daten verlassen diese den Serverbereich nicht. Für die Fälle, bei denen keine permanente Verbindung zum Server besteht, kann mit einer SINA-Workstation auch temporär lokal mit den Daten gearbeitet werden. Dazu werden virtuelle Thin-Clients eingesetzt und lokale Daten verschlüsselt. Für die Authentifizierung und die Vergabe von Zugriffsrechten ist bei SINA immer eine SINA-Benutzer-Smartcard (ein Hardware-Sicherheits-Token) nötig. Als Zugangsserver auf Unternehmensseite (bzw. Behörde) dient die SINA-Box. An die IT-Sicherheitseigenschaften der Anwendungs- und Datenserver im geschützten eigenen Netzwerk werden lediglich Grundschutzanforderungen gestellt. Der Nachteil der Lösung des BSI ist, dass diese nur auf Desktopbetriebssystemen verfügbar ist, Smartphones, Tablets usw. können nicht verwendet verwenden.

Zur Verwaltung und Authentifizierung von Anwendern und Zugangsberechtigungen gibt es sogenannte Identitätsmanagementsysteme, mit denen Unternehmen, die eine heterogene IT-Landschaft betreiben, ein einheitliches Identitäts- und Rechtemanagement erreichen können, so dass z.B. ein Arbeitnehmer nicht verschiedene Nutzerkonten samt zugehörigen Passwörtern benötigt. Beispiele für solche Produkte sind etwa: SAP NetWeaver Identity Management, Select Identity / Select Access von HP, Tivoli Identity Manager von IBM, DirX Identity von Siemens. Diese Produkte sind jedoch nicht für mobile Anwendungen oder hardwarebasierte Authentifizierung ausgelegt und sehr komplex.

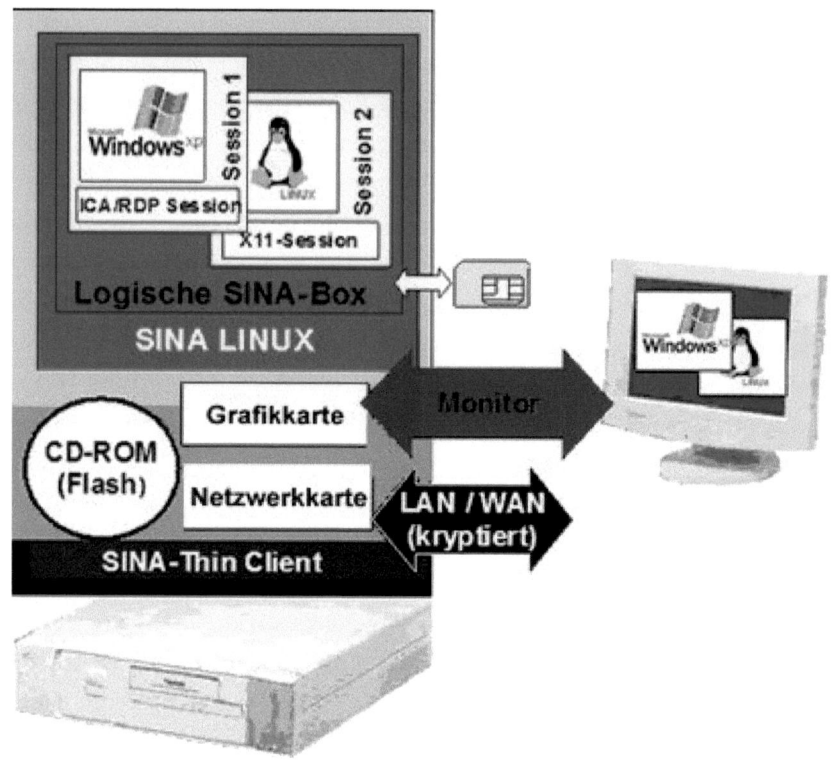

Quelle: BSI

Abbildung 40: Prinzipieller Aufbau eines SINA-Clients

4.4.2 Hardware-Sicherheits-Token (Smartcard)

Bisher gibt es erste µSD-Produkte von den Firmen Certgate und Giesecke & Devrient mit Beschränkung auf die Anwendung der Webauthentifizierung, die aber nur auf speziellen Smartphones mit Krypto-APIs mit spezifischen Treibern lauffähig sind. Die Integration der Hardware-Sicherheits-Token basiert noch auf dem SD Card Interface Standard 2.0 [SDAs07].

Der SD Card Interface Standard 3.0 [SDAs11] wurde 2011 verabschiedet. Dieser schließt die Unterstützung eines neuen Sicherheitsprotokolls ein. Token-

und Karten-Produkte als Enterprise-Rights-Management-Lösung sind zwar auf der Basis des Standards vorhanden, haben sich aber derzeit (noch) nicht etabliert.

Es gibt noch einige weitere Sicherheitsprodukte für mobile Datensicherheit, die ein Hardware-Token verwenden, z.B. Gemalto IDBridge [Gema14], GeNUCard genua mbH [Genu14], SafeNet eToken [Safe14], Marx CRYPTO-BOX [Marx14], MXI Security Stealth [Alta14], Gieseke & Devrient StarSign Crypto USB Token [GiDe14]. Die meisten dieser Produkte sind jedoch nur für eine sehr beschränkte Auswahl von Plattformen für mobile Geräte verfügbar und nicht vielseitig einsetzbar. Bisher fehlt diesen Lösungen ein vielseitiges Berechtigungskonzept, mit dem dynamische Rechte für unterschiedliche Rechteinhaber abgebildet werden können.

Es gibt eine Vielzahl von meist hardwarebasierten Sicherheitslösungen für die Authentifizierung mit Hardware-Token und ggf. zusätzlichen Sicherheitsmerkmalen wie ein Zugangsschutz zu Speicherlösungen. Diese vorhandenen Lösungen bieten jedoch nicht die Möglichkeit, weitere Zertifikate und Schlüssel mit jeweils getrennten Rechten und einem sicheren Flash-Memory in einem einzigen Hardware-Token zu vereinen.

Es gibt den Ansatz, die SIM-Karte für Mobilfunknetze als Hardware-Token zu verwenden; dieser Ansatz beschränkt sich aber auf mobile Geräte mit Mobilfunkfähigkeit. Zudem gehört die SIM-Karte dem jeweiligen Mobilfunkanbieter, so dass Unternehmen nicht die Möglichkeit haben, diese über die Authentifizierung hinaus für weitere Zwecke zu nutzen. Aus diesen Gründen kommt eine Verwendung der SIM-Karte in der Praxis nicht vor.

Die folgende Tabelle 7 ist im Rahmen der Anforderungsanalyse zum Projekt SumoDacs zusammengestellt worden. Sie enthält einige kommerzielle Hardware-Produkte für unterschiedliche Sicherheitsfunktionen, erhebt jedoch keinen Anspruch auf Vollständigkeit, da immer wieder neue Produkte hinzukommen oder existierende Produkte wieder vom Markt genommen werden.

Produktname	Anmerkung
Abylon Cryptdrive	Festplattenverschlüsselungs-Software, „Passwort" kann von USB-Token eingelesen werden; spezielle Funktionalitäten: 4-Augen-Prinzip (Besser: „n aus m", falls mal jemand Urlaub hat und nicht da ist); Anti-Keylogger-Feature: Bild-Eingabe und Password-Scrambler
Scalaris Secure Document Management	Datentrennung & Verschlüsselung, speziell auf Banken ausgelegt
Certgate Mobile Data Safe	Certgate microSD Smart Cards; beim ersten Einsetzen werden passende Treiber installiert
Giesecke & Devrient (G&D) Mobile Security Card SE [GiDe14]	microSD-Card mit Massenspeicher und Kryptographiefunktionen, Version 1.2 für Windows und Android, Mindestabnahmemenge 1.200 Stück
Smart Enterprise Guardian (SEG) by Gemalto & Lexar	USB-Stick kann bis zu 2GB Daten sicher speichern ... bisher nur für Windows
Gemplus GEMobileIT	SIM-Card (es gibt auch spezielle SIM-Karten mit einem WLAN-SIM-Applet)
Genua GeNUCard [Genu14]	Spezielle Notebook-Karte (Express Card) mit Firewall, VPN-Gateway & Token-Funktion; eingebaute Firewall, die unzulässige Kommunikation abblockt; Sicherheitssoftware auf Smartcard, so dass es Schutz gibt, selbst wenn Notebook schon „virenverseucht" ist; zusätzliches Feature: Intrusion detection, IPv6-Fähigkeit
Lenovo: ThinkPad USB Portable Secure Hard Drive	Festplattenkontroller gibt erst nach PIN-Eingabe Festplatte frei; Bauform: externes Festplattengehäuse mit USB-Anschluss und PIN-Tastatur;

mxiSecurity: Password reuse threshold	Die letzten N Passwörter können nicht noch einmal verwendet werden, PSD = Portable Security Device
ObamaBerry [Cox09]	Speziell abgesichertes Smartphones für Präsident Obama
Sectera Edge Smartphone [Gene14]	Speziell abgesicherte Smartphones oder Mobiltelefone
ePass3000	USB Token: automatisches Öffnen / Schließen einer Internet-Seite durch Aufstecken / Abziehen des Tokens
RS Computer – Rockey4ND	„Treiberloser Dongle" ... kann auch Algorithmen sicher kapseln; Remote Update Tool: kein Hin- und Herschicken von Dongle notwendig, um Lizenzen / Keys upzudaten; „Envelope-Programme" um exe-Dateien zu schützen
Sectera Edge	Unterstützt „High Assurance Internet Protocol Encryption for Interoperability Specification" (HAIPE IS) für Anbindung an „classified networks" (z.B. TACLANE network encryptors) – hat zusätzliches „Trusted Display" unter Tastatur eingebaut, kann auch Voice-Kommunikation verschlüsseln

Quelle: SumoDacs Projektdokument, modifiziert

Tabelle 7: Kommerzielle Hardware-Produkte für Sicherheitsfunktionen

4.4.3 Wissenschaftliche Arbeiten

Es gibt eine Vielzahl von wissenschaftlichen Arbeiten zur Absicherung des entfernten Zugriffs auf andere Computer. Für die vorliegende Arbeit wichtige Bereiche hierbei sind die Authentifikation und die Verschlüsselung mit Hilfe von Smartcards und Arbeiten, welche sich speziell mit mobilen Geräten beschäftigen. Ebenso wie die Zusammenstellung der Hard- und Softwareprodukte kann auch diese Auswahl nicht vollständig sein.

Authentifizierung unter Verwendung von Smartcards

Es gibt einige Ansätze, in denen eine Authentifizierung des Nutzers mit Hilfe einer Smartcard näher untersucht wurde. Diese beschränken sich nicht nur auf den mobilen Zugriff, es wurden zum Teil auch entfernte Zugriffe von stationären Computern über das Internet betrachtet.

Von He et al. wird ein Protokoll vorgeschlagen, das besonders ressourcenschonend und somit speziell für Geräte ohne Stromanschluss wie mobile Endgeräte geeignet ist [HMZC10]. Es erhält unter anderem die Anonymität des Nutzers. Besonders interessant an dieser Arbeit sind die zu Beginn von Kapitel 1 des Artikels genannten 11 Anforderungen an Authentifizierungsprotokolle sowie die Tabelle 2, in der verschiedene Protokolle verglichen werden.

Hallberg et al. betrachten kein konkretes Protokoll, sondern verschiedene Möglichkeiten, wie sich die Komponenten (Smartcard, Nutzer, Terminal, Server) untereinander authentifizieren können [HaHT01]. Die Autoren schlagen den Einsatz eines „Secure Servers" vor, so dass sich die Smartcard von der Integrität des Terminals überzeugen kann.

Im einem von Yang und Shieh vorgeschlagenen Protokoll wird eine Passwort-Authentifizierung zusätzlich von einer Smartcard abgesichert [YaSh99]. Es wird darauf Wert gelegt, dass die Nutzer die von ihnen gewählten Passwörter jederzeit ändern können. Das Protokoll hat zwei Varianten: Die erste geht davon aus, dass die beteiligten Partner untereinander die Zeit abgleichen können, um Replay-

Stand der Technik und Wissenschaft

Angriffe zu vermeiden, die zweite Variante dieses Protokolls kommt ohne diese Forderung aus.

Einige Arbeiten verwenden die SIM-Karte als Smartcard für die Absicherung von entfernten Zugriffen. Die SIM-Karte unterliegt jedoch einigen Einschränkungen:

- Nicht alle mobilen Computer mit drahtloser Datenkommunikation verfügen über eine SIM-Karte, z.B. Netbooks, bei denen der drahtlose Internet-Zugang ausschließlich über WLAN realisiert wird, so dass diese Geräte über kein Mobilfunkmodul verfügen.
- Heutige SIM-Karten bieten keine großen Möglichkeiten für die Speicherung von zusätzlichen Daten, diese sind auch nur sehr schwach abgesichert. (Beispielsweise können Kontakte und Kurznachrichten auf der SIM gespeichert werden).
- Die Rechenleistungen der SIM sind sehr gering, Ver- und Entschlüsselungen können nicht vorgenommen werden.
- Die SIM-Karte gehört in der Regel dem jeweiligen Netzbetreiber (MNO) und wird dem Nutzer nur zur Verfügung gestellt. Veränderungen an der SIM sind deshalb normalerweise nicht zulässig.

Im Rahmen des EU-Projektes „WITNESS - Wireless Trust for Mobile Business" wurde eine Architektur für die Absicherung des mobilen Zugriffs auf Unternehmensanwendungen entwickelt [WBRH04]. Die Verwendung von Smartcards ist hierbei nur ein Aspekt unter mehreren, welche dort näher betrachtet wurden. Bei der prototypischen Implementierung kamen unter anderem SIM-Karten als Smartcards zum Einsatz. Diese speichern dort neben kryptografischen Schlüsseln auch administrative Daten im Zusammenhang mit den Sicherheitsfunktionen, beispielsweise Zertifikatsketten. Ein weiteres wichtiges Konzept in diesem Ansatz ist die Möglichkeit der Verwendung von mehreren Endgeräten durch den Nutzer. Es gibt einige weitere Arbeiten, welche SIM-Karten verwenden, beispielsweise die von Wangensteen et al. [WLJT06].

Verschlüsselung von Daten unter Verwendung von Smartcards

Es gibt viele Arbeiten, bei denen Smartcards vorrangig zur Ver- und Entschlüsselung von Daten zum Einsatz kommen. Diese sind im Allgemeinen nicht mobilspezifisch, sondern für beliebige entfernte Zugriffe ausgelegt. Da Vertraulichkeitsprobleme im drahtgebundenen Netz schon länger bestehen, sind diese Arbeiten schon älter. Besondere Ähnlichkeit mit Teilen des hier vorgestellten Konzepts haben:

- die Arbeit von Blaze, in der ein Protokoll vorgeschlagen wird, mit dem eine langsam arbeitende Smartcard in Zusammenarbeit mit einem deutlich schnelleren, aber nicht vertrauenswürdigen Rechner (z.B. PC) Daten mit symmetrischer Kryptographie ver- und entschlüsseln kann [Blaz96]. Dieses Verfahren ist für die Verarbeitung von großen Datenmengen ausgelegt. Das Grundprinzip nennt sich „*Remotely Keyed Encryption Protocol*" (RKEP): Die zur Ver- und Entschlüsselung benötigten Berechnungen werden zwischen Smartcard und dem nicht vertrauenswürdigen, aber leistungsstärkeren Rechner aufgeteilt. Die Smartcard übernimmt dabei die „geheimen" Berechnungen, während der schnellere Computer die nicht-sensitiven Rechenaufgaben übernimmt. Nachdem Blaze in seiner Arbeit kein Modell entwickelt und keinen Sicherheitsnachweis geführt hat, wurde das von anderen Autoren in mehreren Arbeiten ergänzt, und dabei wurden drei weitere RKEP-Vorschläge entwickelt. Diese sind im Überblick in der Dissertation von Hachez zusammengefasst [Hach03, Kapitel 7, 107ff].

- eine Arbeit von Biget, die ebenfalls auf RKEP aufsetzt [Bige98]. Hier kommuniziert ein in den Browser geladenes Java Applet mit einer patienteneigenen Smartcard (wie beispielsweise die elektronische Gesundheitskarte). Mit Hilfe der Smartcard werden die sensitiven Patientendaten symmetrisch verschlüsselt, bevor sie auf einem von mehreren externen Servern abgelegt werden. Die Smartcard speichert nur den Schlüssel und den Ablageort (Server und Dateiname). Die Arbeit befasst sich vor allem mit dem Problem des Einsatzes von Smartcards mit sehr geringem sicheren Speicher (etwa in der Größenord-

nung von wenigen kBytes), wenn große Datenmengen (z.B. Bitmaps mit Röntgenbildern) verwaltet werden sollen.
- die Arbeit von Bouganim und Pucheral, die sich mit der Absicherung von in nicht vertrauenswürdigen Datenbanken ausgelagerten Daten befasst [BoPu02]. Hierbei ist eine kleine Datenbank auf einer Smartcard implementiert. Es wird beschrieben, wie Anfragen des Nutzers auf die Smartcard und die „große" Datenbank verteilt werden.

Architekturen und Protokolle für „mobile Security" ohne Smartcards

Von Lam et al. wird eine Architektur und ein Netzwerkprotokoll vorgeschlagen, welche für die sichere Abwicklung von elektronischem Handel über mobile Endgeräte sorgen soll [LCGS03]. Es geht den Autoren um ein besonders „leichtgewichtiges" Protokoll. Die mobilen Endgeräte rufen dabei Webapplikationen über einen speziellen Gateway-Server für mobile Endgeräte auf (Wireless Protocol Gateway). Spezielle manipulationssichere Hardware auf den mobilen Endgeräten ist hierbei nicht vorgesehen, es wird nur beiläufig erwähnt, dass es evtl. möglich wäre, kryptografische Informationen (vor allem geheime Schlüssel) bei den Gateway-Servern in solchen Hardware-Modulen zu speichern und die Nutzer dort zu authentifizieren. Das Protokoll ist laut den Autoren dafür ausgelegt, von mobilen Endgeräten mit eingeschränkten Ressourcen gut ausgeführt werden zu können. Von Yeh und Tsai wird das von Lam et al. vorgeschlagene Protokoll verbessert, so dass noch weniger Ressourcen auf dem mobilen Endgerät benötigt werden [YeTs06].

Ein neuartiges effizientes Protokoll für die gegenseitige Authentifikation von mobilen Geräten und Dienstanbietern in mobilen Netzwerken wurde von Hwang und Su vorgeschlagen [HwSu05]. Das Protokoll erfordert jedoch ein eigenes *Key Distribution Center*, da es für die Inter-Domain-Authentifikation ausgelegt ist. Es benötigten deutlich weniger Datenkommunikation (in Byte) als das von Chien und Jan entwickelte Protokoll [ChJa03].

Alternativ oder zusätzlich zu Identifizierungsmerkmalen wie Passwort oder Smartcard können biometrische Verfahren zur Authentifizierung verwendet werden, etwa mit in Smartphones oder Notebooks integrierten Lesegeräten für Fingerabdrücke, Iriserkennung oder ähnliches. Der Vorteil solcher Verfahren ist, dass hier Nutzer das Passwort nicht vergessen können, wenn dieses Verfahren als Alternative zu einem Passwort eingesetzt wird. Der Nachteil aller biometrischen Verfahren ist, dass - wenn das Identifikationsmerkmal kompromittiert wurde - es in der Regel nicht ausgetauscht werden kann. Bei extremer Sichtweise besteht die Gefahr, dass Angreifer ein Interesse entwickeln könnten, einzelne Körperteile eines legitimen Nutzers - z.B. Finger oder Augen - in ihren Besitz zu bringen. Es gibt auch Verfahren, die biometrische Merkmale mit Smartcards kombinieren, beispielsweise das von Li und Hwang [LiHw10]. Aufgrund des oben beschriebenen Nachteils werden biometrische Verfahren hier nicht weiter betrachtet. Selbstverständlich haben biometrische Verfahren trotz des beschriebenen Nachteils weiterhin ihre Berechtigung, vor allem wenn für die Kontrolle der Authentifizierung Menschen eingesetzt werden. Bei personengestützten Zugangskontrollen (beispielsweise Grenzkontrollen) ist es erheblich schwieriger, gefälschte biometrische Merkmale vorzutäuschen als gegenüber einem Fingerabdruckleser an einem Notebook.

Ein interessantes Verfahren ist „Passmaze", welches von Brown entwickelt wurde [Brow05]. Bei diesem Verfahren wählt der Nutzer aus mehreren angezeigten Möglichkeiten (z.B. Bildern oder Symbolen) die korrekte Möglichkeit aus; dabei ist die Grundgesamtheit aller Möglichkeiten um ein Vielfaches höher als die auf einmal zur Auswahl angezeigten. Diese Auswahl wird über mehrere Runden durchgeführt, wie Abbildung 41 illustriert. Die Zusammenstellung der Auswahlmöglichkeiten in der Folgerunde ist abhängig von der vorhergehenden Auswahl. Wurde eine Auswahl nicht korrekt getroffen, so enthält die folgende Zusammenstellung von Auswahlmöglichkeiten mit sehr hoher Wahrscheinlichkeit keine korrekte Möglichkeit für den Nutzer. Damit authentifiziert sich bei diesem Verfahren nicht nur der Nutzer gegenüber seinem mobilen Computer, sondern das Endgerät authentifiziert sich implizit auch gegenüber dem Nutzer: Ist trotz korrekter Auswahl in der darauf folgenden Runde eine korrekte Auswahl nicht möglich, liegt eine Manipulation vor. So kann ein Angriff mit einem „trojanischen Handy" vermieden werden, bei dem ein Angreifer das Endgerät des Nutzers durch ein präpariertes und identisch aussehendes Endgerät austauscht, um dessen Zugangsdaten in Erfahrung zu bringen.

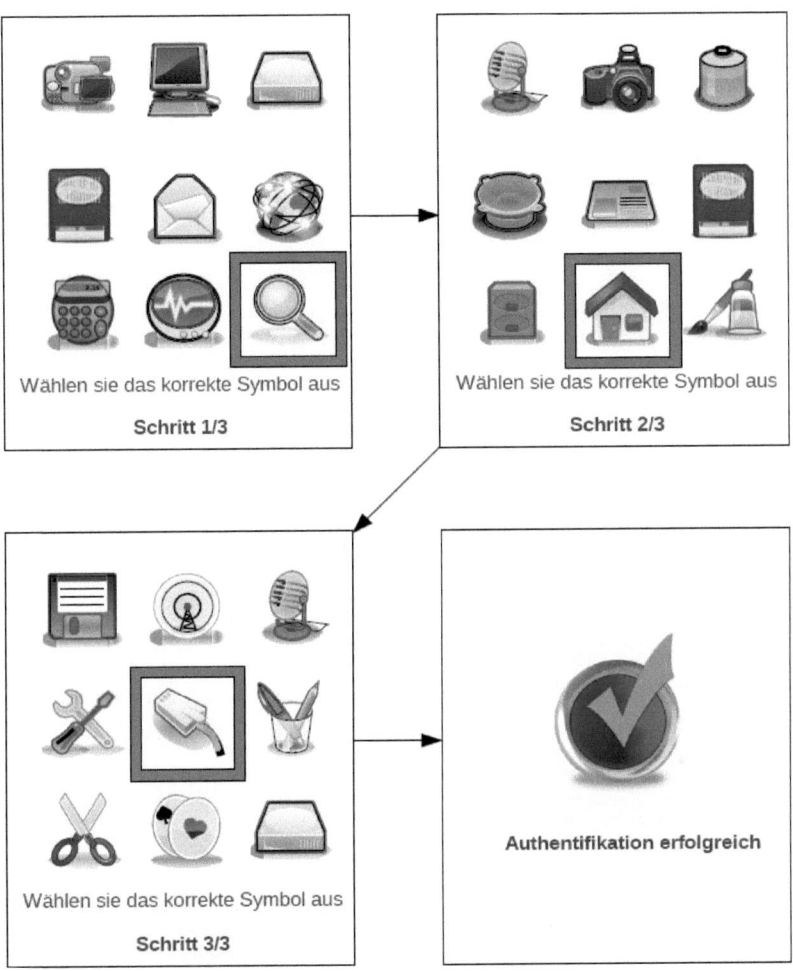

Quelle: SumoDacs Projektdokument

Abbildung 41: Beispielhafte (vereinfachte) Ausführung von Passmaze

Es gibt bekanntermaßen Unzulänglichkeiten in manchen aktuellen drahtlosen Kommunikationssystemen, dies wird im Weiteren nicht näher betrachtet. Hier geht es um die Möglichkeit der Absicherung auf höheren Netzwerkebenen, um netzwerkunabhängig und -übergreifend die Kommunikation mit den Unternehmensanwendungen abzusichern.

4.5 Architektur

Die grundlegenden Ideen für den abgesicherten mobilen Zugriff auf Unternehmensdaten wurden schon in Abschnitt 4.1 dargelegt. Aufbauend auf den vorherigen Abschnitten kann jetzt die Architektur näher beschrieben werden. Zur Klärung werden zuerst die unterschiedlichen Sicherheitsebenen vorgestellt.

4.5.1 Sicherheitsebenen

Ausgangspunkt für dieses Konzept ist die Absicherung des mobilen Zugriffs. Dabei können die Sicherheitsmaßnahmen auf drei unterschiedlichen Ebenen ansetzen. Abbildung 42 erläutert die drei Ebenen.

Auf der obersten Ebene sind die Sicherheitsstrategien angesiedelt. Neben den Sicherheitsstrategien, welche sich Unternehmen selber geben beziehungsweise die implizit durch die gelebte Unternehmenskultur gegeben sind, gehören hierzu auch gesetzliche Vorgaben und unverbindliche Standards. Beispiel für gesetzliche Vorgaben sind das Bundesdatenschutzgesetz, für unverbindliche Standards die IT-Grundschutz-Standards.

Die Sicherheitsstrategien werden mit Hilfe von Sicherheitsmodellen abgebildet. Sicherheitsmodelle sind die formale Beschreibung der natürlichsprachlich formulierten Sicherheitsstrategien. Die Sicherheitsmodelle mit Schwerpunkt auf dem kontextabhängigen Zugriffskontrollmodell werden im Abschnitt 4.6 genauer betrachtet.

Auf der untersten Ebene werden die Sicherheitsmodelle durch Sicherheitsmechanismen umgesetzt. Gängige Sicherheitsmechanismen für die Durchsetzung der

Sicherheitsmodelle sind Verschlüsselung, Firewalls, physische Zugangskontrolle, Zugriffsschutz durch Zugangsdaten, Redundanz von Daten und Systemen und vieles mehr. Auch der Einsatz von spezieller Kryptografiehardware wie Smartcards gehört dazu.

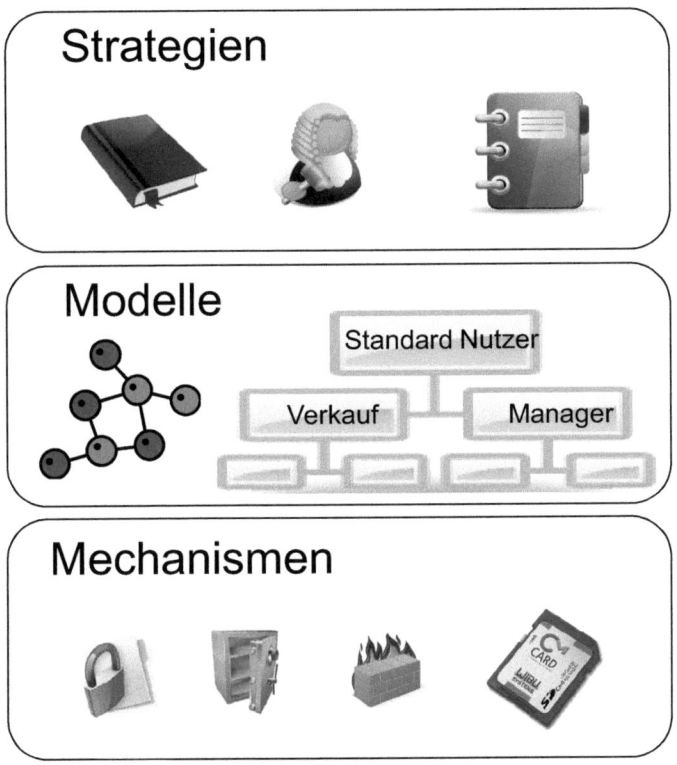

Quelle: SumoDacs Projektdokument

Abbildung 42: Ebenen von Sicherheitsmaßnahmen

Bei der Beschreibung der Architektur werden vor allem die Mechanismen detailliert beschrieben, mit denen die gewünschten Sicherheitsanforderungen erreicht werden sollen.

4.5.2 3-Faktor-Authentifizierung

Für den mobilen Zugriff auf Unternehmensdaten wird hier eine Architektur vorgestellt, welche eine 3-Faktor-Authentifizierung umsetzt. Übliche 1-Faktor-Authentifizierungen sind Passwörter bzw. Kombinationen aus Benutzerkennung und Passwort oder auch nur Smartcards, beispielsweise als Zutrittskontrolle für Gebäude.

Durch die Kombination von Passwort und Smartcard entsteht eine 2-Faktor-Authentifizierung. Eine 2-Faktor-Authentifizierung ist beim Online-Banking weit verbreitet. Nach der Anmeldung mit den Zugangsdaten muss für Transaktionen üblicherweise noch eine Transaktionsnummer (TAN) vom Nutzer eingegeben werden. Früher wurden diese den Kunden auf Papier zur Verfügung gestellt. Neuere Verfahren nutzen eine Smartcard (in Deutschland oftmals eine Girocard) in Verbindung mit einem TAN-Generator für den zweiten Authentisierungsfaktor. Hier muss der Nutzer eine (oder mehrere) Zugangsdaten wissen und die passende Smartcard haben.

Die hier vorgestellte Architektur für den mobilen Zugriff auf Unternehmensdaten nutzt eine 3-Faktor-Authentifizierung. Neben den konventionellen Zugangsdaten (Nutzerkennung und Passwort) wird ein Hardware-Sicherheits-Token vorausgesetzt (eine besonders für mobile Geräte geeignete Bauform einer Smartcard). Als dritter Faktor kommt eine kontextabhängige Zugriffskontrolle hinzu. Dabei muss der Nutzer bzw. sein genutztes mobiles Gerät zusätzliche Bedingungen erfüllen, welche von der momentanen Situation abhängig sind. Dies wird als Kontextinformation bezeichnet. Mögliche Kontextinformationen können dabei beispielsweise der momentane Aufenthaltsort, das aktuell genutzte mobile Zugangsnetz, die momentane Ortszeit, der Softwarestand des Gerätes (z.B. Version des Betriebssystems, Datum der Virensignaturen), Einträge im Kalender des Nutzers und dergleichen mehr sein.

4.5.3 Gesamtarchitektur

Beim Aufbau einer Verbindung vom mobilen Gerät zum Unternehmen findet zunächst eine Überprüfung der Identität der Unternehmensanwendung statt bevor eine verschlüsselte Ende-zu-Ende-Verbindung aufgebaut wird. Zur Authentifizierung des Nutzers und zur Gewährung des Zugriffs muss neben der richtigen Kombination von Benutzername und Passwort auch die korrekte Signatur des Hardware-Tokens im Challenge-Response-Verfahren vorliegen. Jede Anfrage, die anschließend über die verschlüsselte Ende-zu-Ende-Verbindung übertragen wird, muss wiederum von dem im Hardware-Token sicher abgelegten privaten Schlüssel signiert sein. Darüber hinaus prüft die kontextabhängige Zugriffskontrolle, ob Kontextinformationen vorliegen, die der Anfrage widersprechen bzw. diese erst zulässig machen. Das Sicherheitskonzept beruht darauf, dass die nötigen Authentifizierungsinformationen mit jeder Anfrage des mobilen Gerätes übermittelt werden.

Die Abbildung 43 gibt einen Überblick über die Architektur. Dabei ist das System in einem Zustand, in dem schon eine verschlüsselte Verbindung (VPN oder TLS), wie oben skizziert, aufgebaut worden ist. Die Architektur ist für den Fall dargestellt, dass auf dem mobilen Endgerät ein separater Client-Proxy-Dienst und auf der Serverseite eine integrierte Anwendung eingesetzt wird. Die Anfrage, die von der Anwendung des mobilen Gerätes an die Unternehmensanwendung gestellt wird, ist explizit dargestellt, um diese besonders hervorzuheben. Hiermit soll verdeutlicht werden, wie die Sicherheitsmechanismen arbeiten: Die Anwendung auf dem mobilen Gerät stellt eine Anfrage und reicht die Anfrage an den lokalen Proxy-Dienst auf dem mobilen Gerät weiter. Ist die Anfrage an die Unternehmensanwendung gerichtet, werden dem Header der Anfrage die nötigen Authentifizierungsinformationen hinzugefügt. Auf der Serverseite werden die Authentifizierungsinformationen wieder extrahiert, sodass der Unternehmensserver diese prüfen kann.

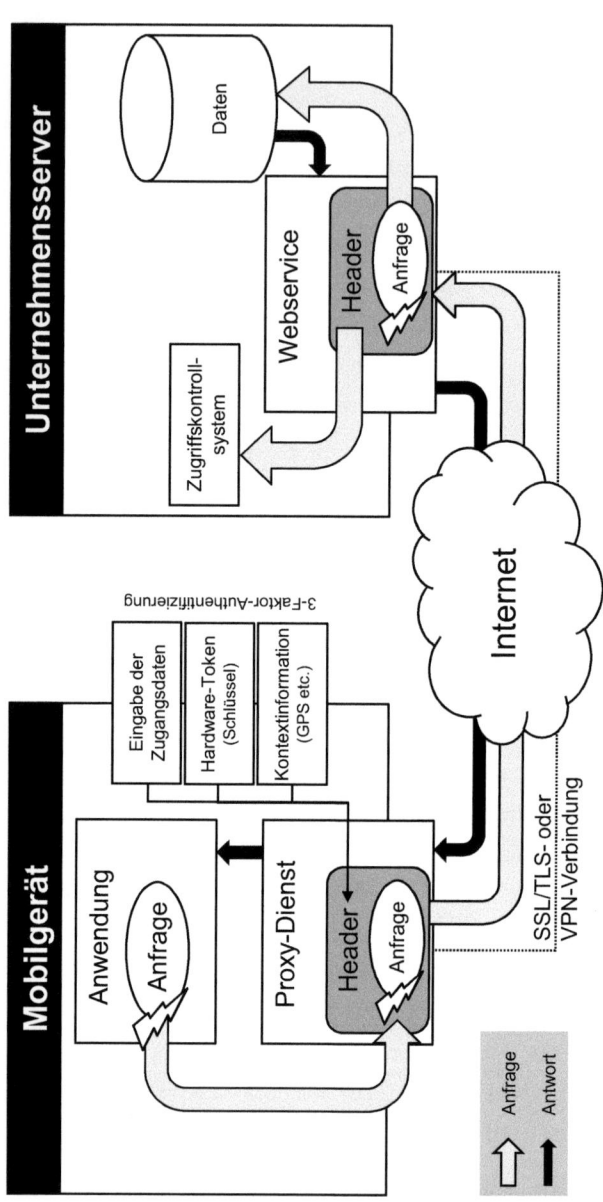

Quelle: [LeOS14]

Abbildung 43: Gesamtarchitektur mit 3-Faktor-Authentifizierung

Wenn der Zugriff auf die Daten gewährt werden kann, werden diese als Antwort an das mobile Gerät geschickt. Da für die Antwort keine Modifikationen im Header vorgenommen werden, ist dafür nur der Datenfluss dargestellt.

Die Authentifizierungsinformationen sind bewusst nicht in die Anfrage der Anwendung integriert, sondern werden durch den Proxy-Dienst hinzugefügt, da dies ansonsten die Umsetzungsmöglichkeiten einschränken würde. Es ist somit möglich, das entwickelte Konzept zwischen eine bestehende mobile Anwendung und eine bestehende Unternehmensanwendung zu setzen. Es kann jedoch auch auf einer oder beiden Seiten in die jeweilige Anwendung integriert werden.

4.5.4 Lokaler Proxy-Dienst auf dem mobilen Gerät

Es sollen bestehende Anwendungen auf den mobilen Geräten in das Konzept integriert werden können, ohne diese neu erstellen zu müssen. Dazu ist es erforderlich, die hier vorgesehenen Sicherheitsfunktionen in die Kommunikation einzuschleusen. Dazu dient der schon angesprochene Proxy-Dienst auf dem mobilen Gerät. Dieser Proxy-Dienst kann mit der Treibersoftware des Hardware-Sicherheits-Tokens kommunizieren, Anfragen zu Sicherheitsmechanismen des Unternehmensservers bearbeiten und die nötigen Informationen für das Sicherheitskonzept an die Anfragen des Client anfügen. Dazu gehören auch Kontextinformationen, welche für die Zugriffsentscheidung auf die Unternehmensdaten gefordert sind. Kommunikation, welche nicht mit den Unternehmensservern stattfindet, wird unverändert weitergereicht.

Der Client-Proxy-Dienst ist eine zentrale Komponente im mobilen Gerät des Nutzers, sofern dessen Funktionalitäten nicht in eine eigene Clientanwendung integriert werden. Viele mobile Geräte bieten die Möglichkeit, für die Internetkommunikation im Betriebssystem einen Proxy zu konfigurieren. Damit ist es möglich, beliebige lokale Anwendungen mit einem Zugriffsschutz über Hardware-Sicherheits-Token und kontextabhängige Zugriffskontrolle zu erweitern. Alternativ zur spezifischen lokalen Anwendung können auch Webanwendungen des Unternehmens zum Einsatz kommen. Dann reicht es aus, auf dem mobilen Gerät einen Webbrowser zur Verfügung zu haben. Sollte das Betriebssystem keine Konfiguration eines Proxy-Dienstes zulassen, kann ein Webbrowser verwendet werden, der die Konfiguration eines Proxy-Dienstes unterstützt.

Jegliche Kommunikation des mobilen Gerätes mit der Unternehmensanwendung wird über den Proxy-Dienst umgeleitet. Der Proxy-Dienst ermittelt die verfügbaren und benötigten lokalen Kontextinformationen, kommuniziert mit dem Token zur Ermittlung der aktuell gültigen Response und ergänzt die Header der Anfragen des Nutzers an die Unternehmensanwendung um diese Zusatzinformationen. Die Abwicklung des Challenge-Response-Verfahrens wird clientseitig ebenfalls über den Proxy-Dienst realisiert.

Der lokale Proxy-Dienst und das mobile Gerät sind die schwächsten Stellen in diesem Konzept. Sollte das mobile Gerät ausgetauscht, Schadsoftware auf dem Gerät installiert oder der Client-Proxy-Dienst manipuliert worden sein, so könnten alle Eingaben des Nutzers und alle Ausgaben des Gerätes gespeichert oder an beliebige Server übermittelt werden. Durch entsprechend gestaltete Schadsoftware könnten auch unabhängig vom Nutzer Unternehmensdaten abgefragt werden. Deshalb ist es wichtig, dass der Nutzer darauf achtet, dass die verwendeten Geräte nicht kompromittiert sind. In den Ergebnissen des Projektes SumoDacs [SGHN12] zu den kryptografischen Protokollen sind noch weitergehende Authentifizierungen untersucht worden, bei denen auch die mobilen Geräte mit einbezogen werden. Dabei kommt unter anderem das in Abschnitt 4.4.3 besprochene Passmaze-Protokoll zum Einsatz. Aus Gründen der flexibleren Verwendbarkeit von mobilen Geräten wurde in der Ausgestaltung des vorliegenden Konzeptes auf die Authentifizierung der Geräte verzichtet. Dies würde ansonsten für den praktischen Einsatz einen erheblichen Mehraufwand bedeuten. Dennoch könnte das vorliegende Konzept bei Bedarf um die Einbeziehung der mobilen Geräte in die Authentifizierung erweitert werden.

4.5.5 Hardware-Sicherheits-Token

Ein Hardware-Sicherheits-Token bietet alle nötigen Funktionen, um den Zugang zu Web-Anwendungen und zu Software-as-a-Service-Lösungen nach diesem Konzept abzusichern. Dazu müssen in dem Token mehrere Schlüssel und Zertifikate unabhängig voneinander sicher gespeichert werden können. Sinnvollerweise wird der Zugriff auf die gespeicherten Schlüssel mit einem Passwort geschützt. Dies wird bei der Verbindung des Tokens mit dem mobilen Gerät abgefragt, bei Bedarf kann dieses auch abhängig von Zeitablauf oder Ereignissen erneut gefordert werden. Dies ist vergleichbar mit der Abfrage der PIN bei SIM-Karten. Weiterhin muss das Token übliche kryptografische Berechnungen (z.B. RSA, 3DES, AES, digitale Signatur) eigenständig durchführen können. Es wird davon ausgegangen, dass das Hardware-Sicherheits-Token über folgende Funktionen verfügt:

- encrypt(), decrypt(): Symmetrisches Ver- und Entschlüsseln
- pk_encrypt(), pk_decrypt(): Asymmetrisches Ver- und Entschlüsseln
- sign(), verify(): Signieren und Verifizieren
- store(), load(): Schreiben und Lesen auf dem internen Datenspeicher

Das Hardware-Sicherheits-Token wird als kryptografisches Orakel modelliert. Ein Orakel im kryptografischen Sinn ist hierbei als eine „Black Box" zu verstehen, die klar definierte kryptografische Funktionen zur Verfügung stellt. Es ist hierbei nicht relevant, wie das Orakel die Funktionen erbringt. Auf diese Funktionen kann von außen zugegriffen werden, Einblicke in die innere Funktionsweise sind aber nicht möglich. Die Orakelfunktion muss sich dabei nicht notwendigerweise an einem real existierenden Hardware-Sicherheits-Token orientieren, was sie aber im vorliegenden Fall tut.

Vorteile des Hardware-Sicherheits-Tokens

Durch den Einsatz des Hardware-Sicherheits-Tokens kommt für den Zugang zum Unternehmensserver ein zweiter Authentifizierungsfaktor hinzu. Allein durch Kenntnis von Benutzername und Passwort kann kein Zugang zum Unternehmensserver erfolgen. Passwort-Sniffing, Phishing oder Social Engineering alleine führen für einen Angreifer nicht zum Erfolg. Ebenso können die privaten Authentifizierungsschlüssel nicht vom Unternehmensserver gestohlen werden, da dort nur die öffentlichen Schlüssel vorliegen. Durch den Einsatz der separaten Token wird der Zugriff nicht auf dedizierte mobile Geräte beschränkt. Der private Schlüssel kann bei Bedarf auf mehrere Token in unterschiedlichen Bauformen übertragen werden. Somit stehen der flexiblen Nutzung der Unternehmensdaten durch den Nutzer ggfs. nur die Hard- und Softwarebeschränkungen der Gerätehersteller im Weg. Eine installierte funktionsfähige Client-Proxy-Komponente zusammen mit einem Token ermöglichen den Zugriff auf die Unternehmensdaten.

Die Nutzung der Hardware-Sicherheits-Token ist für den Anwender sehr einfach. Diese müssen nur mit dem Mobilgerät verbunden (eingesteckt) werden und es muss ein Zugriffscode (PIN) eingegeben werden, sofern diese zusätzliche Absicherung gewünscht ist. Alles Weitere läuft für den Anwender unbemerkt ab.

Die Verwendung von Hardware-Sicherheits-Token hat noch eine Reihe weiterer Vorteile, welche hier nur kurz erwähnt werden [DeSc10]:

- Die auf dem Token zur Authentifizierung gespeicherten Geheimnisse (z.B. private Schlüssel) haben in der Regel einen viel höheren Informationsgehalt (Entropie) als herkömmliche Passwörter von Nutzern und können somit viel schwerer durch „Ausprobieren" (Brute-Force-Attack) oder Wörterbuch-Angriffe (Dictionary-Attack) angegriffen werden.
- Auf einem Token können viele verschiedene Zugangsschlüssel für verschiedene Systeme/Anwendungen/Sicherheitsstufen abgespeichert sein, während es einem „menschlichem Nutzer" kaum zumutbar ist, sich mehr als ein paar Passwörter zu merken.
- Es kann einfach sichergestellt werden, dass keine Authentifizierungs-Geheimnisse wieder verwendet werden. Menschliche Nutzer neigen dazu, bei der Wahl von Passwörtern bereits verwendete für andere Systeme wieder zu verwenden.

- Das Token als physisches Objekt bietet „Sicherheit zum Anfassen" und damit gute Voraussetzungen, auch bei weniger IT-affinen Benutzergruppen einen hohen Grad der Akzeptanz und wahrgenommenen Sicherheit zu erreichen.
- Die Identifizierungsgeheimnisse können regelmäßig ausgetauscht werden („Re-Keying"), ohne dass der Nutzer sich ein neues Passwort merken muss.

Challenge-Response-Verfahren

Im Token wird ein privater Elliptic Curve Cryptography (ECC) Schlüssel [Mill85] mit 224 Bit Schlüssellänge gespeichert. Ein 224 Bit ECC Schlüssel entspricht sicherheitstechnisch einem 2048 Bit RSA Schlüssel [Ecke14, 367; NaSA09]. Der zugehörige öffentliche Schlüssel ist beim Unternehmensserver hinterlegt. Beim Anmelden erzeugt der Unternehmensserver eine zufällige Zeichenkette (Challenge) und sendet diese an das mobile Gerät. Das Token am mobilen Gerät signiert die Challenge mit dem privaten Schlüssel und schickt sie mit Signatur als Antwort (Response) an den Unternehmensserver zurück. Mittels des öffentlichen Schlüssels überprüft der Unternehmensserver die Response auf Korrektheit und bestätigt damit die Identität des Nutzers. Da der Unternehmensserver nur den öffentlichen Schlüssel kennt, kann ein Angreifer - selbst wenn er diesen Schlüssel vom Unternehmensserver entwendet - sich nicht als Nutzer ausgeben, da der private Schlüssel nur im Hardware-Sicherheits-Token gespeichert ist, welcher sich in den Händen des Mobilgerätenutzers befindet.

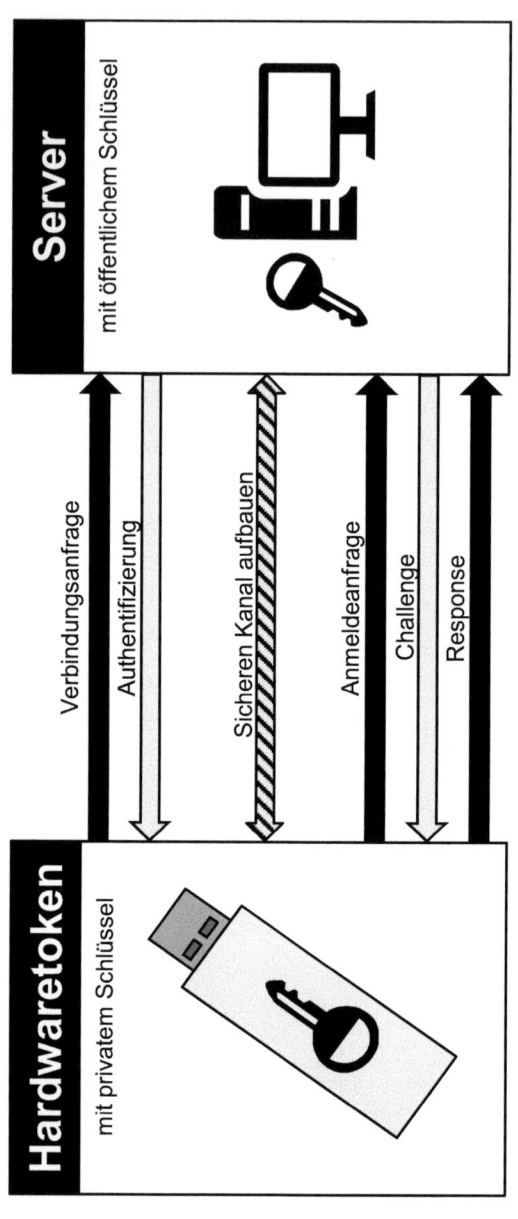

Quelle: [LeOS14]

Abbildung 44: Absicherung des Verbindungsaufbaus (vereinfacht)

Architektur

Authentifizierung

Der Ablauf des Verbindungsaufbaus ist in Abbildung 44 skizziert. Bei der Verbindungsaufnahme des mobilen Gerätes mit dem Unternehmensserver stellt dieses eine Verbindungsanfrage an den Unternehmensserver. Daraufhin wird im ersten Schritt die Authentizität des Unternehmensservers vom mobilen Gerät überprüft. Damit kann sich kein Dritter als Unternehmensserver ausgeben und auf diesem Weg an Zugangsinformationen gelangen. Der zweite Schritt ist die Etablierung einer sicheren Kommunikation mit den üblichen Mitteln wie z.B. VPN-Verbindung oder SSL/TLS. Die Inhalte der jetzt folgenden Kommunikation kann von Dritten nicht mehr zur Kenntnis genommen werden. Im dritten Schritt meldet sich das Mobilgerät mit dem Hardware-Sicherheits-Token beim Unternehmensserver an. Dazu wird das oben beschriebene Challenge-Response-Verfahren verwendet. Die Response wird im Hardware-Sicherheits-Token zwischengespeichert und kann so an jede folgende Anfrage angefügt werden. Sobald das Token nicht mehr mit dem mobilen Gerät verbunden ist, wird die Response nicht mehr mit übertragen, und der Unternehmensserver lehnt die Anfrage ab.

Zur Erhöhung der Sicherheit kann das Challenge-Response-Verfahren vom Unternehmensserver in regelmäßigen Zeitabständen erneut durchgeführt werden, um eine neue gültige Response zu fordern. Damit liegen nicht nur bei jeder neuen Sitzung geänderte Authentifizierungsinformationen vor, sondern in kürzeren Abständen. Dies geschieht unbemerkt für den Nutzer, da für das Verfahren keine Nutzerinteraktion nötig ist. Sollte es einem Angreifer gelingen, die aktuell gültige Response eines Nutzers zu erlangen, wäre diese damit nur sehr begrenzt nutzbar.

Schlüsselmanagement

Das Schlüsselmanagement muss sicher und nutzerfreundlich gestaltet sein. Dafür existieren schon Praxislösungen, welche zum Einsatz kommen können. Näheres zu einer Möglichkeit findet sich bei der Umsetzung in Abschnitt 4.7.

4.5.6 Kontextinformationen

Als dritter Faktor zur Absicherung des mobilen Datenzugriffs kommen die kontextabhängigen Zugriffskontrollen hinzu. Diese dienen nicht der Authentifizierung des Anwenders gegenüber den Unternehmensservern, sondern beschränken bzw. erlauben den Zugriff auf die Unternehmensdaten als Ganzes und/oder den Zugriff auf Teile der Daten ggfs. bis hin zu einzelnen Datenfeldern. Die möglichen Kontextparameter sind nicht beschränkt. Prinzipiell kann jede Kontextinformation verwendet werden, welche zur Laufzeit in maschinenlesbarer Form zur Verfügung steht [Dey01]. Verwendete Kontextparameter können z.B. der Ort, die Ortszeit oder Kalendereinträge sein. So kann beispielsweise eine Mitarbeiterin des Pflegedienstes im Krankenhaus nur im Zimmer des Patienten oder im Stationszimmer auf die Krankendaten eines Patienten zugreifen. Damit wäre die Wahrscheinlichkeit, unbeabsichtigt eine Patientenakte zu verwechseln, deutlich reduziert, da der Zugriff aus anderen Patientenzimmern heraus nicht möglich ist (ein entsprechend genaues Ortungsverfahren vorausgesetzt). Auf die Stammdaten eines Patienten könnte dagegen vom ganzen Krankenhaus aus zugegriffen werden. Aus Datenschutzgründen wäre der Zugriff von außerhalb des Krankenhausgeländes auch auf die Stammdaten nicht gestattet.

Die Kontextinformationen müssen durch den Proxy-Dienst von den Sensoren oder aus anderen Informationen des mobilen Gerätes abgefragt und in geeigneter Form an die Anfragen angefügt werden. Das könnten beispielsweise geografische Koordinaten oder das verwendete Zugangsnetz sein. Der Unternehmensserver, der die Daten verwaltet, entscheidet dann anhand der kontextabhängigen Zugriffskontrolle, ob der Nutzer in der aktuellen Situation berechtigt ist, Zugriff auf die Daten zu bekommen. Sind auf Unternehmensseite Zugangsserver und datenverwaltende Anwendung getrennt, werden für die kontextsensitive Zugriffskontrolle die Kontextinformationen vom Zugangsserver an den Anwendungsserver weitergereicht, da nur die datenverwaltende Anwendung über die Zulässigkeit eines Datenzugriffs entscheiden kann.

Manipulation von Kontextinformationen

Zugriffsrechte, welche auf Kontextinformationen beruhen, haben das Problem, dass diese teilweise mit überschaubarem Aufwand manipuliert werden können. Beispielsweise können dem Betriebssystems Android durch Aktivieren der entsprechenden Entwickleroption über eine vorhandene Schnittstelle beliebige Koordinaten vorgegeben werden. Alle Anwendungen, welche die Ortungsinformation abfragen, bekommen dann genau diese vorher gesetzten Koordinaten als aktuellen Aufenthaltsort zurück. Deshalb sollte eine Zugriffskontrolle niemals alleine auf Kontextinformationen beruhen. Die kontextsensitive Zugriffskontrolle dient in diesem Ansatz in erster Linie nicht dem Schutz gegen Angreifer, sondern der Unterstützung des Nutzers bei der Einhaltung von Sicherheits- und Datenschutzrichtlinien des Unternehmens. Hier ist davon auszugehen, dass die meisten Mitarbeiter sich nicht absichtlich über diese Richtlinien hinwegsetzen wollen. Gegen unabsichtliche Verletzungen der Richtlinien sind sie wirksam. Ebenso erfordert die Manipulation einer Kontextinformation gezielte Maßnahmen und damit verbunden entsprechende Kenntnisse und Aufwand. Somit kann z.B. ein nur kurzzeitig unbeobachtet gelassenes Gerät nicht zur unbefugten Informationsgewinnung verwendet werden. Ein Beispiel hierfür ist der Besuch eines unabhängigen Beraters beim Kunden A. Wird jetzt das mobile Gerät nach erfolgreicher Authentifizierung durch den Berater kurzzeitig unbeobachtet gelassen, kann kein Mitarbeiter von Kunde A einfach Informationen über den Konkurrenten B abrufen, welcher ebenfalls beraten wird. Dies setzt natürlich voraus, dass eine kontextsensitive Zugriffskontrolle vorhanden ist und entsprechende Regeln vorher festgelegt worden sind.

Eine Manipulation ganz auszuschließen oder auch wesentlich zu erschweren erfordert jedoch einigen Aufwand. Von Hulsebosch et al. wird das Problem der Vermeidung von Kontext-Manipulation kurz angesprochen [HSBE05]. Sie empfehlen, Kontextinformationen vor der Verwendung zu verifizieren, beispielsweise mit Signaturen, oder zu validieren, zum Beispiel über Paketumlaufzeiten oder über Vergleichs- und Ähnlichkeitsmessungen. Eine weitere Möglichkeit, die Manipulation von Kontextinformationen zu vermeiden, sehen sie darin, mehrere Messungen von mehreren mobilen Geräten auf Konsistenz zu überprüfen (z.B. von mehreren Nutzern, die am selben Ort sind). Sobald der Nutzer jedoch irgendwann eine Zugriffsmöglichkeit auf die Kontextinformationen hat, besteht auch das Risiko der Manipulation durch den Nutzer.

Technische Maßnahmen zur Vermeidung der Manipulation werden hier nicht weiter vertieft. Es gibt einige Maßnahmen gegen die Manipulation der Ortungsinformation, wie beispielsweise der geplante „Safety-of-Life"-Dienst von Galileo. Eine Zusammenstellung findet sich zum Beispiel im „Überblick über Ansätze zur Vermeidung der Manipulation von Ortungsverfahren" [Deck09].

Eine andere Möglichkeit, das Risiko zu reduzieren, ist die Verwendung von Kontextinformationen aus vertrauenswürdigen Quellen, welche nicht durch den Nutzer manipuliert werden können. Dies wird erreicht, indem die Informationen nicht vom mobilen Gerät ermittelt und über den Client-Proxy-Dienst übermittelt werden, sondern indem ein Unternehmensserver diese ermittelt. Beispiele dafür sind:

- die aktuelle Zeit wird über einen Zeitserver abgefragt;
- die Art der Verbindung wird über die IP-Adresse verifiziert;
- es werden Fremdortungssysteme, evtl. auch Nahbereichsortung verwendet;
- die Termine werden aus dem zentralen Unternehmenssystem abgerufen.

4.6 Kontextsensitive Zugriffskontrolle

In Abschnitt 4.5 Architektur wurden die Sicherheitsebenen schon vorgestellt. Mit der Architektur wurden einige Sicherheitsmechanismen beschrieben, welche sich auf der untersten Sicherheitsebene befinden. Der vorliegende Abschnitt beschäftigt sich mit der mittleren Ebene, den Sicherheitsmodellen. Zur Verdeutlichung der Stellung des Zugriffskontrollmodells (ZKM) im Sicherheitsgesamtzusammenhang gibt Abbildung 45 eine detaillierte Abbildung der Sicherheitsebenen wider. Zusammen mit Datenfluss- und Inferenzkontrollmodellen bilden die Zugriffskontrollmodelle (siehe Abschnitt 2.5) die sogenannten Sicherheitsmodelle. Die ZKM sind die formale Beschreibung der natürlichsprachlich formulierten internen und

Kontextsensitive Zugriffskontrolle

externen Sicherheitspolitiken. Die Umsetzung der ZKM regelt den Zugriff auf die Ressourcen, also wer mit welchem Objekt was tun darf.

Für eine kontextsensitive Zugriffskontrolle müssen die ZKM um die Fähigkeit erweitert werden, aktuelle *Kontextparameter* des Nutzers (bzw. seines mobilen Gerätes) in die Entscheidung mit einzubeziehen, ob eine Anfrage des Nutzers (*Subjekt*) zur Ausführung einer bestimmten *Operation* mit einem bestimmten *Objekt* zulässig ist und somit beantwortet wird, oder ob sie abzulehnen ist.

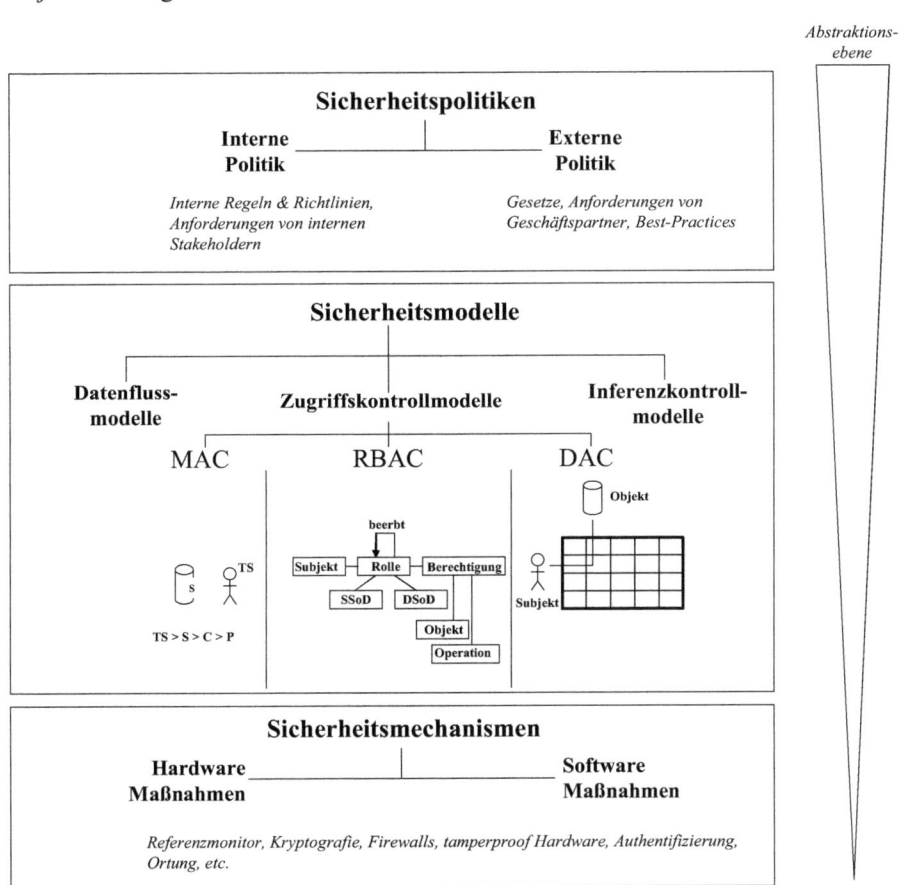

Quelle: [Deck11a, 117], modifiziert

Abbildung 45: Abstraktionsebenen der IT-Sicherheit

4.6.1 Forschungsstand

Um den entfernten Zugriff auf die Unternehmensinfrastruktur sicherer zu machen, wurde in den vergangenen Jahren das Konzept der ortsabhängigen Zugriffskontrolle entwickelt. Dabei wird der physische Aufenthaltsort des Nutzers bzw. seines mobilen Gerätes in die Zugriffsentscheidung mit einbezogen. Üblicherweise erweitern diese Konzepte eines der drei Grundmodelle für die Zugriffskontrolle: DAC, MAC oder RBAC.

Van Cleef at al. haben in einem umfangreichen Literaturstudium die vorhandenen Konzepte für die ortsabhängige Zugriffskontrolle zusammengetragen [ClPW10]. Sie haben sich darauf konzentriert, die Vorteile und Einsatzszenarien für ortsabhängige Zugriffskontrollsysteme zusammenzutragen. Einer der von ihnen herausgearbeiteten Einsatzzwecke ist die Nutzung durch Unternehmen zur Einhaltung der Unternehmensvorgaben und des Datenschutzes. Dabei werden Zugangsregeln üblicherweise über Gebäude oder Staaten festgelegt. Decker hat aus der Literatur die Modelle für ortsabhängige Zugriffskontrolle zusammengestellt und kategorisiert (siehe Abbildung 46) [Deck11a; Deck11b].

Neben generischen Modellen, welche überwiegend auf RBAC beruhen, beschreibt er einige Modelle für spezielle Anwendungsfälle wie beispielsweise Datenbanksysteme. Dabei werden für diesen Anwendungszweck ein DAC- und MAC-Modell vorgestellt.

Die ortsabhängigen Zugriffskontrollmodelle beziehen nur einen Kontextparameter, den Aufenthaltsort, in die Zugriffsentscheidung mit ein. Die Aufgabe einer kontextsensitiven Zugriffskontrolle ist es, bei Bedarf mehrere Kontextparameter zur Entscheidungsfindung zu verwenden. Der Begriff der kontextabhängigen Zugriffskontrolle wurde 2001 von Covington et al. eingeführt [CLSD01]. In der Arbeit wird ein Zugriffskontrollmodell für die Absicherung kontextbewusster Anwendungen vorgestellt, welches auf RBAC beruht. Neuere Arbeiten zur kontextsensitiven Zugriffskontrolle basieren meistens auf RBAC.

In ihrer Arbeit „Context Sensitive Access Control" schlagen Hulsebosch et al. ein Zugriffskontrollsystem vor, welches nur auf Kontextinformationen beruht

[HSBE05]. Allerdings beschränken sie sich für die Umsetzung ihres Systems auf die Ortsinformation und die schon angesprochene Validierung der Ortsinformation. Dienstanbieter können verschiedene Sicherheitsregeln bezogen auf den Standort des Nutzers festlegen. Sie definieren die Zugangskontrolle auf der Grundlage einer untrennbaren Beziehung zwischen Benutzer / Gerät und Dienst. Eines ihrer Ziele ist der anonyme Zugriff auf Dienste wie beispielsweise Informationen über einen fahrenden Zug, welche nur nutzbar sein sollen, sofern der Nutzer in genau diesem Zug mitfährt. Die Autoren schreiben, dass ihre Lösung weniger sicher ist als traditionelle Zugangskontrollmethoden und geben keine näheren Informationen dazu, unter welchen Angriffsszenarien ihre Lösung welche Sicherheit bietet.

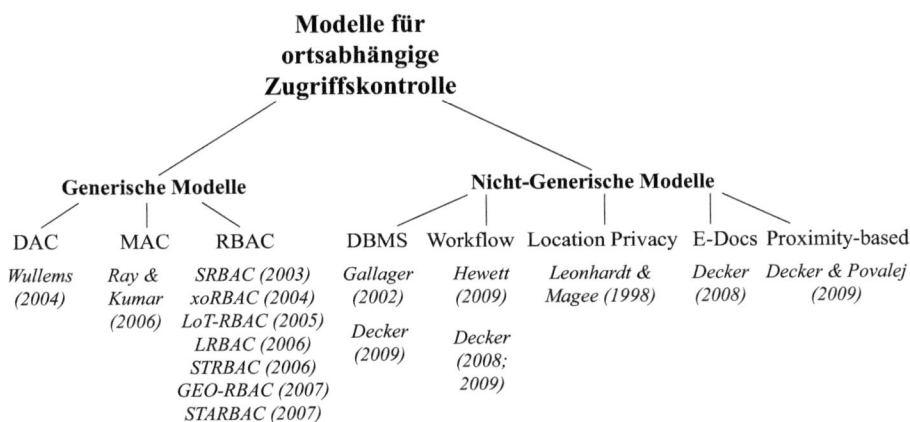

Quelle: [Deck11a, 140]

Abbildung 46:   Klassifikationsübersicht von ortsabhängigen Zugriffskontrollmodellen

Kayes et al. entwickelten in ihren Arbeiten eine Ontologie, um aus den Kontextinformationen bestimmte Situationen ableiten zu können [KaHC12; KaHC13]. Abhängig von der Situation und der Rolle des Nutzers werden dann Operationen wie Lesen und Schreiben zugelassen oder verweigert.

Für die Zugriffsrechte von Anwendungen und Komponenten auf Dateien, Ressourcen und Dienste haben Bai et al. ein kontextabhängiges Benutzungskontrollmodell entwickelt [BGFG10]. Auf Basis des Betriebssystems Android kann damit beispielsweise das Versenden von Kurznachrichten (SMS) unterbunden werden, wenn eine vorher festgelegte Anzahl am gleichen Tag schon versendet wurde, oder eine Anwendung nur ausgeführt werden, wenn Bluetooth ausgeschaltet ist.

Costabello et al. haben eine kontextabhängige Kontrolle des Zugriffs auf RDF-Datenbanken entwickelt [CoVG12]. Das Konzept beruht auf der Abfragesprache SPARQL. Dabei werden die SPARQL-Anfragen des mobilen Gerätes vom SHI3LD-Zugriffskontrollmanager abgefangen. Abhängig von der Auswertung der Kontextparameter werden die Abfragen so modifiziert, dass diese sich nur noch auf bestimmte RDF-Graphen beziehen. Diese werden dann an die eigentliche RDF-Datenbank weitergereicht. Zur Speicherung der Zugriffsregeln wird ebenfalls eine RDF-Datenbank verwendet.

Im Rahmen des digital.me-Projektes haben Heupel et al. ein Modell entwickelt, bei dem die Zugriffsentscheidung auf der Vertrauensstufe eines Nutzers beruht [HFKB12]. Abhängig vom Aufenthaltsort und der sich in der Nähe befindenden Personen wird die Vertrauensstufe eines Nutzers reduziert. Dabei wird für die Zugriffsentscheidung die Vertrauensstufe des anfragenden Nutzers auf die niedrigste Vertrauensstufe aller in der Nähe befindlichen Personen reduziert. Wie die in der Nähe befindlichen Personen und deren Vertrauensstufen festgestellt werden sollen, wird nicht näher erläutert.

4.6.2 Kontextabhängiges Berechtigungsmodell

Wie bei den ortsabhängigen Berechtigungsmodellen basieren auch die meisten Arbeiten zu den kontextabhängigen Berechtigungsmodellen auf RBAC. In der Praxis werden jedoch sehr häufig DAC-Modelle verwendet. Wie schon in Abschnitt 2.5.4 diskutiert, wird hier ein auf DAC basierendes Zugriffsmatrix-Berechtigungsmodell verwendet. Das Zugriffsmatrix-Berechtigungsmodell wurde

Kontextsensitive Zugriffskontrolle 229

erstmals von Lampson beschrieben (siehe Abschnitt 2.5.1) und von Harrison et al. formalisiert [HaRU76]. Das Zugriffsmatrix-Berechtigungsmodell ist auch unter dem Begriff Referenzmonitor-Modell bekannt und ist das einfachste und älteste Sicherheitsmodell [Ecke14, 260].

Kontextunabhängiges Berechtigungsmodell
Aufbauend auf dem Zugriffsmatrix-Berechtigungsmodell wird hier zuerst ein kontextunabhängiges Berechtigungsmodell formuliert, welches durch die Priorisierung von Verboten das Problem der möglichen Inkonsistenzen löst.

Basis des Berechtigungsmodelles ist eine Funktion, welche die Frage beantwortet, ob ein *Subjekt* (Nutzer) zur Ausführung einer bestimmten *Operation* mit einem bestimmten *Objekt* berechtigt ist. Sei S die Menge aller Subjekte, O die Menge aller Objekte und P die Menge aller Operationen. Dann gibt die Funktion *istBerechtigt* für ein $s \in S$, ein $o \in O$ und ein $p \in P$ die Antwort Ja oder Nein.

istBerechtigt: $S \times O \times P \rightarrow \{$Ja, Nein$\}$

Diese Berechtigungen werden üblicherweise in einer Matrix *Aktionen*: $S \times O$ dargestellt, bei der in den Feldern die erlaubten Operationen $\{p_1, ..., p_n\}$, $p_i \in P$ für ein $s \in S$ und ein $o \in O$ eingetragen sind:

Aktionen (s, o) = P_{so}, $P_{so} \subseteq P$

P_{so} ist die Menge aller Operationen, welche das Subjekt s mit dem Objekt o ausführen kann.

Alternativ kann auch eine Matrix *Berechtigte*: $P \times O$ verwendet werden, bei der in den Feldern die Subjekte $\{s_1, ..., s_m\}$, $s_j \in S$ für ein $p \in P$ und ein $o \in O$ eingetragen sind:

Berechtigte (p, o) = S_{po}, $S_{po} \subseteq S$

Um die Festlegung von Berechtigungen zu vereinfachen und nicht immer alle Nutzer einzeln festlegen zu müssen, werden in DAC-Modellen üblicherweise Gruppen eingesetzt. Hierbei werden Nutzer einer Gruppe hinzugefügt. Damit umfasst die Menge der Subjekte S nicht nur einzelne Nutzer, sondern auch Gruppen. Somit können Berechtigungen auch für Gruppen vergeben werden, was die Festlegung von Rechten vereinfachen kann. Es ist darüber hinaus auch möglich, Gruppen in Gruppen aufzunehmen (vgl. Abbildung 47, Seite 237).

Durch die Einführung von Gruppen entsteht die Notwendigkeit, für Subjekte nicht nur positive Berechtigungen (*Erlaubnisse*) zu vergeben, sondern auch negative Berechtigungen (*Verbote*). Beispielsweise soll der Lesezugriff auf die Projektdaten eines Unternehmens für alle Mitarbeiter zulässig sein, mit Ausnahme des Pförtners Bob. Um hier nicht für alle Nutzer einzeln Rechte vergeben zu müssen, bietet es sich an, den Lesezugriff für alle Mitarbeiter zu gewähren, für Bob jedoch zu verbieten. Dazu wird eine Gruppe Alle_Mitarbeiter als Subjekt definiert, welche alle Mitarbeiter enthält. Für das Subjekt Alle_Mitarbeiter wird dann die Operation „Lesezugriff" erlaubt, für das Subjekt Bob wird die Operation „Lesezugriff" verboten. Es wäre auch möglich, für solche Fälle jeweils neue disjunkte Gruppen zu definieren, um keine Verbote zu benötigen. Dazu müsste in diesem Beispiel eine neue Gruppe Alle_Mitarbeiter_Ohne_Bob festgelegt werden. Dies würde jedoch bei komplexeren Rechtestrukturen sehr schnell zu einer unüberschaubaren Anzahl von Gruppen führen.

Die Menge der möglichen Operationen P wird damit erweitert. Neben den Erlaubnissen enthält sie auch die negativen Berechtigungen (Verbote) welche hier kurz mit $\neg p$ bezeichnet werden:

$$p \in P \Rightarrow \neg p \in P$$

Durch die Verwendung von einzelnen Nutzern als auch von Gruppen als Subjekte können bei der Bestimmung der resultierenden Berechtigungen für einen konkreten Nutzer Widersprüche auftreten. Im obigen Beispiel wäre für Bob als Mitglied der Gruppe Alle_Mitarbeiter der Lesezugriff erlaubt, gleichzeitig ist es ihm aber als Nutzer Bob verboten. Um diesen Widerspruch aufzulösen, kann eine Priorisierung von positiven und negativen Rechten vorgenommen werden, um inkonsistente Zustände zu vermeiden. Ein Verbot (eine negative Berechtigung) hat immer Vorrang vor einer Erlaubnis (positive Berechtigung). Es gibt auch noch andere

Möglichkeiten, diese Widersprüche aufzulösen, beispielsweise durch eine Priorisierung abhängig von der Reihenfolge der Rechtedefinition. Diese anderen Möglichkeiten werden hier nicht weiter verfolgt.

Mit dieser Priorisierung werden explizit definierte Verbote zu grundsätzlichen Verboten für das Subjekt (den Nutzer bzw. alle Mitglieder dieser Gruppe). Sie können auch nicht durch anderweitig definierte Erlaubnisse wieder aufgehoben werden. Diese explizit definierten Verbote werden als *starke Verbote* bezeichnet. Demgegenüber gibt es auch implizit definierte Verbote: Werden Rechte nur für einen Teil aller möglichen Nutzer definiert, sind diese für alle anderen Nutzer nicht gegeben. Diese impliziten Verbote werden als *schwache Verbote* bezeichnet, da sie gegebenenfalls durch eine anderweitig definierte Erlaubnis geändert werden können. Damit bedeutet das Vorhandensein einer Operation p_i bzw. $\neg p_i$ in der Menge P_{so} für ein gegebenes Subjekt $s \in S$ und ein Objekt $o \in O$:

$\neg p_i$ vorhanden	Starkes Verbot: Operation p_i darf von Subjekt s mit Objekt o *grundsätzlich nicht* ausgeführt werden
p_i nicht vorhanden	Schwaches Verbot: p_i darf von s mit o *nicht* ausgeführt werden, kann aber geändert werden
p_i vorhanden	Erlaubnis: p_i darf von s mit o ausgeführt werden, sofern kein Verbot existiert

Um diese Berechtigungen an die Objekte zu binden, werden die Matrizen üblicherweise in Form von *Berechtigungslisten* (Access Control Lists, ACL) implementiert. Dabei hat jedes Objekt seine individuelle Berechtigungsliste. Eine Berechtigungsliste gibt zu jedem relevanten Subjekt an, welche Operationen für dieses Subjekt verboten, und welche erlaubt sind. Subjekte, welche nicht definiert sind, haben keine Berechtigungen. Diese Berechtigungslisten können mit den Objekten verknüpft oder mit diesen gemeinsam gespeichert werden. Da die Matrizen oftmals dünn besetzt sind, bieten die Berechtigungslisten eine effiziente Möglichkeit, die Berechtigungsinformationen zu speichern.

Der Vorrang der starken Verbote vor den Erlaubnissen wird technisch durch die Reihenfolge umgesetzt, in der die Berechtigungsliste eines Objektes ausgewertet wird. Die zum Objekt gehörende Berechtigungsliste wird auf die Kombination von anfragendem Nutzer und angefragter Operation hin überprüft, wobei alle Gruppenmitgliedschaften des Nutzers berücksichtigt werden. Zuerst werden alle Verbote durchsucht. Wird ein zu Operation und Nutzer „passendes" Verbot gefunden, liefert istBerechtigt als Ergebnis „Nein" (starkes Verbot). Falls kein Verbot gefunden wurde, werden danach die Erlaubnisse durchsucht. Findet sich eine passende Erlaubnis, gibt istBerechtigt „Ja" aus (Erlaubnis). Findet sich kein passender Eintrag, ist das Ergebnis von istBerechtigt „Nein" (schwaches Verbot).

Mit Hilfe eines solchen Berechtigungsmodells können sehr detaillierte Berechtigungen auf Objekten festgelegt werden. Die Festlegung von Rechten kann durch die Verwendung von Gruppen vereinfacht, durch die Verwendung von Verboten aber auch sehr unübersichtlich werden. Das von Microsoft entwickelte und inzwischen in allen Desktop- und Serverversionen von Windows eingesetzte Dateisystem NTFS beispielsweise verwendet das hier beschriebene Berechtigungsmodell. Das von Linux verwendete Dateisystem Ext verwendet dagegen nur positive Berechtigungen (Erlaubnisse) und die impliziten Verbote.

Kontextabhängiges Berechtigungsmodell

Durch die zunehmende Miniaturisierung von Sensoren und deren zunehmende Verbreitung in mobilen Geräten entstehen vielfältige Möglichkeiten zur Ermittlung von Kontextinformationen, diese können aber auch aus anderen Quellen gewonnen werden. Sollen diese Kontextinformationen im Berechtigungsmodell verwendet werden, muss das oben beschriebene traditionelle Modell erweitert werden.

Es wird eine Funktion benötigt, welche die Frage beantwortet, ob ein *Subjekt* zur Ausführung einer bestimmten *Operation* mit einem bestimmten *Objekt* unter einer bestimmten *Kontextbedingung* berechtigt ist. Im einfachsten Fall ist eine Kontextbedingung nur von einer Kontextinformation abhängig. Sie könnte beispielsweise lauten: „Zugriff erfolgt aus deutschem Mobilfunknetz". Ebenso können Kontextbedingungen auch die Auswertung mehrerer Kontextinformationen voraussetzen: „Zugriff erfolgt aus Deutschland *und* die Ortszeit ist zwischen 08:00 Uhr und 19:00 Uhr". Eine Kontextbedingung kann eine Kombination von mehreren (einfacheren) Kontextbedingungen sein. Sei K die Menge aller

Kontextbedingungen. Dann gehören auch alle Verknüpfungen mittels der booleschen Operatoren zur Menge K:

$k_i \in K, k_j \in K \Rightarrow k_i \wedge k_j \in K$

$k_i \in K, k_j \in K \Rightarrow k_i \vee k_j \in K$

$k_i \in K \Rightarrow \neg k_i \in K$

Sei S die Menge aller Subjekte, O die Menge aller Objekte, P die Menge aller Operationen und K die Menge aller Kontextbedingungen. Dann gibt die Funktion *istBerechtigt_kon* für ein $s \in S$, ein $o \in O$, ein $p \in P$ und ein $k \in K$ die Antwort Ja oder Nein.

$$\text{istBerechtigt\_kon}: S \times O \times P \times K \rightarrow \{Ja, Nein\}$$

Ist die Menge der Kontextbedingungen leer, gibt es keine kontextabhängigen Einschränkungen und die Funktion entspricht dem traditionellen Berechtigungsmodell.

Wie beim traditionellen Berechtigungsmodell werden diese Berechtigungen ebenfalls in einer Matrix *Aktionen_kon*: $S \times O \times K$ dargestellt, bei der in den Feldern die erlaubten Operationen $\{p_1, ..., p_n\}$, $p_i \in P$ für ein $s \in S$, ein $o \in O$ und ein $k \in K$ eingetragen sind:

$$\text{Aktionen\_kon }(s, o, k) = P_{sok}, P_{sok} \subseteq P$$

P_{sok} ist die Menge aller Operationen, welche das Subjekt s mit dem Objekt o unter der Kontextbedingung k ausführen kann. Ist die Kontextbedingung k immer wahr, dann entspricht dies einem kontextunabhängigen Berechtigungseintrag. In diesem Fall kann k bei der Speicherung in Berechtigungslisten weggelassen werden. Alles oben Gesagte zu Nutzergruppen und starken bzw. schwachen Verboten gilt analog.

Meistens sollen mit Kontextbedingungen Einschränkungen von Rechten unter bestimmten Umständen festgelegt werden. Dazu bietet es sich an, die kontextunabhängigen Berechtigungen um kontextabhängige Verbote zu erweitern. Um die gewünschten Rechte abbilden zu können, müssen diese teilweise auch positiv definiert werden. Soll beispielsweise allen Mitarbeitern „Daten ändern in deutschen Mobilfunknetzen und im Unternehmensnetzwerk gestattet" sein, den Mitgliedern der Geschäftsführung das Ändern der Daten jedoch uneingeschränkt, so muss die Einschränkung für die Gruppe Alle_Mitarbeiter positiv formuliert sein, wenn die Gruppe Geschäftsführung eine Teilmenge der Gruppe Alle_Mitarbeiter ist. Für ein Objekt o wird also in dessen Berechtigungsliste abgelegt:

  Geschäftsführung schreiben erlaubt
  Alle_Mitarbeiter schreiben erlaubt, *wenn* Zugriff über Unternehmensnetzwerk oder deutsches Mobilfunknetz

Um die gewünschten Rechte korrekt zu definieren ist zu beachten, dass die Verbote Vorrang vor den Erlaubnissen haben. Zu einem anfragendem Nutzer und vorliegenden Kontextinformationen wird die zum Objekt gehörende Berechtigungsliste auf die angefragte Operation hin überprüft. Wie oben erfolgt die Auswertung der Berechtigungslisten zuerst für die Verbote. Wird ein zu Operation, Nutzer und ggfs. den Kontextinformationen „passendes" Verbot gefunden, liefert istBerechtigt_kon als Ergebnis „Nein". Fehlt bei einem kontextabhängigen Verbot eine für die Entscheidung benötigte Kontextinformation, so wird die Kontextbedingung wahr und das Ergebnis von istBerechtigt_kon ist „Nein". Liegt kein Verbot vor, werden in einem zweiten Schritt die Erlaubnisse durchsucht. Findet sich eine passende Erlaubnis, gibt istBerechtigt_kon „Ja" aus. Das Fehlen einer Kontextinformation bei den Erlaubnissen führt immer dazu, dass die Kontextbedingung nicht wahr wird. Wie oben müssen bei der Betrachtung des Subjekts jeweils alle Gruppen berücksichtigt werden, in denen der anfragende Nutzer Mitglied ist. Findet sich bei den Erlaubnissen kein passender Eintrag liefert istBerechtigt_kon das Ergebnis „Nein".

4.6.3 Kontextsensitives Zugriffskontrollmodell

Für die Modellierung der kontextsensitiven Zugriffskontrolle wird hier ein Zugriffskontrollmodell (ZKM) verwendet. Das ZKM nutzt das kontextabhängige Berechtigungsmodell. Im Berechtigungsmodell werden in den meisten Fällen statische Regeln definiert. Es ist auch möglich, dynamische Abhängigkeiten zu fordern. Beispielsweise könnte der Zugriff auf die Daten von Kunde Alice gesperrt werden, wenn der Nutzer vor weniger als zwei Stunden auf die Daten von Kunde Bob zugegriffen hat, da Alice und Bob Konkurrenten sind. Das wäre dann eine sogenannte „Chinese-Wall-Security-Policy" [BrNa89], welche hier nicht näher betrachtet wird. Eine dynamische Abhängigkeit der Zugriffsrechte von der Nutzungshistorie kann nicht mit den hier beschriebenen Berechtigungslisten umgesetzt werden, für diese Form der kontextabhängigen Zugriffskontrolle werden andere Mechanismen benötigt.

Gegenüber den statisch definierten Regeln ändert sich der Kontext des Nutzers permanent. Dieser ist spezifisch für einen bestimmten Nutzer bzw. ein bestimmtes mobiles Gerät. Es ist somit nötig, bei jeder Anfrage eines Nutzers erneut zu entscheiden, ob der Zugriff auf die Unternehmensdaten zulässig ist oder nicht.

Die Abbildung 47 zeigt das kontextsensitive Zugriffskontrollmodell für den Datenzugriff. Die Entscheidung über die Zulässigkeit einer Anfrage kann an mehreren Stellen getroffen werden. Zum einen kann eine Entscheidung beim Zugang zum Unternehmensnetz getroffen werden. Hier kann der Zugangsserver bei Bedarf kontextabhängig festlegen, welche Operationen ein Nutzer bezogen auf eine Anwendung oder auch den gesamten Datenbestand prinzipiell durchführen darf und welche nicht. Das wird hier als *operationale Berechtigung* bezeichnet. Beispielsweise könnte hier festgelegt werden, dass mit einer definierten Geräteklasse keine schreibenden Zugriffe erlaubt sind oder dass bei einem mobilen Zugriff außerhalb des unternehmenseigenen WLAN keine Leseberechtigung gegeben ist, es können nur Daten (z.B. abgelesene Werte) in eine Datenbank geschrieben werden. Operationen, welche durch den Zugangsserver verboten werden, können durch keine Berechtigungen auf den Daten wieder zugelassen werden. Bildhaft gesprochen werden also am Zugangstor zum Unternehmen die Schreibwerkzeuge abgegeben (und damit die Fähigkeit, Daten schreiben zu können).

Zum anderen kann die Entscheidung über die zulässigen Operationen mit einem Objekt direkt vor dem Zugriff auf dieses Objekt erfolgen. Die Berechtigungen, welche ein Nutzer an einem Objekt hat, werden hier *Objektberechtigungen* genannt. Wie diese Berechtigungen modelliert werden, ist schon in Abschnitt 4.6.2 erläutert worden. Im Allgemeinen sind bei einem Datenzugriff die Objekte Tabellen oder Datensätze (ggfs. auch einzelne Datenfelder). Objekte können aber auch aus anderen Objekten zusammengesetzt sein bzw. diese enthalten, zum Beispiel eine digitale Kundenakte mit allen relevanten Daten zu einem Kunden oder einzelne Termineinträge in einem Kalender. Mit Kontextschaltern für bestimmte Objekte können Operationen mit besonders sensitiven Daten unter bestimmten Bedingungen untersagt werden, dies kann auch den lesenden Zugriff beinhalten. Durch das Modell kann nicht nur der Zugriff auf einzelne Datensätze, sondern auch auf ganze Typen von Datensätzen kontrolliert werden. Beispielsweise darf ein Mitarbeiter im Außendienst generell nicht auf Personalakten zugreifen.

Es gibt zwei Stellen im Modell, an denen Kontextbedingungen wirksam sein können, sowohl bei den operationalen Berechtigungen als auch bei den Objektberechtigungen. Da die Berechtigungen nach vorgegebenen Regeln, abhängig von den aktuellen Kontextinformationen, dynamisch zur Laufzeit des Systems quasi ein- oder ausgeschaltet werden können, werden diese kontextabhängigen Entscheidungen auch als *Kontextschalter* bezeichnet.

Für die technische Umsetzung des kontextsensitiven Zugriffsmodells bietet sich der OASIS Standard XACML Version 3.0 an [Oasi13]. Mit der dort definierten Regelsprache (policy language) können die Regeln definiert werden. Nach dem dort definierten Datenflussmodell (data-flow model) kann die tatsächliche Prüfung jeder Nutzeranfrage auf Konformität mit den Sicherheitsregeln stattfinden. Dazu wird in XACML ein Durchsetzungspunkt (policy enforcement point, PEP) eingeführt, welcher die Zugriffskontrolle durchsetzt. Dabei entspricht der PEP der Zugriffsdurchsetzungsfunktion (access enforcement function, AEF) der ISO 10181-3:1996. Kann der Datenzugriff nicht zugelassen werden, wird eine Fehlermeldung an das anfragende mobile Gerät zurückgeschickt. Werden alle Zugriffsbedingungen (obligations) erfüllt, wird die Anfrage ausgeführt.

Kontextsensitive Zugriffskontrolle 237

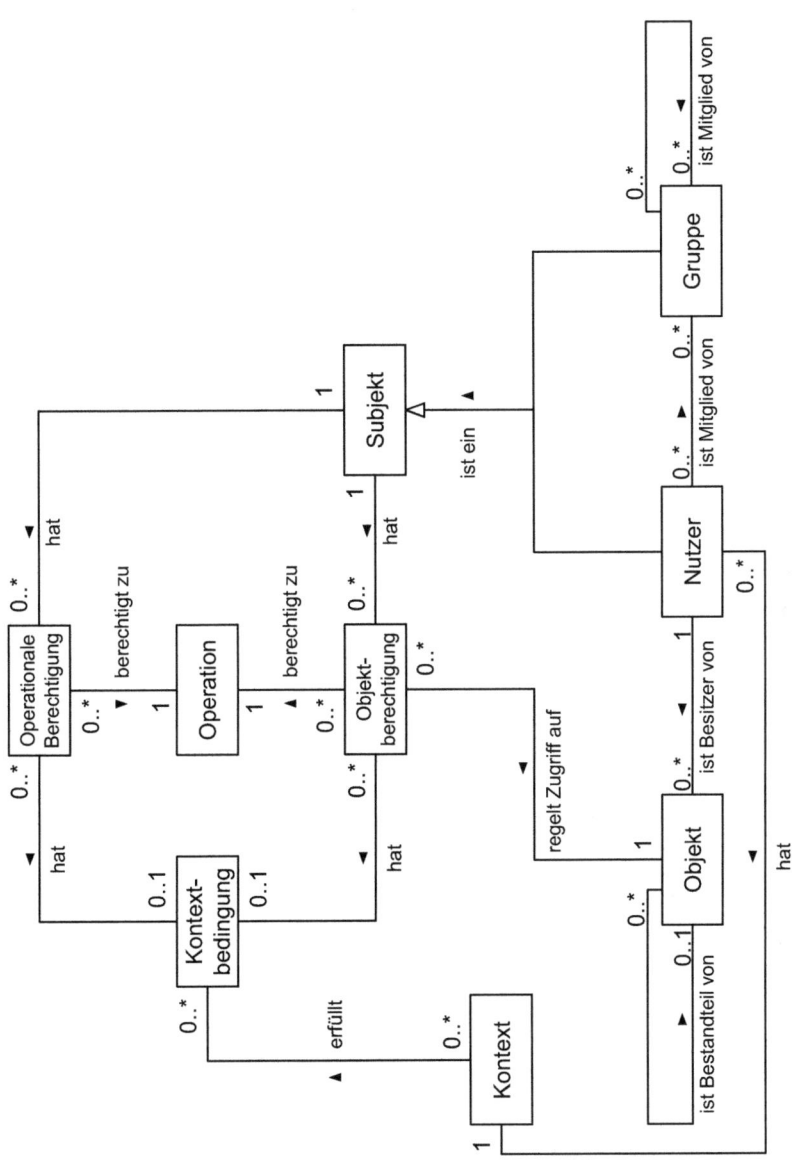

Quelle: [LeOS14], erweitert

Abbildung 47: Generisches kontextsensitives Zugriffskontrollmodell

4.6.4 Kontextparameter für die Zugriffskontrolle

Zur Ermittlung von möglichen Kontextparametern für eine Zugriffskontrolle wurde eine weitere Literaturrecherche mit dem Fokus auf kontextsensitive Zugriffskontrolle durchgeführt. In Tabelle 8 findet sich eine Auflistung von verschiedenen Kontextparametern, die in der wissenschaftlichen Literatur für Zugriffskontrollentscheidungen herangezogen werden. Zur besseren Übersicht sind diese in Kategorien eingeteilt, wobei diese Kategorien nicht trennscharf sind.

In den meisten Arbeiten wird *nicht* beschrieben, wie die jeweiligen Kontextinformationen technisch erhoben werden sollen. Gerade auch unter dem Aspekt, dass Kontextinformationen oftmals einfach manipuliert werden können, ist es wichtig, sich den technischen Vorgang zur Gewinnung der Kontextinformation unter dem Blickwinkel der Fälschungssicherheit genau anzusehen.

McDaniel führt Klassifikationskriterien für verschiedene Arten von Kontext für Zugriffskontrollentscheidungen an: Lokal oder entfernt, synchron oder asynchron, Datenabfrage oder Berechnung [McDa03]. Er unterscheidet in seiner Arbeit auch, ob eine Kontextabfrage den Zustand des Systems ändert, um beispielsweise „sich verbrauchende Rechte" zu modellieren. Er führt dazu eine eigene XML-Erweiterung ein, mit der die Bedingungen beschrieben werden können.

Kategorie	Parameter	Quelle
Subjekt	• Nationalität	[StNe04]
	• Physiologische Messwerte (Vitalsensoren)	[PaHC06], [GoLS09]
	• Organisationszugehörigkeit, Rolle, Projektzugehörigkeit	[KuKC02], [HiKS10], [CoMT04], [WJOM05]
Ort	• Aufenthaltsort	[Deck11a], [WuLC04]
	• relative Ortung	[DePo09], [PaHC06]
Umfeld	• An- und Abwesenheit von anderen Subjekten	[DePo09], [WJOM05], [SaNC02], [PaHC06]
	• Wetter	[MoAb01]
	• Geräuschpegel, Helligkeit, Beschleunigung	[StNe04], [HSBE05]
	• Verfügbare Ressourcen (z.B. Drucker)	[CoMT04],
	• Länge Druckerwarteschlange	[McDa03]
	• Temperatur, Brandfall	[WJOM05], [LBDN05]
Technik	• Auslastung CPU/Netzwerk	[CLSD01], [McDa03]
	• Akku-Kapazität, Bildschirm	[PaHC06]
	• Sicherheit der Verbindung	[WuLC04]
	• Computersicherheit (Firewall, OS Patch-level, Antivirus-Aktualität, Dateisystem…)	[WuLC04]
Aktivität	• Beschäftigung einer Person (z.B. gerade Telefonat, Konferenz, …)	[CLSD01], [WJOM05], [CoMT04]
	• Zugriffshistorie	[HaZY05], [StNe04]
	• Aufgabe (Bearbeitungszeit, Status, …)	[HiKS10]
Kalender	• Werk- oder Feiertag, Jahreszeit	[CLSD01], [PaHC06]
	• Termine	[HaZY05]
Objekt	• Ort, Status, verknüpfte Subjekte / Objekte	[HiKS10], [WJOM05]
	• Sicherheitseinstufung, Erstelldatum, Typ, Größe	[MoAb01]

Tabelle 8: Identifizierte Kontextparameter für eine Zugriffskontrolle

Die identifizierten Kontextparameter wurden im Rahmen des Projektes SumoDacs, zusammen mit den Unternehmenspartnern, auf ihre Eignung für eine technische Umsetzung geprüft. Dabei haben sich die folgenden Kontextparameter als besonders geeignet für die Kontextschalter herausgestellt:

- **Aufenthaltsort**

  Von Orten, welche eine für die Daten notwendige Sicherheit womöglich nicht aufweisen, kann der Zugriffe auf sensible Daten eingeschränkt werden. Der Aufenthaltsort des Endnutzers bzw. seines mobilen Gerätes kann etwa über GPS bzw. GLONASS (Eigenortung des mobilen Computers) oder als Fremdortung durch einen Unternehmensserver (z.B. durch Auswertung der IP-Adresse) bzw. einen Dienstleister bestimmt werden. Gerade durch Fremdortungsverfahren können die Manipulationsmöglichkeiten verringert werden. Es kann so zum Beispiel der mobile Zugriff von im Ausland befindlichen Mitarbeitern auf alle Datensätze vom Typ „Patentanmeldung" verhindert werden.Art der Verbindung

  Unterschiedliche Verbindungsarten können verschiedenen Risikoklassen zugeordnet und für die Zugriffsentscheidung herangezogen werden. So können z.B. im unternehmenseigenen WLAN Zugriffe auf Daten erlaubt werden, welche in öffentlich zugänglichen WLANs (HotSpots, Hotels) verboten sind.

- **Art der Authentifizierung**

  Abhängig davon, für wie sicher die aktuell verwendete Authentifizierungsmethode eingestuft wird, können unterschiedliche Berechtigungen vergeben werden. Beispielsweise können bei einer Authentifizierung ohne Hardware-Sicherheits-Token weniger weitgehende Zugriffsrechte gewährt werden, als bei einer Authentifizierung mit einem Token. Das Vorhandensein einer aktiven Einbindung eines Hardware-Sicherheits-Tokens in die Kommunikation mit dem Unternehmen kann als Kontextparameter gesehen werden.

- **Status des mobilen Gerätes**

  Der momentane Systemzustand des mobilen Gerätes kann ebenfalls für die Zugriffsentscheidung relevant sein. Beispielsweise könnte es sinnvoll sein, dem Gerät nur Zugriff auf bestimmte Daten zu gewähren, wenn es eine bestimmte kryptographische Stärke nachweisen kann. Das bedeutet, es muss bestimmte

Verschlüsselungsalgorithmen oder bestimmte kryptographische Protokolle beherrschen, um Zugriff auf sensitive Daten zu erhalten. Es ist ebenso möglich, das Vorhandensein eines aktiven Virenschutzproduktes mit aktuellen Signaturdefinitionen als Zugriffsvoraussetzung zu fordern. Dies wird schon seit längerem als Network-Access-Control Technologie (NAC) angeboten [Orti07].

- **(Orts-)Zeit**
  Für die Zeit als Kontextparameter sind die verschiedenen Zeitzonen zu berücksichtigen. Mit diesem Kontextparameter kann etwa untersagt werden, dass ein Nutzer sensible Geschäftsdokumente außerhalb der üblichen Geschäftszeiten ändern darf. Beispielsweise könnte es Buchhaltungsmitarbeitern untersagt sein, außerhalb der Geschäftszeiten die Gehaltstabelle zu verändern. Da für die Bestimmung der Zeitzone auf die Ortung zurückgegriffen werden muss, ist hier ein Kontextparameter eine Eingangsgröße für die Ermittlung eines anderen Kontextparameters.

- **Kalendereinträge**
  Die Termine eines Nutzers können aus seinen vom mobilen Gerät oder einem Unternehmensserver verwalteten Terminkalender entnommen und ausgewertet werden. Je nach Ausgestaltung des Kalenders lassen sich diesem Informationen über die Art der eingetragenen Termine entnehmen. So kann beispielsweise sichergestellt werden, dass ein im Urlaub befindlicher Mitarbeiter keine Informationen verändert.

Eine kontextsensitive Zugriffskontrolle kann auch die Zahl der in einem vorgegebenen Zeitraum beantworteten Anfragen als Kontextparameter heranziehen. Dadurch kann ein künstlicher Flaschenhals geschaffen werden, wenn hier Begrenzungen eingeführt werden. Sollte auf einem mobilen Gerät beispielsweise eine Spionagesoftware aktiv sein, lässt sich dadurch verhindern, dass der komplette Datenbestand abgerufen wird. Es kann dadurch allerdings auch eine massive Funktionseinschränkung entstehen, weshalb so ein Vorgehen vermutlich nicht in vielen Anwendungsfällen zum Einsatz kommen wird.

4.7 Umsetzung

Im Rahmen des Projektes SumoDacs wurde die hier vorgestellte Architektur zusammen mit der kontextsensitiven Zugriffskontrolle von der CAS Software AG und der WIBU Systems AG prototypisch umgesetzt. Die folgende Beschreibung findet sich in ähnlicher (aber ausführlicherer) Form im Schlussbericht zum Projekt [SGHN12].

Es wurde eine Architektur mit einem browserbasierten Zugriff auf die Daten und Dienste des Unternehmensnetzwerkes gewählt. Dabei kam die schon erwähnte 3-Zonen-Architektur zum Einsatz. Auf Seiten der mobilen Anwendung wurde ein Standardbrowser mit einer separaten Proxy-Anwendung verwendet.

Wie Abbildung 48 zeigt, kommt dem DMZ-SumoDacs-Server (DMZ-SD-Server) eine zentrale Steuerungsfunktion für die Nutzer-Authentifizierung zu. Das Rechtemanagement bzw. die Erweiterung als kontextsensitive Zugriffskontrolle kann nicht auf der DMZ-Seite erfolgen, da die Steuermechanismen für den Zugriff auf Anwendung und Daten in Verbindung mit dem Serverprozess des Datenbanksystems ablaufen müssen.

Als Unternehmensanwendung wurde ein CAS Open Server verwendet. Dieser wurde um eine modulare Authentifizierungs- und Autorisierungsarchitektur sowie die Fähigkeit zur Anbindung von anderen Unternehmensanwendungen im Unternehmensbackend erweitert. Damit entstand eine Gateway-Funktionalität, über welche eine sichere Bündelung der darüber bereitgestellten Dienste realisiert wurde.

Umsetzung 243

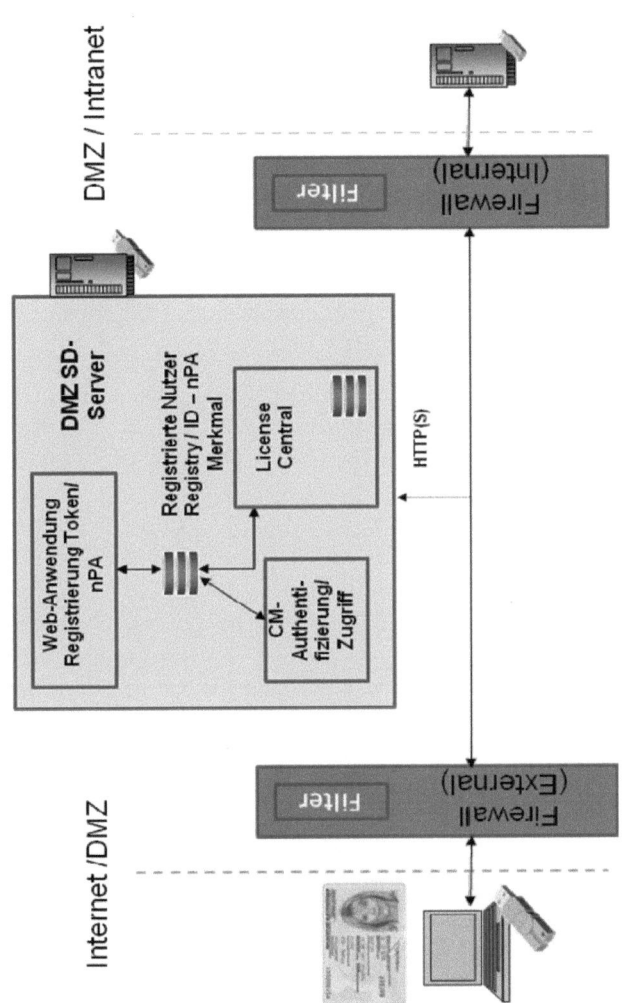

Quelle: [SGHN12]

Abbildung 48: Firewalls und SumoDacs Sicherheitsserver im 3-Zonen Modell

Mobiles Gerät

Als Hardware-Sicherheits-Token kam die CodeMeter®-Technologie von WIBU zum Einsatz. Dabei wird ein Hardware-Sicherheits-Token (CmDongle) nicht nur am mobilen Gerät verwendet, sondern ebenso beim Sicherheitsserver und bei der Unternehmensanwendung. Für die technische Nutzung von CmDongle beim mobilen Gerät ist eine getrennte Brücken-Lösung entwickelt worden, der SumoDacs-Client. Dieser ist analog einem lokalen Proxy realisiert. Abbildung 49 veranschaulicht das Zusammenspiel der verschiedenen Komponenten.

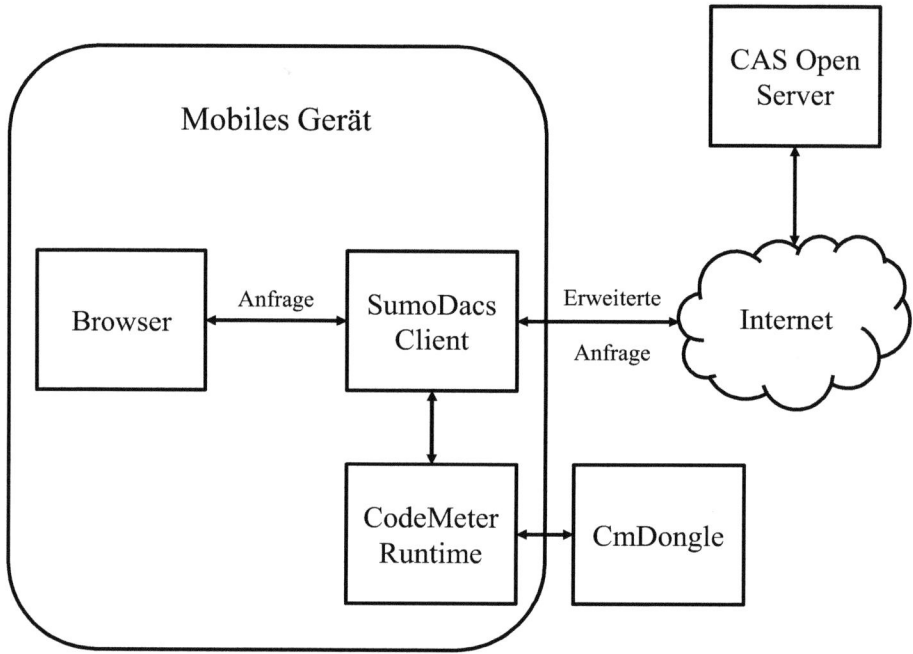

Quelle: [SGHN12], modifiziert

Abbildung 49: Einbindung des Hardware-Sicherheits-Tokens beim mobilen Gerät

Anfragen des Browsers werden an den SumoDacs-Client übergeben. Dazu wird entweder der SumoDacs-Client als Proxy im Browser festgelegt oder er wird in der URL über einen speziellen Port adressiert. Sind diese Anfragen nicht an eine SaaS-

Umsetzung

Anwendung über den SumoDacs-Sicherheitsserver gerichtet, werden diese wie bei einem Proxy bearbeitet. Bei Anfragen an den SumoDacs-Server kommen die in Abschnitt 4.5 beschriebenen Verfahren zum Einsatz. Der SumoDacs-Client fordert die benötigten Sicherheitsinformationen bei der CodeMeter®-Runtime an. Diese wiederum nutzt den CmDongle um die benötigten Informationen zu ermitteln. Die Sicherheitsinformationen werden vom SumoDacs-Client an die ursprüngliche Anfrage angefügt und können vom SumoDacs-Server geprüft werden. Sind diese korrekt und entsprechen den Anforderungen, wird die Anfrage an die Unternehmensanwendung weitergleitet und dort gegebenenfalls ausgeführt. Andernfalls erhält der SumoDacs-Client eine Fehlermeldung, welche er dem Nutzer mittels des Browsers darstellt.

Der SumoDacs-Client und die CodeMeter®-Runtime sind auf das jeweilige Betriebssystem anzupassen. Bisher liegen Implementierungen unter anderem für Linux, Mac OS und die Windows-Familie vor. Damit konnte die Lösung im Laborbetrieb erfolgreich getestet werden. Allerdings sind zurzeit noch Hürden im Zusammenhang mit dem Einsatz bei hoch mobilen Geräten vorhanden. Während der Einsatz auf Notebooks funktioniert, sind unter Android bisher Root-Rechte nötig, um auf CmDongle zugreifen zu können. Dabei ist unerheblich, ob CmDongle als USB-Stick (CmStick) oder als Karte (CmCard) ausgeführt ist. Eine alternative Lösungsmöglichkeit für die Nutzung von CmDongle unter Android ohne Root-Rechte ist in der Entwicklung. Unter iOS sind noch Fragen mit den Rechten der lokalen Komponente sowie dem Hardwarezugriff zu klären, da die Geräte standardmäßig keine geeignete Hardwareschnittstelle haben.

Mit Hilfe des Hardware-Sicherheits-Tokens können Daten sicher lokal auf dem mobilen Gerät zwischengespeichert werden. Bei der Verwendung drahtloser Datenkommunikation besteht die Möglichkeit von ungeplanten Kommunikationsabbrüchen (z.B. „Funkloch"). Die SumoDacs-Architektur sieht deshalb vor, dass mobile Endgeräte auch kurzzeitig autark arbeiten können, also einen begrenzten eigenen Datenbestand vorhalten können. Die auf einem mobilen Gerät vorgehaltenen Daten werden verschlüsselt, damit beim Verlust des Gerätes die Daten nicht Unbefugten in die Hände fallen. Dazu wurde ein performantes Verfahren zur verschlüsselten Speicherung der Daten entwickelt, das keine Anpassung des

Betriebssystemkerns erfordert und mit Hilfe des CmDongle eine sichere Speicherung auf Applikationsebene realisiert. Der dazu nötige Schlüssel wird im CmDongle sicher aufbewahrt. Sollte das CmDongle verloren gehen, ist es mit Hilfe der CodeMeter License Central (siehe nächsten Abschnitt) möglich, die benötigten Schlüssel und Zertifikate auf einem anderen CmDongle wieder herzustellen. Damit kann auf verschlüsselt zwischengespeicherte Daten auch nach einem eventuellen Verlust des CmDongle zugegriffen werden.

Unternehmensserver

Abbildung 50 zeigt die im Rahmen von SumoDacs umgesetzte Architektur zur Integration bestehender stationärer Unternehmenssysteme (Legacy-Systeme, Backend-Bereich) und zur Bündelung der von diesen Systemen bereitgestellten offenen Dienste über ein Gateway.

Die Gateway-Funktionalität wird durch einen entsprechend erweiterten CAS Open Server realisiert, der Dienste der angebundenen Legacy-Systeme nach außen über die drei Protokolle REST, SOAP und Java RMI verfügbar macht. Das Gateway übernimmt dabei die zentrale Authentifizierung der Anfragen (Request) auf Grundlage der darin übermittelten Nutzerlegitimation (User Credentials). User Credentials können um Kontextinformationen, beispielsweise den Aufenthaltsort des Nutzers, die Uhrzeit oder die Konnektivität des anfragenden mobilen Gerätes angereichert sein. Der Credential-Typ bestimmt das anzuwendende Authentifizierungsverfahren. Auf seiner Grundlage wählt die Authentication Facade eine oder, im Falle von Zwei-Faktor-Authentifizierung, mehrere zuständige Authentication Provider aus. In SumoDacs wurde eine Unterstützung für OpenID Credentials und Zwei-Faktor Authentifizierung über mit digitalen Signaturen kombinierte Single-Sign-On Token (SSO) bzw. klassische Passwörter umgesetzt. Die Entkopplung über die Authentication Facade und die als Plug-Ins ausgelegten Authentication Provider garantieren dabei die zukünftige Erweiterbarkeit des Systems um zusätzliche Authentifizierungsverfahren.

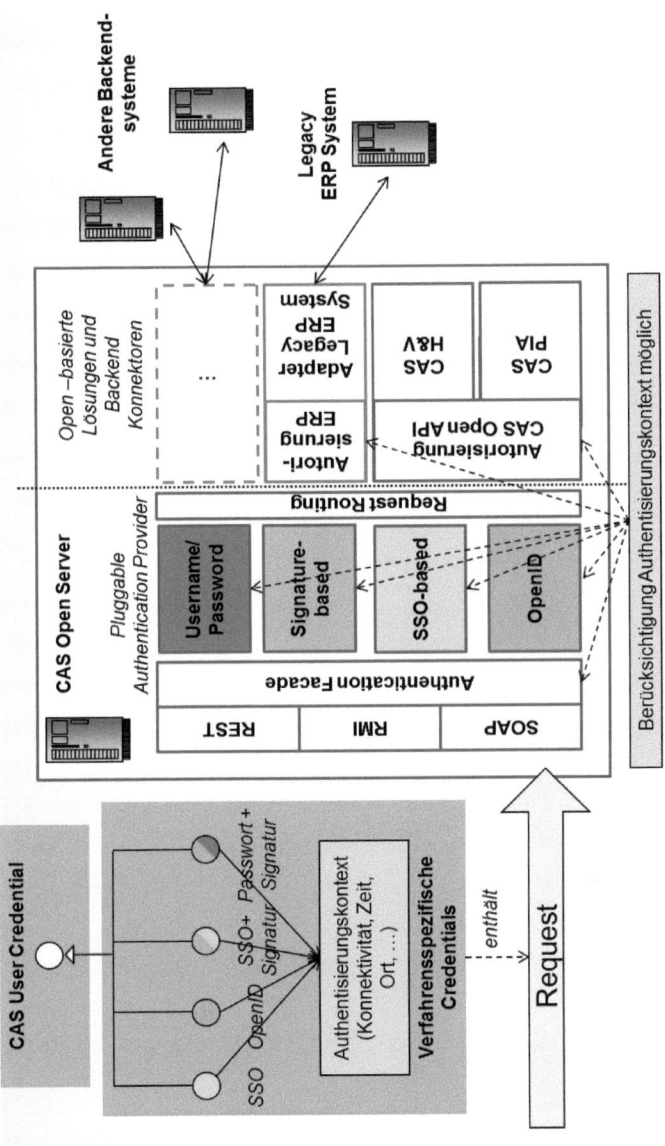

Quelle: [SGHN12]

Abbildung 50: Backend-Integration mit CAS Open Server

Erfolgreich authentifizierte Anfragen werden durch die Request Routing Schicht des Gateways an den Konnektor des Zielsystems weitergeleitet. Ein Konnektor setzt sich aus einer Autorisierungs- und einer Adapterkomponente zusammen. In der Autorisierungskomponente erfolgt die zielsystemspezifische Autorisierung des Aufrufs, wobei hier ebenfalls die Auswertung der im Request enthaltenen Kontextinformationen möglich ist. Die Adapterkomponente ist nach erfolgreicher Autorisierung für den Aufruf des jeweiligen Legacy-Systems und die Übergabe des Ergebnisses an die Request Routing Schicht verantwortlich.

Die Umsetzung der kontextsensitiven Zugriffskontrolle ist im Projekt noch mit proprietären Verfahren programmiert worden. Eine Umsetzung mit anerkannten Standards (wie beispielsweise XACML) wurde auf eine spätere Realisierungsstufe verschoben.

Für die notwendige Schlüsselverteilung auf die beteiligten CmDongle wurde das bestehende Produkt CodeMeter License Central verwendet [WIBU14]. Damit können alle benötigten Schlüssel sicher auf die CmDongle verteilt werden, auch ohne diese an einen Ort zusammenbringen zu müssen. Jedes Unternehmen bekommt ein spezielles Hardware-Sicherheits-Token mit erweiterten Möglichkeiten, die sogenannte „Firm Security Box (FSB)". Diese enthält einen eindeutigen Firmencode (Firm Code). Nur mit einer FSB können in den anderen Sicherheits-Token die privaten Schlüssel erzeugt werden. Auch das Übertragen eines privaten Anwenderschlüssels auf ein weiteres Sicherheits-Token ist nur in Verbindung mit einer FSB möglich. Die FSB verbleibt sicher verwahrt im Unternehmen. Mit Hilfe der CodeMeter License Central können private Schlüssel auch zuverlässig abgesichert online verteilt werden, eine direkte physische Zusammenführung von FSB und Sicherheits-Token ist damit nicht mehr nötig. Somit kann ein Nutzer bei einem Verlust oder möglicherweise einem Defekt des CmDongle sehr schnell wieder arbeitsfähig werden, sofern ihm ein weiteres CmDongle in Reserve zur Verfügung steht.

4.8 Evaluation Hardware-Sicherheits-Token

Die Evaluation zielte vor allem darauf ab aufzuzeigen, wie sich die gefühlte Sicherheit (Perceived Security) durch den Einsatz von Hardware-Sicherheits-Token verändert. Zusätzlich wurde ermittelt, wie sich die Gebrauchstauglichkeit (Usability) allgemein und unter Verwendung der Hardware-Sicherheits-Token verhält. Dazu wurde die oben beschriebene Umsetzung mit CAS-PIA als Anwendung von CAS-Open verwendet. Auf Seiten des Nutzers wurde an den Geräten der SumoDacs Client und CodeMeter von WIBU-Systems verwendet. Für den Nutzer war dabei nur der CmDongle wahrnehmbar. Die Evaluationsszenarien wurden so aufgebaut, dass sich die Probanden der Wirkung des Hardware-Sicherheits-Tokens bewusst werden mussten.

Diese Evaluation ist auch in das Projekt SumoDacs eingeflossen. Teile dieser Evaluation finden sich deshalb auch im Schlussbericht zum Projekt [SGHN12]. Nachfolgend werden Evaluationsdesign, Ablauf und Ergebnisse dargelegt.

4.8.1 Evaluationsdesign

Um Nutzern gebrauchstaugliche Dinge bereit zu stellen, ist es notwendig zu überprüfen, ob dies bei der Entwicklung gelungen ist. Da die Gebrauchstauglichkeit mehrdimensional ist und von vielen Faktoren abhängt, ist ein verbreiteter Ansatz, sie mit Hilfe der Szenario-basierten Evaluation zu untersuchen. Dabei werden Probanden gebeten, realistische Probleme zu lösen und vorgegebene Aufgaben zu erfüllen. Zur Auswertung können einerseits objektive Maße wie die Dauer der Problemlösung bzw. Aufgabenerfüllung oder in Anspruch genommene Hilfestellungen herangezogen werden. Andererseits können subjektive Maße verwendet werden, welche beispielsweise mit einer Likert-Skala abgefragt werden, um die Zufriedenheit der Nutzer mit der evaluierten Sache zu erfassen [Lewi95].

Störende Einflüsse müssen vermieden werden. Dazu werden die zu evaluierenden Dinge tatsächlich verwendet und nicht nur die Vorstellung der Probanden dazu erfragt. Weiterhin wird für jeden Probanden, durch vorgegebene Szenarien und

Aufgaben sowie der Durchführung in einem Labor, die gleiche Situation geschaffen. Störende Einflüsse wie etwa unterschiedliche Ausrüstung (PC, Laptop, Smartphones etc.) treten so nicht auf. Jeder Proband befindet sich in der gleichen Situation mit den gleichen Herausforderungen und kann mit einem Labordemonstrator realistische Aufgaben durchführen.

Aufbau der Studie

Die Evaluation wurde in Form einer Untersuchung im Labor durchgeführt. Damit wurde den Probanden die Möglichkeit gegeben, sich direkt mit den Labordemonstratoren bestehend aus der Anwendung CAS-PIA auf einem stationären und einem mobilen Computer und den CmDongles in zwei unterschiedlichen Bauformen (CmStick und CmCard) auseinander zu setzen. Mit Hilfe von Szenarien und zu erfüllenden Aufgaben konnte der Demonstrator kennen gelernt werden, um ihn hinsichtlich seiner Gebrauchstauglichkeit (Usability) und der wahrgenommenen Sicherheit (Perceived Security) zu bewerten.

In den Szenarien konnten auszugsweise Aufgaben aus vier aufeinanderfolgenden Tagen in der Rolle als Vertriebsdirektor innerhalb einer halben Stunde durchgespielt werden. Die Szenarien aus den ersten beiden Tagen dienten dazu, die Probanden mittels Lösen von Aufgaben mit der stationären und der mobilen Variante des Demonstrators vertraut zu machen. Die Szenarien aus den Tagen drei und vier fokussierten auf die Nutzung der Hardware-Sicherheits-Token. Den Probanden wurden Situationsbeschreibungen der Szenarien und der zu lösenden Aufgaben vorgelegt. Neben der Situationsbeschreibung und den Aufgaben waren noch Kurzanleitungen beigefügt. Alle Unterlagen zur Evaluation (Beschreibungen, Aufgaben, Fragebögen) sind im Anhang 2 zu finden. Abbildung 51 gibt einen Eindruck davon, wie das Versuchslabor eingerichtet war.

Evaluation Hardware-Sicherheits-Token   251

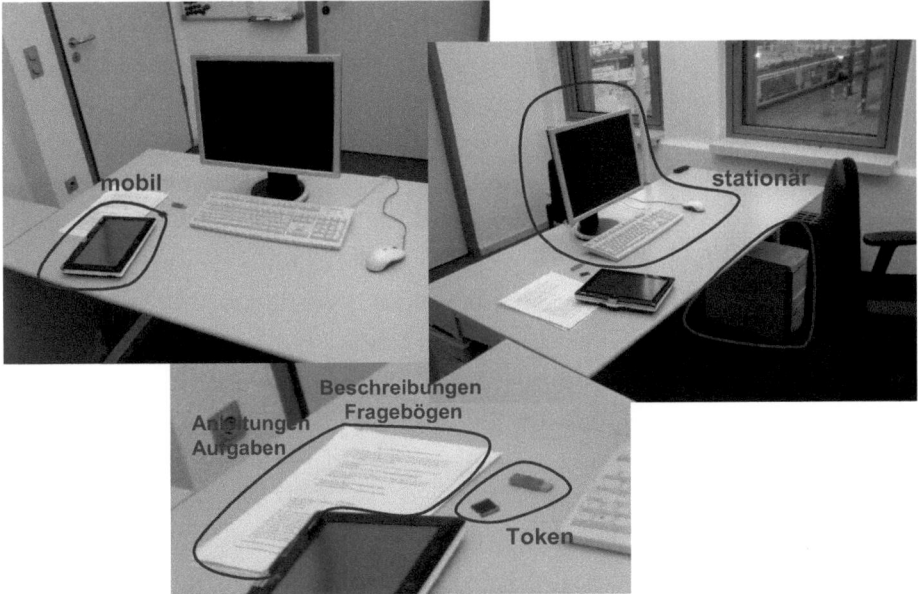

Abbildung 51: Einrichtung des Evaluationslabors

Nach jedem simulierten „Tag" war ein kurzer Fragebogen auszufüllen, der die Meinung des Probanden zur Einfachheit der Aufgabe und seine Zufriedenheit mit der benötigten Zeit erfasste. Des Weiteren wurde festgehalten, ob Hilfe durch den Versuchsleiter notwendig war. Nach Abschluss aller Aufgaben wurde den Probanden noch ein Gesamtfragebogen vorgelegt, welcher detaillierte Fragen zur Gebrauchstauglichkeit stellte und die wahrgenommene Sicherheit erfasste. Zusätzlich wurden soziodemografische Daten sowie die Technikaffinität und die Sicherheitskenntnis abgefragt.

Fragen zur Gebrauchstauglichkeit und wahrgenommenen Sicherheit waren mit Hilfe einer sieben-stufigen Likert-Skala zu beantworten. Die Verwendung einer sieben-stufigen Skala ist vielfach üblich, da sie detailliert genug ist, um zuverlässig zu messen. Jede weitere Stufe führt nur noch zu einem geringen Anstieg der Zuverlässigkeit (Reliabilität) [Lewi95].

Szenarien

Am ersten simulierten Tag musste eine Geschäftsreise vorbereitet werden. Dies geschah - wie auch noch am zweiten Tag - ohne den Einsatz von Hardware-Sicherheits-Token. Der Proband "schlüpfte" in die Rolle des Verkaufsdirektors der Maschinenhandels-Firma "MaHan" in Karlsruhe. Als dieser sollte mit dem kaufmännischen Direktor des Maschinenbauunternehmens "MaBau" Hockenheim, Herrn König, ein Vertrag ausgehandelt und abgeschlossen werden, weshalb am folgenden Morgen um 10 Uhr die Firma MaBau in Hockenheim besucht werden sollte. Zur Vorbereitung hierfür mussten die Daten der Kontaktperson Herr König vervollständigt werden. Dazu musste die E-Mail-Adresse von Herrn König, koenig@maschinenbau.de in den Kontakten eingetragen werden. Anschließend musste der Termin für den nächsten Tag in den Kalender eingetragen werden mit dem Betreff "Vorvertragsverhandlung mit Firma Maschinenbau". Danach musste noch eine neue Aufgabe angelegt werden mit dem Betreff "Preisliste erstellen" und dem Inhalt "Preisliste heute noch erstellen!" als Notiz.

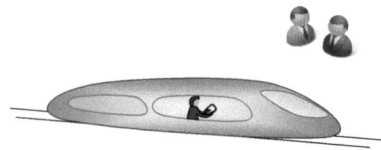

Im zweiten Szenario befand sich der Verkaufsdirektor im Zug auf dem Rückweg. Er hat nach erfolgreichen Verhandlungen vor Ort bei der Firma Maschinenbau in Hockenheim einen Vorvertrag abgeschlossen. Hier mussten nun diverse Daten mit der mobilen Variante der Anwendung aktualisiert werden: Die Handynummer von Herrn König wurde in seinen Kontaktdaten ergänzt und der Bearbeitungsstatus für die Aufgabe "Vorvertrag" auf 90 % erhöht. Außerdem sollte die private Mobiltelefonnummer vom Geschäftsführer der eigenen Firma MaHan, Herrn Müller, mit der Anwendung heraus gesucht werden, um diesem später noch zu berichten.

Am dritten Tag sollten wiederum Vorbereitungen für einen Außendienstaufenthalt am PC getroffen werden. Dem Probanden wurde mitgeteilt, dass gerade Hardware-Sicherheits-Token im Unternehmen des Verkaufsdirektors eingeführt wurden, um die Informationssicherheit des Unternehmens zu erhöhen. In einem bereitgelegten

Schreiben informierte die Geschäftsführung über diese Maßnahme. Dazu wurden dem Probanden zwei Hardware-Sicherheits-Token in unterschiedlichen Bauformen ausgehändigt. Der CmStick passte für die Verwendung am PC, die CmCard für die Verwendung mit dem mobilen Computer. Um ab dem dritten Tag mit der Anwendung CAS-PIA arbeiten zu können, musste der CmStick am PC angeschlossen werden. Das Szenarium war so konzipiert, dass den Probanden sicher bewusst wurde, dass das Hardware-Sicherheits-Token die Nutzung der Anwendung absichert und sie ohne diesen die Anwendung nicht mehr benutzen konnten. Zunächst meldeten sie sich bei der Anwendung mit ihrem persönlichen Token an und legten eine neue Aufgabe mit dem Betreff „Hauptvertrag mit Firma Maschinenbau" an. Anschließend sollten sie das Token wieder entfernen und direkt die Mobilfunknummer von Herrn König heraus suchen. Dies gelang selbstverständlich nicht, da das Token fehlte. Sobald sie das Token wieder angeschlossen hatten, konnten sie diese Aufgabe erledigen.

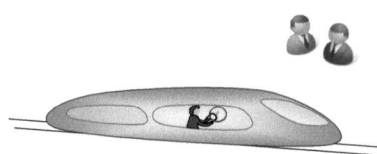

Das letzte Szenario - der vierte Tag - betraf wieder eine Geschäftsreise, bei welcher die mobile Variante der Anwendung mit der persönlichen CmCard verwendet wurde. Mit der Firma Maschinenbau in Hockenheim wurden die Details des Hauptvertrages verhandelt. In die Aufgabe „Hauptvertrag mit Firma Maschinenbau" sollte als Notiz „Endpreis Ersatzteil: 400 Euro/Stück" eingefügt werden. Des Weiteren sollte in dieser Aufgabe das Feld „Bearbeitung in %" auf „50 %" gesetzt werden.

Fragebogen nach jedem Szenario

Nach jedem dieser vier „Tage" (Szenarien) wurde den Probanden ein kurzer Fragebogen vorgelegt, der die Meinung des Probanden zur Einfachheit der Aufgabe und seine Zufriedenheit mit der benötigten Zeit erfasste. Des Weiteren wurde festgehalten, ob Hilfe durch den Versuchsleiter notwendig war. Die Einfachheit und die Zufriedenheit konnte anhand einer siebenstufigen Likert-Skala angegeben werden, wobei der Skalenbereich von 1 („stimme nicht zu") bis 7 („stimme zu") reichte. Alternativ gab es die Möglichkeit „keine Angabe / weiß nicht" anzukreuzen; letzteres wurde bei der Auswertung mit dem Wert 9 kodiert.

Ob der Versuchsleiter Hilfe leisten musste, konnte mit „Ja", „Nein" oder „keine Angabe / weiß nicht" beantwortet werden.

Gesamtfragebogen

Der Fragebogen, welcher nach dem Durcharbeiten der Szenarien vorgelegt wurde, beinhaltete insgesamt 22 Fragen. Dies waren, in dieser Reihenfolge, Fragen zur Soziodemographie, Gebrauchstauglichkeit, wahrgenommenen Sicherheit sowie zur Technikaffinität und zur Sicherheitskenntnis. Als soziodemografische Daten wurden Alter, Geschlecht, höchster Bildungsabschluss und aktuelle Tätigkeit erfasst. Die Antwortmöglichkeiten wurden dabei strikt vorgegeben, um einerseits die Auswertbarkeit zu erleichtern und andererseits den Probanden die Beantwortung der Fragen zu vereinfachen. Zur Erfassung der Technikaffinität wurde eine verbal vorformulierte Skala verwendet, welch schon bei vorherigen Studien hinsichtlich mobiler Endgeräte und Services am Institut AIFB eingesetzt wurde. Bei den Sicherheitskenntnissen wurde die Einschätzung des Probanden erfragt, inwieweit er meint, IT-Sicherheit verstanden zu haben, und dies auch erklären kann. Darüber hinaus wurde gefragt, ob und mit welchen Sicherheitsrisiken die Probanden bereits Probleme gehabt hatten. Für die Gebrauchstauglichkeit und wahrgenommene Sicherheit wurde wie zuvor bei den Fragen zu den Szenarien die siebenstufige Likert-Skala verwendet.

4.8.2 Ablauf

Wie Abbildung 51 zeigt, wurde für den Labortest ein stationärer Personal Computer (PC) und ein tragbarer Tablett-PC verwendet. Da aus technischen Gründen (vgl. Abschnitt 4.7) kein „echtes" Tablet mit einem Tablet-Betriebssystem genutzt werden konnte, wurde dieses simuliert. Abgesehen vom etwas höheren Gewicht des Gerätes war der Unterschied für die Probanden nicht feststellbar, die Softwareoberfläche (Opera Mobile) und die Touchbedienung waren identisch. Das Tablet wurde als mobile Variante eingesetzt, da die Anwendung einfacher zu bedienen ist als beim PC und sich weniger negative Effekte ergeben können, welche aus der erschwerten Handhabung herrühren. Bei einem in Vergleich zum Tablet kleineren Smartphone kann die Eingabe über einen kleinen berührungsempfindlichen Bildschirm oder über eine kleine Tastatur für Ungeübte schwierig sein. Darüber hinaus konnte beim Tablet als CmCard eine SD-Card verwendet werden, welche durch ihre Größe von den Probanden leichter ein- und ausgesteckt werden konnte als eine MicroSD-Card, die bei einem Smartphone zum Einsatz kommt. Die in der Praxis genutzten mobilen Endgeräte werden variieren. Da die Nutzer in der Regel mit ihren entsprechenden Geräten vertraut sein werden, wird sich die hier getestete Gebrauchstauglichkeit voraussichtlich ähnlich darstellen.

Vor der eigentlichen Testphase wurde ein Pretest mit zwei Probanden durchgeführt, um die Gestaltung des Versuchsaufbaus, die Beschreibungen und die Fragebögen zu überprüfen. Dabei stellte sich heraus, dass der Gesamtfragebogen geringfügig ergänzt werden musste. Es kam noch eine weitere Frage hinzu, die offene Antworten ermöglichte. Szenario-Beschreibungen, Aufgabenstellungen und Fragebögen waren ansonsten verständlich und konnten so belassen werden.

In der Testphase wurden 19 Probanden (überwiegend Studierende) ins Labor gebeten. Diese erhielten ein Willkommens-Schreiben und alle testnotwendigen Unterlagen:

- Die Szenariobeschreibungen für die Tage eins bis vier zusammen mit den Aufgabenstellungen,
- das zum Szenario Tag drei gehörende Anschreiben der fiktiven Geschäftsführung,
- zwei CmDongle, je einen als USB-Stick und als SD-Card,
- und die beiden Fragebögen.

Um die Anonymität zu gewährleisten und dennoch Doppelbefragungen zu vermeiden, wurde für die Durchführung eine separate Liste mit den Probanden geführt, welche ihre Namen und eine eindeutige Probandennummern beinhaltete. Auf den dazugehörenden Fragebögen wurde lediglich die Probandennummer aufgeführt, um das direkte Zusammenbringen von Probandennamen und beantworteten Fragebögen zu verhindern. Die Liste mit den Namen, welche eine

Zuordnung zu den Probandennummern ermöglichte, wurde nach Abschluss des Labortests vernichtet.

Die Probanden benötigten im Durchschnitt rund ein halbe Stunde (33 Minuten) für die Testdurchführung. Dieser Wert ist bereinigt um einen Ausreißer von 75 Minuten, der aufgrund eines Netzwerkausfalls zustande kam. Die kürzeste Testdauer betrug 23 Minuten.

4.8.3 Ergebnisse

Die Einschätzung der Probanden zur Gebrauchstauglichkeit wurde auch zwischen den „Tagen", das heißt zwischen den Szenarien abgefragt. Alle weiteren Daten wurden im Gesamtfragebogen erfasst, welcher nach dem Lösen der Aufgaben in den Szenarien von den Probanden beantwortet wurde. Aufgrund der Änderung des Fragebogens nach dem Pretest wurden die beiden Fragebögen des Pretests bei der Auswertung des Tests nicht berücksichtigt.

Soziodemographische und weitere Daten

Die teilnehmenden Probanden waren im Alter zwischen 20 und 39 Jahren (jeweils einschließlich), wobei zwei Drittel jünger als dreißig waren. Der Frauenanteil lag bei den Befragten lediglich bei einem Fünftel. Über die Hälfte der Befragten hatte bereits einen Hochschulabschluss. Alle anderen besaßen zumindest die Hochschulreife. In Ausbildung befanden sich 15 Probanden, wozu Schüler[16], Studierende, Lehrlinge, Auszubildende und ähnliche zählten. Ein Fünftel der Probanden war als Arbeiter oder Angestellter, freiberuflich, selbständig oder auf ähnliche Weise berufstätig.

---

[16] Von der Angabe beider Geschlechter wird für die bessere Lesbarkeit Abstand genommen, dennoch sind immer beide Geschlechter gemeint, sofern nicht etwas anderes dargestellt wird.

Evaluation Hardware-Sicherheits-Token

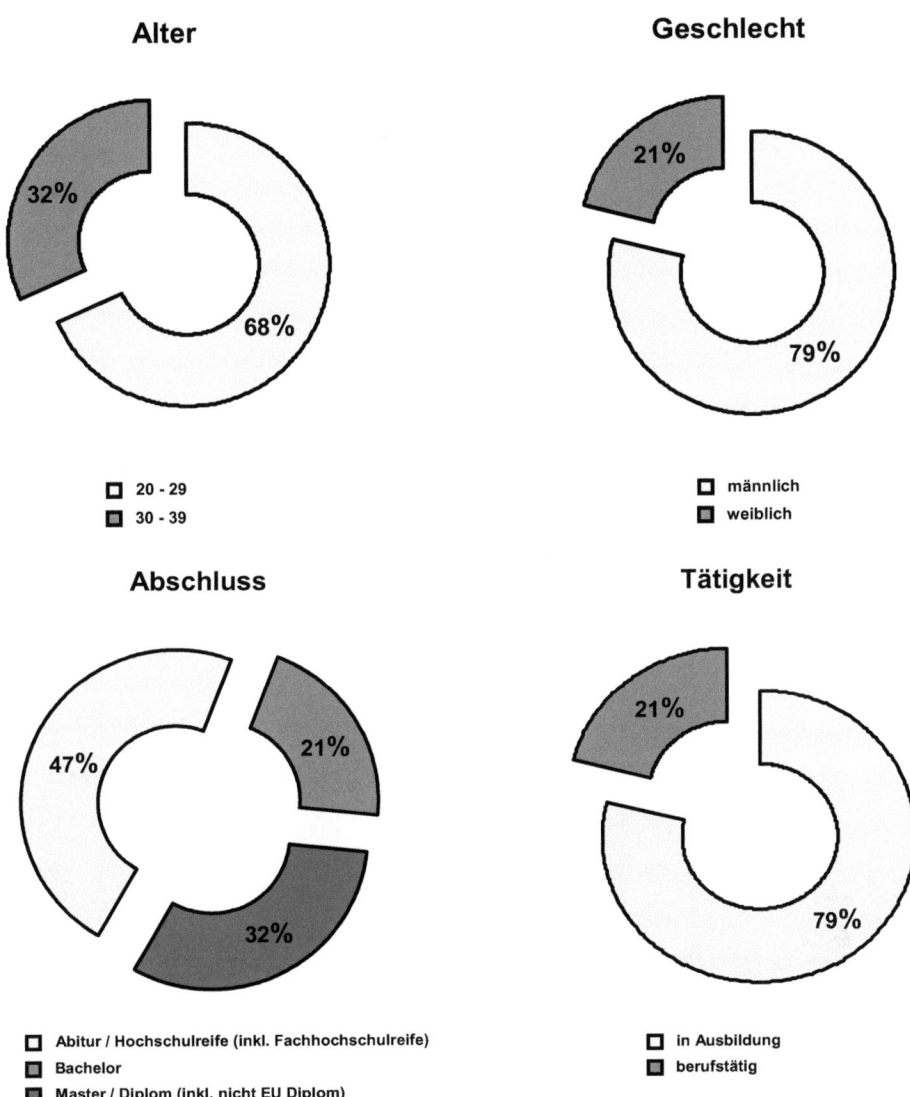

Abbildung 52: Soziodemografische Daten - Alter, Geschlecht, Abschluss, Tätigkeit

Zur Einordnung der Erfahrung der Probanden mit IT-Sicherheitsproblemen wurden diese gezielt danach gefragt. Jeder von ihnen hatte schon mit Sicherheitsproblemen zu tun. Alle bis auf einen hatten bei ihrer IT schon einmal einen Befall von Viren, Würmern oder Trojanern. Der Proband, bei dem dies noch nicht der Fall war, hatte schon mindestens einmal einen Datenverlust (wie vierzehn weitere Probanden). Die beiden am häufigsten genannten Sicherheitsprobleme waren Malware (Viren, Trojaner, Würmer) und Datenverlust durch technischen Defekt. Bei vier Probanden gab es Angriffe mittels Spyware und bei dreien durch Hacker. Ein Proband hatte mit Online-Betrug zu tun gehabt.

Gebrauchstauglichkeit

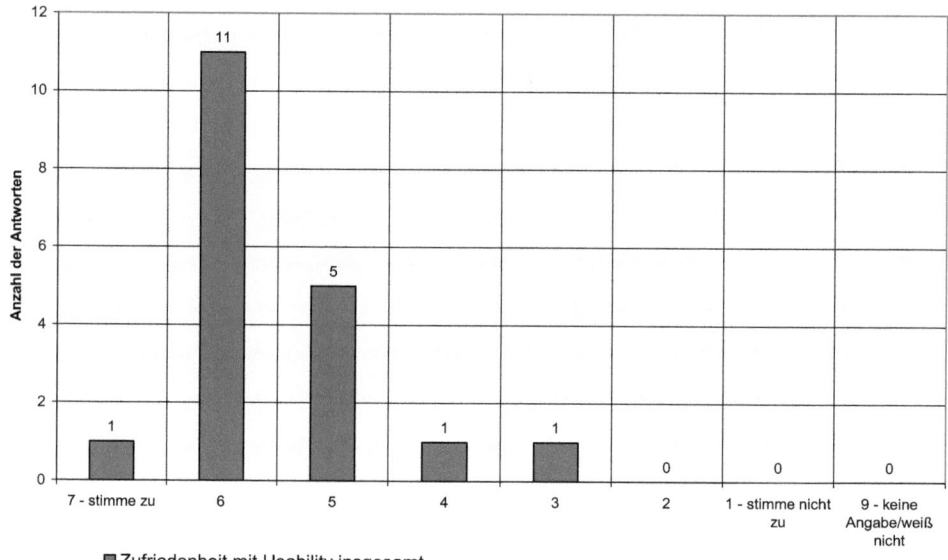

Abbildung 53: Gebrauchstauglichkeit insgesamt.[17]

---

[17] Item: „Insgesamt bin ich mit der Bedienung zufrieden."

Mit der Bedienung der Anwendung insgesamt waren die meisten Probanden zufrieden. Ein Proband war indifferent (Wert 4) und ein anderer stimmte nicht zu (Wert 3).

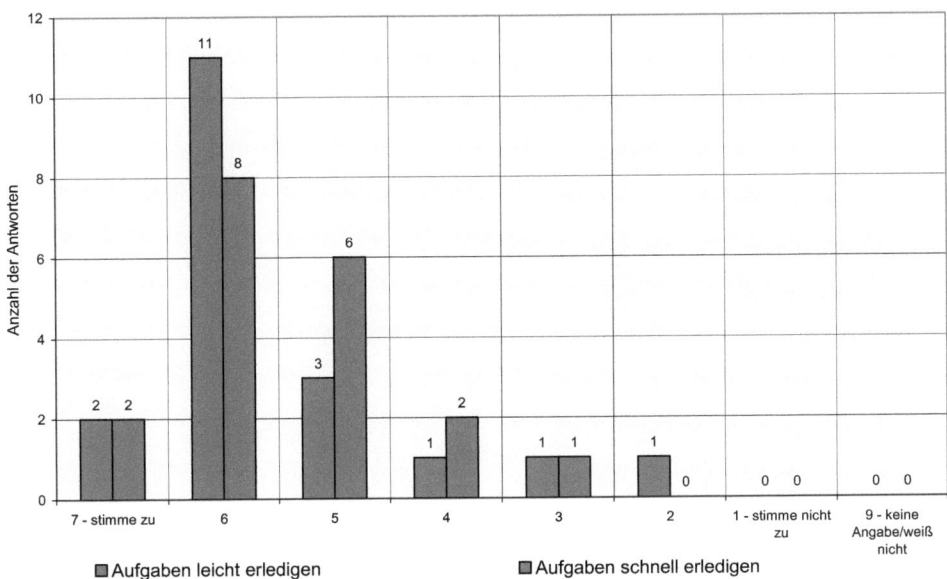

Abbildung 54: Aufgaben leicht und schnell erledigen.[18]

Hohe Zufriedenheit gab es beim Erledigen der Aufgaben (rund 80 % der Befragten wählten einen Zustimmungsgrad von 5 oder höher). Fast im gleichen Maß waren die Probanden mit ihrer Schnelligkeit beim Durcharbeiten der Szenarien zufrieden.

---

[18] Item: „Die Aufgaben in den Szenarien konnte ich leicht erledigen." und Item: „Die Aufgaben in den Szenarien konnte ich schnell erledigen."

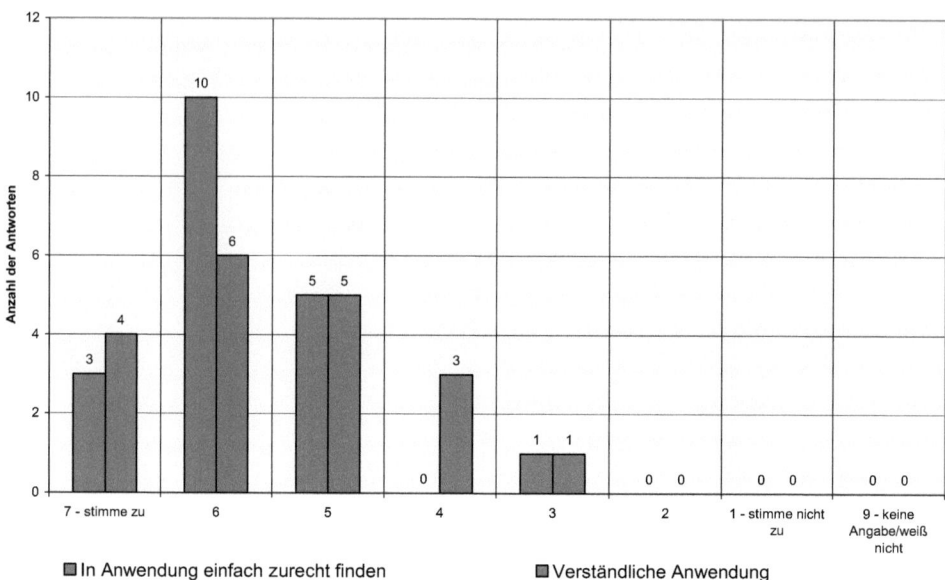

Abbildung 55: Einfach zu Recht finden / Verständlichkeit der Anwendung.[19]

Zwei Items, welche in die gleiche Richtung gingen, betrafen das Zurechtfinden und die Verständlichkeit. Beide fielen sehr positiv aus. Besonders gut konnten sich die Probanden in der Anwendung zu Recht finden. Nicht ganz so positiv wurde die Verständlichkeit bewertet.

---

[19] Items: „Ich habe mich in der Anwendung gut zurecht gefunden." und „Die Anwendung ist einfach zu verstehen."

Evaluation Hardware-Sicherheits-Token   261

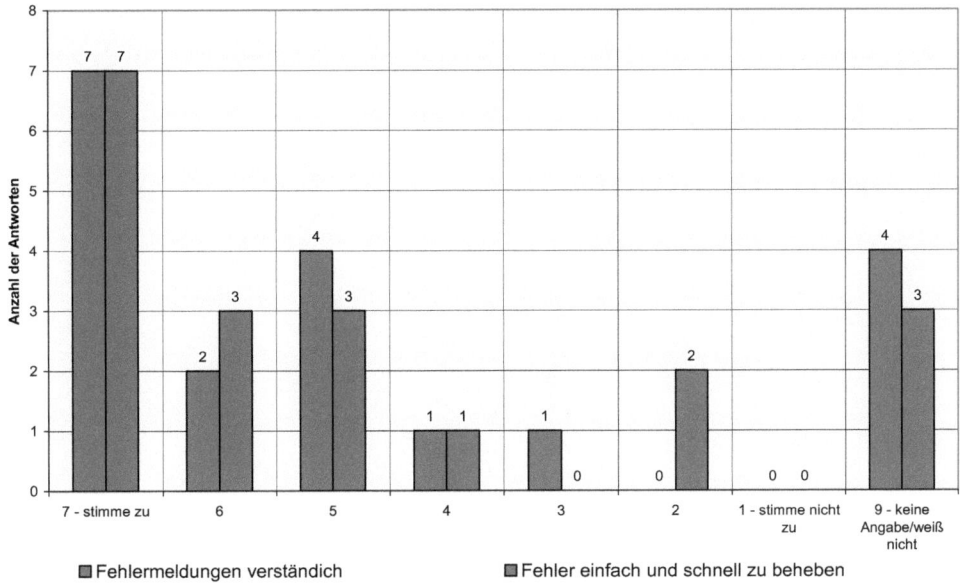

Abbildung 56:   Verständlicher und einfacher Umgang mit Fehlern.[20]

Hinsichtlich der Fehlerbehandlung ergibt sich ebenso eine positive Aussage. Zweidrittel der Befragten (Skalenwert 5 bis 7) waren mit der Fehlerbehandlung zufrieden. Fehlermeldungen wurden verstanden und halfen bei der Problemlösung weiter. Auch konnten Fehler schnell und unkompliziert behoben werden.

Drei bzw. vier Probanden wollten keine Aussage über die Fehlerbehandlung abgeben. Bei diesen traten eventuell keine Fehler auf bzw. sie erhielten keine Fehlermeldungen.

---

[20] Items: „Die Fehlermeldungen der Anwendung sind verständlich und helfen mir das Problem zu beheben." und „Wenn ich einen Fehler in der Anwendung gemacht habe, kann ich ihn einfach und schnell wieder beheben."

Wahrgenommene Sicherheit

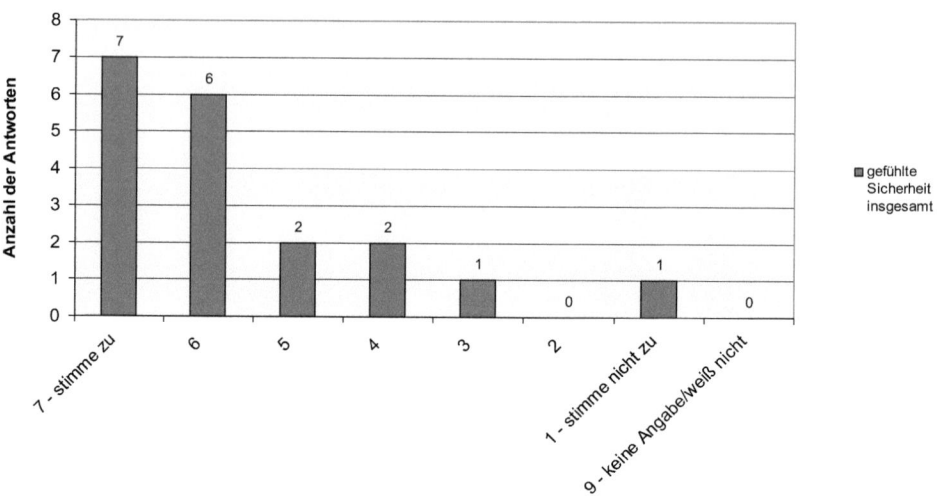

Abbildung 57: Wahrgenommene Sicherheit insgesamt.[21]

Die gefühlte Sicherheit wurde mit der Frage "Insgesamt fühle ich mich sicher bei der Verwendung der Security-Token." allgemein erfasst. Werden die höchsten beiden Skalenwerte der sieben Stufen (also 7 und 6) zusammengefasst, so ergibt sich, dass sich zwei Drittel der Befragten mit der Verwendung der Hardware-Sicherheits-Token sicher fühlten.

---

[21] Item: „Insgesamt fühle ich mich sicher bei der Verwendung der Security-Token."

Evaluation Hardware-Sicherheits-Token

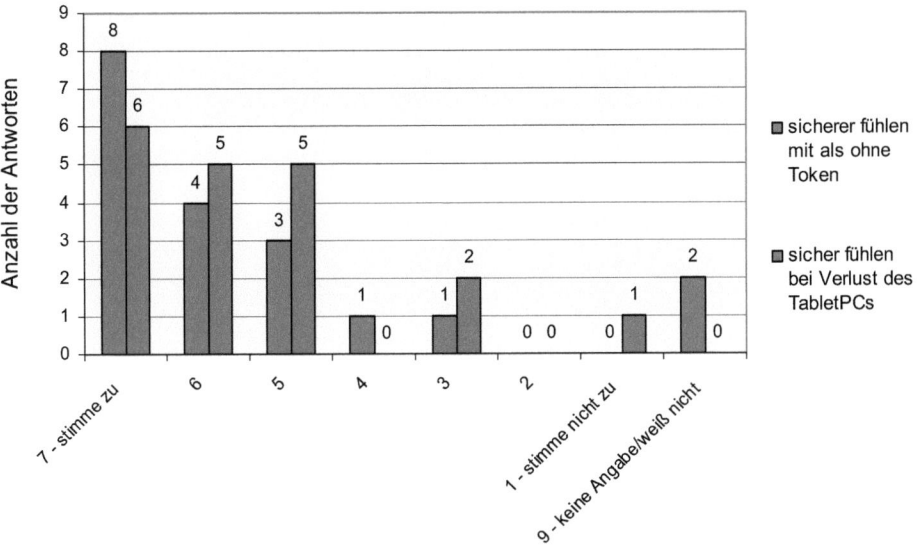

Abbildung 58: Sicherer fühlen mit Token und bei Verlust des Tablets.[22]

Im Detail wurde nachgefragt, ob sich die Probanden mit dem Hardware-Sicherheits-Token bei der Nutzung der Anwendung sicherer als ohne Token fühlten. Hier zeigte sich ein ähnliches Ergebnis.

Verhaltenere Zustimmung gab es bei der Beurteilung der Sicherheit, wenn das Tablet verloren geht, sich das Hardware-Sicherheits-Token jedoch weiterhin im Besitz des autorisierten Nutzers befindet, beispielsweise in seinem Geldbeutel. Insgesamt kann festgehalten werden, dass sich die Probanden sicherer fühlten, wenn sie ein Hardware-Sicherheits-Token nutzten.

---

[22] Item zum sicherer fühlen: „Ich fühle mich mit dem Security-Token bei der Nutzung der Anwendung sicherer als ohne Token." Item zum Verlust des Tablet: „Auch wenn ich den Tablet-PC verliere, sind meine Daten noch sicher. (Hinweis: Das Security-Token befindet sich getrennt vom Tablet-PC im Geldbeutel)"

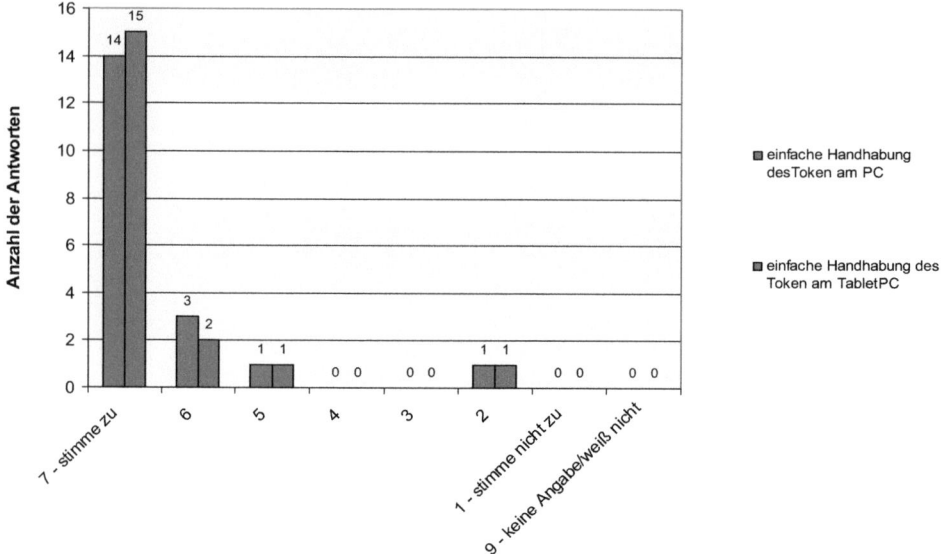

Abbildung 59: Einfache Handhabung des Tokens am PC / Tablet.[23]

Neben der wahrgenommenen Sicherheit wurde die Gebrauchstauglichkeit der Hardware-Sicherheits-Token untersucht. Hier hatten die meisten Probanden keine oder fast keine Probleme. Im Ergebnis zeigte sich, dass die Verwendung von Hardware-Sicherheits-Token eine einfache Methode ist, eine gute gefühlte Sicherheit zu gewährleisten.

---

[23] Item: „Die Handhabung des Security-Tokens mit dem PC ist einfach." und „Die Handhabung des Security-Tokens mit dem TabletPC ist einfach."

Evaluation Hardware-Sicherheits-Token 265

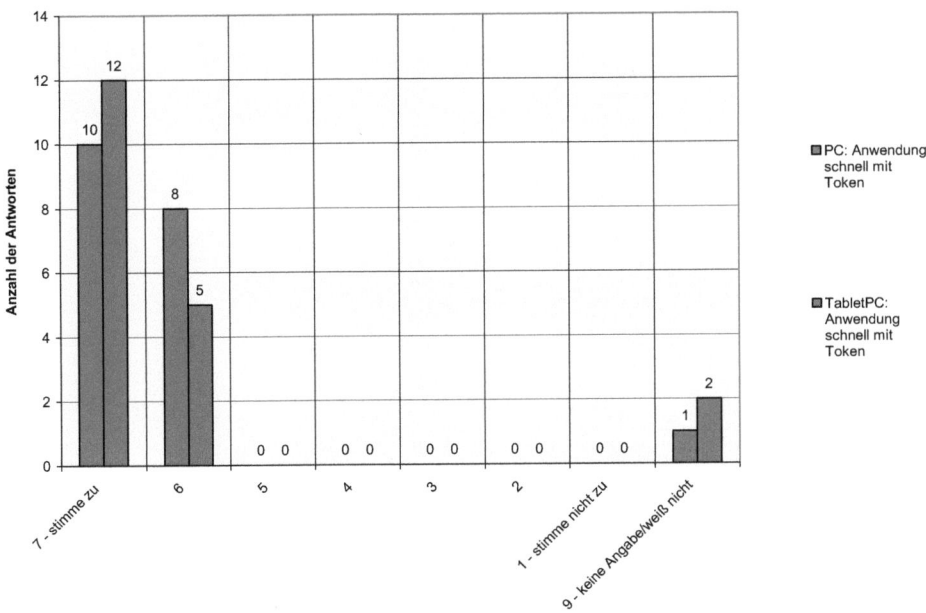

Abbildung 60:   Die Anwendung auf dem PC / Tablet ist schnell mit dem Token.[24]

Ebenso wurde die Ausführungsgeschwindigkeit der Anwendung durch die installierte Software (SumoDacs-Client und CodeMeter Runtime) und den CmDongle weder auf dem PC noch auf dem Tablet merkbar beeinflusst. Bei beiden Geräten reagierte die Anwendung schnell.

---

[24] Items: „Die Anwendung auf dem PC reagiert mit dem Security-Token schnell." und „Die Anwendung auf dem TabletPC reagiert mit dem Security-Token schnell."

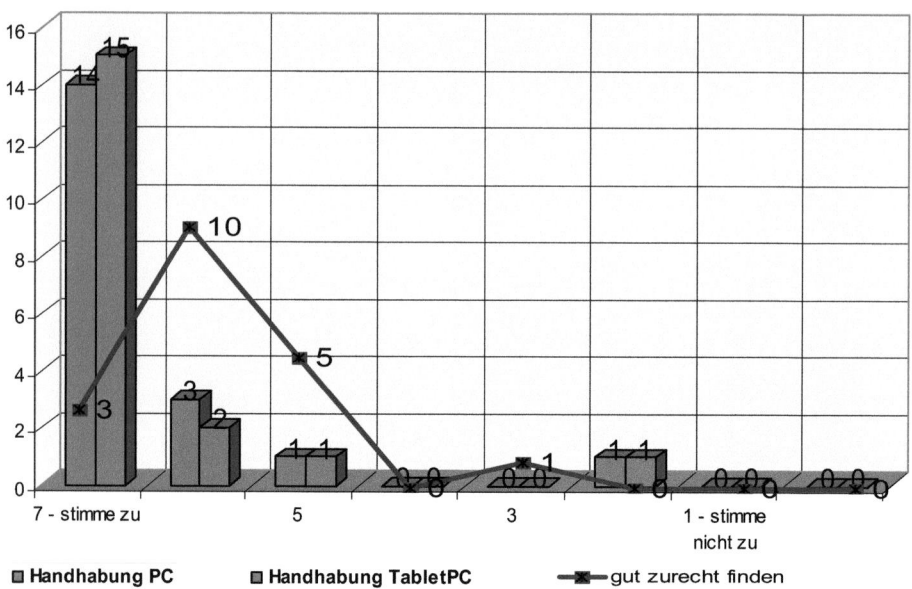

Abbildung 61: Handhabung des Tokens mit PC / Tablet im Vergleich zum Zurechtfinden in der Anwendung.[25]

Wird die Handhabung der Hardware-Sicherheits-Token mit der Anwendung verglichen, so zeigt sich, dass das Token besonders durch seine einfache Handhabung gekennzeichnet ist. Es zeigte sich, dass die Nutzung des Tokens insgesamt einfacher ist als die der Anwendung. Dies ergibt sich daraus, dass zum Erreichen einer hohen Sicherheit lediglich eine Hardware-Komponente angesteckt wird. Sicherheitsmechanismen haben oft das Problem, dass sie bei hoher Sicherheit eine geringe Gebrauchstauglichkeit aufweisen. Aufgrund der Einfachheit in der Handhabung der Token sind die Nutzer weniger geneigt, diesen Sicherheitsmecha-

---

[25] Items: „Die Handhabung des Security-Tokens mit dem PC ist einfach.", „Die Handhabung des Security-Tokens mit dem TabletPC ist einfach." und „Ich habe mich in der Anwendung gut zurecht gefunden."

nismus zu umgehen. Aus Sicht des Nutzers ist eine Anwendung wie CAS PIA in der Nutzung komplexer als ein an- bzw. einsteckbares Hardware-Sicherheits-Token.

Es ist nach Ansicht der Probanden leichter, sich mit der Nutzung des Tokens vertraut zu machen, als mit einer Anwendung, wie im Szenario eingesetzt, umzugehen. Die Anwendung, besonders in der PC-Variante, erforderte einen höheren Aufwand, um ihre Möglichkeiten kennen und verwenden zu lernen, als das An- bzw. Einstecken des Token.

Vergleich der Szenarien

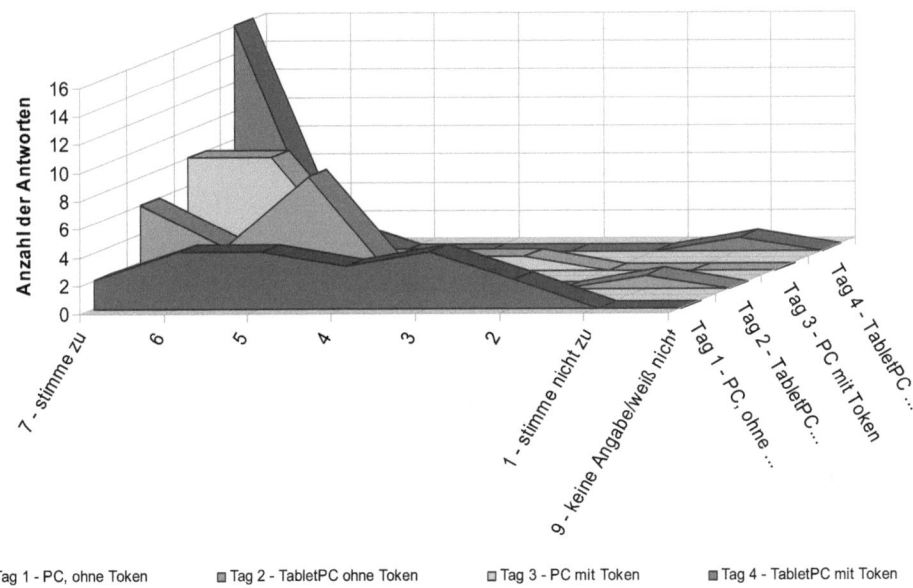

Abbildung 62: Vergleich der Szenarien-Tage bzgl. der Einfachheit[26].

---

[26] Item: „Insgesamt war es einfach, die Aufgaben im Szenario zu lösen."

Die Antworten auf die Fragen, die nach jedem Szenario gestellt wurden, lassen den Schluss zu, dass es Lerneffekte gab. So ist zu sehen, dass je mehr die Anwendung genutzt wurde, desto einfacher fanden sich die Probanden zurecht. Das heißt, dass sechzehn von neunzehn Probanden mit voller Punktzahl (7) zustimmten, dass die Aufgaben im Szenario des vierten Tages einfach zu lösen waren.

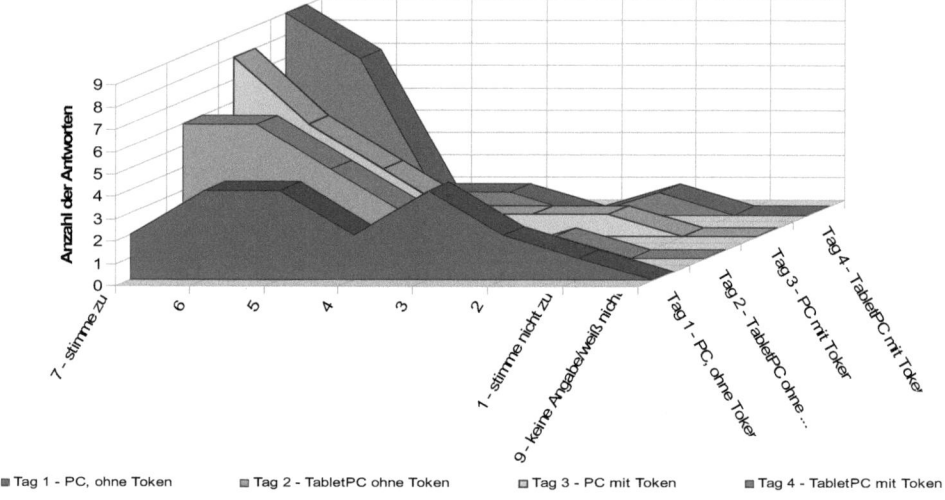

Abbildung 63: Vergleich der der Szenarien-Tage bzgl. der Zeit[27].

Analog dazu stieg von Szenario zu Szenario die Zufriedenheit bezüglich der benötigten Zeit, die für die Aufgabenlösung benötigt wurde. Also kann festgehalten werden: Je mehr die Anwendung genutzt wurde, desto schneller konnten die Aufgaben gelöst werden.

Auch ein Vergleich der Häufigkeit der in Anspruch genommenen Hilfestellung durch den Versuchsleiter zeigt, dass es Lerneffekte gab. Im Einzelnen lässt sich feststellen, dass eine Hilfestellung bei Tag 3 und Tag 4 weniger nötig war

---

[27] Item: „Ich bin insgesamt zufrieden mit der Zeit, die ich zum Lösen der Aufgaben benötigt habe."

gegenüber Tag 1 und Tag 2. Darüber hinaus zeigte sich, dass mehr Hilfe bei der Verwendung des stationären PC verlangt wurde als beim Tablet. Dies kann damit zusammenhängen, dass zum einen zuerst die PC-Variante verwendet wurde und anschließend das Tablet, sodass auch hier Lerneffekte eine Rolle spielen. Zum anderen kann es darin begründet sein, dass die Anwendung auf dem PC umfangreicher ist und mehr Möglichkeiten bietet als auf dem Tablet. Bei letzterem werden lediglich die für die aktuelle Verwendung relevanten Dinge angezeigt. Diese Beschränkung führt dazu, dass die Anwendung einfacher zu nutzen ist.

Offene Anmerkungen

Der Gesamtfragebogen enthielt eine Frage, bei welcher die Antworten offen ohne Vorgaben möglich waren. Hier merkte ein Proband an, dass die GUI nicht nach Gefühl benutzt werden könne. Allerdings bewertete er die Gebrauchstauglichkeit im Durchschnitt mit 5,6 von 7 Punkten.

Mit der Gestaltung der Szenarien und den dazugehörenden Aufgaben kamen alle Probanden gut zurecht. Knapp die Hälfte der Probanden holte sich im ersten Szenario Hilfe beim Versuchsleiter und fast genauso viele nochmals beim Dritten, also bei denen, welche den PC betrafen. Dazu passt auch die Aussage eines Probanden, dass „im Allgemein [...] die Erklärungen gut zu verstehen [sind], aber es wäre besser, eine detaillierte Erklärung zu bekommen, was man Schritt für Schritt machen muss, um Fehler zu vermeiden oder eine schnelle Lösung finden zu können."

Des Weiteren wurde angemerkt, dass es wohl nur eine SD-Karte als Token für das Tablet gäbe, welche „offensichtlich kopiert werden könnte". Für die wahrgenommene Sicherheit war dem Probanden offensichtlich nicht bewusst, dass es sich hier nicht um eine normale Speicherkarte handelte, sondern um ein Hardware-Sicherheits-Token in Bauformen einer SD-Karte. Ein weiterer Proband meinte „ohne entsprechendes technisches Wissen ist es schwer zu beurteilen, ob die Nutzung mit dem Token wirklich viel sicherer ist."

4.8.4 Fazit

Einschränkungen der Benutzerschnittstelle, wie sie bei mobilen Geräten gegenüber stationären Computern oft vorhanden sind, waren in den hier vorgegebenen Szenarien der Gebrauchstauglichkeit nicht abträglich. Im Gegenteil stellte sich das Tablet (als mobiles Gerät) gegenüber dem PC als gebrauchstauglicher dar. Die Probanden dieser Evaluation waren ungeübt in der Anwendung von CAS-PIA. Die mobile Variante der Anwendung wies einen deutlich eingeschränkten Funktionsumfang auf und ist daher vermutlich übersichtlicher und verständlicher erschienen. Die Szenarien waren so gewählt, dass die geforderten Aufgaben mit der mobilen Variante erledigt werden konnten.

Um den Probanden die Wirkung des mit dem Computer verbundenen Hardware-Sicherheits-Tokens spürbar zu verdeutlichen, wurde im Szenario des dritten Tages die Anweisung gegeben, das Token zu entfernen und weiter zu arbeiten. Jedoch konnten ohne das Token keine weiteren Aufgaben erfüllt werden und es erschien eine Fehlermeldung. Dies war erst wieder möglich, nachdem das Token erneut mit dem Computer verbunden wurde. Auch wenn die Probanden nur wenig Information über die Funktionsweise des Tokens hatten, bemerkten sie, dass es von Bedeutung ist ob dieses an- bzw. eingesteckt war. So zeigen die Ergebnisse, dass alle bis auf einen Ausreißer die wahrgenommene Sicherheit sehr positiv bewerteten.

Die Ergebnisse zeigen, dass die Gebrauchstauglichkeit der Hardware-Sicherheits-Token für fast alle Probanden hoch war. Es gab unter den Probanden Personen, denen die prinzipielle Funktionsweise der Token nicht klar war und die dies auch zum Ausdruck gebracht haben. (Möglicherweise war die Funktionsweise weiteren Probanden ebenfalls nicht klar, sie haben sich jedoch nicht dazu geäußert.) Für die Sicherheitswahrnehmung bedeutet dies, dass Menschen ohne spezifische Vorkenntnisse die Besonderheiten von Hardware-Sicherheits-Token vor der Nutzung verdeutlicht werden sollten (etwa das umfangreiche Angebot an Bauformen oder die im Token fest eingebauten kryptografischen Chips). Dies würde vermutlich zu einer weiteren Erhöhung der wahrgenommenen Sicherheit führen.

4.9 Vorgehensmodell zur Einführung

Für die Einführung einer Absicherung des mobilen Zugriffs nach dem in diesem Kapitel vorgestellten Modell in eine bestehende Unternehmensinfrastruktur wurde ein allgemeines Vorgehensmodell entwickelt. Das Vorgehensmodell ist nicht sehr detailliert und muss für den konkreten Anwendungsfall verfeinert werden. Im Rahmen des Projektes SumoDacs wurde das Modell pilothaft angewendet und im Schlussbericht beschrieben [SGHN12]

Abbildung 64 gibt einen Überblick über das Gesamtvorgehensmodell. Das Vorgehensmodell ist in fünf Phasen unterteilt: Analyse, Entwurf, Realisierung, Testen und Einführen. Um eine bessere Übersichtlichkeit zu erreichen, wurden aus dem Gesamtvorgehensmodell die drei Teilvorgehensmodelle Berechtigungsmodell, Backend und mobiler Client herausgelöst. Diese Teilvorgehensmodelle werden später detailliert betrachtet.

Wird die Einführung einer Absicherung des mobilen Zugriffs erwogen (im Weiteren als *Projekt* bezeichnet), müssen zu Beginn die Anforderungen analysiert werden (*Phase Analyse*). Hier entscheidet sich, ob das Zielsystem mit den Anforderungen grundlegend realisiert werden kann. Ist das Vorhaben gänzlich nicht machbar, so erfolgt ein Abbruch des Projektes. Bei Bedarf müssen die Anforderungen modifiziert und die Machbarkeit erneut überprüft werden. Nachdem die Machbarkeit positiv bewertet wurde und die Anforderungen feststehen, sind die Bedrohungen zu analysieren, die sich aus der zukünftigen mobilen Anbindung an das System ergeben. Auch hier kann es notwendig sein, das Vorhaben abzubrechen, falls die mobile Anbindung zu viele, nicht beherrschbare Sicherheitsprobleme aufwirft.

Wenn die Anforderungen realisierbar und die Bedrohungen beherrschbar sind, kann mit der Entwicklung der mobilen Lösung begonnen werden (*Phase Entwurf*). Dabei können folgende Aktivitäten parallel ablaufen: Das Erstellen der Gesamtarchitektur, von Kommunikationsprotokollen, von kryptografischen Protokollen und des Berechtigungsmodells. Je nach konkretem Einzelfall können (Teil-)Ergebnisse der verschiedenen Aktivitäten aufeinander aufbauen oder teilweise sequenziell abgearbeitet werden.

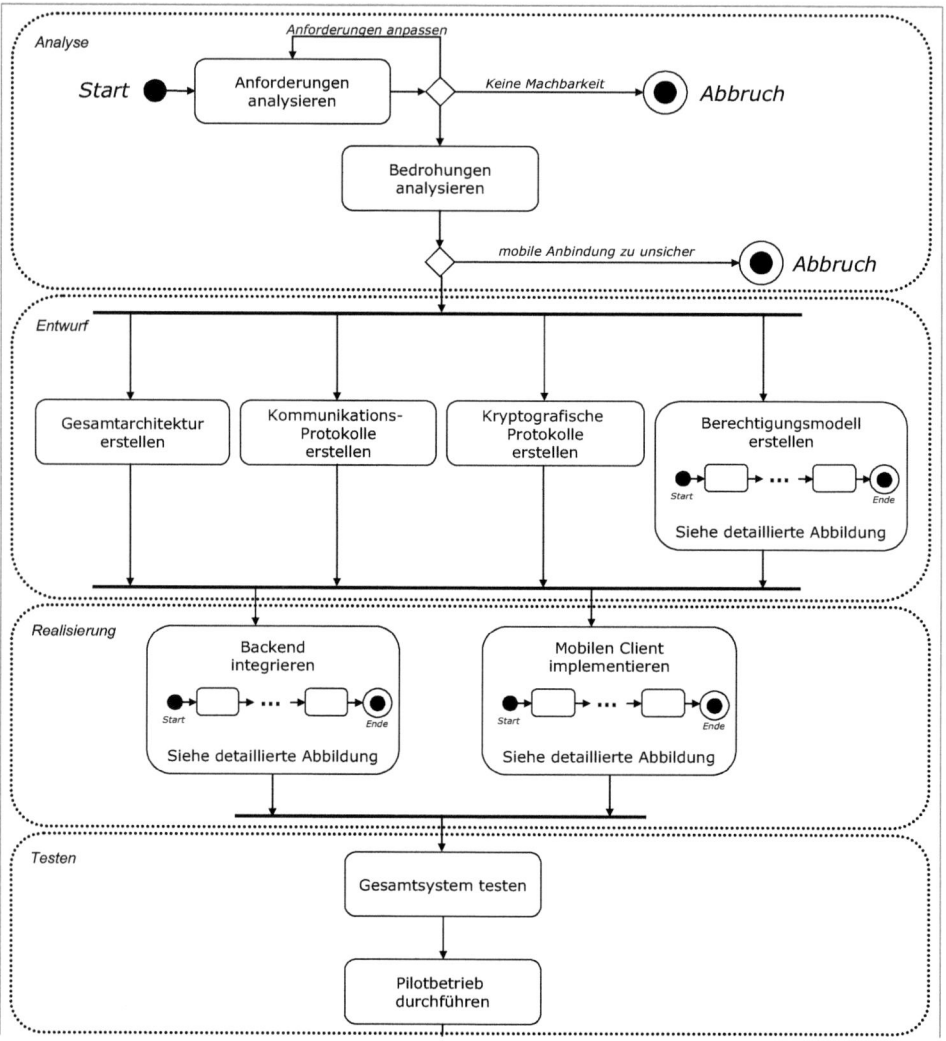

Vorgehensmodell zur Einführung

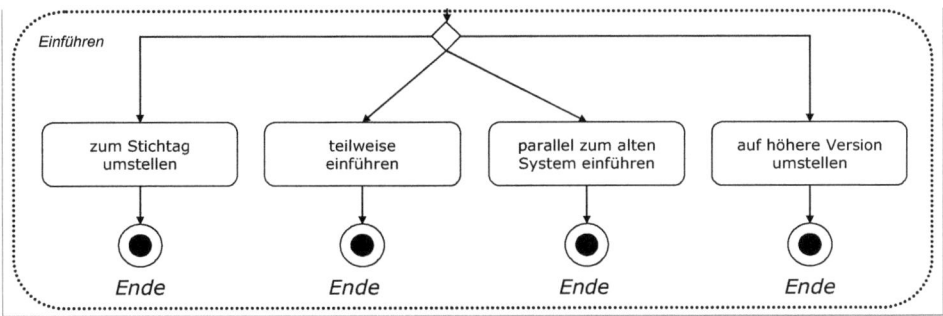

Quelle: [SGHN12]

Abbildung 64: Gesamtvorgehensmodell zur Einführung

Im Anschluss werden in der *Phase Realisierung* die in der vorherigen Phase entwickelten Architekturen, Modelle und Protokolle softwaretechnisch umgesetzt und in das Backend integriert. Parallel dazu kann der benötigte mobile Client gegebenenfalls noch entwickelt und implementiert werden.

Sobald alle systemrelevanten Bestandteile zusammengefügt sind, kann das Gesamtsystem getestet werden (*Phase Testen*). Auf die Darstellung von Teiltests in der Realisierungsphase wurde aus Gründen der Übersichtlichkeit verzichtet. Sofern evtl. vorhandene Unstimmigkeiten behoben sind, kann zum Pilotbetrieb übergegangen werden, in welchem das entwickelte System eine Zeit lang unter realen Bedingungen verwendet wird. Sollten dabei Probleme auftreten, so ist an den entsprechenden Stellen nachzubessern.

Schließlich kann das System eingeführt werden (*Phase Einführung*). In Abhängigkeit von bereits bestehenden Systemen, der Neuentwicklung, etwaigen Managementvorgaben und weiteren Faktoren kann die Einführung auf verschiedene Weise erfolgen. Möglich ist beispielsweise eine Umstellung zu einem bestimmten Stichtag, das heißt, zu diesem Datum wird die Neuentwicklung in Betrieb und ein bestehendes Altsystem, welches durch das neue ersetzt wird, gleichzeitig aus dem Produktivbetrieb genommen. Um einen abrupten Umstieg zu vermeiden, kann - sofern dies die Lösung erlaubt - das neue System auch teilweise über mehrere Schritte oder Stufen eingeführt werden. Auch kann es in manchen

Situationen sinnvoll sein, zwei Systeme eine gewisse Zeit parallel zu betreiben, bis etwa das neu entwickelte System ohne Probleme läuft und die Mitarbeiter damit zurechtkommen. Wurde ein bestehendes System um Funktionalitäten erweitert oder verbessert, so kann dies auch als Umstellung auf eine neue Version gesehen werden.

Eine wichtige Aufgabe der Entwurfsphase ist die Erstellung des Berechtigungsmodells (siehe Abbildung 65), das auf Grundlage der ermittelten Anforderungen, also der Erfordernisse, Möglichkeiten und Hindernisse, entwickelt werden muss. Sollte noch kein Berechtigungsmodell vorhanden sein, so können parallel das Grundmodell erstellt und mögliche Kontextparameter identifiziert werden. Für den Entwurf des Grundmodells können betriebliche Dokumentationen verwendet werden. Sofern keine vollständige Neuentwicklung vorgesehen ist, muss das erstellte Grundmodell mit den bestehenden Implementierungen abgeglichen und gegebenenfalls Grundmodell oder Implementierungen angepasst werden. Parallel dazu werden die Kontextparameter untersucht. Zunächst werden die möglichen Kontextparameter identifiziert und anschließend in einem weiteren Schritt bewertet. Dieser Vorgang kann mehrmals wiederholt werden, bis alle notwendigen Parameter bestimmt sind.

Um die Kontextschalter zu integrieren, also die Stellen, an denen kontextabhängig Berechtigungen gewährt oder verweigert werden sollen, muss ein Berechtigungsmodell vorliegen. Entweder lag das Berechtigungsmodell schon vor, oder es wurde - wie hier alternativ dargestellt - parallel zur Ermittlung der Kontextparameter erstellt. Darauf aufbauend können die möglichen Andockstellen für das Einbinden von Kontextschaltern identifiziert werden. Im nächsten Schritt werden in Abhängigkeit vom Berechtigungsmodell und den zur Verfügung stehenden Kontextparametern die umzusetzenden Kontextschalter definiert.

Damit steht das kontextabhängige Berechtigungsmodell zur Verfügung, kann in das Gesamtmodell eingearbeitet und in der nächsten Phase umgesetzt werden.

Vorgehensmodell zur Einführung

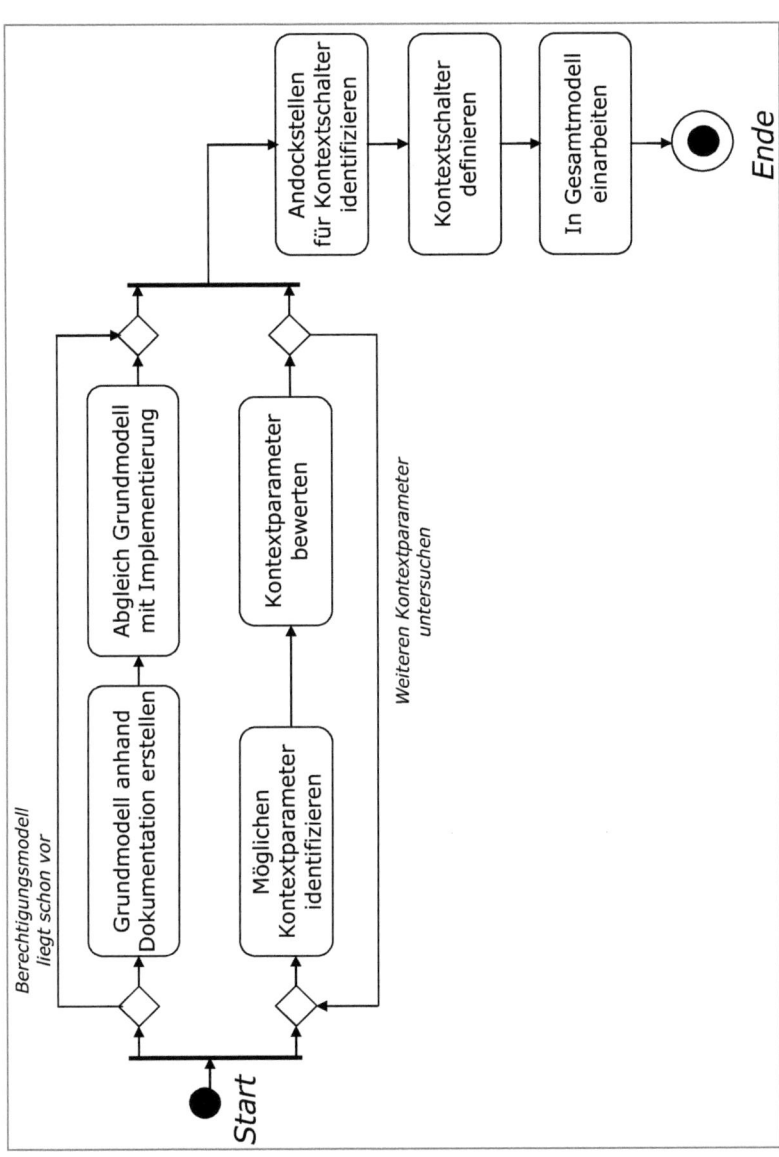

Quelle: [SGHN12]

Abbildung 65: Teilvorgehensmodell Berechtigungsmodell

Im Anschluss an die Entwurfsphase folgt die Realisierung. Hier werden parallel die neuen Architekturen, Modelle und Protokolle umgesetzt und in das Backend integriert sowie der mobile Client implementiert.

Aufbauend auf den bestehenden Architekturen wird, wie Abbildung 66 zeigt, bei der Backend-Integration zunächst die Geschäftslogik angepasst und bei Bedarf ergänzt. Für die Integration ist es unerlässlich, die Schnittstellen zwischen bestehenden Systemen und der neuen bzw. erweiterten Anwendung zu definieren und im Detail zu spezifizieren (Feinspezifikation). Erst dann kann die Implementierung der Geschäftslogik erfolgen. Dabei können die Schritte Anbinden der Schnittstellen, Einbinden der kryptografischen Protokolle, Integration der Hardware-Sicherheits-Token (Security-Token) und das Umsetzen des Berechtigungsmodells in der Regel weitgehend parallel erfolgen. Gegebenenfalls bedingen sich einzelne Elemente dieser Schritte oder bauen ganze Schritte der Implementierung aufeinander auf. Dies ist jedoch vom Einzelfall und der konkreten Umsetzung abhängig. Schließlich werden die Teilsysteme auf den Gesamttest vorbereitet. Der Systemtest und der Pilotbetrieb stehen vor der endgültigen Systemeinführung und sind im Gesamtvorgehensmodell zu finden.

Vorgehensmodell zur Einführung 277

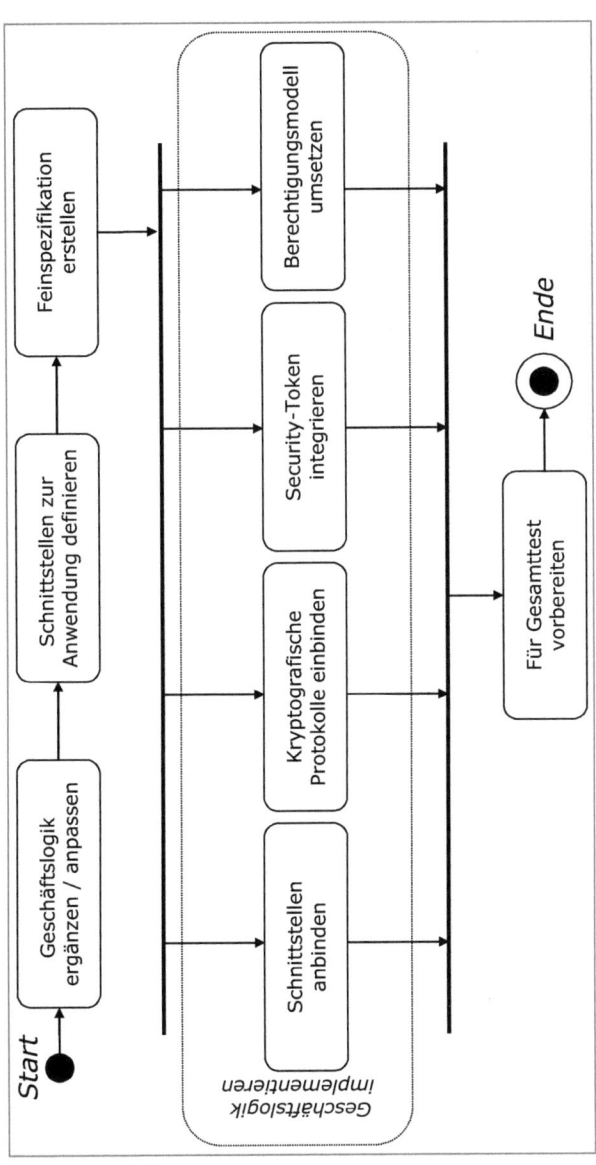

Quelle: [SGHN12]

Abbildung 66: Teilvorgehensmodell Backend-Integration

Parallel zur Backend-Integration wird der mobile Client implementiert, ggfs. auch betriebssystemabhängig mehrere. Im Wesentlichen besteht das Vorgehen dabei aus den in Abbildung 67 dargestellten Schritten: In der Teilarchitektur werden alle notwendigen bzw. eventuell möglichen Funktionalitäten, Abläufe oder auch nicht-funktionale Eigenschaften festgelegt, welche dann in eine Feinspezifikation überführt werden. Anschließend erfolgt die Implementierung, indem die kryptografischen Protokolle eingebunden werden und das Security-Token auch hier integriert wird. Die beiden Aktivitäten der Implementierung ähneln denen der Backend-Integration, da sowohl der mobile Client als auch das Backend einen Teil der erweiterten Sicherheitslösung für den mobilen Zugriff auf Unternehmensdaten darstellen. Das Teilvorgehensmodell schließt ebenfalls mit der Vorbereitung auf den Gesamtsystemtest ab.

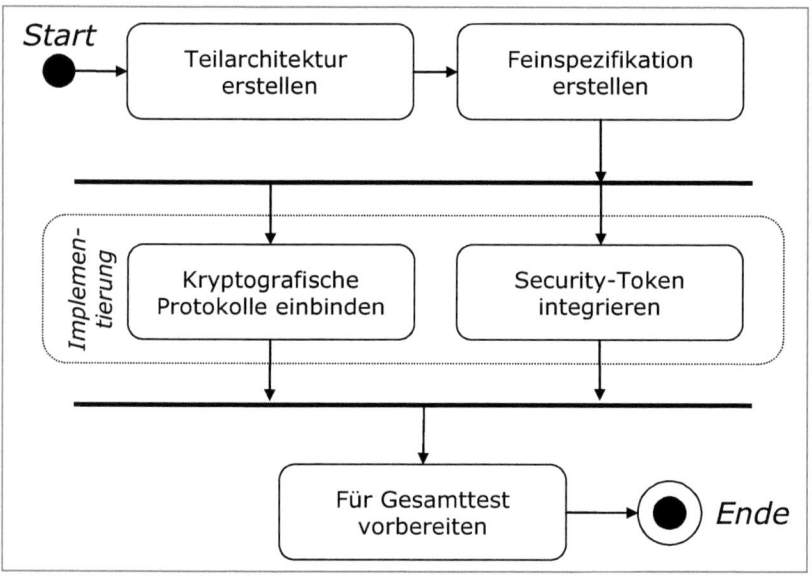

Quelle: [SGHN12]

Abbildung 67: Teilvorgehensmodell mobiler Client

5 Zusammenfassung und Ausblick

Zusammenfassung

Die vorliegende Arbeit hat gezeigt, dass es möglich ist, Unternehmensdaten mit einem vertretbaren Aufwand mobil zu nutzen. Durch die Verwendung einer serverzentrierten Struktur (SaaS-Modell) ergibt sich der Vorteil, dass die Daten an einer zentralen Stelle gespeichert und verwaltet werden können. Diese Zentralisierung der Daten reduziert die Probleme mit der Aktualität und der Inkonsistenz und vermeidet Redundanz.

Die Erhebung der Anforderungen für den mobilen Datenzugriff auf Unternehmensdaten durch die qualitative Datenanalyse und die Expertenbefragung hat zu einer umfangreichen Barrierensammlung geführt. Einige dieser Barrieren haben sich inzwischen deutlich vermindert: So stellen beispielsweise die Nutzungskosten, die unterschiedliche Technik und Qualität der Zugangsnetze oder die ungewohnte Bedienung von hoch mobilen Geräten keine Barrieren mehr dar [BüHS10, 109]. Die Evaluation der umgesetzten Beispielanwendung hat die Gebrauchstauglichkeit der Anwendung mit hoch mobilen Geräten gezeigt. Diese ist auch bei der Nutzung von Mobilfunknetzen gegeben.

Dennoch existieren weiterhin Barrieren für die Nutzung von mobilen Geräten für den Zugriff auf Unternehmensdaten. Die Bedenken bezüglich der IT-Sicherheit haben sich als die derzeit größte Barriere herausgestellt [BüHS10, 130]. Um diese Barriere genauer zu untersuchen, wurden in der Arbeit die Bedrohungen, die Anforderungen und der Stand von Technik und Wissenschaft genauer analysiert. Szenario dafür war das SaaS-Modell in Verbindung mit mobilen Geräten.

Um die IT-Sicherheit zu erhöhen, wurde aufbauend auf dieser Analyse ein Konzept entworfen, welches zusätzliche Sicherheitsmechanismen für den Datenzugriff vorsieht, wodurch ein höheres Schutzniveau erreicht wird als heutzutage üblich: Neben den Zugangsdaten (diese muss der Nutzer *wissen*) wird zusätzlich eine mit dem Gerät verbundene Smartcard (ein sogenanntes Hardware-Sicherheits-Token) vorausgesetzt (diese muss der Nutzer *haben*). Damit kann jede einzelne Datenanfrage ohne Nutzerinteraktion autorisiert werden. Weiterhin können jeder Datenanfrage definierte Kontextparameter mitgegeben werden, welche vor Verarbeitung der Anfrage auf Gültigkeit - entsprechend vorgegebener Regeln - geprüft werden. Der Nutzer muss somit beispielsweise an einem definierten Ort *sein* bzw. nicht sein oder sich über ein zugelassenes Zugangsnetz mit dem Unternehmen verbinden.

Die entworfene Architektur erweitert die übliche Zugriffskontrolle mittels Nutzerkennung und Passwort um die Notwendigkeit, als zweiten Authentifizierungsfaktor ein Hardware-Sicherheits-Token mit dem mobilen Computer verbinden zu müssen. Diese Zwei-Faktor-Authentifizierung zu Beginn einer Sitzung ermöglicht den prinzipiellen Zugang zum Unternehmen. Der Zugriff auf Unternehmensdaten und –anwendungen ist jedoch zusätzlich abgesichert: Es wird mit jeder Anfrage an eine Unternehmensanwendung die Übermittlung von Authentifizierungsinformationen gefordert. Dazu ist das mit dem mobilen Gerät verbundene Hardware-Sicherheits-Token und eine auf dem Gerät installierte Software nötig. Weiterhin kann der Zugriff auf die Daten durch Kontextbedingungen eingeschränkt werden. Damit wird eine Drei-Faktor-Authentifizierung bei jedem Datenzugriff realisiert. Durch die kontextsensitive Zugriffskontrolle können gezielt Einschränkungen für den Datenzugriff festgelegt und durchgesetzt werden, sofern keine Kontextmanipulation stattfindet.

Zur Modellierung der kontextabhängigen Berechtigungen wurde auf Basis eines Zugriffsmatrix-Modells ein kontextabhängiges Berechtigungsmodell entwickelt, welches neben Erlaubnissen auch Verbote ermöglicht, ohne Widersprüche zu erzeugen. Darauf aufbauend konnte ein kontextsensitives Zugriffskontrollmodell entwickelt werden, welches die Festlegung genereller operationaler Berechtigungen und spezifischer Objektberechtigungen vorsieht.

Abgeschlossen wurde die Arbeit mit der Evaluation des Einsatzes von Hardware-Sicherheits-Token aus Anwendersicht auf Basis der umgesetzten Beispielanwendung. Dabei wurden verschiedene Szenarien mit einem stationären und einem mobilen Computer durchgespielt. Die Evaluation hat ergeben, dass der nötige Zusatzaufwand für den Einsatz von Hardware-Sicherheits-Token durch den Anwender gering ist und nicht als störend empfunden wird.

Ausblick

Die vorgestellte Drei-Faktor-Authentifizierung beruht unter anderem darauf, dass unter Zuhilfenahme des Hardware-Sicherheits-Tokens aktuelle Kontextinformationen an die Unternehmensanwendungen übermittelt werden. Wie schon angesprochen ist die Korrektheit dieser Information ein Problem. Die Manipulation von Kontextinformationen ist teilweise mit recht geringem Aufwand machbar. Beispielsweise können dem Betriebssystems Android durch Aktivieren der entsprechenden Entwickleroption über eine vorhandene Schnittstelle beliebige frei gewählte Ortungsinformationen vorgegeben werden.

Eine Möglichkeit, die Manipulationsmöglichkeiten zu reduzieren, ist die Verwendung von Kontextinformationen aus vertrauenswürdigen Quellen, welche sich nicht im Zugriff des Nutzers befinden. Dies wird erreicht, indem die Informationen nicht vom mobilen Gerät erhoben und übermittelt werden, sondern indem ein Unternehmensserver diese ermittelt. Eine andere Möglichkeit stellen technische Maßnahmen zur Manipulationsvermeidung dar. Hier bieten sich beispielsweise an:

- Plausibilitätskontrollen:
  Beispiel: Sind zeitlich aufeinander folgende Informationen in dieser Abhängigkeit überhaupt möglich?
- Spezielle manipulationsgeschützte Hardware:
  Beispiel: Signierte Informationen aus gesichertem externen Sensor
- Zusätzliche Kontrollinformationen:
  Beispiel: WLAN-Ortung passt zu GPS-Ortung

Für den praktischen Einsatz eines Zugriffskontrollsystems auf Basis des hier vorgestellten Konzeptes sollte deshalb die Fälschung von Kontextinformationen mit Hilfe der angesprochenen Maßnahmen ausgeschlossen oder zumindest erheblich erschwert werden.

Wie schon in Abschnitt 4.3.2 erwähnt, sind Wirtschaftlichkeitsbetrachtungen nicht Gegenstand dieser Arbeit. Für einen Einsatz im Unternehmen sollte jedoch immer eine Nutzen-Kosten-Abwägung durchgeführt werden. Dazu muss neben den (zusätzlichen) Kosten für die Einführung einer kontextsensitiven Zugriffskontrolle auch das Risiko für eine Offenbarung der Daten bewertet werden. Grundlage dafür ist die mögliche Schadenshöhe und die Eintrittswahrscheinlichkeit für einen solchen Schaden. Abbildung 68 stellt die Problemstellung grafisch dar.

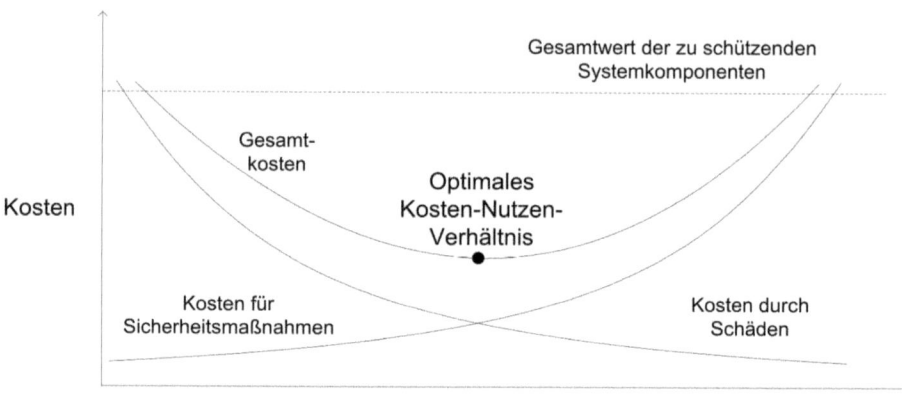

Quelle: [NFKP05]

Abbildung 68: Kosten-Nutzen-Verhältnis von Sicherheitsmaßnahmen

Wenn es sich bei den Daten, auf die mobil zugegriffen werden soll, um personenbezogene Daten handelt, stellt der Gesetzgeber hohe Anforderungen an die technischen und organisatorischen Maßnahmen zur Kontrolle des Datenzugriffs (§ 9 BDSG und Anlage zu § 9 Satz 1 BDSG). Diese Maßnahmen sind somit zwingend vorgegeben und unterliegen keiner Nutzen-Kosten-Abwägung. Für alle anderen Daten und für darüber hinausgehende Maßnahmen ist eine Wirtschaftlichkeitsbetrachtung sinnvoll.

Eine Möglichkeit, die Wirtschaftlichkeit von Sicherheitsmaßnahmen zu berechnen, ist das ROSI-Modell [Davi05]. Das Modell liefert im Ergebnis die Rendite einer Investition (ROI) in IT-Sicherheit als monetären Wert. In der Literatur finden sich noch viele weitere Modelle und Verfahren zur Bewertung der

Zusammenfassung und Ausblick 283

Wirtschaftlichkeit von Investitionen in IT-Sicherheit. Weitere Informationen dazu finden sich beispielsweise im Band „Kosten & Nutzen von IT-Sicherheit" der HMD - Praxis der Wirtschaftsinformatik [Möri06].

Zunehmend wird auf Daten eines Unternehmens nicht nur gelegentlich, sondern in größerem Umfang mobil zugegriffen. Das bedeutet, die Daten werden regelmäßig auch außerhalb des Unternehmens genutzt. Gerade unter den Aspekten der Wirtschaftlichkeit und der Konzentration auf die Kernkompetenzen stellt sich für Unternehmen damit die Frage, ob eine Cloud-Lösung eine sinnvolle Alternative wäre. Damit kann der Betrieb durch Spezialisten in Rechenzentren mit einer oftmals deutlich performanteren Anbindung an das Internet betrieben werden [Stro14]. In vielen Unternehmen hat der Einsatz von Cloud Computing dazu geführt, dass der mobile Zugriff auf die Unternehmensdaten zugenommen hat [KeWa14, 17].

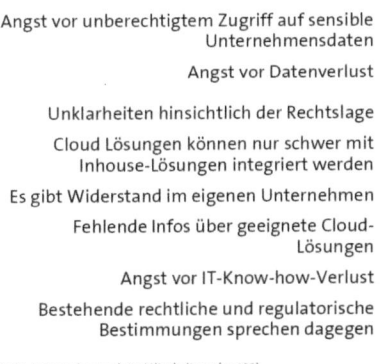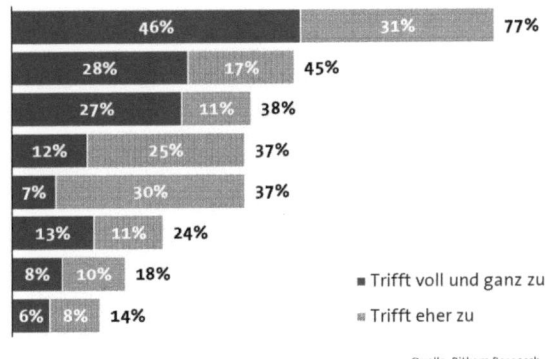

Quelle: [KeWa14, 8]

Abbildung 69: Bedenken hinsichtlich Datensicherheit und Rechtslage im Cloud Computing

Die Angst vor dem unberechtigten Zugriff auf sensible Unternehmensdaten ist nach den Ergebnissen des Cloud-Monitors 2014 die größte Hürde für Unternehmen bei der Einführung von Cloud Computing [WaPo14, 27f]. Wie Abbildung 69 zeigt, folgt an zweiter Stelle die Angst vor Datenverlust. Damit stehen die IT-Schutzziele Vertraulichkeit und Verfügbarkeit an erster Stelle, lediglich über die Integrität scheinen sich die Unternehmen keine Sorgen zu machen.

Rechtliche und regulatorische Bestimmungen sind nach den Ergebnissen des Cloud-Monitor 2014 aus Sicht der Unternehmen nur in geringem Maße ein Problem [WaPo14, 27f]. Oftmals planen die Unternehmen jedoch, auch personenbezogene Daten in der Cloud zu verarbeiten. Beispielsweise stellen in der Regel schon die Kundendaten eines Unternehmens personenbezogene Daten im Sinne des BDSG dar. Nach § 16 BDSG ist eine Übermittlung von personenbezogenen Daten an Dritte in vielen Fällen nicht zulässig. Somit wäre eine Nutzung mittels Cloud Computing nicht möglich. Mit der in § 11 BDSG geregelten Auftragsdatenverarbeitung eröffnet sich eine Möglichkeit dafür, allerdings werden umfangreiche Bedingungen an eine solche Auftragsdatenverarbeitung gestellt.

Die hier kurz angeführten Themenfelder zeigen, dass es noch einigen Forschungs- und Entwicklungsbedarf gibt, um den sicheren mobilen Zugriff auf Unternehmensdaten zu einem alltäglichen Produkt zu machen.

Literatur

[A3M07]   *A3M AG*: Tsunami-Alarmsystem - Tsunami-Warnung auf Ihr Handy. http://www.tsunami-alarm-system.com/, Abruf am 07.08.2007.

[AlSt12]   *Albert, Kristin; Stiller, Michael*: Der Browser als mobile Plattform der Zukunft – Die Möglichkeiten von HTML5-Apps. In: *Verclas, Stephan; Linnhoff-Popien, Claudia (Hrsg.)*: Smart Mobile Apps, Springer Berlin Heidelberg, 2012, S. 147-160.

[Alta14]   *Altaware*: MXI Security - Secure Hardware Encrypted USB. http://www.altaware.com/v/mxi/, 19.02.2014, Abruf am 16.12.2014.

[Altv08]   *Altvater, Markus*. dvpi 2008: IT-Sicherheit ist Top-Thema bei Kundengesprächen. 2008, http://www.bitkom.org/de/presse/56204_52443.aspx.

[AmHW03]   *Amberg, Michael; Hirschmeier, Markus; Wehrmann, Jens*: Ein Modell zur Akzeptanzanalyse für die Entwicklung situationsabhängiger mobiler Dienste im Compass Ansatz. In: Workshop Mobile Commerce, 2003, S. 73-87.

[AmWe03]   *Amberg, Michael; Wehrmann, Jens*: Cooperative Development & Realization of Situation Dependent Mobile Services. In: *Lieberman, Henry; Paterno, Fabio; Repenning, Alexander; Wulf, Volker (Hrsg.)*: Workshop End User Development in conjunction with ACM CHI 2003 Conference, Fort Lauderdale, Florida, 2003, S. 1-5.

[Ande08]   *Anderson, Ross J.*: Security engineering: a guide to building dependable distributed systems. 2nd, Wiley, Indianapolis, USA 2008.

[ANSI04]   *ANSI. American National Standard for Information Technology*: Role based Access Control. Technical report, ANSI INCITS 359-2004. 2004.

[Arno04]   *Arnold, A.*: Jenseits von WEP. WLAN-Verschlüsselung durchleuchtet. In: c't, 2004, Ausgabe 21, S. 214-219.

[AVTe14]   *AV Test GmbH*: Test Antivirus-Programme - Android http://www.av-test.org/de/antivirus/mobilgeraete/android/, 30.10.2014, Abruf am 13.12.2014.

[BaDe03]   *Barkuus, Louise; Dey, Anind*: Location-Based Services for Mobile Telephony: a Study of Users' Privacy Concerns. In: *Rauterberg, Matthias; Menozzi, Marino; Wesson, Janet (Hrsg.)*: INTERACT 2003 - Bringing the Bits togETHer, Zürich, Schweiz, 2003, S. 709-712.

[Bang07]   *Bango.net Limited*: Bango for mobile billing - Sell mobile content world-wide. http://bango.com/, Abruf am 02.11.2007.

[Bann07] *Bannink, Chris*: An Open Mobile Internet Revolution is Necessary to Boost Mobile Data Use. In: *Cunningham, Paul; Cunningham, Miriam (Hrsg.)*: Expanding the Knowledge Economy: Issues, Applications, Case Studies, IOS Press, Amsterdam, Niederlande, 2007.

[BaRS05] *Bauer, Hans H.; Reichardt, Tina; Schüle, Anja*: User Requirements for Location Based Services: An analysis on the basis of literature. Institut für marktorientierte Unternehmensführung, Universität Mannheim, Mannheim 2005.

[BBCF06] *Bartolomeo, Giovanni; Blefari Melazzi, Nicola; Cortese, Giovanni; Friday, Adrian; Prezerakos, George N.; Salsano, Stefano; Walker, Richard*: SMS: Simplifying Mobile Services - for Users and Service Providers. In: International Conference on Internet and Web Applications and Services / Advanced International Conference on Telecommunications (AICT-ICIW '06), Guadeloupe, Französische Antillen, 2006.

[BDKS05] *Bulander, Rebecca; Decker, Michael; Kölmel, Bernhard; Schiefer, Gunther*: Kontextsensitives mobiles Marketing. In: Mobile Datenbanken: heute, morgen und in 20 Jahren. 8. Workshop des GI-Arbeitskreises "Mobile Datenbanken und Informationssysteme" im Rahmen der BTW, Karlsruhe, 2005, S. 11-20.

[BDSH05] *Bulander, Rebecca; Decker, Michael; Schiefer, Gunther; Högler, Tamara*: Kontextsensitive Werbung auf mobilen Endgeräten unter Wahrung des Datenschutzes. In: *Stucky, Wolffried; Schiefer, Gunther (Hrsg.)*: Perspektiven des Mobile Business – Wissenschaft und Praxis im Dialog, Deutscher Universitäts-Verlag, Wiesbaden, 2005, S. 19-34.

[BDSK07] *Bulander, Rebecca; Decker, Michael; Schiefer, Gunther; Kölmel, Bernhard*: Advertising Via Mobile Terminals – Delivering Context Sensitive and Personalized Advertising While Guaranteeing Privacy. In: *Filipe, Joaquim; Coelhas, Helder; Saramago, Monica (Hrsg.)*: E-business and Telecommunication Networks, Springer Berlin Heidelberg, 2007, S. 15-25.

[BeHe10] *Benlian, Alexander; Hess, Thomas*: Chancen und Risiken des Einsatzes von SaaS – Die Sicht der Anwender. In: *Benlian, Alexander; Hess, Thomas; Buxmann, Peter (Hrsg.)*: Software-as-a-Service, Gabler, 2010, S. 173-187.

[BeLa76] *Bell, D. Elliott; La Padula, Leonard J.*: Secure computer system: Unified exposition and multics interpretation. DTIC Document, 1976.

[BGFG10] *Bai, Guangdong; Gu, Liang; Feng, Tao; Guo, Yao; Chen, Xiangqun*: Context-Aware Usage Control for Android. In: *Jajodia, Sushil; Zhou, Jianying (Hrsg.)*: Security and Privacy in Communication Networks, Springer Berlin Heidelberg, 2010, S. 326-343.

[BGHS05]   Book, Matthias; Gruhn, Volker; Hülder, Malte; Schäfer, Clemens: Der Einfluss verschiedener Mobilitätsgrade auf die Architektur von Informationssystemen. In: Hampe, J. Felix; Lehner, Franz; Pousttchi, Key; Rannenberg, Kai; Turowski, Klaus (Hrsg.): Mobile Business - processes, platforms, payment : Proceedings zur 5. Konferenz Mobile Commerce Technologien und Anwendungen (MCTA 2005), Ges. für Informatik, Bonn, 2005, S. 117-130.

[Biba77]   Biba, Kenneth J: Integrity considerations for secure computer systems. DTIC Document, 1977.

[Bige98]   Biget, P.: The vault, an architecture for smartcards to gain infinite memory. In: Proceedings of the Conference on Smart Card Research and Applications (CARDIS '98), Louvain-la-Neuve, Belgium, 1998, S. 305-312.

[Blaz96]   Blaze, Matt: High-bandwidth encryption with low-bandwidth smartcards. In: Fast Software Encryption, Cambridge, UK, 1996, S. 33-40.

[Blef07]   Blefari Melazzi, Nicola: Simplicity Project. http://www.ist-simplicity.org, 27.03.2007, Abruf am 01.03.2008.

[Blef08]   Blefari Melazzi, Nicola: SMS Project. http://www.ist-sms.org, 22.02.2008, Abruf am 01.03.2008.

[BMRS06]   Bartolomeo, Giovanni; Martire, Francesca; Rukzio, Enrico; Salsano, Stefano; Blefari Melazzi, Nicola; Noda, Chie; Hamard, John; De Luca, Alexander: The Simplicity Device: Your Personal Mobile Representative. In: Rukzio, Enrico; Hakkila, Jonna; Fitton, Dan; Ballagas, Rafael; Wilson, Andy (Hrsg.): PERMID 2006: Pervasive Mobile Interaction Devices - Mobile Devices as Pervasive User Interfaces and Interaction Devices, Dublin, Irland, 2006.

[BöEi07]   Böger, Helmut; Eisenlauer, Martin: 1. deutscher Handy-Report. In: Bild am Sonntag, Hamburg, 22.04.2007, S. 12-13.

[BoFT07a]   Bormann, Frank C.; Flake, Stephan; Tacken, Jürgen: Business models for local mobile services enabled by convergent online charging. In: Hungary Scientific Association for Infocommunications (HTE) (Hrsg.): 16th IST Mobile and Wireless Communications Summit, Budapest, Ungarn, 2007.

[BoFT07b]   Bormann, Frank C.; Flake, Stephan; Tacken, Jürgen: Convergent Online Charging for Context-aware Mobile Services. In: Ditze, Michael; Golatowski, Frank (Hrsg.): 2nd International IEEE Workshop on Service Oriented Architectures in Converging Networked Environments, Niagara Falls, Kanada, 2007.

[BoMe05]   Bogner, Alexander; Menz, Wolfgang: Das theoriegenerierende Experteninterview. In: Bogner, Alexander; Littig, Beate; Menz, Wolfgang (Hrsg.): Das Experteninterview: Theorie, Methode, Anwendung, VS Verl. für Sozialwiss., Wiesbaden, 2005.

[BoPu02]   Bouganim, Luc; Pucheral, Philippe: Chip-secured data access: Confidential data on untrusted servers. In: Proceedings of the 28th international conference on Very Large Data Bases, Hong Kong, 2002, S. 131-142.

[BoWo13]   Bolstad, Lars Erik; Wormer, Matt: W3C Geolocation Working Group. http://www.w3.org/2008/geolocation/, 30.04.2013, Abruf am 21.04.2014.

[Brac07]   Brackel, Paul: open mobiel internet: newsletter - issue 2. ECP.NL, Leidschendam, Niederlande 2007.

[BrNa89]   Brewer, D. F. C.; Nash, M. J.: The Chinese Wall security policy. In: Security and Privacy, 1989. Proceedings., 1989 IEEE Symposium on, 1989, S. 206-214.

[Brow05]   Brown, Daniel R. L.: Prompted User Retrieval of Secret Entropy: The Passmaze Protocol. In: Cryptology ePrint Archive, Report 2005/434, 2005.

[BrPr06]   Brcina, Robert; Prechtel, Markus: Feature-orientierte Plattformentwicklung und Verfolgbarkeit. In: Softwaretechnik-Trends, 26, 2006, 4, S. 3-8.

[BrZe08]   Brome, Rich; Zeman, Eric: Feature Phone definition. http://www.phonescoop.com/glossary/term.php?gid=310, Abruf am 17.04.2008.

[BufS10]   Bundesamt für Strahlenschutz: Strahlenschutzkriterien für ein Mobiltelefon-Ökolabel. http://www.bfs.de/de/elektro/oekolabel.html, 09.07.2010, Abruf am 21.10.2010.

[BufS13]   Bundesamt für Strahlenschutz: SAR-Werte marktüblicher Mobiltelefone im Überblick. http://www.bfs.de/de/elektro/strahlenschutz_mobilfunk/schutz/vorsorge/SAR_Werte.pdf, 29.11.2013, Abruf am 30.01.2014.

[BüHS10]   Büllingen, Franz; Hillebrand, Annette; Schäfer, Ralf G.: Nachfragestrukturen und Entwicklungspotenziale von Mobile Business-Lösungen im Bereich KMU. WIK-Consult, Bad Honnef 2010.

[Büll06]   Büllingen, Franz: Mobile Enterprise-Solutions: Stand und Perspektiven mobiler Kommunikationslösungen in kleinen und mittleren Unternehmen. WIK, Bad Honnef 2006.

[BuSI13]   Bundesamt für Sicherheit in der Informationstechnik – BSI: Sichere Inter-Netzwerk Architektur (SINA). Bundesamt für Sicherheit in der Informationstechnik – BSI, Bonn 2013.

Literatur 289

[BuTi08] *Buse, Stephan; Tiwari, Rajnish*: Der Mobile Kunde: ausgewählte Ergebnisse des Forschungsprojektes (2006). In: *Buse, Stephan; Tiwari, Rajnish (Hrsg.)*: Perspektiven des Mobile Commerce in Deutschland: Grundlagen, Strategien, Kundenakzeptanz, Erfolgsfaktoren, Shaker, Aachen, 2008.

[Cana04a] *Canalys.com*: EMEA mobile device market continues upward trend in Q2. http://www.canalys.com/pr/2004/r2004071.htm, 20.07.2004, Abruf am 27.03.2007.

[Capd14] *Capderou, Michel*: Handbook of Satellite Orbits : From Kepler to GPS. Springer, Cham 2014.

[CDMF00] *Cheverst, Keith; Davies, Nigel; Mitchell, Keith; Friday, Adrian; Efstratiou, Christos*: Developing a Context-aware Electronic Tourist Guide: Some Issues and Experiences. In: *Turner, Thea; Szwillus, Gerd (Hrsg.)*: SIGCHI Conference on Human Factors in Computing Systems (CHI 2000) - The Future is Here, Den Haag, Niederlande, 2000, S. 17-24.

[ChJa03] *Chien, Hung-Yu; Jan, Jinn-Ke*: A hybrid authentication protocol for large mobile network. In: Journal of Systems and software, 67, 2003, 2, S. 123-130.

[ChKo00] *Chen, Guanling; Kotz, David*: A Survey of Context-Aware Mobile Computing Research. Dept. of Computer Science, Dartmouth College, Technical Report, Hanover, USA 2000.

[ChMi14] *Chatterjee, Ananya; Mishra, Arun*: Securing the Root Through SELinux. In: *Mohapatra, Durga Prasad; Patnaik, Srikanta (Hrsg.)*: Intelligent Computing, Networking, and Informatics, Springer India, 2014, S. 653-659.

[Chri12] *Christmann, Stefan*: Mobiles Internet im Unternehmenskontext: Webtechnologien als technische Basis für Geschäftsanwendungen auf mobilen Endgeräten. Universitätsverlag Göttingen, Göttingen 2012.

[ClPW10] *Cleeff, Andre van; Pieters, Wolter; Wieringa, Roel*: Benefits of Location-Based Access Control: A Literature Study. In: *Zhu, Peidong; Wang, Lizhe; Xia, Feng; Chen, Huajun; McLoughlin, Ian; Tsao, Shiao-Li; Sato, Mitsuhisa; Chai, Sun-Ki; King, Irwin (Hrsg.)*: Proceedings of the 2010 IEEE/ACM Int'l Conference on Green Computing and Communications \& Int'l Conference on Cyber, Physical and Social Computing, Hangzhou, China, 2010, S. 739-746.

[CLSD01] *Covington, Michael J.; Long, Wende; Srinivasan, Srividhya; Dey, Anind K.; Ahamad, Mustaque; Abowd, Gregory D.*: Securing context-aware applications using environment roles. In: Proceedings of the sixth ACM symposium on Access control models and technologies, Chantilly, Virginia, USA, 2001, S. 10-20.

[CME07]   *CME Solution Center*: Delivering Mobile Services to all Devices. Grenoble, Frankreich 2007.

[Come03]   *Comer, Douglas E.*: TCP/IP: Konzepte, Protokolle, Architekturen. 4. Aufl, mitp, Bonn 2003.

[CoMT04]   *Corradi, A.; Montanari, R.; Tibaldi, D.*: Context-based access control for ubiquitous service provisioning. In: Computer Software and Applications Conference COMPSAC 2004. Proceedings of the 28th Annual International, 2004, S. 444-451 vol.441.

[CoVG12]   *Costabello, Luca; Villata, Serena; Gandon, Fabien*: Context-Aware Access Control for RDF Graph Stores. In: *Luc De Raedt, Christian Bessiere, Didier Dubois, Patrick Doherty, Paolo Frasconi, Fredrik Heintz, Peter Lucas (Hrsg.)*: ECAI-20th European Conference on Artificial Intelligence-2012, Montpellier, Frankreich, 2012, S. 282-287.

[Cox09]   *Cox, John*: White House confirms: ObamaBerry is a go. http://www.networkworld.com/article/2272955/smartphones/white-house-confirms--obamaberry-is-a-go.html, 22.01.2009.

[Cres03]   *Creswell, John W.*: Research design: qualitative, quantitative, and mixed methods approaches. 2. ed, Sage, Thousand Oaks, California 2003.

[Crop02]   *Cropley, Arthur J.*: Qualitative Forschungsmethoden: Eine praxisnahe Einführung. 1. Aufl, Klotz, Eschborn bei Frankfurt am Main 2002.

[Davi05]   *Davis, Adrian*: Return on security investment – proving it's worth it. In: Network Security, 2005, 2005, 11, S. 8-10.

[Davi86]   *Davis, Fred D.* A technology acceptance model for empirically testing new end-user information systems: Theory and results. 1986, http://www.researchgate.net/publication/35465050_A_technology_acceptance _model_for_empirically_testing_new_end-user_information_systems__theory_and_results_/file/9c960519fbaddf3ba7.pdf .

[Davi89]   *Davis, Fred D.*: Perceived usefulness, perceived ease of use, and user acceptance of information technology. In: MIS quarterly, 1989, S. 319-340.

[DBSK05]   *Decker, Michael; Bulander, Rebecca; Schiefer, Gunther; Kölmel, Bernhard*: A system for mobile an wireless advertising. In: *Krogstie, John; Kautz, Karlheinz; Allen, David (Hrsg.)*: Mobile information systems II: IFIP Working Conference on Mobile Information Systems, (MOBIS), Leeds, Großbritannien, 2005, S. 287-302.

Literatur 291

[Deck08a] *Decker, Michael*: Location privacy-an overview. In: Proceedings of the 7th International Conference on Mobile Business (ICMB'08), 2008, S. 221-230.

[Deck08b] *Decker, Michael*: A Security Model for Mobile Processes. In: Proceedings of the 7th International Conference on Mobile Business (ICMB'08), 2008, S. 211-220.

[Deck09] *Decker, Michael*: Ein Überblick über Ansätze zur Vermeidung der Manipulation von Ortungsverfahren. In: *Bick, Markus; Breuning, Martin; Höpfner, Hagen (Hrsg.)*: 4. Konferenz Mobile und Ubiquitäre Informationssysteme (MMS 2009), Münster, 2009, S. 53-66.

[Deck11a] *Decker, Michael*: Modellierung ortsabhängiger Zugriffskontrolle für mobile Geschäftsprozesse. KIT Scientific Publ., Karlsruhe 2011.

[Deck11b] *Decker, Michael*: Modelling of Location-Aware Access Control Rules. In: Handbook of Research on Mobility and Computing: Evolving Technologies and Ubiquitous Impacts, IGI Global, 2011, S. 912-929.

[DeKö10] *Decker, Michael; Kölmel, Bernhard*: SumoDacs: Absicherung des mobilen Zugriffs auf Unternehmensanwendungen mit einer manipulationsresistenten Smartcard. In: 3. Internationaler Kongress "Sichere Identität", Berlin, 2010, S. 40-44.

[Deng12] *Dengel, Andreas*: Semantische Technologien : Grundlagen – Konzepte – Anwendungen. Spektrum Akademischer Verlag, Heidelberg 2012.

[DePo09] *Decker, Michael; Povalej, Roman*: Proximity-Based Access Control with RFID for Mobile Computing. In: *Cunningham, Paul; Cunningham, Miriam (Hrsg.)*: eChallenges e-2009, Istanbul, Türkei, 2009.

[DeSc10] *Decker, M.; Schiefer, G.*: The SumoDacs-project: Secure mobile data access with a tamperproof hardware token. In: *Cunningham, Paul; Cunningham, Miriam (Hrsg.)*: eChallenges e-2010, Warschau, Polen, 2010.

[Dey01] *Dey, Anind K.*: Understanding and Using Context. In: Personal and ubiquitous computing, 5, 2001, 1, S. 4-7.

[DoHä10] *Dodel, Hans; Häupler, Dieter*: Satellitennavigation. 2., korr. und erw. Aufl., Springer, Berlin 2010.

[DrWe14] *Dr.Web*: Dr.Web Enterprise Security Suite. http://products.drweb-av.de/enterprise_security_suite/, Abruf am 13.12.2014.

[DSKO09] *Decker, Michael; Stürzel, Peter; Klink, Stefan; Oberweis, Andreas*: Location Constraints for Mobile Workflows. In: *Agudo, Juan Enrique; Branki, Cherif (Hrsg.)*: Techniques and applications for mobile commerce : proceedings of TAMoCo 2009, Mérida, Spanien, 2009, S. 93-102.

[Ecke14]   *Eckert, Claudia*: IT-Sicherheit : Konzepte - Verfahren - Protokolle. 9. Aufl., De Gryuter Oldenbourg, München 2014.

[EiLP04]   *Eisenmann, Martin; Linck, Kathrin; Pousttchi, Key*: Nutzungsszenarien für mobile Bezahlverfahren. In: *Pousttchi, Key; Turowski, Klaus (Hrsg.)*: Mobile Economy: Transaktionen, Prozesse, Anwendungen und Dienste. 4. Workshop Mobile Commerce, Augsburg, 2004, S. 50-62.

[EKHS04]   *Edelmann, Jan; Koivuniemi, Jouni; Hacklin, Fredrik; Stevens, Richard*: New Perspectives on Mobile Service Development. In: *Mueller, Juergen; Bohlin, Erik; Fuke, Hidenori; Neumann, Karl-Heinz; Preissl, Brigitte; Firth, Lucy; Levin, Stanford (Hrsg.)*: ITS 15th Biennial Conference - Connecting societies and markets: communication technology, policy and impacts, Berlin, 2004.

[EnEF07]   *Engelbach, Wolf; Ehrhardt, Steffen; Frings, Sandra*: Graphical User Interfaces of a Service Creation Environment and a Mobile Device for Platform Based Local Mobile Services. In: *Spath, Dieter (Hrsg.)*: Science meets business: Stuttgarter Softwaretechnik-Forum 2007, Stuttgart, 2007.

[EuKo05]   *Europäische Kommission. Generaldirektion Unternehmen und Industrie.* Die Aktivitäten der Europäischen Union im Bereich kleiner und mittlerer Unternehmen (KMU) : Bericht des KMU-Beauftragten ; Arbeitspapier der Kommissionsdienststellen. 2005,

[EuKo14a] *Europäische Kommission*: Galileo: Europäisches Satellitennavigationssystem soll Ende 2014 starten.
http://ec.europa.eu/deutschland/press/pr_releases/12024_de.htm, 28.01.2014, Abruf am 16.10.2014.

[EuKo14b] *Europäische Kommission*: Europäisches Raumfahrtprogramm: Start der Galileo-Satelliten verschoben.
http://ec.europa.eu/deutschland/press/pr_releases/12626_de.htm, 21.08.2014, Abruf am 16.10.2014.

[EuUn00]   *Europäische Union*: Charta der Grundrechte der Europäischen Union. In: Amtsblatt der Europäischen Union C 364 vom 18.12.2000, Amt für amtliche Veröffentlichungen der Europäischen Gemeinschaften,, Brüssel, 2000, S. 1-22.

[EuUn03]   *Europäische Union*: EMPFEHLUNG DER KOMMISSION vom 6. Mai 2003 betreffend die Definition der Kleinstunternehmen sowie der kleinen und mittleren Unternehmen. In: Amtsblatt der Europäischen Union L 124 vom 29.5.2003, Amt für amtliche Veröffentlichungen der Europäischen Gemeinschaften,, Brüssel, 2003, S. 36-41.

Literatur 293

[FeBK99]   Ferraiolo, David F.; Barkley, John F.; Kuhn, D. Richard: A role-based access control model and reference implementation within a corporate intranet. In: ACM Transactions on Information and System Security (TISSEC), 2, 1999, 1, S. 34-64.

[FeKu92]   Ferraiolo, D. F.; Kuhn, D. R.: Role-Based Access Control. In: Proceedings of 15th Annual Conference on National Computer Security, Gaithersburg, 1992, S. 554–563.

[Felt02]   Felten, Frank: Location Based Services. In: Teichmann, René; Lehner, Franz (Hrsg.): Mobile Commerce: Strategien, Geschäftsmodelle, Fallstudien, Springer, Berlin u.a., 2002, S. 210-226.

[Ferr10]   Ferrari, Elena: Access Control in Data Management Systems. Morgan & Claypool Publishers, 2010.

[FHHP14] Fröhlich, Anette; Henn, René; Hoffmann, Sylvia; Preusser, Paul; Thiele, Steffi; Werscheid, Sabrina: Jahresbericht 2013. Bundesnetzagentur für Elektrizität, Gas, Telekommunikation, Post und Eisenbahnen, Bonn 2014.

[Flak06a] Flake, Stephan: LOMS: Local Mobile Services. http://www.loms-itea.org, 20.06.2006, Abruf am 29.03.2008.

[Flak06b] Flake, Stephan: D-LOMS: Ortsabhängige Mobile Dienste. http://www.d-loms.org, 20.06.2006, Abruf am 29.03.2008.

[FSGK01] Ferraiolo, David F.; Sandhu, Ravi; Gavrila, Serban; Kuhn, D. Richard; Chandramouli, Ramaswamy: Proposed NIST standard for role-based access control. In: ACM Transactions on Information and System Security (TISSEC), 4, 2001, 3, S. 224-274.

[Gema14] Gemalto: Secure Authentication solutions for public and private organizations - Identity and Access Security. http://www.gemalto.com/identity/authentication-products#IDBridge, Abruf am 15.12.2014.

[Gene14] General Dynamics C4 Systems: Secure Voice & Data. http://www.gdc4s.com/products/secure-voice-and-data-products-catergory-listing.html?taxonomyCat=141, Abruf am 15.12.2014.

[Genu14] Gesellschaft für Netzwerk- und Unix-Administration mbH Personal Security Device genucard. https://www.genua.de/loesungen/personal-security-device-genucard.html, Abruf am 15.12.2014.

[GiDe14] Giesecke & Devrient: Starke Authentisierung. http://www.gi-de.com/de/products_and_solutions/products/strong_authentication/strong-authentication.jsp, Abruf am 16.12.2014.

[Gold10]   Gold, Steve: Social engineering today: psychology, strategies and tricks. In: Network Security, 2010, 2010, 11, S. 11-14.

[GoLS09]   Gomez, L.; Laube, A.; Sorniotti, A.: Access Control immobile and Ubiquitous Environments. In: Context-Aware Mobile and Ubiquitous Computing for Enhanced Usability - Adaptive Technologies and Applications, Information Science Reference, Hershey, PA, USA, 2009, S. 278-294.

[Good14]   Good Technology: Good Access. http://www1.good.com/applications/collaboration-suite/good-access, 12.12.2014, Abruf am 13.12.2014.

[GrBe14]   Graumann, Sabine; Bertschek, Irene: Monitoring-Report Digitale Wirtschaft 2014. Bundesministerium für Wirtschaft und Energie (BMWi), Berlin 2014.

[GrWa76]   Griffiths, Patricia P.; Wade, Bradford W.: An authorization mechanism for a relational database system. In: ACM Trans. Database Syst., 1, 1976, 3, S. 242-255.

[GrWo07]   Graumann, Sabine; Wolf, Malthe: 10. Faktenbericht 2007 - Eine Sekundärstudie der TNS Infratest Forschung GmbH. TNS Infratest Forschung GmbH, München/Berlin 2007.

[Hach03]   Hachez, Gael: A comparative study of software protection tools suited for e-commerce with contributions to software watermarking and smart cards. Dissertation, Katholische Universität Louvain, Belgien 2003.

[HaHT01]   Hallberg, J., Hallberg, N., Timpka, T.: Towards Second-Generation Smart Card-Based Authentication in Health Information System: The Secure Server Model. In: Proceedings of MEDINFO 2001, London, U.K., 2001, S. 1257-1261.

[HAMM03]   Houssos, Nikos; Alonistioti, Athanassia; Merakos, Lazaros; Mohyeldin, Eiman; Dillinger, Markus; Fahrmair, Michael; Schoenmakers, Maurice: Advanced Adaptability and Profile Management Framework for the Support of Flexible Mobile Service Provision. In: IEEE Wireless Communications, 10, 2003, 4, S. 52-61.

[HaRo04]   Hadig, Thomas; Roth, Jörg: Proximity services with the Nimbus framework. In: Nunes, Miguel Baptista (Hrsg.): Proceedings of the IADIS International Conference WWW/Internet 2004, Setúbal, Portugal, 2004, S. 437-444.

[HaRU76]   Harrison, Michael A.; Ruzzo, Walter L.; Ullman, Jeffrey D.: Protection in operating systems. In: Commun. ACM, 19, 1976, 8, S. 461-471.

Literatur 295

[HaZY05] Han, Weili; Zhang, Junjing; Yao, Xiaobo: Context-sensitive access control model and implementation. In: Computer and Information Technology CIT 2005. The Fifth International Conference on, 2005, S. 751-756.

[HeHS04] *He, Jun; Hiltunen, Matti A.; Schlichting, Richard D.*: Customizing Dependability Attributes for Mobile Service Platforms. In: *IEEE Computer Society (Hrsg.)*: International Conference on Dependable Systems and Networks (DSN-2004), Florenz, Italien, 2004, S. 617-626.

[Hein06] *Heine, Gunnar*: UMTS, EGPRS & GSM: Updates with Release 5, 6, 7 and beyond. INACON GmbH, Karlsruhe 2006.

[Helm02] *Helmreich, Tristan*: Hier geht's lang mit den Location-based Services. http://www.tns-emnid.com/02_presse/presseinformationen_archiv2002.asp, 20.08.2002, Abruf am 07.02.2006.

[Heng08] *Hengst, Björn*: Mysteriöser Wohnungseinbruch: Diebe stehlen Laptops von Justizministerin Zypries. In: SpiegelOnline, 01.02.2008.

[Hera09] *NN*: Personnel may sue MoD over stolen laptop data. In: The Herald, U.K., 08.02.2009.

[HFKB12] *Heupel, M.; Fischer, L.; Kesdogan, D.; Bourimi, M.; Scerri, S.; Hermann, F.; Gimenez, R.*: Context-Aware, Trust-Based Access Control for the di.me Userware. In: 5th International Conference on New Technologies, Mobility and Security (NTMS), 2012 Istanbul, 2012.

[Hiat80] *Hiatt, John*: Microprobing. In: 18th Annual Reliability Physics Symposium, 1980, S. 116-120.

[HiHa14] *Hirsch, Frederick; Hazaël-Massieux, Dominique*: Device APIs Working Group - W3C. http://www.w3.org/2009/dap/, 20.02.2014, Abruf am 21.04.2014.

[HiKS10] *Hilbert, F.; Katranuschkov, P.; Scherer, R. J.*: Fine-grained information access in Virtual Organisations. In: *Cunningham, Paul; Cunningham, Miriam (Hrsg.)*: eChallenges e-2010, Warschau, Polen, 2010.

[HMZC10] *He, D. J.; Ma, M. D.; Zhang, Y.; Chen, C.; Bu, J. J.*: A strong user authentication scheme with smart cards for wireless communications. In: Computer Communications, 34, 2011, 3, S. 367-374.

[HoKL94] *Hofmann-Wellenhof, Bernhard; Kienast, Gerhard; Lichtenegger, Herbert*: GPS in der Praxis. Springer, Wien [u.a.] 1994.

[Hort94] *Horton, William*: Das Icon-Buch. Addison-Wesley, 1994.

[HSBE05] *Hulsebosch, R. J.; Salden, A. H.; Bargh, M. S.; Ebben, P. W. G.; Reitsma, J.*: Context sensitive access control. In: Proceedings of the tenth ACM symposium on Access control models and technologies, Stockholm, Sweden, 2005, S. 111-119.

[HwSu05] *Hwang, Ren-Junn; Su, Feng-Fu*: A new efficient authentication protocol for mobile networks. In: Computer Standards & Interfaces, 28, 2005, 2, S. 241-252.

[IAC14] *Information and Analysis Center for Positioning, Navigation and Timing (IAC PNT)*: Information analytical centre of GLONASS and GPS controlling:. http://glonass-iac.ru/en/, 31.10.2014, Abruf am 31.10.2014.

[Juni14] *Juniper Networks*: Mobile Security Suite. http://www.juniper.net/de/de/products-services/software/junos-platform/junos-pulse/mobile-security/, 04.09.2014, Abruf am 13.12.2014.

[KaHC12] *Kayes, A. S. M.; Han, Jun; Colman, Alan*: ICAF: A Context-Aware Framework for Access Control. In: *Susilo, Willy; Mu, Yi; Seberry, Jennifer (Hrsg.)*: Information Security and Privacy, Springer Berlin Heidelberg, 2012, S. 442-449.

[KaHC13] *Kayes, A. S. M.; Han, Jun; Colman, Alan*: An Ontology-Based Approach to Context-Aware Access Control for Software Services. In: *Lin, Xuemin; Manolopoulos, Yannis; Srivastava, Divesh; Huang, Guangyan (Hrsg.)*: Web Information Systems Engineering – WISE 2013, Springer Berlin Heidelberg, 2013, S. 410-420.

[Kamp14] *Kamp, Poul-Henning*: Please Put OpenSSL Out of Its Misery. In: ACM Queue, 12, 2014, 3, S. 20.

[Kapp07] *Kappes, Martin*: Netzwerk- und Datensicherheit : eine praktische Einführung. 1. Aufl., Teubner, Wiesbaden 2007.

[KASW07] *Kotler, Philip; Armstrong, Gary; Saunders, John; Wong, Veronica*: Grundlagen des Marketing. 4., aktualisierte Aufl., Pearson Studium, München 2007.

[Kauf06] *Kauffels, Franz-Joachim*: Globale Netze [technischer und strategischer Leitfaden ; state-of-the-art der Netzwerk- und Informationstechnik ; CD mit über 1400 Seiten Fachreferenz]. 1. Aufl., Mitp, [Bonn] 2006.

[Kech05] *Kecher, Christoph*: UML 2.0 : das umfassende Handbuch ; [aktuell zum UML-Standard 2.0 ; alle Diagramme und Notationselemente ; Praxisbeispiele in C# und Java 5 ; inkl. CD mit UML-Tools ; inlk. DIN A2-Poster mit Struktur- und Verhaltensdiagrammen]. 1. Aufl., Galileo Press, Bonn 2005.

Literatur 297

[KeWa14] *Kempf, Dieter; Wallraf, Bruno*. Pressekonferenz Cloud Monitor 2014. 2014, http://www.bitkom.org/files/documents/BITKOM_Charts_PK_Cloud_Monitor_30_01_2013_final.pdf.

[KhPG03] *Khodawandi, Darius; Pousttchi, Key; Wiedemann, Dietmar G.*: Akzeptanz mobiler Bezahlverfahren in Deutschland. In: *Pousttchi, Key; Turowski, Klaus (Hrsg.)*: Mobile Commerce - Anwendung und Perspektiven : 3. Workshop Mobile Commerce, Universität Augsburg, 2003, S. 42-57.

[KMAO04] *Keronen, Ari; Myllyaho, Mauri; Alatalo, Pasi; Oivo, Markku; Antikainen, Harri; Rusanen, Jarmo*: In: *Bomarius, Frank; Iida, Hajimu (Hrsg.)*: Product focused software process improvement - 5th international conference, PROFES 2004, Kansai Science City, Japan, 2004, S. 442-456.

[Kölm03] *Kölmel, Bernhard*: Location Based Services. In: *Pousttchi, Key; Turowski, Klaus (Hrsg.)*: Mobile Commerce - Anwendung und Perspektiven : 3. Workshop Mobile Commerce, Universität Augsburg, 2003, S. 88-101.

[Kölm09] *Kölmel, Bernhard*: Entwicklung eines Frameworks für mobile Dienste : MODIFRAME ; Schlussbericht CAS Software AG CAS Software AG, Karlsruhe 2009.

[Konz14] *Konzeptpark GmbH*: Mobile Solution Platform. http://www.konzeptpark.de/vernetzungsloesungen/produkte-loesungen/msp.html, Abruf am 15.12.2014.

[KoSt03] *Koolwaaij, Johan; Strating, Patrick*: Service Frameworks for Mobile Context-aware Applications. In: eChallenges e•2003, Bologna, Italien, 2003.

[Kuhn04] *Kuhn, Jürgen*: Kommerzielle Nutzung mobiler Anwendungen: Ergebnisse der Delphi-Studie "Mobile Business". Universität Regensburg, Regensburg 2004.

[KuKC02] *Kumar, Arun; Karnik, Neeran; Chafle, Girish*: Context sensitivity in role-based access control. In: SIGOPS Oper. Syst. Rev., 36, 2002, 3, S. 53-66.

[Küpp05] *Küpper, Axel*: Location based services : fundamentals and operation. Wiley, Chichester 2005.

[KZZN04] *Karlich, Sascha; Zahariadis, Theodore; Zervos, Nikos; Nikolaou, Nikos; Jennings, Brendan; Kollias, Vangelis; Magedanz, Thomas*: A Self-Adaptive Service Provisioning Framework for 3G+/4G Mobile Applications. In: IEEE Wireless Communications, 11, 2004, 5, S. 48-56.

[Lamp74] *Lampson, Butler W.*: Protection. In: ACM SIGOPS Operating Systems Review, 8, 1974, 1, S. 18-24.

[LaRo10] *Langer, Josef; Roland, Michael*: Anwendungen und Technik von Near Field Communication (NFC). Springer, Berlin, Heidelberg 2010.

[LBDN05]   Lee, Adam J.; Boyer, Jodie P.; Drexelius, Chris; Naldurg, Prasad; Hill, Raquel L.; Campbell, Roy H: Supporting Dynamically Changing Authorizations in Pervasive Communication Systems. In: *Hutter, Dieter; Ullmann, Markus (Hrsg.)*: Security in Pervasive Computing, Springer Berlin Heidelberg, 2005, S. 134-150.

[LCGS03]   *Lam, K. Y.; Chung, S. L.; Gu, M.; Sun, J. G.*: Lightweight security for mobile commerce transactions. In: Computer Communications, 26, 2003, 18, S. 2052-2060.

[Lehn03]   *Lehner, Franz*: Mobile und drahtlose Informationssysteme : Technologien, Anwendungen, Märkte. Springer, Berlin [u.a.] 2003.

[Lehn04]   *Lehner, Franz*: MobiLex : Lexikon und Abkürzungsverzeichnis für Mobile Computing und mobile Internetanwendungen. Univ. Wirtschaftswiss. Fak., Passau 2004.

[LeOS14]   *Lehner, Jonas; Oberweis, Andreas; Schiefer, Gunther*: Kontextabhängige 3-Faktor-Authentifizierung für den mobilen Zugriff auf Unternehmensanwendungen. In: HMD Praxis der Wirtschaftsinformatik, 51, 2014, 1, S. 64-74.

[Lewi95]   *Lewis, James R.*: IBM computer usability satisfaction questionnaires: Psychometric evaluation and instructions for use. In: International Journal of Human-Computer Interaction, 7, 1995, 1, S. 57-78.

[LiHw10]   *Li, Chun-Ta; Hwang, Min-Shiang*: An efficient biometrics-based remote user authentication scheme using smart cards. In: Journal of Network and Computer Applications, 33, 2010, 1, S. 1-5.

[Marw08]   *Marwan, Peter*: Mittelstand nutzt Potenzial mobiler Lösungen nur teilweise. In: ZDNet, 20.10.2008.

[Marx14]   *Marx*: CRYPTO-BOX® SC. https://www.marx.com/de/products/crypto-boxr-sc/4, Abruf am 16.12.2014.

[Mate07]   *MATERNA GmbH*: MATERNA Anny Way: MACS. http://annyway.de/annyway/MACS.81.0.html, Abruf am 02.11.2007.

[MaUn05]   *Marmaridis, Ioakim; Unhelkar, Bhuvan*: Challenges in Mobile Transformations: A Requirements modeling perspective for Small and Medium Enterprises. In: *IEEE Computer Society (Hrsg.)*: International Conference on Mobile Business (ICMB 2005), Sydney, Australien, 2005, S. 16-22.

[Mayr03]   *Mayring, Philipp*: Qualitative Inhaltsanalyse: Grundlagen und Techniken. 8. Aufl., Beltz, Weinheim u.a. 2003.

[McDa03]	McDaniel, Patrick: On context in authorization policy. In: Proceedings of the eighth ACM symposium on Access control models and technologies, Como, Italy, 2003, S. 80-89.
[MeGr11]	Mell, Peter; Grance, Timothy: The NIST Definition of Cloud Computing. 2011.
[Meie02]	Meier, Roland: Generierung von Kundenwert durch mobile Dienste: Potenziale durch Kommunikation und Vernetzung. 1. Aufl, Deutscher Universitäts-Verlag, Wiesbaden 2002.
[Mett14]	Mettler, Lukas: Mobilgeräte sind ein erhebliches Sicherheitsrisiko. http://www.netzwoche.ch/de-CH/News/2014/11/05/Mobilgeraete-sind-ein-erhebliches-Sicherheitsrisiko.aspx, 05.11.2014, Abruf am 12.12.2014.
[Mill85]	Miller, Victor S.: Use of Elliptic Curves in Cryptography. In: *Williams, Hugh C. (Hrsg.)*: Advances in Cryptology — CRYPTO '85 Proceedings, Springer Berlin Heidelberg, 1986, S. 417-426.
[MoAb01]	Moyer, M. J.; Abamad, M.: Generalized role-based access control. In: Distributed Computing Systems, 2001. 21st International Conference on., 2001, S. 391-398.
[MoFr07]	MobileFrame LLC: MobileFrame: Product Suites. http://www.mobileframe.com/products/product_suites.aspx, Abruf am 02.02.2008.
[Möri06]	Mörike, Michael: Kosten & Nutzen von IT-Sicherheit : Ökonomie der IT-Sicherheit, Return on Security Investment, Rendite von Sicherheitsinvestitionen. dpunkt.Verl., Heidelberg 2006.
[Motr07]	Motricity Inc.: Fuel Platform. http://motricity.com/ourbiz/fuel.php, Abruf am 02.11.2007.
[MrRS05]	Mrohs, Bernd; Räck, Christian; Steglich, Stephan: Basic Building Blocks for Mobile Service Provisioning. In: *IEEE Computer Society (Hrsg.)*: 7th International Symposium on Autonomous Decentralized Systems (ISADS 2005), Chengdu, Jiuzhaigou, China, 2005, S. 82-89.
[MWay07]	M-Way Solutions GmbH: Mobile Business. http://www.mwaysolutions.com/mobile_business.html, Abruf am 02.02.2008.
[NaKN94]	Nakamura, Hiroshi; Kimura, Kenichi; Nakajima, Akihisa: Service Control Capabilities for Intelligent Mobile Communications Network. In: *IEEE Computer Society (Hrsg.)*: Networks for Personal Communications (NPC 1994) - Conference Proceedings, Long Branch, New Jersey, 1994.

[NaSA09]   *National Security Agency*: The Case for Elliptic Curve Cryptography. http://www.nsa.gov/business/programs/elliptic_curve.shtml, 15.01.2009, Abruf am 31.10.2013.

[NaSL14]   *Naumann, Helmut; Schröder, Gottfried; Löffler-Mang, Martin*: Handbuch Bauelemente der Optik : Grundlagen, Werkstoffe, Geräte, Messtechnik. 7., vollst. überarb. und erw. Aufl., Hanser, München 2014.

[netm07]   *net mobile AG*: net-m: Mobile Entertainment. http://www.net-m.de/multimedia.html, Abruf am 02.11.2007.

[NFKP05]   *Nowey, Thomas; Federrath, Hannes; Klein, Christian; Plößl, Klaus*: Ansätze zur Evaluierung von Sicherheitsinvestitionen. In: *Federrath, Hannes (Hrsg.)*: Sicherheit 2005 : Sicherheit - Schutz und Zuverlässigkeit; Beiträge der 2. Jahrestagung des Fachbereichs Sicherheit, Regensburg, 2005, S. 15-26.

[Niel93]   *Nielsen, Jakob*: Usability engineering. Nachdr. 2004, Kaufmann, San Diego, Calif. u.a. 1993.

[NöLe02]   *Nösekabel, Holger; Lehner, Franz*: Integration von web- und mobilbasierten Diensten. In: *Reichwald, Ralf (Hrsg.)*: Mobile Kommunikation: Wertschöpfung, Technologien, neue Dienste, Gabler, Wiesbaden, 2002, S. 127- 143.

[Oasi13]   *OASIS*. eXtensible Access Control Markup Language (XACML) Version 3.0. 2013, http://docs.oasis-open.org/xacml/3.0/xacml-3.0-core-spec-os-en.html.

[OECD81]   *Organisation for Economic Co-operation and Development (OECD)*: Guidelines on the Protection of Privacy and Transborder Flows of Personal Data. Organisation for Economic Co-operation and Development (OECD),, Paris 1981.

[OKAO03]   *Ojala, T.; Korhonen, J.; Aittola, M.; Ollila, M.; Koivumäki, T.; Tähtinen, J.; Karjaluoto, H.*: SmartRotuaari - Context-aware Mobile Multimedia Services. In: 2nd International Conference on Mobile und Ubiquitous Multimedia, Norrköping, Schweden, 2003, S. 9-18.

[OMI08]   *ECP.NL*: OMI, OpenMobielInternet. http://www.openmobielinternet.com, 12.02.2008, Abruf am 29.02.2008.

[OMI213]   *ECP.NL*: OMI2 - Platform voor mobiele Professionals. http://www.omi2.nl/, 15.10.2013, Abruf am 19.02.2014.

[Orac14]   *Oracle*: Oracle Mobile Security. http://www.oracle.com/us/products/middleware/identity-management/mobile-security/, Abruf am 13.12.2014.

Literatur 301

[Orti07] *Ortiz, S.*: Protecting Networks by Controlling Access. In: Computer, 40, 2007, 8, S. 16-19.

[PaHC06] *Park, Seon-Ho; Han, Young-Ju; Chung, Tai-Myoung*: Context-Role Based Access Control for Context-Aware Application. In: *Gerndt, Michael; Kranzlmüller, Dieter (Hrsg.)*: High Performance Computing and Communications, Springer Berlin Heidelberg, 2006, S. 572-580.

[Pass06] *Passani, Luca*: WURFL. http://wurfl.sourceforge.net/, Abruf am 08.03.2007.

[PeMe04] *Pedersen, Per E.; Methlie, Leif B.*: Exploring the relationship between mobile data services business models and end-user adoption. In: *Lamersdorf, Winfried; Tschammer, Volker; Amarger, Stéphane (Hrsg.)*: Building The E-Service Society: E-Commerce, E-Business, and E-Government - IFIP 18th World Computer Congress TC6/TC8/TC11 4th International Conference on E-Commerce, E-Business, E-Government (I3E 2004), Toulouse, Frankreich, 2004, S. 111-130.

[Pepe06] *Pepels, Werner*: Produkt- und Preismanagement im Firmenkundengeschäft. Oldenbourg, München 2006.

[Petz07] *Petzke, Kai*: Noch 'ne Insel. http://www.teltarif.de/arch/2007/kw40/s27456.html, 07.10.2007, Abruf am 15.10.2007.

[PfDo05] *Pfeifer, Tom; Downes, Barry*: m-Mag: The Mobile Magazine Services Platform. In: *IEEE Computer Society (Hrsg.)*: The Second IEEE International Workshop on Mobile Commerce and Services (WMCS 2005), München, 2005, S. 122-129.

[Pfis13] *Pfisterer, Stephan*: Jeder Dritte greift mobil auf Unternehmensdaten zu. http://www.bitkom.org/files/documents/BITKOM_Presseinfo_Mobiles_Arbeiten_02_07_2013.pdf, 02.07.2013, Abruf am 12.12.2014.

[PMVG04] *Pousttchi, Key; Modée, Kristina; Villanen, Juha; Gumpp, Andreas; Koivula, Juha*: Mobile Enterprise in Germany - State-of-the-art, Expectations and Perspectives for Mobile Business Processes in Small and Medium-sized Enterprises on the German Market. Finnish Foreign Trade Association (FINPRO) und Universität Augsburg, München 2004.

[Pous05] *Pousttchi, Key*: Mobile Payment in Deutschland : Szenarienübergreifendes Referenzmodell für mobile Bezahlvorgänge. Deutscher Universitäts-Verlag, Wiesbaden 2005.

[Pous13] *Pousttchi, Key*: Zweiter Frühling für mpass? http://mobilbranche.de/2013/08/zweiter-fruehling-fuer-mpass/38335, 14.08.2013, Abruf am 12.12.2014.

[PSSH06] *Priggouris, Ioannis; Spanoudakis, Dimitrios; Spanoudakis, Manos; Hadjiefthymiades, Stathes*: A generic framework for Location-Based Services (LBS) provisioning. In: Mobile Information Systems, 2, 2006, 2-3, S. 111-133.

[RaEf08] *Rankl, Wolfgang; Effing, Wolfgang*: Handbuch der Chipkarten : Aufbau, Funktionsweise, Einsatz von Smart Cards. 5., überarb. und erw. Aufl., Hanser, München 2008.

[Rann04a] *Rannu, Rain*: M-services in Estonia. In: Baltic IT&T Review, 32, 2004, S. 28-33.

[ReGü11] *Reiss, Michael; Günther, Armin*: Value Net Marketing – Schlüssel zum erfolgreichen Marketing. In: Marketing Review St. Gallen, 28, 2011, 4, S. 44-51.

[Roth05] *Roth, Jörg*: Mobile Computing: Grundlagen, Technik, Konzepte. 2., aktualisierte Aufl., dpunkt-Verlag, Heidelberg 2005.

[Rütt07] *Rütten, C.*: Handy-Gespräche bald abhörbar. In: c't, 2007, Ausgabe 24, S. 90-91.

[Safe14] *Safe-Net*: PKI-USB-Authentifizierung | Zertifikatbasierte USB-Token http://www.safenet-inc.de/multi-factor-authentication/authenticators/pki-usb-authentication/, 21.10.2014, Abruf am 16.12.2014.

[Sals09] *Salsano, Stefano*: Simple Mobile Services Platform http://netgroup.uniroma2.it/twiki/bin/view.cgi/SMS/SMSPlatformHome, 27.08.2009, Abruf am 19.02.2014.

[SaNC02] *Sampemane, G.; Naldurg, P.; Campbell, R. H.*: Access control for Active Spaces. In: Computer Security Applications Conference, 2002. Proceedings. 18th Annual, 2002, S. 343-352.

[Sand96] *Sandhu, Ravi*: Roles versus groups. In: Proceedings of the first ACM Workshop on Role-based access control, Gaithersburg, Maryland, USA, 1996, S. 7.

[SaSa94] *Sandhu, R. S.; Samarati, P.*: Access control: principle and practice. In: Communications Magazine, IEEE, 32, 1994, 9, S. 40-48.

[Saut04] *Sauter, Martin*: Grundkurs Mobile Kommunikationssysteme : von UMTS, GSM und GRPS zu Wireless LAN und Bluetooth Piconetzen. 1. Aufl, Vieweg, Wiesbaden 2004.

[ScDe08] *Schiefer, Gunther; Decker, Michael*: A Taxonomy for Mobile Terminals - A Selective Classification Scheme In: *Filipe, Joaquim; Marca, David A.; Shishkov, Boris; Sinderen, Marten van (Hrsg.)*: International Conference on e-Business (ICE-B 2008), Porto, Portugal, 2008, S. 255-258.

[ScDW07]   Schüller, Christian; Doll, Bernhard; Wörndl, Wolgang: Play.Tools: Ein Software-Framework zur prototypischen Umsetzung kontextsensitiver Anwendungen als Unterstützung von Innovationsprozessen. In: *König-Ries, Birgitta; Lehner, Franz; Malaka, Rainer; Türker, Can (Hrsg.)*: MMS 2007: Mobilität und mobile Informationssysteme: 2nd conference of GI-Fachgruppe MMS, Aachen, 2007, S. 11-22.

[SCFY96]   *Sandhu, Ravi S.; Coyne, Edward J.; Feinstein, Hal L.; Youman, Charles E.*: Role-Based Access Control Models. In: Computer, 29, 1996, 2, S. 38-47.

[Sche01]   *Scheer, August-Wilhelm*: ARIS - Modellierungsmethoden, Metamodelle, Anwendungen. 4. Aufl, Springer, Berlin [u.a.] 2001.

[Schi03]   *Schiller, Jochen*: Mobilkommunikation. 2., überarb. Aufl, Pearson-Studium, München u.a. 2003.

[Schl05]   *Schlickum, Franz*: Erfahrungen in der Applikationsentwicklung mit J2ME. In: *Stucky, Wolffried; Schiefer, Gunther (Hrsg.)*: Perspektiven des Mobile Business: Wissenschaft und Praxis im Dialog, Deutscher Universitäts-Verlag, Wiesbaden, 2005, S. 131-134.

[Schn01]   *Schneier, Bruce*: Secret & Lies: IT-Sicherheit in einer vernetzten Welt. dpunkt.verlag, Heidelberg 2001.

[Schu14]   *Schulze, Dennis*: Studie: 4,4 Millionen Deutsche haben schon einmal ihr Firmenhandy verloren – sensible Daten inklusive. http://research.yougov.de/presse/2014/pressemitteilung-smix-handyverlust-antivirus/, 16.07.2014, Abruf am 20.12.2014.

[Schü72]   *Schütz, Alfred*: Der gut informierte Bürger. Ein Versuch über die soziale Verteilung des Wissens. In: *Schütz, Alfred (Hrsg.)*: Gesammelte Aufsätze, Band 2, Nijhoff, De Haag, 1972, S. 85-101.

[ScID10]   *Schiefer, Gunther; Issel, Katharina; Decker, Michael*: ModiFrame: Entwicklung eines Frameworks für mobile Dienste : Teilprojekt "ModiFrame-Business" ; Schlussbericht KIT, Karlsruhe 2010.

[ScSU03]   *Schlienger, Thomas; Steinert, Martin; Unterberger, Claudius*: An analysis of the Swiss Telecom market from a customer's perspective: special: mobile data services. iimt University Press, Fribourg/Suisse 2003.

[SDAs07]   *SD Association*. SDIO Simplified Specification Version 2.00. 2007, https://www.sdcard.org/downloads/pls/simplified_specs/archive/partE1_200.pdf.

[SDAs11] *SD Association.* SDIO Simplified Specification Version 3.00. 2011, https://www.sdcard.org/downloads/pls/simplified_specs/archive/partE1_300.pdf.

[SGHN12] *Schiefer, Gunther; Gabel, Matthias; Hübsch, Gerald; Neifer, Wolfgang*: SumoDacs: Secure mobile data access. Schlussbericht des SumoDacs-Konsortiums. Karlsruher Institut für Technologie (KIT), CAS Software AG, WIBU-Systems AG, Karlsruhe 2012.

[Spro79] *Sprondel, Walter Michael*: "Experte" und "Laie" - zur Entwicklung von Typbegriffen in der Wissenssoziologie. In: *Sprondel, Walter Michael; Grathoff, Richard (Hrsg.)*: Alfred Schütz und die Idee des Alltags in den Sozialwissenschaften, Enke, Stuttgart, 1979, S. 140-154.

[StCo96] *Strauss, Anselm L.; Corbin, Juliet*: Grounded Theory: Grundlagen Qualitativer Sozialforschung. Beltz, Weinheim 1996.

[StNe04] *Strembeck, Mark; Neumann, Gustaf*: An integrated approach to engineer and enforce context constraints in RBAC environments. In: ACM Trans. Inf. Syst. Secur., 7, 2004, 3, S. 392-427.

[Stro14] *Strobel, Christoph*: Cloud Computing: wirtschaftliche Vorteile überwiegen Vorbehalte. http://www.techtag.de/business/cloud-computing-wirtschaftliche-vorteile-ueberwiegen-vorbehalte/, 31.01.2014, Abruf am 23.12.2014.

[StTe05] *Steinert, Martin; Teufel, Stephanie*: The european mobile data service dilemma: An empirical analysis on the barriers of implementing mobile data services. In: *Krogstie, John; Kautz, Karlheinz; Allen, David (Hrsg.)*: Mobile information systems II: IFIP Working Conference on Mobile Information Systems (MOBIS), Leeds, Großbritannien, 2005, S. 63-78.

[Syba08a] *Sybase Inc.*: Information Anywhere Suite. http://www.sybase.com/products/mobileenterprise/informationanywheresuite, Abruf am 02.02.2008.

[Syba08b] *Sybase GmbH*: Information Anywhere-Suite. http://www.sybase.de/products/mobileenterprise/informationanywheresuite.shtml, Abruf am 02.02.2008.

[Syba14a] *Sybase*: Mobile Device Management (MDM) Software Solutions for the Enterprise Frontline - SAP Afaria. http://www.sybase.com/products/mobileenterprise/afaria, Abruf am 13.12.2014.

[Syba14b] *Sybase*: OneBridge Mobile Synchronization and Data Connectivity Solution. http://www.sybase.com/products/archivedproducts/onebridge, Abruf am 13.12.2014.

[TJFF06] Tacken, Jürgen; Janssen, Thorben; Flake, Stephan; Fischer, Dirk: A Service Creation Environment for interactive, menu-driven Mobile Services. In: *IEEE Computer Society (Hrsg.)*: 20th International Conference on Advanced Information Networking and Applications (AINA 2006), Wien, Österreich, 2006, S. 524-528.

[TMob07] *T-Mobile Deutschland GmbH*: web'n'walk. http://www.t-mobile-favoriten.de, Abruf am 10.02.2007.

[TuPo04] Turowski, Klaus; Pousttchi, Key: Mobile Commerce: Grundlagen und Techniken. Springer, Berlin u.a. 2004.

[ViPS03] Vimercati, Sabrina De Capitani di; Paraboschi, Stefano; Samarati, Pierangela: Access control: principles and solutions. In: Softw. Pract. Exper., 33, 2003, 5, S. 397-421.

[Voda14] *Vodafone GmbH*: Vodafone Machine-to-Machine. https://www.vodafone.de/business/firmenkunden/loesungen/m2m-machine-to-machine.html, Abruf am 13.12.2014.

[WaFT14] Walterbusch, Marc; Fietz, Adrian; Teuteberg, Frank: Schatten-IT Implikationen und Handlungsempfehlungen für Mobile Security. In: HMD - Praxis der Wirtschaftsinformatik, 51, 2014, 295, S. 24-33.

[WaHB07] Wac, Katarzyna; Halteren, Aart van; Broens, Tom: Context-aware QoS Provisioning in an m-health Services Platform. In: International Journal of Internet Protocol Technology (IJIPT), 2, 2007, 2, S. 102-108.

[WaPi02] Wallbaum, Michael; Pils, Carsten: Technologische Grundlagen des Mobile Commerce. In: *Teichmann, René; Lehner, Franz (Hrsg.)*: Mobile Commerce, Springer Berlin Heidelberg, 2002, S. 51-109.

[WaPo14] Wallraf, Bruno; Pols, Axel: Cloud-Monitor 2014. KPMG AG, Düsseldorf 2014.

[WBRH04] Walter, Thomas; Bussard, Laurent; Roudier, Yves; Haller, Jochen; Kilian-Kehr, Roger; Posegga, Joachim; Robinson, Philip: Secure mobile business applications–framework, architecture and implementation. In: Information Security Technical Report, 9, 2004, 4, S. 6-21.

[WIBU14] *WIBU SYSTEMS AG*: Enable online activation of your software with Wibu-Systems CodeMeter technology http://www.wibu.com/en/online-software-activation.html, Abruf am 27.03.2014.

[WJOM05] White, M.; Jennings, B.; Osmani, V.; van der Meer, S.: Context driven, user-centric access control for smart spaces. In: IEE International Workshop on Intelligent Environments, 2005. , Colchester, U.K., 2005, S. 13-19.

[WLJT06]   Wangensteen, Audun; Lunde, Lars; Jrstad, I: A generic authentication system based on SIM. In: Internet Surveillance and Protection, 2006. ICISP'06. International Conference on, 2006, S. 24-24.

[Worm12]   Wormer, Matt: W3C Ubiquitous Web Applications. http://www.w3.org/2007/uwa/, 02.10.2012, Abruf am 21.04.2014.

[WSBS05]   Wang, Alf Inge; Sørensen, Carl-Fredrik; Brede, Steinar; Servold, Hege; Gimre, Sigurd: Development of location-aware applications: The Nidaros framework. In: Krogstie, John; Kautz, Karlheinz; Allen, David (Hrsg.): Mobile information systems II: IFIP Working Conference on Mobile Information Systems (MOBIS), Leeds, Großbritannien, 2005, S. 171-186.

[WSDR14]   Wernke, Marius; Skvortsov, Pavel; Dürr, Frank; Rothermel, Kurt: A classification of location privacy attacks and approaches. In: Personal and ubiquitous computing, 18, 2014, 1, S. 163-175.

[WuLC04]   Wullems, C.; Looi, M.; Clark, A.: Towards context-aware security: an authorization architecture for intranet environments. In: Pervasive Computing and Communications Workshops, 2004. Proceedings of the Second IEEE Annual Conference on, 2004, S. 132-137.

[XiJi05]   Xiaosu, Chen; Jian, Liu: Build mobile services on service oriented structure. In: IEEE Computer Society (Hrsg.): International Conference on Wireless Communications, Networking and Mobile Computing (WCNM05), Wuhan, China, 2005, S. 1472-1476.

[YaSh99]   Yang, W. H.; Shieh, S. P.: Password authentication schemes with smart cards. In: Computers & Security, 18, 1999, 8, S. 727-733.

[YeTs06]   Yeh, Tzu-Chang; Tsai, Shih-Chang: Securing mobile commerce transactions. In: IEICE transactions on communications, 89, 2006, 9, S. 2608-2611.

[ZDF14]   ZDF: APP: Alles über die App. http://www.zdf.de/app/thriller-app-alle-infos-zur-second-screen-app-zum-film-fragen-und-antworten-faq-33074116.html, 26.05.2014, Abruf am 23.10.2014.

[ZeGL03]   Zeimpekis, Vasileios; Giaglis, George M.; Lekakos, George: A taxonomy of indoor and outdoor positioning techniques for mobile location services. In: ACM SIGecom Exchanges, 3, 2003, 4, S. 19-27.

[Zeld01]   Zeldman, Jeffrey: Taking your talent to the Web: a guide for the transitioning designer. New Riders, Indianapolis, USA 2001.

[ZZMK06] Zhdanova, Anna V.; Zoric, Josip; Marengo, Marco; Kranenburg, Herma van; Snoeck, Niels; Sutterer, Michael; Räck, Christian; Droegehorn, Olaf; Arbanowski, Stefan: Context Acquisition, Representation and Employment in Mobile Service Platforms. In: Workshop "Capturing Context and Context Aware Systems and Platforms" at the 15th IST Mobile and Wireless Communications Summit, Mykonos, Griechenland, 2006, S. 64-68.

Abkürzungen

2,5G	Mobilfunknetz der 2,5. Generation (GPRS)
2G	Mobilfunknetz der 2. Generation (GSM)
3G	Mobilfunknetz der 3. Generation (Europa: UMTS)
3GPP	3rd Generation Partnership Project
AGB	Allgemeine GeschäftsBedingungen
A-GPS	(Network) Assisted Global Positioning System
ARM	Kern-Design für die Familie von Prozessoren nach der Architektur von Advanced RISC Machines Ltd.
ARPU	Average Revenue Per User
ASID	Anonymous Subscriber ID
ASP	Application Service Provider
B2B	Business to Business
B2C	Business to Consumer
BAPT	BundesAmt für Post und Telekommunikation
Bit/s	Bit pro Sekunde
BDSG	Bundesdatenschutzgesetz
BMPT	BundesMinisterium für Post und Telekommunikation
BMWi	Bundesministerium für Wirtschaft und Technologie
BNetzA	Bundesnetzagentur für Elektrizität, Gas, Telekommunikation, Post und Eisenbahnen
BS	Base Station
BT	Bluetooth
BWA	Broadband Wireless Access
CAGR	Compound Annual Growth Ratio
CC	Country Code

CDMA	Code Division Multiple Access
Cell-ID	Cell-Identity
CF	CompactFlash
cHTML	Compact HyperText Markup Language
COO	Cell of Origin
CPU	Central Processing Unit
CRM	Customer-Relationship-Management
CSD	Circuit Switched Data
DAB	Digital Audio Broadcasting
DAC	Discretionary Access Control
DMB	Digital Multimedia Broadcasting
DMZ	Demilitarised Zone
D-Netz	Digitales GSM-Mobilfunknetz (D: T-Mobile, Vodafone)
DoS	Denial of Service
DSL	Digital Subscriber Line
DTAP	Direct Transfer Application Part
DVB-H	Digital Video Broadcasting for Handhelds
ECC	Elliptic Curve Cryptography
ECSD	Enhanced Circuit Switched Data
EDGE	Enhanced Data Rates for GSM Evolution
EGPRS	Enhanced General Packet Radio Service
eID	elektronische Identifizierungsfunktion des Personalausweises
EMEA	Europe, Middle East & Africa
EMS	Enhanced Message Service
E-Netz	Digitales GSM-Mobilfunknetz (E: E-Plus, O_2)
E-OTD	Enhanced Observed Time Difference
EP	Europäisches Parlament

EU	Europäische Union
GB	1 Gigabyte sind 10^9 Byte
GBit/s	Milliarden (10^9) Bit pro Sekunde
GEZ	GebührenEinzugsZentrale der öffentlich-rechtlichen Rundfunkanstalten
GHz	Gigahertz
GiB	1 Gibibyte sind 2^{30} Byte
GLONASS	GLObalnaja NAwigazionnaja Sputnikowaja Sistema (GLObales NAvigations-Satelliten-System)
GMT	Greenwich Mean Time
GNSS	Global Navigation Satellite System
GPRS	General Packet Radio Service
GPS	Global Positioning System
GSM	Global System for Mobile communications
GUI	Graphical User Interface
HLR	Home Location Register
HSCSD	High Speed Circuit Switched Data
HSDPA	High Speed Downlink Packet Access
HSPA	High Speed Packet Access
HSUPA	High Speed Uplink Packet Access
HTML	HyperText Markup Language
http	HyperText Transfer Protocol
IaaS	Infrastructure as a Service
IEEE	Institute of Electrical and Electronics Engineers
IMEI	International Mobile Equipement Identifier
IMS	Internet Protocol Multimedia Core Network Subsystem
IMSI	International Mobile Subscriber Identity

IMT-2000	International Mobile Telecommunications-2000
IP	Internet-Protokoll
IrDA	Infrared Data Association – Steht im fachlichen Sprachgebrauch als Abkürzung für Infrarotschnittstelle
ISDN	Integrated Services Digital Network
ITEA	Information Technology for European Advancement
ITU	International Telecommunications Union
IVR	Interactive Voice Response
Java ME	Java Platform, Micro Edition
JSF	JavaServer Faces, ein Standard zur Entwicklung von grafischen Benutzeroberflächen, basierend auf JSP
JSP	JavaServer Pages, eine auf JHTML basierende Web-Programmiersprache
kB	1 Kilobyte sind 10^3 Byte
kBit/s	Tausend (10^3) Bit pro Sekunde
KiB	1 Kibibyte sind 2^{10} Byte
KMU	Kleine und mittlere Unternehmen
KOM	Europäische Kommission
LAI	Location Area Identification
LAN	Local Area Network
LAN	Local Area Network
LBS	Location Based Services
LBS	Location Besed Service
LMU	Location Measurement Unit
LOMS	LOcal Mobile Services
MAC	Mandatory Access Control
MB	1 Megabyte sind 10^6 Byte

MBit/s	Millionen (10^6) Bit pro Sekunde
MDStV	Mediendienstestaatsvertrag
MiB	1 Mebibyte sind 2^{20} Byte
MIPS	Microprocessor without Interlocked Pipeline Stages
MMS	Multimedia Messaging Service
MNO	Mobile Network Operator
MOU	Minutes Of Use
MS	Mobile Station (Mobile Terminal and SIM)
MSISDN	Mobile Subscriber Integrated Services Digital network Number
MSP	Mobile Service Provider
MVNO	Mobile Virtual Network Operator
NFC	Near Field Communication
nPA	Neuer (elektronischer) Personalausweis
OBU	On-Board-Unit
OMA	Open Mobile Alliance
OMI	Open Mobile Internet
ONP	Open Network Provision
OSGi	Spezifiziert eine hardwareunabhängige dynamische Softwareplattform (durch OSGi Alliance)
OTA	Over The Air (Darunter wird die Übertragung per Funk verstanden)
OTDOA	Observed Time Difference Of Arrival
PaaS	Platform as a Service
PAN	Personal Area Network
PDA	Personal Digital Assistant

PIM		Personal Information Manager (persönlicher Informationsverwalter)
PIN		Persönliche Identifikationsnummer
POI		Point Of Interest (Sehenswürdigkeit)
POTS		Plain Old Telephone Service
PSTN		Public Switched Telephone Network
QDA		Qualitative DatenAnalyse
QoS		Quality of Service
RAM		Random Access Memory
RAP		Remote Application Platform (früher: Rich Ajax Platform)
RBAC		Role-Based Access Control
RDF		Ressource Description Framework
RegTP		Regulierungsbehörde für Telekommunikation und Post
REST		REpresentational State Transfer
RFID		Radio Frequency Identification
RIA		Rich Internet Application
ROI		Return on Investment
ROM		Read-Only-Memory
SaaS		Software as a Service
SHx		Bezeichnung für Prozessoren von Hitachi
SIM		Subscriber Identity Module
SMLC		Serving Mobile Location Centre
SMS		a) Short Message Service b) Simple Mobile Services
SN		Subscriber Number
SOAP		Ursprünglich: Simple Object Access Protocol oder Service Oriented Architecture Protocol, jetzt W3C-Spezifikation

Abkürzungen

SSL	Secure Sockets Layer, frühere Bezeichnung für TLS
TDMA	Time Division Multiple Access
TDOA	Time Difference Of Arrival
TLS	Transport Layer Security (Transportschichtsicherheit), Verschlüsselungsprotokoll zur sicheren Datenübertragung
TMC	Traffic Message Channel
TMG	Telemediengesetz
UMA	Universal Mobile Access oder Unlicensed Mobile Access
UMPC	Ultra Mobile Personal Computer
UMTS	Universal Mobile Telecommunications System
UNC	UMA Network Controller
URL	Uniform Resource Locator
UTC	Coordinated Universal Time
VoIP	Voice over Internet Protocol
VoWLAN	Voice over Wireless Local Area Network
VPN	Virtuelles Privates Netzwerk
W3C	World Wide Web Consortium
WAN	Wide Area Network
WAP	Wireless Application Protocol
WCDMA	Wideband Code Division Multiple Access
WGS	World Geodic System
WiMAX	Worldwide Interoperability for Microwave Access
WLAN	Wireless Local Area Network
WML	Wireless Markup Language
WPAN	Wireless Personal Area Network
WWAN	Wireless Wide Area Network

x86	Befehlssatz einer von der Firma Intel entwickelten Mikroprozessor-Architektur
XHTML	eXtensible HyperText Markup Language
XML	eXtensible Markup Language
ZKM	Zugriffskontrollmodell

Anhang 1: Interviewleitfaden Expertenbefragung

Auf den folgenden Seiten ist der Gesprächsleitfaden für die telefonischen Experteninterviews (siehe Abschnitt 3.3.3) abgedruckt.

Guten Morgen/Tag ....,

mein Name ist .... vom Institut AIFB der Universität Karlsruhe.

Ich rufe wegen der Expertenbefragung zum Thema „mobile Dienste und Anwendungen im Mittelstand" an. Die Ergebnisse dieser Studie werden in einem Forschungsprojekt verwendet, das vom Bundesministerium für Wirtschaft und Technologie gefördert wird.
[Neben dem AIFB sind daran Industriepartner beteiligt.]

Ziel dieser Untersuchung ist es zum einen, Hindernisse herauszufinden, denen sich kleine und mittelständische Unternehmen bei der Realisierung mobiler Anwendungen gegenüber sehen.

Zum anderen sollen Anforderungen erhoben werden, die ein System erfüllen müsste, das kleinen und mittelständischen Unternehmen die Bereitstellung mobiler Anwendungen erleichtern sollte.

In der Befragung wird oft der Begriff „mobile Anwendung" verwendet. Darunter ist ein Mehrwertdatendienst für mobile Endgeräte wie Mobilfunktelefonen oder PDAs gemeint. Zu diesen Diensten bzw. Anwendungen zählen zum Beispiel:
- Abruf mobiler Webseiten
- Location-Based Services
- Benachrichtigungsdienste
- Datenerfassung durch Außendienstmitarbeiter

Da dieses Interview aus offenen Fragen besteht, möchte ich gern das Gespräch aufzeichnen. Würden Sie mir dafür die Erlaubnis geben?

[bei Nachfrage: die Aufzeichnung dient dazu, den Fluss des Interviews nicht zu unterbrechen und später ohne Informationsverlust zu transkribieren. Darüber hinaus ist eine bessere qualitative Auswertung möglich.]

Die Befragung wird 30 bis 45 Minuten dauern. Haben Sie die Zeit?

[Anonymität auf Nachfrage: Bei evtl. Veröffentlichung werden nicht Namen der Befragten genannt, insbesondere werden keine Aussagen in Bezug zu Befragten gesetzt]

Anhang 1: Interviewleitfaden Expertenbefragung

Allgemeine Daten
Befragter Name/Tel.nr.:
Datum/Uhrzeit:

Teil 1: Erfahrungen mit eigenem Dienst (10 Minuten)

Hat Ihre Firma bzw. Ihr Institut schon eine **mobile Anwendung entwickelt**?

Wenn **ja**:
Bitte schildern Sie, um was für eine Art von Anwendung es sich dabei handelt und welche Erfahrungen und Kenntnisse Sie dabei gewonnen haben?

[Was tun, wenn Erfahrung mit mehreren Diensten? Am besten alle der Reihe nach durchgehen]

Nachhaken [bei **ja**]: [Fragen müssen beantwortet werden!]
- Was war die **Motivation**, die Anwendung zu implementieren?
  [Kostendruck, Konkurrenz, Idee Chef, Engagement Mitarbeiter]
- Wird die Anwendung **firmenintern** genutzt [Typ I] oder
  von **Kunden** [Typ II]? Wenn Kunden: Privat- (B2C) oder Geschäftskunden (B2B)?
- Wurde die Anwendung **selbst realisiert** oder
  mit Unterstützung eines **Dienstleisters**? [Dienst erstellen]
- Wird die Anwendung **selbst bereitgestellt** [Inhouse] oder
  bei einem **Dienstleister** [ASP-Hosting]?
  [Dienst betreiben -> nicht fragen bei rein lokalen Anwendungen!]

Wenn **nein**:
Zwar haben Sie noch keine mobile Anwendung realisiert, aber können Sie sich dies grundsätzlich vorstellen und an welche Art mobiler Anwendung hätten Sie Interesse?

Nachhaken [bei **nein**]: [Fragen müssen beantwortet werden!]
- Was wäre die **Motivation**, die Anwendung zu realisieren?
  [Kostendruck, Konkurrenz, Idee Chef, Engagement Mitarbeiter]
- Würde die Anwendung **firmenintern** genutzt werden [Typ I] oder
  von **Kunden** [Typ II]? Wenn Kunden: Privat- (B2C) oder Geschäftskunden (B2B)?
- Würde die Anwendung **selbst realisiert** werden oder
  mit Unterstützung eines **Dienstleisters**? [Dienst erstellen]
- Würde die Anwendung **selbst betrieben** [Inhouse] werden oder
  beim **Dienstleister** [ASP-Hosting]? [Dienst betreiben]

Teil 2: KMU-spezifische Barrieren (max. 15 Minuten!)

Welche **Hürden** sehen Sie bei Entwicklung und Betrieb einer mobilen Anwendung, die insbesondere bei klein- und mittelständische Unternehmen und weniger bei Großunternehmen vorhanden sind?

Nachhaken, der Reihe nach: [sofern noch Zeit von den 15min.]
- Gibt es Barrieren **bzgl. der mobilen Endgeräte** [, z.B. dass es so viele verschiedene Typen gibt]? [Heterogenität Endgeräte]
- Sehen Sie besondere Barrieren, die sich aus der Nutzung **drahtloser Datenübertragung** ergeben?
- Welche **Kosten bzw. Preise** behindern die Umsetzung mobiler Anwendungen? [Markt, mehrere Punkte möglich]
- Ergeben sich aus **Sicherheits- und Datenschutzanforderungen** an eine mobile Anwendung besondere Barrieren?
- Sehen Sie besondere Barrieren für klein- und mittelständische Unternehmen im z.B. **organisatorischen Bereich**, also nicht technische Hindernisse.

[Typ-I-Szenario]

Ein mittelständischer Betrieb möchte einen mobilen Dienst realisieren, mit dem seine Außendienstmitarbeiter aktuelle Preise und Lagerbestände von
Produkten mit einem Smartphone abfragen können. Auf welche KMU-spezifischen Probleme könnte das Unternehmen hierbei stoßen?

[Typ-II-Szenario]

Eine kleine Firma betreibt ein erfolgreiches Webportal mit aktuellen
Veranstaltungshinweisen und möchte seinen Nutzern nun auch den Zugriff mit dem Mobiltelefon ermöglichen. Auf welche KMU-spezifische Probleme könnte das Unternehmen hierbei stoßen?

Teil 3: Anforderungen (15 Min)

Teil 3a: Nicht-technische Anforderungen (5 - 10 Min.)

Angenommen, es gibt einen **Dienstleister**, der ein System zur vereinfachten Bereitstellung mobiler Dienste und Anwendungen betreibt. Bei welchen **Problemen und Fragestellungen benötigen** insbesondere kleine und mittelständische Unternehmen Ihrer Meinung nach **Unterstützung**? Welche **Aufgaben** soll dieser Dienstleister übernehmen bzw. welche **Probleme** soll dieser für Sie lösen?

Nachhaken:
1. Halten Sie Hilfe bei der **Auswahl mobiler Endgeräte** für notwendig?
2. Halten Sie es für notwendig, Inhalte und **Content** von Drittanbietern zu besorgen?
3. Halten Sie Unterstützung bei **Abrechnung und Bezahlung** der Anwendung für notwendig?
4. Halten Sie Hilfe beim **Marketing** für den Dienst bzw. die Anwendung für notwendig?
5. Welche konkreten **Beratungsleistungen** sollten von diesem Dienstleister noch erbracht werden?

Teil 3b: Technische Anforderungen (5 - 10 Min)

Welche Funktionalitäten sollte ein **System** zur vereinfachten Realisierung mobiler Anwendungen bietet, insbesondere wenn es für klein- und mittelständische Unternehmen geeignet sein soll?

Nachhaken:
- Sollte es eine **Komponente** beinhalten, die **auf dem mobilen Endgerät** installiert wird? Wenn ja: was soll diese Komponente leisten?
- Welche Formen der **Kontextinformationen** sollte ein solches System bereitstellen? [Kontextinformationen werden vom Dienst verwendet, um sich an die aktuelle Situation des Nutzers anzupassen]
- Sollte der mobile Dienst beim Betreiber des System laufen oder bei dem klein- bzw. mittelständischen Unternehmen, das den Dienst anbietet? [**Inhouse vs. ASP**]
- Welche **Schnittstellen** sollte das System bieten? [z.B. Abfragen der Ortung, Displayauflösung des Endgerätes, Anbindung an Adressdatenbank, Abfragen aktueller Verkehrsinformationen]

Verabschiedung

[Nur auf Nachfrage: falls wir Ergebnisse veröffentlichen schicken wir die per eMail zu.]

Anhang 2: Unterlagen zur Evaluation

Auf den folgenden Seiten sind die Unterlagen für die Evaluation des Hardware-Sicherheits-Tokens (siehe Abschnitt 4.8) abgedruckt. Dies sind im Einzelnen:

- Der Fragebogen zu den Szenarien (Tage) 1 bis 4. Am Ende jedes simulierten Tages mussten die zugehörigen Fragen beantwortet werden
- Die Szenarienbeschreibungen der Tage 1 und 2
- Die Ankündigung zur Einführung von Hardware-Sicherheits-Token
- Die Szenarienbeschreibungen der Tage 3 und 4
- Der abschließend auszufüllende Fragebogen

Proband-Nr.: _____

Tag 4

1. **Insgesamt war es einfach, die Aufgaben im Szenario zu lösen.**

   stimme nicht zu 1 2 3 4 5 6 7 stimme zu   keine Angabe/ weiß nicht
   ☐ ☐ ☐ ☐ ☐ ☐ ☐   ☐

2. **Ich bin insgesamt zufrieden mit der Zeit, die ich zum Lösen der Aufgaben benötigt habe.**

   stimme nicht zu 1 2 3 4 5 6 7 stimme zu   keine Angabe/ weiß nicht
   ☐ ☐ ☐ ☐ ☐ ☐ ☐   ☐

3. **Ich habe Hilfe für die Bedienung der Anwendung vom Versuchsleiter benötigt.**

   ☐ ja
   ☐ nein
   ☐ keine Angabe

Proband-Nr.: _____

Tag 1

1. **Insgesamt war es einfach, die Aufgaben im Szenario zu lösen.**

   stimme nicht zu 1 2 3 4 5 6 7 stimme zu   keine Angabe/ weiß nicht
   ☐ ☐ ☐ ☐ ☐ ☐ ☐   ☐

2. **Ich bin insgesamt zufrieden mit der Zeit, die ich zum Lösen der Aufgaben benötigt habe.**

   stimme nicht zu 1 2 3 4 5 6 7 stimme zu   keine Angabe/ weiß nicht
   ☐ ☐ ☐ ☐ ☐ ☐ ☐   ☐

3. **Ich habe Hilfe für die Bedienung der Anwendung vom Versuchsleiter benötigt.**

   ☐ ja
   ☐ nein
   ☐ keine Angabe

Anhang 2: Unterlagen zur Evaluation 325

Proband-Nr.: _____

Tag 2

1. Insgesamt war es einfach, die Aufgaben im Szenario zu lösen.

stimme nicht zu	1	2	3	4	5	6	7	stimme zu	keine Angabe/ weiß nicht
	☐	☐	☐	☐	☐	☐	☐		☐

2. Ich bin insgesamt zufrieden mit der Zeit, die ich zum Lösen der Aufgaben benötigt habe.

stimme nicht zu	1	2	3	4	5	6	7	stimme zu	keine Angabe/ weiß nicht
	☐	☐	☐	☐	☐	☐	☐		☐

3. Ich habe Hilfe für die Bedienung der Anwendung vom Versuchsleiter benötigt.

☐ ja
☐ nein
☐ keine Angabe

Proband-Nr.: _____

Tag 3

1. Insgesamt war es einfach, die Aufgaben im Szenario zu lösen.

stimme nicht zu	1	2	3	4	5	6	7	stimme zu	keine Angabe/ weiß nicht
	☐	☐	☐	☐	☐	☐	☐		☐

2. Ich bin insgesamt zufrieden mit der Zeit, die ich zum Lösen der Aufgaben benötigt habe.

stimme nicht zu	1	2	3	4	5	6	7	stimme zu	keine Angabe/ weiß nicht
	☐	☐	☐	☐	☐	☐	☐		☐

3. Ich habe Hilfe für die Bedienung der Anwendung vom Versuchsleiter benötigt.

☐ ja
☐ nein
☐ keine Angabe

1. Tag: Vorbereitung einer Geschäftsreise ohne Token

Als Verkaufsdirektor der Maschinenhandels-Firma „MaHan" in Karlsruhe möchten Sie mit dem kaufmännischen Direktor der Maschinenbau-Firma „MaBau" Hockenheim - Herrn König - einen Vertrag aushandeln und abschließen. Sie werden deshalb morgen um 10 Uhr die Firma MaBau in Hockenheim besuchen.

- Als Vorbereitung hierfür müssen Sie noch die Daten Ihre Kontaktperson Herr König **vervollständigen**:
  Geben Sie dazu die seine E-Mail-Adresse **koenig@maschinenbau.de** ein.

- Anschließend müssen Sie den **Termin** für das morgige Datum in den Kalender eintragen. Verwenden Sie als Betreff für den Termin „**Vorvertragsverhandlung mit Firma Maschinenbau**".

- Danach muss noch **eine neue Aufgabe** angelegt werden:
  Betreff: Preisliste erstellen
  Inhalt der Aufgabe (Notiz): Preisliste heute noch erstellen!

Kurzanleitung

Bitte loggen Sie sich mit folgenden Benutzerdaten ein:
Mandant: teamcrm1
User: HansWiwi
Passwort: hallihallo

Nach dem Einloggen, klicken Sie auf das Symbol **Kontakte** im Menü auf der linken Seite. Geben Sie „König" in das Feld „Schnellsuche" über der Liste mit den **Kontakten** ein. Doppelklicken Sie auf den so gefundenen Ergebnisdatensatz, um den Kontakt zu öffnen. Fügen Sie die oben angegebene E-Mail-Adresse von Herrn König hinzu. Klicken Sie danach auf „Speichern und schließen".

Tragen Sie einen **neuen Termin** in Kalender ein. Dieser Termin soll am nächsten Tag um 10 Uhr beginnen. Verknüpfen Sie "Kontaktdaten" mit den Kontaktdaten von Herrn König. Ortsangabe "Hockenheim" in Feld "Ort"; "außer Haus" ankreuzen; Betreff "Vorvertragsverhandlung mit Firma Maschinenbau".

Tragen Sie in eine **neue Aufgabe** den Betreff Feld „Preisliste erstellen" ein. Fügen Sie „die Preisliste muss heute noch erstellt werden!" in Notiz Feld.

Nach Beenden der Aufgaben melden Sie sich wieder ab.

Hinweis: Speichern nicht Vergessen.

Anhang 2: Unterlagen zur Evaluation 327

2. Tag: Geschäftsreise ohne Token

Nach erfolgreichen Verhandlungen vor Ort bei der Firma Maschinenbau in Hockenheim wurde der Vorvertrag abgeschlossen. Der Geschäftsführer Herr König hat Ihnen auch seine Handynummer (**0170-3333333**) gegeben. Um 18 Uhr sitzen Sie auf dem Rückweg im Zug und aktualisieren mit der mobilen Variante der Anwendung die im folgendem angegebenen Daten. Außerdem suchen Sie noch die private Mobilfunknummer vom Geschäftsführer Ihrer Firma, Herrn Müller, heraus, weil Sie ihm später noch berichten wollen.

- Die **Handynummer** von Herrn König ist in seinen **Kontaktdaten** zu ergänzen: **0170-3333333**.

- Den **Bearbeitungsstatus** für die **Aufgabe „Vorvertrag"** erhöhen Sie auf **90 %**.

- Suchen Sie die **private Mobilefunknummer** von Herrn Müller und notieren diese hier:_____.

Kurzanleitung

Nach dem Einloggen, klicken Sie auf das Symbol „**Kontakt**". Geben Sie „**König**" in „**Suchtext**" ein.
Klicken Sie auf den darauf aufgelisteten den **Datensatz „König"**. Es erscheinen drei Optionen "Zurück", "Bearbeiten", und "Löschen". Klicken Sie auf „**Bearbeiten**", um die Handynummer von Herrn König hinzufügen.

Aktualisieren Sie den **Bearbeitungsstatus** von der Aufgabe „**Vorvertrag**" auf „**90%**".

Geben Sie im Feld „**Suchtext**" den Namen „**Müller**" ein. Suchen Sie die **Handynummer** von Herrn Müller heraus und notieren Sie die oben auf diesem Blatt.

Nach Beenden der Aufgaben melden Sie sich wieder ab.

Hinweis: Speichern nicht Vergessen.

Sicherer mobiler Zugriff auf Unternehmensdaten

MaschinenHandel
Karlsruhe

Karlstr. 60
76133 Karlsruhe
Telefon 0721-1234567
www.masch-handel-ka.de
info@ masch-handel-ka.de

Ankündigung

Sehr geehrte Damen und Herren,

Um die Sicherheit unserer IT-Systeme zu verstärken, haben wir eine neue Technologie eingeführt. Jeder Mitarbeiter bekommt hiermit zwei individuelle Token (USB-Stick und MicroSD-Karte). Ein Security-Token (kurz: Token) ist eine Hardwarekomponente zur Authentifizierung (sichere Anmeldung) von Benutzern. Die Security-Token sind einem bestimmten Benutzer eindeutig zugeordnet.

Sobald Sie mit PIA arbeiten möchte, ist es deshalb ab sofort unbedingt notwendig, eines Ihrer persönlichen Token an den Computer anzuschließen (USB-Stick) oder einzustecken (MicroSD-Card)..

Im Folgenden sind noch die beiden Token abgebildet:

Security Token für PCs zum Anschluß an USB-Schnittstelle

Security-Token für Smartphones als MicroSD-Card für Speicherkartenplatz

Bei Problemen mit diesem neuen Sicherheitssystem stehen Ihnen die Mitarbeiter unserer IT-Abteilung gerne mit Rat und Tat zur Verfügung.

Handelsgesellschaft
Karlstraße.60
76133 Karlsruhe

Steuernummer
12345/67890

Bankverbindung
Bank Karlsruhe
Konto Nr. 123
BLZ 100 100 99

Handelsregister
Amtsgericht Karlsruhe
ABC 123

3. Tag: Vorbereitungsphase mit Token

Um die Informationssicherheit des Unternehmens zu erhöhen, sind gerade Sicherheitstoken in Ihrer Firma eingeführt worden. Im beilegten Schreiben informiert Sie der Geschäftsführer über diese Maßnahme. Sie sind neugierig und probieren Ihren persönlichen USB-Token gleich aus. Dieser muss erst am PC angeschlossen werden, bevor Sie mit CAS PIA arbeiten können.

Melden Sie sich an PIA mit Ihrem persönlichen Token an.

- **Legen Sie eine neue Aufgabe** mit dem Betreff „Hauptvertrag mit Firma Maschinenbau" **an.**

- **Entfernen Sie den Token.**

- **Suchen Sie die Mobilfunknummer von Herrn König heraus und notieren Sie diese hier:** _____(Hinweis: Hierzu muss der Token wieder eingesteckt werden.)

Nach Beenden der Aufgaben melden Sie sich wieder ab.

Hinweis: Speichern nicht Vergessen.

4. Tag: Geschäftsreise mit Token

Sie sind wieder auf Geschäftsreise und verwenden daher die mobile Variante der Anwendung mit Ihrem persönlichen MicroSD-Token. Mit der Firma Maschinenbau in Hockenheim verhandeln Sie nun die Details des Hauptvertrages. Eines dieser Details ist der Endpreis.

- Fügen Sie der **Aufgabe** „Hauptvertrag mit Firma Maschinenbau" die **Notiz** „**Endpreis Ersatzteil: 400 Euro/Stück**" hinzu.
- Setzen Sie das Feld „**Bearbeitung in %**" auf „**50 %**".

Nach Beenden der Aufgaben melden Sie sich wieder ab.

Hinweis: Speichern nicht Vergessen.

Anhang 2: Unterlagen zur Evaluation

Proband-Nr.:_____

Umfrage

1. Wie alt sind Sie?

- Jünger als 20 Jahre .... ☐
- 20-29 Jahre .... ☐
- 30-39 Jahre .... ☐
- 40-49 Jahre .... ☐
- 50-59 Jahre .... ☐
- 60 Jahre und älter .... ☐
- Keine Angabe .... ☐

2. Geschlecht:

- männlich .... ☐
- weiblich .... ☐
- Keine Angabe .... ☐

3. Höchster Bildungsabschluss

- Hauptschule .... ☐
- Realschule / Mittlere Reife .... ☐
- Abitur / Hochschulreife .... ☐
- Bachelor .... ☐
- Master / Diplom .... ☐
- Andere : _____ .... ☐
- Keine Angabe .... ☐

4. Tätigkeit

- in Ausbildung (Schule, Studium, Lehre, Azubi, u.ä) .... ☐
- berufstätig (Arbeiter/in, Angestellte/r, freiberuflich, selbständig u.ä). ☐
- nicht berufstätig (Hausfrau/-mann, Renten, arbeitslos u.ä) ...... ☐
- andere:_____ .... ☐
- keine Angabe .... ☐

Proband-Nr.:_____

5. Insgesamt bin ich mit der Bedienung der Anwendung zufrieden.

stimme nicht zu						stimme zu	keine Angabe/ weiß nicht
1	2	3	4	5	6	7	
☐	☐	☐	☐	☐	☐	☐	☐

6. Die Aufgaben in den Szenarien konnte ich leicht erledigen.

stimme nicht zu						stimme zu	keine Angabe/ weiß nicht
1	2	3	4	5	6	7	
☐	☐	☐	☐	☐	☐	☐	☐

7. Ich habe mich in der Anwendung gut zurecht gefunden.

stimme nicht zu						stimme zu	keine Angabe/ weiß nicht
1	2	3	4	5	6	7	
☐	☐	☐	☐	☐	☐	☐	☐

8. Die Aufgaben in den Szenarien konnte ich schnell erledigen.

stimme nicht zu						stimme zu	keine Angabe/ weiß nicht
1	2	3	4	5	6	7	
☐	☐	☐	☐	☐	☐	☐	☐

Proband-Nr.:_____

9. Die Anwendung ist einfach zu verstehen.

stimme nicht zu						stimme zu	keine Angabe/ weiß nicht
1	2	3	4	5	6	7	
☐	☐	☐	☐	☐	☐	☐	☐

10. Die Fehlermeldungen der Anwendung sind verständlich und helfen mir das Problem zu beheben.

stimme nicht zu						stimme zu	keine Angabe/ weiß nicht
1	2	3	4	5	6	7	
☐	☐	☐	☐	☐	☐	☐	☐

11. Wenn ich einen Fehler in der Anwendung gemacht habe, kann ich ihn einfach und schnell wieder beheben.

stimme nicht zu						stimme zu	keine Angabe/ weiß nicht
1	2	3	4	5	6	7	
☐	☐	☐	☐	☐	☐	☐	☐

Proband-Nr.:_____

12. Insgesamt fühle ich mich sicher bei der Verwendung der Security-Token.

stimme nicht zu — 1 2 3 4 5 6 7 — stimme zu — keine Angabe/weiß nicht

☐ ☐ ☐ ☐ ☐ ☐ ☐   ☐

13. Die Handhabung des Security-Token mit dem PC ist einfach.

stimme nicht zu — 1 2 3 4 5 6 7 — stimme zu — keine Angabe/weiß nicht

☐ ☐ ☐ ☐ ☐ ☐ ☐   ☐

14. Die Handhabung des Security-Token mit dem Tablet-PC ist einfach.

stimme nicht zu — 1 2 3 4 5 6 7 — stimme zu — keine Angabe/weiß nicht

☐ ☐ ☐ ☐ ☐ ☐ ☐   ☐

15. Die Anwendung auf dem PC reagiert mit dem Security-Token schnell.

stimme nicht zu — 1 2 3 4 5 6 7 — stimme zu — keine Angabe/weiß nicht

☐ ☐ ☐ ☐ ☐ ☐ ☐   ☐

Proband-Nr.:_____

16. Die Anwendung auf dem Tablet-PC reagiert mit dem Security-Token schnell.

stimme nicht zu						stimme zu	keine Angabe/ weiß nicht
1	2	3	4	5	6	7	
☐	☐	☐	☐	☐	☐	☐	☐

17. Ich fühle mich mit dem Security-Token bei der Nutzung der Anwendung sicherer als ohne Token.

stimme nicht zu						stimme zu	keine Angabe/ weiß nicht
1	2	3	4	5	6	7	
☐	☐	☐	☐	☐	☐	☐	☐

18. Auch wenn ich den Tablet-PC verliere, sind meine Daten noch sicher.
(Hinweis: der Security-Token befindet sich getrennt vom Tablet-PC im Geldbeutel)

stimme nicht zu						stimme zu	keine Angabe/ weiß nicht
1	2	3	4	5	6	7	
☐	☐	☐	☐	☐	☐	☐	☐

19. Anmerkungen und Anregungen, Kritik und Kommentare

Proband-Nr.:_____

20. Neue Techniken

muss ich sofort ausprobieren .... ☐

recherchiere ich gut bevor ich sie verwende .... ☐

lasse ich mir von Freunden/Bekannten erklären .... ☐

sind mir ziemlich egal .... ☐

keine Angabe / weiß nicht .... ☐

21. Wissen Sie was man unter IT-Sicherheit versteht und könnten Sie dies erklären?

Ja, ich weiß was es bedeutet und ich kann es auch erklären ..... ☐

Ja, ich weiß es bedeutet, aber ich könnte es nicht erklären .... ☐

Nein, ich weiß nicht genau was es bedeutet .... ☐

Nein, ich kenne IT-Sicherheit gar nicht .... ☐

keine Angabe / weiß nicht .... ☐

22. Haben Sie mit folgenden Sicherheitsrisiken schon persönlich Probleme gehabt?

Angriffe von Hackern .... ☐

Computerviren, Trojaner und Würmer .... ☐

Datenverlust durch technischen Defekt .... ☐

Online-Betrug .... ☐

Phishing .... ☐

Spyware .... ☐

Kenne ich nicht .... ☐

keine Angabe / weiß nicht .... ☐